국제법의 원리

Elements of International Law
1836
Henry Wheaton

헨리 휘튼 지음

박동실 옮김

박영사

ELEMENTS

OF

INTERNATIONAL LAW:

WITH

A SKETCH

OF THE

HISTORY OF THE SCIENCE.

BY

HENRY WHEATON, LL.D.

RESIDENT MINISTER FROM THE UNITED STATES IN AMERICA TO THE COURT OF BERLIN ;

Member of the American Philosophical Society of Philadelphia ; of the Royal Asiatic Society of London ; and of the Scandinavian Literary Society of Copenhagen.

PHILADELPHIA:

CAREY, LEA & BLANCHARD.

—

1836.

●●● 저자 서문

필자는 평화 시나 전쟁 시에 국가들의 상호관계에서 그들의 행위를 규율하거나 규율하게 되어 있는, 따라서 국제법(International Law)이라는 이름을 얻은 규칙과 원칙들(rules and principles)을 찾아 모으고자 했다. 그 목적은 순전히 기술적인 법률가들보다는 외교나 기타 형태의 공적 생활에 종사하는 사람들 용도로 기본서를 편찬하기 위해서였다. 물론 필자는 이 책이 기술적인 법률가들에게도 완전히 쓸모없는 것으로 판명되지는 않기를 감히 바란다.

국제법을 구성하는 대부분의 규칙과 원칙은 일반적으로 국가들의 실행(practice)과 상호관계에서 일어났거나 결정된 사례들로부터 추론된다. 높은 평가를 받은 바텔*Vattel(1714-1767)*의 작품이 출판된 이후 오랜 기간에 그러한 사례의 수가 대폭 증가했으며, 그에 대한 사람들의 관심도 매우 높아졌다. 이 사례들은 자연법(더 적절하게는 소위 신법)의 더 높은 제재 위에 세워진다는 국제법에 대한 끔찍한 위반행위들로 가득한 인류 역사의 한 부분이다. 동시에 그것은 국가라는 독립적인 인간사회 간의 의무의 본질과 범위에 관해 각국의 정부, 재판소 그리고 의회에서 유익한 논의가 풍부하게 이루어진 인류 역사의 한 부분이다.

필자의 주요 목표는 이러한 출처에서, 대다수 기독교 문명국에 의해 불변의 행위 규칙으로는 아니더라도, 적어도 무시하면 총체적 오명을 쓰거나 그 위반으로 손상을 입을 수 있는 다른 공동체의 적대행위를 유발할 위험이 있는 규칙으로 승인되었다고 볼 수 있는, 일반원칙들을 찾아 모으는 것이었다. 경험에 의하면 이러한 동기들은 각국에서 국내법의 준수를 위해 입법자가 그 법에 부속시키는 것과 같은 완벽한 제재 수단을 제공하지는 않더라도, 정말로 최악의 상황에서도 국가 간에 정의가 지켜지도록 상당한 보장을 제공한다. 따라서 국제법에 관한 지식은 당연히 정치문제에 관심을 가진 모든 사람들에게 가장 중요한 것으로 여겨져 왔다.

필자는 국제법을 설명해 보이려는 다음의 시도가 그러한 작업의 어려움을 아는 이들에게 호의적으로는 아니더라도 너그럽게 받아들여지기를 간절히 바란다.

베를린

1836년 1월 1일

역자 서문

헨리 휘튼*Henry Wheaton(1785-1848)*의 「국제법의 원리」(Elements of International Law)는 영어로 쓰인 최초의 근대 국제법 기본서이다.[1] 국제법의 아버지로 불리는 흐로티위스*Hugo Grotius(1583-1645)*의 「전쟁과 평화의 법」(De Jure Belli ac Pacis)이 1625년에 라틴어로 출판된 이후 상당 기간 그의 후배 국제법학자들은 라틴어로 국제법을 연구하고 글을 썼다. 그 후 바텔*Emerich de Vattel(1714-1767)*이 1758년에 처음으로 라틴어가 아닌 프랑스어로 「국가들의 법」(Le Droit des Gens)을 출간하였다. 바텔의 책은 그의 선배 국제법학자들의 방대한 작품들을 대체하는 국제법 지식의 편리한 요약서로 널리 읽히며 큰 명성을 얻었다. 그 후 영어로는 처음으로 휘튼의 「국제법의 원리」가 1836년에 세상에 나왔으며, 바텔의 책을 대체하여 19세기의 대표적인 국제법 기본서가 되었다.[2]

휘튼은 미국의 법률가 출신 외교관이었다. 그가 1827년부터 미국의 덴마크왕국 주재 초대 외교사절로 봉직한 데 이어 1835년에 제2대 프로이센 왕국 주재 외교사절로 부임한 다음 해, 이 책이 세상에 나왔다. 아직 군사적·경제적으로 작은 나라이던 신생국 미국이 용감하게도 1812년에 영국에 선전포고하여 대등한 전쟁을 치름으로써 국가의 위상을 높이고, 1823년에는 먼로*James Monroe* 대통령이 에스파

---

1 Henry Wheaton, Elements of International Law: With a Sketch of the History of the Science, Philadelphia, Carey, Lea & Blanchard, 1836. 이 초판과 동시에 런던에서 제2판이 출판되었다.

2 James Reddie, Inquiries into International Law, 1842, p.106. "An excellent work... indisputably the best of its kind in the English language."(논란의 여지 없이 영어로 쓰인 최고의 국제법 작품)/W. Lawrence, 국제법의 원리 제6판, 1855, pp. xiii.－xiv. "in the cabinets of Christendom, where it has replaced the elegant treatise of Vattel, whose summary long formed a substitute for the more elaborate works of Grotius and Wolf,"(기독교 세계 각국 정부에서 오랫동안 흐로티위스와 볼프의 방대한 작품의 대체물이 되었던 Vattel의 우아한 요약서를 대체한 작품)/George G. Wilson and George F. Tucker, International Law, New York Boston Chicago, Silver Burdett and Company, Fifth Edition, 1910, p. 34. "Wheaton(1785－1848), the foremost American writer on international law, published in 1836 his "Elements of International Law," which has long been recognized as a standard throughout the world." (미국 최고의 국제법학자인 휘튼이 1836년에 출판한 책으로 오랫동안 전 세계적 표준서로 인정받은 작품)

냐의 아메리카 식민지에 대한 유럽 열강의 간섭 움직임에 경고를 보내는 등 유럽 주도의 세계 외교무대에서 목소리를 내기 시작하던 무렵이다.

저자는 여전히 프로이센에 주재하던 1846년에 이 책의 증보 개정판을 냈으며,[3] 이를 직접 프랑스어로 번역하여 1848년에 출판하였다.[4] 그는 「국제법의 원리」를 계속 갈고 다듬어 나갈 생각이었던 것 같다. 1848년 그의 사망 후, 그를 따르던 후배 외교관 출신 Lawrence가 저자의 수정 유고를 반영하여 1855년에 「국제법의 원리」 제6판을 출간하였다.[5] 휘튼의 책은 20세기 중반까지도 미국과 영국에서 꾸준히 출판되었으며, 초판은 오늘날에도 옛 모습 그대로 복제되어 나오고 있다.[6] 그의 책은 자신이 직접 번역한 프랑스어본 외에 독일어 · 이탈리아어 · 에스파냐어 · 러시아어 · 중국어로도 번역되었다. 특히 1864년에 출판된 중국어본은 서양의 국제법을 동아시아에 최초로 소개하였는데, 미국인 선교사 마틴*William Martin*이 청나라 조정의 지원으로 「국제법의 원리」 제6판을 「萬國公法」(만국공법)이라는 제목으로 번역하였다.[7] 「만국공법」은 일본과 조선에도 전해졌다.[8] 역자의 우리말 번역서는 1836년 필라델피아

---

3 Henry Wheaton, Elements of International Law, Third Edition, Revised and Corrected, Philadelphia, Lea and Blanchard, 1846. 저자는 개정판에서 초판에 포함되었던 "국제법의 역사 개관(Sketch of the History of International Law)" 부분을 빼고 일부 내용을 보완하였다.

4 Henry Wheaton, Éléments du Droit International, Paris A. Durand, Libraire/Leipzig Brockhaus & Avenarius, 1848. (제4판 및 제5판)

5 Henry Wheaton, Elements of International Law; with last corrections of the author, additional notes, and introductory remarks, containing a notice of Mr. Wheaton's diplomatic career, and the antecedents of his life by William Beach Lawrence, 6th Edition, Little, Brown and Company, Boston, 1855.

6 Henry Wheaton, Elements of International Law: With a Sketch of the History of the Science, Clark, New Jersey, The Lawbook Exchange, Ltd. Lawbook Exchange Edition 2002, 2012.

7 萬國公法, Wheaton's International Law translated into Chinese by W. A. P. Martin of the American Presbyterian Mission, Assisted by a Commission appointed by Prince Kung, Published at Peking at the Expense of the Imperial Government. 1864. 마틴이 중국어 번역서의 원본으로 삼은 책은 미국의 외교관 출신 William Beach Lawrence가 편집한 제6판(1855년)이다. 청나라 조정이 직접 출판하였다.

8 Susumu Yamauchi, Civilization and International Law in Japan during the Meiji Era (1868－1912), Hitotsubashi Journal of Law and Politics 24 (1996), pp. 1－2. (스스무 야마우치, 메이지 시대(1868－1912) 일본의 문명과 국제법, 히토츠바시대학교 법과 정치 저널

Carey, Lea & Blanchard 출판사에서 나온 초판을 원본으로 삼았으므로 저자의 1846년 개정판이나 1855년 Lawrence 판의 내용과 약간 차이가 있다.

운 좋게도 「국제법의 원리」를 만났다. 물론 1970년대 후반 대학에서 국제법을 배우면서 이 책과 그 중국어 번역본 「만국공법」의 존재에 대해 알고는 있었다. 그러나 중국어로 된 「만국공법」은 물론이고, 영어 원서를 직접 읽어볼 생각은 하지 않았다. 아마 현대 국제법과 많이 다른 철 지난 옛날 국제법 교과서라는 선입견 때문이었을 것이다. 그런데 2018년 공직에서 정년퇴직 후 Martin의 「만국공법」 영문 서문을 접하게 되었다. 서문에서 마틴은 휘튼의 「국제법의 원리」를 번역하게 된 동기와 과정을 밝히고 있다. 마틴은 선교사로서 자신이 사역의 현장으로 택한 나라의 복리를 위해 국제법을 소개해도 좋을 것 같다는 마음에서 번역을 시작했다고 한다. 그리고 처음에는 Vattel의 「국가들의 법」에 마음이 끌렸으나 좀 더 헤아려 보니 국제법 실무에 도움이 되기에는 구식으로, 프톨레마이오스의 천동설을 소개하는 것과 다르지 않을 것 같은 생각이 들었다고 한다. 그에 반해 「국제법의 원리」는 이미 유럽 각국 정부에서 충실하고 편견 없는 훌륭한 작품으로 인정되어 Vattel의 책을 대체하여 읽히고 있었다고 한다. 2년 전 상하이에서 번역을 시작하던 당시에는 중국 정부의 후원은 추호도 기대하지 않았는데, 미국 외교사절 Burlingame 공사의 주선으로 오늘날 외교부 격인 총리각국사무아문(總理各國事務衙門)이 번역과 출판을 지원하게 되었다고 밝힌다. 당시 청나라 황제(동치제)의 숙부이자 아문 수장인 공친왕의 명에 따라 최고로 학식이 뛰어난 관리 4인으로 번역 지원단이 구성되고, 마틴

24호) "Wheaton's Chinese translation was reprinted by Kaiseisho(the official school of the Tokugawa government) at Kyoto in Japan in 1865." (휘튼의 중국어 번역본이 1865년 일본 교토에서 도쿠가와 막부 관립학교인 가이세이쇼(開成所)에 의해 재인쇄되었다.) "In the same year[in 1868] Mr. Uriu published the Japanese translation of only a part of Wheaton's "International Law" directly." (1868년에 Mr. Uriu가 휘튼의 「국제법의 원리」의 단지 일부를 영문으로부터 직접 일본어로 번역하여 출판하였다.)

김용구, 만국공법(한국개념사총서 1), 서울, 도서출판 소화, 2021(초판 4쇄), pp. 100−101. 조선에 「만국공법」이 전해진 공식 기록은 1877년 12월 17일 자 조선의 기록(왜사문답, 왜사일기, 일사문자)과 일본의 문헌(선린시말)에 나온다. 일본 공사 하나부사가 이날 「만국공법」을 예조판서 조영하에게 기증하였다고 한다. 한편, 일본 주재 영국 공사 H. Parkes가 본국 정부에 1876년 3월 27일 보고한 바에 따르면, 강화도 조약 교섭에 참여했던 일본 관리를 인용하여 조선 대표단이 휘튼 국제법의 베이징 번역본을 가지고 있었다고 언급한다. (Parkes to Derby, Mar. 27, 1876, Anglo−American Diplomatic Material, relating to Korea, 1866−1886. p. 47.)

은 이들과 함께 6개월 이상 마무리 번역작업을 진행했다고 한다. 마틴은 번역서를 Burlingame 공사에게 헌정한다고 적고 있다.[9]

이처럼 흥미로운 번역 동기와 과정을 가진 「만국공법」의 영문 원서를 읽어보고 싶어졌다. 오늘날 현대 국제법의 초기 모습, 즉 흐로티위스를 전후한 일련의 국제법학자들에 의해 근대에 국제법학이 정립되는 과정을 살펴보고 싶어졌다. 1836년 초판을 읽고 난 소감은 한마디로 역자가 1981년에 외교관 생활을 시작하기 전에 읽어 보았더라면 좋았겠다는 아쉬움이었다. 국제법을 계속 공부하고 실무에서 다루는 과정에서 더 큰 흥미와 이해를 주었을 것이다. 국제법에 관심 있는 이들과 그 내용을 함께 나누고 싶은 생각이 들었다.

국제법을 처음 접하는 독자는 거의 국제법 규칙들로 가득한 오늘날의 국제법 교과서보다 훨씬 흥미롭게 국제법을 만날 것이다. 이미 오늘날의 국제법을 접한 독자도 그 시발점인 근대 국제법의 모습을 살펴봄으로써 국제법에 대한 이해가 더욱 깊어질 것이다. 국가 간의 관계에서 국제법의 요소가 형성되기 시작한 역사는 유구하지만, 과학으로서 국제법학은 흐로티위스*Grotius*의 1625년 작품 「전쟁과 평화의 법」의 영향으로 근대에 정립되었다. 흐로티위스는 자연적 정의의 원칙으로부터 정당한 추론은 자연법으로 발견되고 그 원칙에 대한 국가들의 보편적 동의는 국제법으로 발견된다는 국제법의 연원 등 국제법의 일반 이론을 전개하는 한편, 정당한 전쟁의 범위를 제한하고 적의 살해와 같은 전쟁 행위가 절제와 인류애로 완화되어야 한다는 관대하고 인도적인 원칙들을 고취하였다. 유럽 최초의 국제전쟁인 30년 전쟁의 참화 속에서 제시된 흐로티위스의 계몽적이고 자비로운 주의는 진보적인 군주들과 대중의 마음에 깊은 인상을 남겼다. 팔츠 선제후는 하이델베르크대학에 최초로 "국제법과 자연법" 석좌교수직을 설치하여 저명한 국제법학자인 푸펜도르프*Puffendorf*를 교수로 임명하였으며, 그는 흐로티위스의 책을 교과서로 사용하였다. 이렇게 흐로티위스는 새로운 정치철학 학파의 창시자가 되었다. 흐로티위스의 주의는 후배 국제법학자들에 의해 더욱 정교하게 다듬어져 일반적으로 채택되고, 점차 실제 국가 관계에도 영향을 미쳐 전쟁 자체에도 법이 부여되기에 이르렀다. 저자

---

9 萬國公法, Wheaton's International Law translated into Chinese by W. A. P. Martin, D. D. of the American Presbyterian Mission assisted by a commission approved by Prince Kung, published at Peking at the expense of the Imperial Government, 1864. Translator's Preface. (Martin의 만국공법)

는 전쟁 행위를 전쟁의 목적에 부합하는 가장 좁은 범위 내로 제한하려는 규칙들이 유럽 열강들의 치열한 다툼과 실행 속에 장기간에 걸쳐 정립되는 과정을 다양한 사례를 통해 보여준다. 오늘날의 국제 운동경기만큼이나 빈번하게 싸운 전쟁 속에서 관습법으로 형성된 전쟁법 규칙들은 1899년 및 1907년 제1 · 2차 헤이그 만국평화회의에서 일련의 국제협약으로 성문화되고 비유럽 국가들도 당사국이 됨으로써 전 세계적인 국제법 규칙이 되었다. 그 내용은 오늘날까지도 전쟁법의 기본을 이룬다. 저자의 인용문을 통해 흐로티위스의 「전쟁과 평화의 법」을 비롯한 빈케르스후크 *Bynkershoek*와 바텔*Vattel*의 저서 등 근대 국제법학자들의 글을 접할 수 있다. 주로 영국과 미국의 최고 재판관들의 국제법 관련 사건 판결문을 접할 수 있다. 국제법 규칙을 둘러싼 열강 정부 간의 다툼과 논리가 등장한다. 그리고 필연적으로 전쟁과 평화조약이 등장한다.

하지만 이 책은 철 지난 옛날 국제법 책이라는 한계가 있다. 그간 사라진 규칙도 있고 변경된 규칙도 있다. 예를 들면, 당시까지도 국가의 전쟁권(right of war)과 정복에 의한 영토의 획득이 국제법으로 인정되었다. 그리고 자기보존권(right of self-preservation)이 국가의 가장 근본적이고 다른 모든 국제적 권리의 기초가 되는 권리로 인정되었다. 국가의 생존권 또는 인간으로 치면 생명권과 유사한 개념인 이 권리는 필연적으로 그 권리의 실현에 필수적인 자위권(right of self-defence)을 수반한다. 그리고 타국의 내부 문제로 자국의 안전과 이익이 중대하게 침해된다고 판단할 때는 자위권을 구실로 타국의 내정에 무력으로 간섭할 권리(right of intervention)가 인정되었다. 오늘날에도 여전히 전쟁은 일어나지만, 이러한 전쟁권과 정복에 의한 영토 획득은 부인된다. 실질적으로 전 세계 모든 국가가 유엔에 가입하면서 다른 국가와의 관계에서 무력으로 위협하거나 무력을 행사하지 않기로 기속적 동의를 표시하였다. 따라서 필연적으로 타국의 내정에 대한 간섭권은 부인된다. 그리고 유엔(United Nations)의 집단안보체제(collective security system) 하에서도 자위권은 여전히 국가의 고유한 권리로 인정되지만, 먼저 무력 공격을 받은 경우로 한정되고, 그것도 유엔이 그 문제를 떠맡기 전까지만 행사할 수 있게 되었다. 하지만 현실적으로 안전보장이사회가 상임이사국 간의 이해 충돌로 문제를 떠맡을 수 없는 경우 자위권을 구실로 한 지속적인 무력 사용을 합법이라고 주장할 여지가 있다. 또 다른 예를 들면, 오늘날에는 국제법이 동서양 구별 없이 모든 국가의 국제법이지만, 저자는 이 책에서 다루는 국제법은 유럽과 아메리카 기독교 문명국들의 국제법이라고 한다. 인류 전체를 구속하는 보편적인 불변의 국제법은 없으며, 통상적인 국제법은 특정 국가 집단에 적용되는 특수한 법으로서 각 부류의 국가들 사이에서 종교·풍속 및 정부 제도 등의 변화와 함께 시대에 따라 달라지기 때문이라고 한다. 기독교 세계의 국제법은 종교, 기사도, 봉건제도, 상업적·문학적 교류의 복합적인 영향력이 유럽의 국가들을 하나의 대가족으로 융합시킨 흐로티위스 시대 무렵에 형성되기 시작되었다고 한다.

한편, 신생국 미국의 외교관인 저자는 프랑스 혁명전쟁과 나폴레옹 전쟁 중에 미국이 중립국으로서 국제법에 기대어 자신의 권리와 통상·항행의 자유를 지키기 위해 애쓰는 모습을 자세히 다룬다. 미국의 중립항 지위를 손상당하지 않기 위해 국제법을 근거로 교전국 양측에 당당하게 대응한다. 영국에 대한 미국의 1812년 선전포고의 한 원인이 된 중립국 미국 선박에 대한 영국의 선원 강탈 행위를 국제법적으로 반박한다. 프랑스의 동맹국이던 덴마크의 군함에 의해 포획되어 몰수 판결을 받은 중립국 미국 상선과 화물에 대한 보상 교섭에서 국제법적 논리를 동원하여 덴마크 정부를 설득한다. 오늘날 압도적인 세계 최강의 해군력으로 전 세계 바다를 누비며 "항행의 자유 작전"(freedom of navigation operation)을 펼치는 미국의 모습과 대비된다. 미국은 영해의 범위가 국제법 규정에 부합하지 않는 기선으로 인해 부당하게 확대되었다고 판단되는 국가의 해역을 군함으로 정기적으로 통과해 지나간다. 항행의 자유를 부당하게 제한한다고 판단하는 해협 등 기타 해역에서도 마찬가지다.[10]

이 책은 크게 5개 부로 구성된다. 즉 (1) 국제법의 역사 개관, (2) 국제법의 연원과 주체, (3) 국가의 절대적인 국제적 권리, (4) 평화적 관계에서 국가의 국제적 권리, (5) 적대적 관계에서 국가의 국제적 권리로 구성된다. "국가의 절대적인 국제적 권리" 부분은 자기보존권, 독립권, 평등권, 재산권의 4개 장으로 나누어진다. "평화적 관계에서 국가의 국제적 권리" 부분은 사절권, 조약의 교섭·체결권의 2개 장으로 나누어진다. 그리고 "적대적 관계에서 국가의 국제적 권리" 부분은 전쟁의 개시와 그 즉각적 효과, 적국 간의 전쟁권, 교전국의 중립국에 대한 전쟁권, 평화조약의 4개 장으로 나누어진다. 오늘날의 국제법 교과서에 비해 다루는 분야가 매우 제한적

---

10 미국 국방성 2020 회계연도 항행의 자유 연례 의회 보고서(Department of Defense Report to Congress, Annual Freedom of Navigation Report, Fiscal Year 2020)/미국 제7함대 언론보도문(7th Fleet conducts Freedom of Navigation Operation, March 31, 2021 by 7th Fleet Public Affairs).

이다. 그간 국가들의 관계가 얼마나 확대되고 긴밀해졌는지 역으로 보여준다. 그리고 전쟁법에 해당하는 “적대적 관계에서 국가의 국제적 권리” 부분이 책의 전체 지면의 거의 절반에 달한다. 당시 국제법에서 전쟁법이 차지하던 비중을 말해준다. 전쟁행위를 일정한 규칙의 테두리 안으로 구속하기 위해 치열하게 고심하고 다투었던 흐로티위스*Grotius*(1583-1645)를 비롯한 국제법학자, 열강 정부, 재판관 등 지구 저편 인간들과의 대화의 시간, 그리고 인류의 영원한 주제로 남을 것 같은 전쟁과 평화의 현재와 미래의 모습을 생각해 보는 시간이 될 것이다.

우리글로도 일찍이 번역되어 널리 읽혔으면 좋았을 명저인데 그 기회가 속절없이 지나가버렸던 책이다. 이제라도 우리글로 우리 독자들 앞에 모습을 드러내게 해준 박영사의 임재무 이사님, 한두희 차장님, 김민규 대리님께 깊은 감사를 드린다. 특히 한두희 차장은 첫 독자의 위치에서 원고를 꼼꼼히 읽고 편집해 주었다. 책의 표지 디자인에 대한 역자의 생각을 잘 구현해 준 역자의 딸 선영에게 고마움을 전한다.

끝으로 이 번역서를 사랑하는 나의 아내 주은경과 아이들 범준 · 선영 · 성준에게 바친다. 나의 아내는 역자가 이 일에 집중할 수 있도록 세심하게 마음 써주고, 책의 내용에 관한 나의 시도 때도 없는 이야기를 잘 들어 주었다. 미국 · 자이르(현재 콩고민주공화국) · 인도네시아 · 스웨덴 · 캐나다 · 이탈리아 · 도미니카공화국 · 모로코에서 이삿짐을 풀고 쌌으며, 항상 내 곁에서 나침반과 지도를 들고 도전적이고 보람된 여정을 함께하였다.

2025년 1월 1일, 서울

역자 박동실

목차

Part 02 국가의 절대적인 국제적 권리

Part 03 평화적 관계에서 국가의 국제적 권리

국제법의 역사 개관

고전적 고대국가들은 국제적 정의에 관해 매우 불완전한 개념을 가지고 있었다. 그리스·로마인들에게 "외국인"(foreigner)과 "야만인"(*barbarian*), 또는 "적"(enemy)은 언어로나 실제로나 동의어였다. 그들의 거친 공법(public law) 이론에 따르면, 한 소국의 이방인(alien)이 자국의 경계를 넘어 다른 소국의 영역에 닿는 순간 그의 신체는 노예로 잡히고 휴대품은 몰수당할 운명에 처했다. 어떤 실체적 약정(positive compact)만이 그들을 이러한 반사회적인 원칙에서 면제되게 하였다. 해적질은 당시 가장 문명화된 국가들조차 뻔뻔하게 자행하였다. 평화적인 상인은 자신이나 자신의 국가가 아무런 다툼도 없는 자에 의해 바다나 육지에서 약탈의 대상이 되었다. 자신의 조국을 과학제품과 예술작품으로 풍요롭게 만들기 위해 외국을 방문한 철학자조차 붙잡혀 야만인 주인의 노예로 팔려갈 위험이 있었다. 이러한 야만인 자체에 대해 그리스의 가장 유능한 철학자가 진지하게 주장하기를, 그들은 자연에 의해 그리스인의 노예로 예정되었으며 모든 수단을 다해 그들을 노예로 삼는 것은 합법이라고 표명하였다.[1] 투키디데스*Thucydides(BC 460?-BC 400?)*는 그의 동포들의 핵심적인 정치적 격언을 정확히 인용했는데, 즉 "왕이나 공동체에 유익한 것은 무엇이든

---

1 Aristotle, Politics, lib. i. c. 8. (아리스토텔레스의 정치학) The Greeks termed those who were connected with them by compact 'Ενςπονδοί' literally those with whom they had poured out libations to the gods. Those who were not entitled to claim the benefit of this sort of alliance, were called 'Εκςπονδοί' that is, what we should term outlaws. The able, but often too systematic and prejudiced historian of Greece observes, that "it appears to have been very generally held among the Greeks of that age, that men were bound to no duties to each other without an express compact." He furnishes, among other instances, a practical example of this rule in the cruel conduct of the Spartan to their prisoners taken upon the surrender of Plataea. (그리스인들은 그들과 약정으로 연결된 자들을 Ενςπονδοί라고 불렀는데, 문자 그대로 신에게 바치는 술을 함께 부었던 자들이다. 이러한 동맹의 혜택을 주장할 자격이 없는 자들은 Εκςπονδοί라고 불렀는데, 소위 법의 보호 밖에 있는 자들이다. 유능하지만 자주 너무 조직적이고 편견이 있는 이 그리스의 역사가는, "그 시대의 그리스인들 사이에서 인간은 명시적인 약정이 없으면 어떤 의무에도 서로 구속되지 않는다는 것이 매우 일반적으로 받아들여졌던 것으로 보인다."라고 말한다. 그는 특히 플라타이아이의 항복 당시 스파르타인들이 사로잡은 포로들에게 행한 잔인한 행위에서 이러한 규칙의 실례를 제공한다.) – *William Mitford's History of Greece,* vol. i. c. 15, s. 7. (William Mitford의 그리스 역사)

불의가 아니다."라는 것이다. 이와 똑같은 생각이 아테네인들이 멜로스(Melos) 사람들에게 보낸 답장에서 공개적으로 천명된다. 아리스티데스*Aristides(BC 520?-468?)*는 이 점에서 사적 도덕성과 공적 도덕성을 구별했는데, 개인 간에는 정의의 규칙이 신성하게 지켜져야 하지만 공적·정치적 문제에 대해서는 매우 다른 행동이 따라야 한다고 주장했다. 따라서 그는 아테네 시민들에게 국익을 증진하기 위해 신의를 저버리도록 권유하고, 그러한 배신행위로 인한 죄와 벌은 자신에게 맡겨 놓으라고 하였다.[2]

만약 그리스 국가들 상호 간의, 그리고 그리스 국가들과 그 밖의 인류 간의 평화적인(*pacific*) 관계가 그런 것이라고 말할 수 있다면, 우리는 전쟁(*war*)의 권리가 극도로 엄격하게 행사되었음이 분명하다고 쉽게 상상할 수 있다. 전쟁에서 잡은 포로를 노예로 삼는 일은 고대 세계의 보편적인 관행이었다. 그러나 아테네인들은 그들 자신의 민족적 편견에 따르더라도 형제로 여겼어야 했던 사람들을 포고령에 의해 의도적으로 극히 잔인하게 신체를 훼손하거나 죽였다. 이는 국제적 정의에 관한 그들의 이론과 실행이 얼마나 개탄스러울 정도로 빈약했는지 보여주는 뚜렷한 증거이다. 라케다이몬(Lakedaimon, 역자 주: 스파르타를 수도로 한 고대 그리스의 도시국가)의 리쿠르고스*Lycurgus(BC 800?-730)*는 야만인 노예를 위한 법을 제정했지만, 그들에게 한층 더 엄격하고 가차 없는 성격을 띠었다. 라케다이몬 정부는 그리스 전역에서 귀족파의 우두머리였다. 따라서 여러 공화국에서 민중의 관심은 자연히 도움을 찾아 아테네의 민주주의를 우러러보았다. 그런데 이 두 강국을 견제하고 통제할 수 있는 최고 연방 당국이 없었다. 두 경쟁국은 다른 모든 국가를 끊임없는 소요와 극심한 혼란에 빠뜨렸으며, 이로 인해 그 국가들은 비참해지고 법적 보호의 박탈, 추방, 그리고 학살로 인구가 고갈되어 갔다.[3]

---

2 Theophrastus apud Plutarch in Aristide. (테오프라스토스가 한 말로, '플루타르코스 영웅전'의 아리스티데스 편에 인용되어 있다.)

3 A learned modern writer has enumerated the following points as constituting the rude outlines of public law observed among the Greek states: —
1. The rights of sepulture were not to be denied to those slain in battle. 2. After a victory, no durable trophy was to be erected. 3. When a city was taken, those who took refuge in the temples could not lawfully be put to death. 4. Those guilty of sacrilege were to be left unburied. 5. All the Greeks were allowed to resort to the public games, and the temples, and to sacrifice there without molestation. These rules

국가 관계에 관한 키케로*Cicero(BC 106-43)*의 정의론은 그리스의 정치가와 철학자들의 정의론보다 더 진보적이었던 것으로 보인다. 비록 그의 동포들의 실행은 그들의 종교적 관념이 신의 속성에 대한 키케로의 숭고한 관념과 달랐던 만큼이나 그의 정의론과 달랐지만 말이다. 그러나 키케로나 그리스인 어느 쪽도 국제법학(science of international law)에 관해 현대에(역자 주: 저자의 시점에서) 이해되는 것과 같은 정확하거나 충분한 개념을 갖지 못했다. 로마인들의 이민족과의 관계는 그들의 국내 규율에 따라 행하는 것과 너무도 부합했다. 잘 적응되지 못한 그들의 정치구조는 끊임없는 변동으로 요동쳤지만, 군사적 건국자에 의해 로마에 각인된 성격은 항상 보존되었다. 즉 로마의 존재는 끝없는 전쟁이며, 로마의 중단없는 과업은 외국의 정복과 식민지화라는 바로 그 법이다. 7세기 이상 동안, 로마인들은 심원한 정책 속에서 잉태되고 개인 생활의 모든 유익한 추구와 자비를 희생하며 수행된 강대국화(aggrandizement) 책략을 불굴의 긍지와 끈기로 추진하였다. 전쟁에서 포로가 된 동포의 운명에 대한 걱정은 엄격하고 교활한 그들의 정책에 의해 경멸당했다.

---

were enforced by the council of the Amphictyons, which was a religious rather than a political institution, and, as such, took cognizance of offences against the law and customs which had been sanctioned by the national superstition. – Saint–Croix, Sur Les Anciens Gouvernements Fédératifs. (한 유식한 현대 작가가 그리스 도시국가들 사이에서 준수된 공법의 대략적인 윤곽을 구성하는 것으로 다음과 같은 점들을 열거하였다. 1. 전투에서 피살된 자들에게 매장권이 거부되어서는 안 된다. 2. 전쟁에서 승리한 후에 영구적인 전승비를 세워서는 안 된다. 3. 도시를 점령했을 때, 사원에 피신한 자들은 합법적으로 죽일 수 없다. 4. 신성 모독죄를 범한 자들은 매장이 거부되어야 한다. 5. 모든 그리스인은 대중운동경기에 참가하고 신전에 가서 방해받지 않고 제물을 바치는 것이 허용되었다. 이 규칙들은 인보동맹(역자 주: 고대 그리스에서 신전 관리와 제례 유지를 위하여 그 신역 주변의 도시국가들이 결성한 동맹) 회의를 통해 집행되었는데, 이는 정치제도라기보다는 종교제도였다. 그러한 제도로서, 인보동맹회의는 국가적 미신에 의해 승인된 법과 관습을 위반하는 행위를 식별하였다.) (Saint–Croix의 고대 연방정부론)

"We find it difficult to comprehend and believe," says Niebuhr, "in the existence of the spirit with which the ancient oligarchies maintained the power they at all times abused: that spirit, however, is sufficiently manifested in the oath they exacted in some of the Greek states from their members, to bear malice towards the commonalty, and to devise all possible harm against it." (Niebuhr가 말하길, "우리는 고대 과두제 집권층이 항상 남용했던 권력을 유지하는 데 이용했던 영령의 존재를 이해하고 믿기가 어렵다. 하지만 그 영령은 그리스의 일부 국가에서 그들이 그 구성원들로부터 받아낸, 평민층에 대해 악의를 품고 그들에 대한 가능한 모든 해악을 강구하겠다는 맹세에서 분명히 나타난다.") – *Barthold Georg Niebuhr, Romische Geschichie,* 2 band. (Niebuhr의 로마사)

"레굴루스가 평화조약의 조건을 경멸하여 거부한 이유가 이것에 대한 두려움 때문이었다. 포로로 잡힌 젊은이들이 무심하게 죽도록 버려지지 않는다면 아직 태어나지 않은 후대에 얼마나 파멸적인 선례가 추론될 것인가."

"Hoc caverat mens provida Reguli
Dissentientis conditionibus
Fædis, et exemplo trahenti
Perniciem veniens in ævum,
Si non periret immiserabilis
Captiva pubes."

역자 주: 위 내용은 로마 공화정 말기 시인 호라티우스*Horatius*(BC65-BC8)의 찬양 시집(Odes) 제3권에 나오는 다섯 번째 시의 일부이다. 로마 공화정 당시 집정관 레굴루스*Marcus Regulus*(*BC267, BC256*)의 용기와 명예심을 되새기며, 로마가 파르티아에 대패한 카레 전투(BC53)에서 포로가 된 병사들을 반환받는 데 반대하고 있다. 레굴루스는 제1차 포에니 전쟁(BC264-241)에 집정관으로서 참전 중 카르타고에서 포로가 되었는데, 양국 간 평화조약의 주선 조건으로 풀려나 로마로 돌아와서는 원로원에 카르타고의 평화조약 제안을 거부할 것을 주장한 후, 약속대로 카르타고로 돌아가 그곳에서 죽었다고 한다. 이 시는 카레 전투 약 28년 후에 쓰였다. 우리말 번역은 라틴어 원본을 번역한 다음 영문본으로부터 옮긴 것이다. "It was fear of this made Regulus reject base terms of peace with scorn, inferring precedents ruinous to generations yet unborn, if prisoners were not left to die unpitied." The Odes of Horace Englished by William Hathorn Mills, M. A., Berkley, California, Ledeer Street & Zeus Company, 1921, P. 64.

로마인들은 에트루리아인들(Etruscans)로부터 페키알 법(jus feciale, 유스 페키알레) 제도를 그 법을 해석하여 적용하는 페키알 사제단(college of heralds)과 함께 빌려 왔다. (역자 주: jus feciale은 사절 · 선전포고 · 조약 등 다른 민족이나 국가와의 전쟁과 평화 문제를 다루는 법을 말한다.) 그것은 그리스인들로부터 야만인(*Barbarians*)으로 불리던 에트루리아인들이 국제적 법규를 인정한 유일한 흔적으로 로마인들의 국내법과 다른 것이었다. 이 미약한 공적 제도는 로마인들의 동맹국에 대한 억압적 행위나

패배한 적에 대한 부당하고 잔인한 대우와 강렬하게 대비된다. 표현력이 풍부하고 은유적인 로마인들의 언어로 "승리(VICTORY)는 심지어 적의 신성한(*sacred*) 것조차 신성을 모독하는(*profane*) 것으로 만들었다." 그들은 동산이든 부동산이든, 공공재산이든 사유재산이든 적의 모든 재산을 몰수하고, 적과 그 후손들을 영원히 노예로 삼고, 적의 왕과 장군들을 정복자의 전차 바퀴 아래 끌고 다녔다.[4]

로마인들은 과학으로서 국제법에 관해 매우 불완전한 지식을 가지고 있었고, 국제법을 국가 간의 실질적인 정의 규칙으로 거의 고려하지 않았지만, 그들의 국내법

---

4 No professed treatise of international law has been left us by any ancient writer. Neither the work of Aristotle upon the laws of war, nor the institutes of the Roman fecial law, have descended to modern times. "When the Romans called their fecial law the law of nations, we are not to understand from hence that it was a positive law, established by the consent of all nations. It was in itself only a civil law of their own: they called it a law of nations, because the design of it was to direct them how they should conduct themselves towards other nations in the hostile intercourse of war; and not because all nations are obliged to observe it." (고대의 어떤 작가도 우리에게 국제법 논문이라고 공언된 것을 남기지 않았다. 전쟁법에 관한 아리스토텔레스의 작품도, 로마의 페키알법 제도도 현대로 전해지지 않았다. "로마인들이 그들의 페키알법을 국제법이라고 불렀을 때, 그것이 모든 국가의 동의로 확립된 실정법이었다고 이해해서는 안 된다. 그것은 그 자체로 단지 로마인 자신의 시민법이었다. 그들이 그것을 국제법이라고 부른 이유는, 그 법이 적대적인 전쟁 관계에서 로마 시민이 다른 민족에 대해 어떻게 행동해야 하는지 지시하기 위한 것으로 설계되었기 때문이지, 모든 민족이 그것을 준수할 의무가 있어서가 아니었다.") (*Rutherforth, Natural Law*, b. ii. c. 9, § 10. (Rutherforth의 자연법 제도)

And the incidental notices which may be collected from the writers on the Roman law, of what they called *jus gentium*, concur in showing, that the idea associated with this term was not that of a positive rule governing the intercourse of states, but what has been since called natural law, or the rule of conduct that exists, or ought to exist, amongst mankind, independent of positive compact and institution. Hence it is always contrasted by these writers with the municipal law, *jus civile*, and even with the constitutional code, *jus publicum*, which regulated the government of the city, (그리고 그들이 *jus gentium*(유스 겐티움)이라고 불렀던 로마법에 관한 작가들로부터 수집될 수 있는 부수적인 통지들이 일치하여 보여주는 것이 있다. 즉 *jus gentium*과 연관된 개념은 국가들의 관계를 규율하는 실정 규칙의 개념이 아니라 나중에 자연법으로 불린, 또는 국가들의 관계를 규율하는 실체적 약정이나 제도와 상관없이 인간 사이에 존재하거나 존재해야 하는 행동규칙으로 불린 개념이라는 것이다. 그러므로 이 작가들은 *jus gentium*을 로마의 민법인 유스 키빌레(*jus civile*)와 대비시키고 있으며, 로마 정부를 규율했던 헌법 규정인 유스 뿌블리쿰(*jus publicum*)과도 대비시키고 있다.) – Ludwig Ompteda, Litteratur des Volkerrechts, tom. i. pp. 142–161. (Ompteda의 국제법)

은 현대(역자 주: 저자의 시점에서) 유럽에서 공법(public law)의 체계를 세우는 데 근본적으로 공헌하였다. 스토아철학의 엄격한 정신이 로마법에 고취되었으며, 지금까지 세계에서 최고로 유능하고 고결하고 세련된 귀족사회의 성격을 형성하는 데 공헌하였다. 고전 작가들이 로마 귀족의 개인적 행동 양식을 그린 그림에는 그들의 차분하고 평온한 기품이 공적 행위의 근엄한 특징과 뚜렷이 대비되어 나타나는데, 이것들이 서로 합쳐져 품위 있는 법률 상담을 수행하는 데 감탄스러울 정도로 적합한 성격을 형성하였다.

> "로마에서는 아침 일찍 대문을 활짝 열고 의뢰인들을 맞이하여 복잡한 법률문제에 관해 의문을 해소해주는 것이 오랫동안 우리 아버지들의 기쁨이자 자부심이었다."
>
> "Romæ dulce diu fuit et solemne, reclusa
> Mane domo vigilare, clienti promere jura."

역자 주: 이 구절은 로마 공화정 말기의 시인 호라티우스(Horatius, BC65-BC8)의 서간집(The Epistles) 제2권(Book II, Epistle I)에 나온다. 당시 로마 시민들의 일상생활을 설명하는 가운데 법률가들의 생활을 언급하고 있다. 우리말 번역은 라틴어 원본의 다음 영문 번역본으로부터 옮긴 것이다. "In Rome, it was long our fathers' joy and pride, at early dawn with portals open wide, on knotty points to clear each client's doubt." The Epodes, Satires, and Epistles of Horace, translated by the late Rev. Francis Howes, M. A., London, William Pickering, 1845, P. 204.

그들의 일은 오랫동안 사법 행정을 수행하는 배타적 특권이었다. 법학을 공부하여 업으로 삼고, 그렇게 얻은 지식을 사적 유산이나 정치 권력의 가장 귀중한 도구로 물려주는 데 특별한 관심을 쏟는 특정 가문의 관행이 서서히 생겨났다. 이러한 사정이 로마에서 법학의 완성에 근본적으로 공헌했는데, 사실 오랫동안 로마에서는 철학의 연구 이외에 다른 인문학의 추구는 창의적인 로마인들에게 어울리지 않는 것으로 여겨졌다. 그들은 의뢰인과 동포 시민들에게 법을 해석해 주는 업무를 수행하는 과정에서 일종의 사법 입법(judicial legislation)을 개발하였다. 이는 로마 공

화정의 수립부터 제국의 멸망에 이르기까지 정례적이고 끊임없는 계승으로 이어진 장구한 행렬의 법률가들에 의해 대대로 발전되었다. 그 결과는 그리스의 어느 공화국에서도 결코 과학으로까지 성장하지 못했던 것으로 보이는 민법(civil law)이 로마에서 매우 일찍이 과학이 되었으며, 문명 세계로 퍼져나갔다는 것이다.[5] 이 점에서 로마인들의 엄청난 명성과 부를 생각하면 감정이 일지 않을 수 없다. 로마의 무력적 영광은 오래전에 떨어져 나갔으나 "영원한 도시(the Eternal City)"는 로마 시민법의 강력한 영향력을 통해 여전히 대다수 기독교 세계 문명국가를 계속 지배하고 있다. 오늘날 독일의 한 저명한 로마법 학자가 예리한 연구와 타의 추종을 불허하는 지혜로 여러 벌레 먹은 책에 흩어져 있던 수많은 로마법의 증거들을 힘들여 수집하고 만족스럽게 조합해냈다. 이들 증거는 로마법이 로마제국의 폐허에 묻히기는커녕 중세 내내 살아남아, 12세기 초 이탈리아 아말피(Amalfi)에서 유스티니아누스 황제의 학설휘찬(Pandects of Justinian)이라고 주장된 책이 발견되기 오래전에, 계속해서 유럽 법의 완전한 일부가 되었음을 보여준다. 우리가 일반적으로 믿도록 배운 바와 달리, 정복당한 로마 속주의 주민은 고트족 침략자들(Gothic invaders)에 의해 전멸되지도 개인의 자유를 박탈당하지도 않았으며, 전 재산이 몰수되지도 않았다. 그들은 자기 토지의 대부분을 소유하도록 허용되었고, 전에 그들을 규율했던 속인법(personal laws)을 적용받았다. 그뿐만 아니라, 로마 도시들의 조례도 보전되어 로마법의 연구와 시행은 소위 중세의 암흑기에도 결코 완전히 포기될 수 없었다.[6] 따라서 우리는 로마 시민법이 스칸디나비아 국가들과 영국을 제외한 유럽의 모든 문명국에서, 국내 법학의 시원적 기초를 형성했거나, 현지 법이 침묵하거나 불완전한 경우 또는 모호한 부분의 설명을 위해 해석의 도움이 필요한 경우에 의존하는 "서면 이성(written reason)"이라는 보충적 법전이 되고 있음을 본다.

현대 국제법학의 기초는 인류 역사에서 기억할 만한 시대, 즉 문예 부흥, 신대륙의 발견, 그리고 종교개혁의 시기와 거의 일치하는 시대로 거슬러 올라갈 수 있다. 로마법은 그 정신을 로마 가톨릭 교회의 교회법전(ecclesiastical code)에 불어 넣었다. 당시 모든 도덕적 힘과 지식이 성직에 집중되어 있었는데, 그러한 성직의 이익

---

5 Smith's Wealth of Nations. b. v. c. 1. Part Ⅲ. (Adam Smith의 국부론)

6 Geschichte des Roemischen Rechts in Mittelallter, von Dr. C. von Savigny, 4 tom. Heidelberg, 1814–1826. (Savigny의 중세 로마법의 역사)

에서 성직자들이 불변의 정의 규칙에 대해 일정한 존중심을 갖게 된 것은 유럽에서 문명의 부흥에 유리한 상황으로 여겨질 수 있다. 로마 주교(Roman pontiffs)의 정신적 군주제는 중세 사회의 거친 무질서를 진정시킬 도덕적 힘의 필요성에 기초하여 세워졌다. 교황의 권위의 영향력은 당시 인류에게 축복으로 느껴졌다. 그것은 유럽을 완전한 야만으로부터 구했으며, 봉건주의 억압으로부터 유일한 피난처를 제공했다. 교황 그레고리우스 9세*Gregorius IX(1227-1241)*의 후원 아래 이루어진 교회법(canon law)의 편찬은 가톨릭 성직자들에게 정의의 규칙에 관한 지식을 확산하는 데 공헌했다. 한편 가톨릭 성직자들이 고해성사(auricular confession)의 임무 수행에 도움을 받기 위해 스스로 창안한 양심 문제 해결법(art of casuistry, 역자 주: 지극히 단순화하면, 고해성사에서 한 개인의 구체적인 경우가 죄가 되는지를 판단하는 데 필요한 이성적 추론 기법)은 성직자들에게 광활한 사변의 영역을 열어주고 진정한 윤리학에 대한 인식을 갖게 하였다.

16세기 이탈리아와 에스파냐의 대학들은 이 새로운 분야에서 일련의 일꾼들을 배출했다. 그중에 비토리아*Francisco de Vitoria(1483-1546)*와 소토*Domingo de Soto(1494-1560)*가 있다. 비토리아는 1546년경 에스파냐 살라망카 대학의 교수로 명성을 날렸다. 소토는 비토리아의 살라망카 대학 제자이자 후계자였는데, 자신의 대학 강의 주제였던 "정의와 법에 관하여"(Of Justice and Law)라는 제목의 정교한 논문을 1560년에 발표했다. 그는 이 책을 불행한 것으로 유명한 돈 카를로스*Don Carlos(1545-1568)*에게 헌정하였다. Vitoria와 Soto 모두 신대륙에서 당시 그의 동포들이 소위 기독교를 전파한다는 구실 아래 자행한 잔인한 탐욕 전쟁을 진정으로 대담하고 자주적으로 규탄했다. Soto는 신성로마제국 황제 카를 5세*Karl V(1519-1556)*에 의해, 에스파냐의 신대륙 식민주의자들을 옹호하는 세풀베다*Sepulveda*와 불행한 원주민을 옹호하는 라스 카사스*Las Casas* 사이에서 원주민 노예화의 합법성에 관해 결정하기 위한 중재인으로 임명되었다. 황제의 1543년 개혁 칙령은 Soto가 원주민 측에 유리하게 내린 결정에 기초하여 마련되었다. Soto는 여기서 멈추지 않고 당시 포르투갈인들이 시행하기 시작한 아프리카 노예무역을 가장 강력한 용어로 규탄했다고 한다. 그러나 나는 노예무역의 대상이 태곳적부터 노예가 될 운명이었거나 전쟁에서 정복되어 노예가 된 불행한 아프리카 주민에 한정되는 한, Soto가 노예제도를 일반적으로 규탄했다거나 심지어 노예무역 자체도 규탄했다고 이해하지 않는다. 당시 그러한 자들은 유스 겐티움(*jus gentium*)에 의해 보편적으로 인간

재산에 대한 권원(title to property in human beings)이 정당하게 부여되는 것으로 여겨졌다. 나는 단지 포르투갈 무역상들이 사기행각으로 원주민들을 해안으로 유인하여 폭력적으로 노예선에 태운 납치 시스템을 그가 규탄했다고 이해한다.[7]

---

7 "If the report," says Soto, "which has lately prevailed, be true, that Portuguese traders entice the wretched natives of Africa to the coast by amusements and presents, and every species of seduction and fraud, and compel them to embark in their ships as slaves, – neither those who have taken them, nor those who buy them from the takers, nor those who possess, can have safe conscience, until they manumit these slaves, however unable they may be to pay ransom." (Soto가 말하길, "최근에 널리 퍼진 그 말이 진실이라면, 즉 포르투갈 무역상들이 그 불행한 아프리카 원주민들을 재미와 선물, 그리고 온갖 종류의 유혹과 사기로 해안으로 꾀어내 강제로 노예선에 태웠다면, 그들을 노예로 잡은 자들이나, 그들로부터 노예를 산 자들이나, 노예를 소유한 자들이나 모두 아무리 노예들이 몸값을 갚을 수 없더라도 그들을 풀어주기 전에는 양심이 편할 수 없다.") – *Soto, de Justitia et Jure*, lib. ⅳ. quæst. ⅱ. art. 2. (Soto의 정의와 법에 관하여)

To the above names may be added that of Francisco Suarez, another casuist, who flourished in the same century, and of whom Grotius says that he had hardly an equal, in point of acuteness, among philosophers and theologians. Some parts of his theory of private morals are justly reprobated by Pascal in the *Lettres Provinciales*; but this Spanish Jesuit has the merit of having clearly conceived and expressd, even at the early day, in his treatise *De Legibus ac Deo Legislatore*, the distinction between what is called the law of nature and the conventional rules of intercourse observed among nations. "He first saw that international law was composed, not only of the simple principles of justice applied to the intercourse between states, but of those usages long observed in the intercourse by the European race, which have since been more exactly distinguished as the consuetudinary law acknowledged by the Christian nations of Europe and America." (위 이름들에 또 다른 양심문제 해결법 학자로 같은 세기에 명성을 날린 프란시스코 수아레스의 이름이 추가될 수 있을 것이다. 그에 대해 흐로티위스는 철학자와 신학자 중 예리함에서 그와 견줄 만한 자가 거의 없었다고 말한다. 그의 사적 도덕론의 일부는 파스칼의 '시골 벗에게 보내는 편지'에서 타당하게 반박되고 있다. 그러나 이 에스파냐 예수회 성직자는 그의 논문 '법과 입법자이신 신'에서 그렇게 일찍이 소위 자연법과 국가 간의 관계에서 준수되는 관습규칙 간의 차이를 명확하게 이해하고 표현했다는 공적이 있다. "최초로 그가, 국제법은 국가 간의 관계에 적용되는 순전한 정의의 원칙들뿐만 아니라 유럽 민족이 그들 간의 관계에서 오랫동안 지켜온 관행으로도 구성된다고 보았다. 그러한 관행은 이후 유럽과 아메리카의 기독교 국가들에 의해 인정된 관습법으로 더욱 정확하게 구별되었다.") (*Mackintosh, Progress of Ethical Philosophy*, sect. 3, p. 51. Mackintosh의 윤리 철학의 발전)

A number of practical treatises on the laws of war were also written about this period by Spanish and Italian authors, several of whom are cited by Grotius; and it is remarked by Sir J. Mackintosh, that Spain, under Charles Ⅴ. and Philip Ⅱ, having

---

역자 주: *jus gentium*(유스 겐티움)은 고대 로마법 체계에서 로마 시민 간의 관계를 규율하던 유스 키빌레(jus civile, 시민법)에 대응하는 개념으로, 로마 시민과 제국 내 이민족 간의 관계 또는 이민족 상호 간의 관계에 적용되던 법이다. 즉 *jus gentium*은 국가 간의 법이 아니라 고대 로마의 독특한 국내법이었다. 하지만 그것이 서로 다른 민족 간의 법률관계에 적용되고 순수한 국내법과 달리 주로 이성에 기초한 자연법적 요소로 구성된다는 점에서 당시의 국제법과 유사한 면이 있었다. 그래서 유럽에서 라틴어로 국제법을 연구하고 글을 쓰던 당시 국제법을 가리키는 용어로 *jus gentium*이 사용되었다. 만민법(萬民法)으로 번역된다.

새로운 자연 법학 분야에서 일꾼들이 출현하기 오래전에, 인류의 진보와 행복에 항상 유익한 통상의 천재들이 지중해 해안에 접한 해양 국가들의 오랜 관습과 관행을 서면 텍스트로 엮어냈다. 이 콘솔라토델마레(*Consolato del Mare*)를 에스파냐와 이탈리아가 서로 자기가 편찬했다고 그 영광을 다툰다. 이 규정집은 전시 해상 포획(maritime captures in war)에 관한 몇 개의 장(chapters)과 함께 방대한 민간 통상 규정을 포괄하고 있는데, 유럽의 해양 국가들이 이때부터 포획법을 시행하였으므로 포획법의 주요 원칙들이 매우 일찍이 확립되고 일반적으로 채택되었음을 보여준다. 이 흥미로운 기념비적 통상 규정집의 최초 인쇄본은 인쇄술 그 자체와 거의 같은 시기에 나왔는데, 1494년 바르셀로나에서 카탈루냐어로 출판되었다. 그 규정들이 콘솔라토델마레가 나오기 오래 전에 수집되었다는 것은 의문의 여지가 없다. 그러나 어느 특정 시기에 그리고 지중해 연안에 박혀 있는 수많은 통상 공화국 중 어느 국가에 의해 그것이 수집되었는지는 매우 불확실한 문제이다. 콘솔라토델마레의

---

become the first military and political power in Europe, maintaining large armies and carrying on long wars, was likely to be the first that felt the want of that more practical part of the law of nations which reduces war to some regularity. (또한 이 무렵에 전쟁법에 관한 다수의 실용적인 논문들이 에스파냐와 이탈리아인 저자들에 의해 작성되었으며, 그들 중 일부는 흐로티위스에 의해 인용되고 있다. 그리고 Mackintosh는, 에스파냐는 신성로마제국 카를 5세 황제(동시에 에스파냐의 카를로스 1세 국왕)와 펠리페 2세 국왕 치하에서 유럽 최초의 군사·정치적 강대국이 되고 대군을 유지하며 여러 장기전을 수행했는데, 전쟁을 어느 정도 규칙화하는 국제법의 더욱 실용적인 측면의 필요성을 느낀 최초의 국가였을 것 같다고 언급한다.)

기원에 관한 문제는 다양한 논평가들의 연구와 창의력을 자극하였는데, 법적 유물의 후미진 곳을 탐구하는 데 쏟는 그들의 열정은 국가적 허영과 경쟁심에 의해 고무되었다. 이 옛날 법규집의 많은 조항이 유럽 국가들의 더 현대적인 법령, 특히 저 멋진 입법 모델인 프랑스 국왕 루이 14세*Louis XIV(1643-1715)*의 1681년 해사 칙령(marine ordinance)에 통합되었다. 콘솔라토델마레의 결정은 일반적으로 오늘날에도 채택이 권고되는 정의와 형평(justice and equity)의 정신에 의해 지배된다. 그리고 그 결정은 의문의 여지 없이 그것들이 수집된 당시의 국가 간 통상 관계에 관한 기독교 유럽의 일반적인 정서를 증명한다.[8]

알베리코 젠틸리*Albericus Gentilis(1552-1608)*는 지금 우리가 그 역사를 살펴보고 있는 과학 분야에서 흐로티위스의 선구자였다. 그는 16세기 중반경 이탈리아 안코나(Ancona)의 오래된 명문가에서 태어났다. 그의 아버지는 종교개혁의 교리를 공공연하게 받아들인 몇 안 되는 이탈리아인 중 한 명이었으며, 가족을 데리고 독일로 피신하지 않을 수 없었다. 그곳에서 그는 아들 알베리코를 영국으로 보냈는데, 그는 영국에서 양심의 자유뿐만 아니라 후원과 호의를 받았고, 옥스퍼드 대학교의 로마법 교수직에 임명되었다. 당시 영국의 법체계에서 로마법만이 과학적 방식으로 가르칠 만한 가치가 있는 것으로 여겨졌다(국내법은 법조 학원(inns of court)의 미개한 훈육에 방치되어 있었으며, 이에 대해 헨리 스펠만 경*Henry Spelman*은 매우 공감되는 설명을 남겨 놓았다). 젠틸리는 자신의 관심을 로마법에 국한하지 않고 자연 법학과 기독교 국가들의 관계를 규율하는 관습법(consuetudinary law)의 원칙들을 연구했다. 그의 관심은 특히 후자의 연구에 집중되었는데, 자신이 영국의 포획재판소에서 에스파

8 A beautiful edition of the *Consolato* was published at Madrid, in 1791, by Don Antonio Capmany, in the Catalonian, with a Spanish translation. The commentary of Valin upon the marine ordinance of Louis XIV., of 1681, contains a most valuable body of maritime law, from which the English writers and judges, especially Lord Mansfield, have borrowed very freely. Valin also published a separate *Traité des Prises*, in 1763, which contains a collection of the French prize ordinances down to that period. (콘솔라토델마레의 훌륭한 또 다른 판이 1791년 마드리드에서 Don Antonio Capmany에 의해 카탈루냐어로, 에스파냐어 번역과 함께 출간되었다. 루이 14세의 1681년 해사 칙령에 관한 Valin의 논평은 해상법의 매우 가치 있는 부분을 포함하고 있다. 이로부터 영국의 학자, 그리고 특히 Mansfield 재판관을 비롯한 여러 재판관이 매우 자유롭게 인용하였다. Valin은 또한 별도의 책 '포획론'을 1763년에 출간했는데, 그 당시까지의 프랑스 포획 법령집을 포함하고 있다.)

냐인 원고의 변호인으로 고용된 상황이었기 때문이다. 그의 전문적인 노동의 성과는 해상법 관련 법원판결에 관한 유럽 최초의 판례집으로 세상에 나왔다. 그는 더욱 깊은 학술적·학문적 연구를 통해, 현대에 출현한 국제법의 한 분야인 전쟁법에 관한 최초의 정식 논문을 썼다. 이 작품은 저 유명한 흐로티위스가 다음 세기에 같은 연구 분야에 들어서 정진할 때 그의 길을 안내하는 등불이 되었다.[9]

젠틸리는 대사관에 관한 논문도 집필하였는데, 이를 그의 친구이자 후원자로 용기와 재능을 겸비한 필립 시드니 경*Philip Sidney*에게 헌정했다. 그는 그 거친 격동기에 박해받은 천재의 관대한 보호자였으며, "그의 숭고한 생각은 예의 바른 마음속에 자리잡고 있었다." 이 작품에서 젠틸리는 통상적으로 마키아벨리*Machiavelli(1469-1527)*가 폭정의 지침서로 의도했다고 여겨진 군주론(*Prince*)의 도덕적 성향을 옹호한다. 젠틸리는 그 책이 군주의 해악에 대한 가장된 풍자이며, 민중을 훈계하고 지도하기 위해 폭군의 술수를 철저하고 냉정하게 설명했다고 주장한다. 군주론은 자기 나라의 당파에서 실제로 항상 민중의 편에 서고, 고대의 공화주의자 그리고 국왕 살해자를 광적으로 찬양한 자가 집필하였다는 것이다. 마키아벨리의 집필 동기에 관한 이 오랜 논쟁에 대해 어떻게 생각하든, 그의 작품은 확실히 16세기 초의 공법(public law)과 유럽 사회의 암울한 모습을 우리에게 제시한다. 즉 그것은 군주와 민중에게 명확한 진실과 정의의 언어를 말하고 이 도덕적 병폐의 참상을 막을 위대한 교사이자 개혁가가 나오기를 큰 소리로 촉구하는 위선과 죄악 그리고 부패의 큰 덩어리이다.

---

9 The title of *Alberico Gentili*, to be considered as the father of the modern science of natural and international law, is asserted by his countryman *Lampredi*. "He first explained the rules of war and peace, which probably suggested to Grotius the idea of writing his own work– worthy to be remembered, among other things, for having contributed to augment the glory of his native Italy, where he drew his knowledge of the Roman law, and proved her to be the earliest teacher of natural jurisprudence, as she had been the restorer and patroness of all liberal arts and learning." (알베리코 젠틸리의 직함은 현대 자연법학과 국제법학의 아버지로 여겨져야 한다고, 그의 동포 *Lampredi*에 의해 주장되고 있다. "그는 최초로 전쟁과 평화의 규칙을 설명했으며, 아마도 이것이 흐로티위스에게 그 자신의 책을 집필할 생각을 갖게 했을 것이다. 무엇보다도 이것이 기억할 만한 가치가 있는데, 그의 조국 이탈리아의 영광을 드높이는 데 공헌했기 때문이다. 그는 이탈리아에서 로마법에 관한 지식을 얻었으며, 이탈리아가 자연 법학의 가장 초기의 교사임을 증명했다. 이탈리아가 모든 인문학과 학문의 회복자이자 후원자였기 때문이다.")

그러한 교사이자 개혁가가 흐로티위스*Hugo Grotius(1583-1645)*였다. 그는 16세기 후반에 태어나 17세기 초반에 명성을 날렸다. 유독 그 시대에 위대한 인물이 많이 나왔지만, 천재성이나 다양한 재능과 지식에서, 그리고 후세 인류의 생각과 행위에 미친 중대한 영향에서 흐로티위스보다 더 뛰어난 자는 없었다. 그는 학자로서나 실무가로서 거의 동등하게 탁월했으며, 동시에 호소력 있는 옹호자, 과학적인 법률가, 고전 역사학자, 애국적 정치가, 그리고 박식한 신학자였다. 그는 기독교의 진리에 대한 복종을 천명한 강고한 마음의 소유자였다. 그의 뛰어난 역량은 그의 조국과 인류에 대한 헌신에 바쳐졌다. 그는 영국과 포르투갈의 황당한 허세에 맞서 모든 국가의 공동 재산으로서 해양의 자유(freedom of the seas, as the common property of all nations)를 옹호했다.[10] 그의 배은망덕한 조국은 그의 미덕과 봉사를 유배로 보답했다. 그의 아내의 용기 있는 수완과 헌신이 없었다면, 그의 조국은 그 유배를 영구적인 감금이나 사망으로 이어지게 했을 것이다. 그는 올덴바르네벨트 *Oldenbarnevelt* 및 기타 아르미니위스파(Arminians) 박해 사건에 연루되어 1619년에 뢰브슈타인(Louvestein) 요새에 유배되었다. 하지만 그는 자신의 책, 그리고 재능 있고 영웅적인 처와 함께 있도록 허용되었는데, 그의 아내는 경비원들을 속여 남편을 숨긴 책장을 성 밖으로 운반해내게 하였다. 그리고 그녀는 그에 따른 보복을 감수하였다. 흐로티위스는 프랑스로 탈출했으며, 그러한 추방 중에 자기 동포들에게 가장 중요한 봉사를 함으로써 악을 선으로 갚았다. 그리고 그를 박해한 나사우의 마우리츠 공*Prince Maurice van Nassau*조차 그의 벨기에 역사에서 완전히 공정하고 공평하게 다루어지고 있다. 특히 당파적 적대감으로 감염된 시대에, 흐로티위스는 편협한 신앙의 오점으로부터 순수하게 자신을 지켰다. 그리고 고마르파(Gomarists)와 아르미니위스파(Arminians) 간의 대결에 적극 관여했으면서도, 폭넓은 관용으로

---

10 The *Mare Liberum* (해양자유론) of Grotius appeared in 1634; and Archbishop Land immediately engaged the learned Selden to answer it, in a treatise entitled *Mare Clausum* (해양폐쇄론), in which he not only maintained the national claim of sovereignty over the British seas, but the obnoxious claim of ship−money, which it was at that time the object of Charles I. and his councillors to establish. (흐로티위스의 해양자유론이 1634년에 나왔으며, Land 대주교는 즉시 저명한 Selden을 고용하여 그에 대응하도록 했다. Selden은 해양폐쇄론에서, 영국의 바다에 대한 국가 주권의 주장뿐만 아니라, 당시 찰스 1세 국왕과 그의 대신들의 성취 목표였던 함정건조 명목의 그 고약한 세금(ship−money) 징수에 대한 주장을 옹호했다.)

가톨릭이든 프로테스탄트든 각 종파 모두를 포용하였다. 이는 그 당시에 거의 전례가 없는 관대함이었다. 그는 더는 활동적인 생활에서 유용한 역할을 할 수 없게 되자, 위대한 책을 집필하여 인간을 평화와 정의에 대한 사랑으로 이끌기 위해 애썼다. 그의 책 「전쟁과 평화의 법」은 당시의 모든 진보주의 성향의 군주와 외교사절에게 깊은 감명을 주고 그들의 공적 행위에 근본적인 영향을 미쳤다. 알렉산드로스 대왕*Alexandros(BC 356-323)*은 그의 정복욕을 불태우기 위해 호메로스의 「일리아드」를 황금상자 안에 넣어 다닌 데 반해, 스웨덴의 구스타프 아돌프 국왕*Gustavus Adolphus(1594-1632)*은 개신교 유럽의 자유를 위해 독일에서 싸운 그 영웅적인 전쟁 중에 흐로티위스의 「전쟁과 평화의 법」을 배게 밑에 두고 잠을 잤다. 그리스의 시인과 네덜란드의 철학자, 또는 그들의 책으로부터 이렇게 다르고 반대되는 감정을 흡수한 두 영웅, 어느 쪽이 더 뚜렷한 대비가 될지 판단하기 어렵다.[11]

이 작품의 즉각적인 실제 효과는 이것만이 아니었다. 진보주의 군주인 팔츠 선제후 카를 루트비히*Karl Ludwig(1648-1680)*는 이 책의 계몽되고 자비로운 주의에 너무도 강렬한 충격을 받고 유럽 최초로 하이델베르크 대학에 "자연법과 국제법"(law of nature and nations) 교수직을 설치하였다. 그리고 그 자리를 저명한 국제법학자인 푸펜도르프*Samuel Puffendorf(1632-1694)*에게 맡겼으며, 그는 흐로티위스의 책을 교과서로 사용했다.[12] 이렇게 흐로티위스는 새로운 정치철학 학파의 창시

---

11 The treatise *De Jure Belli ac Pacis* (전쟁과 평화의 법) was composed during the author's exile in France, and published at Paris in 1625. A very interesting summary of the life of Grotius was published in 1826, by that venerable lawyer and excellent man, the late Charles Butler. ('전쟁과 평화의 법'은 저자의 프랑스 망명 중에 집필되었으며, 1625년 파리에서 출판되었다. 흐로티위스의 생애에 관한 매우 흥미로운 요약서가 유능한 법률가이자 훌륭한 인간인 고 Charles Butler에 의해 1826년에 출판되었다.)

12 Puffendorf's principal work, *De Jure Naturæ et Gentium*, was first published in 1672, and subsequently abridged by the author, in a smaller treatise, entitled *De Officio Hominis et Civis*. (인간과 시민의 의무론) The reputation of Puffendorf seems to have been founded more upon the fact of his having no contemporary competitor, than upon his real merit either as an inventor or compiler. Leibnitz calls him, *Vir parum jurisconsultus, et minime philosopus*. (Puffendorf의 주요 작품인 '자연법과 국제법'은 1672년에 처음 출판되었으며, 그 후 저자가 이 책을 요약한 '인간과 시민의 의무론'이라는 소책자가 나왔다. 그의 명성은 창작자나 편찬자로서의 진정한 가치보다는 당대에 경쟁자가 없었다는 사실에 더 근거가 있는 것으로 보인다. Leibnitz는 그가 법학자는 거의 아니고 철학자는 결코 아니라고 한다.)

자가 되었다. 네덜란드와 독일의 대학에서 수많은 논평가가 그의 작품을 해설하였으며, 그의 사후 40년 이내에 학문 세계가 고대의 고전 작가에게만 유보하고 있던 영광이 그에게 주어졌다. 그의 책은 다양한 주석과 함께(*cum commentariis variorum*) 편집되었다. 그의 라틴어 문체는 타키투스*Tacitus(AD 56-120)*의 훈계조의 간결성을 모방하여 때로 모호해진다. 그의 책은 기독교도와 이교도 모두의 고대 작가들로부터 인용된 수많은 예시로 장식되어 있어 현대에 유행하는 취향에 맞지 않는다. 그렇지만 이들 예시는 모든 시대와 국가에서 인류의 정서와 관행이 일치함을 증명하기 위해 소환된 매우 다양한 증인들이며, 그들의 증언은 흐로티위스의 동시대인들에 의해 당시 어떤 작가의 근거 없는 권위나 추론보다 훨씬 더 존중받았음을 기억하여야 한다.[13]

---

13 "I have used,"says Grotius, "in proof of this law, the testimony of philosophers, historians, poets, and lastly, even of orators. Not that they are indiscriminately to be relied on as impartial authority, since they often bend to prejudices of their sect, the nature of their argument, or the interest of their cause; but where many minds of different ages and countries concur in affirming the same sentiment, this general concurrence must be referred to some general cause; which, in the questions we have undertaken to examine, can be no other than a right induction from the principles of natural justice, or some common consent. The former indicates the law of nature, the latter the law of nations: which difference is not to be understood from the terms alone which these authors use, (for they often confound the law of nature with that of nations,) but from the nature of the subject in question. For if a certain maxim, which cannot be inferred as a corollary from the principles of natural justice, is nevertheless found to be generally observed, we must attribute its origin to the general consent of nations." (흐로티위스가 말하길, "나는 이 법의 존재를 증명하기 위해 철학자·역사가·시인의 증언, 심지어 웅변가의 증언조차 사용했다. 이는 그들을 무분별하게 공정한 권위자로 의지해야 해서가 아니라(그들은 자주 그들의 종파적 편견, 타협 가능한 주장의 본질, 또는 명분의 이익에 굴복하므로), 다양한 시대에 여러 나라에서 많은 사람이 일치하여 같은 정서를 확인하는 경우, 이 일반적인 일치는 어떤 일반적인 원인을 가리키는 것으로 보아야 하기 때문이다. 우리가 조사에 착수한 문제들에서, 이 원인은 다름 아닌 자연적 정의의 원칙으로부터 정당한 추론이거나, 그 원칙에 대한 보편적 동의일 수 있다. 전자는 자연법을, 그리고 후자는 국제법을 지칭한다. 그 차이는 저자들이 그 둘을 정의하기 위해 사용한 용어로부터만 이해되어서는 안 되며(그들은 자주 자연법을 국제법과 혼동하므로), 문제가 된 주제의 본질로부터 이해되어야 한다. 일정한 준칙이 자연적 정의의 원칙으로부터 당연한 결과로 추론될 수 없음에도 불구하고 일반적으로 준수되는 것으로 발견된다면, 그 기원을 국가들의 일반적 동의로 귀속시켜야 하기 때문이다.") – Prolegom. § xli. (Grotius의 '전쟁과 평화의 법' 서론)

흐로티위스의 전쟁과 평화의 법(*Law of War and Peace*)에 관한 위대한 작품은 그가 자인하는 바와 같이 과학적 안배와 목표의 명확성에서 부족함이 있지만, 기독교 유럽의 민심에 놀라운 감명을 주었으며, 점차 실제 국가 관계에서 인류애와 정의를 옹호하는 매우 유익한 변화를 가져왔다. 흐로티위스의 제자들에 의해 발전된 이 새로운 자연 법학(natural jurisprudence)은 먼저 사회상태에서 개인의 행위를 규율할 정의의 규칙을 확보하기 위해 적용되고, 이어 실체적 인간제도와 무관하게 사회상태에서 살아가는 도덕적 존재로 여겨지는 독립 국가의 행위를 규율하거나 규율해야 할 유사한 규칙을 정하기 위해 채택되었다. 이는 "자연법과 국제법의 혼합법학"(mixed science of the law of nature and nations)을 낳았으며, 곧 유럽 전역에서 필수교육의 한 부분이 되었다.

과학적이고 해설적인 논문으로 간주되는 더 많은 저명한 국제법학자들의 작품에 정당하게 귀속된 결함이 무엇이든지 간에, 문명의 진보를 촉진하는 데서 "이들 걸출한 저자들"만큼 많이 공헌한 작가들의 이름을 대기는 어려울 것이다. "그들은 인간본성의 친구이자 인간의 오류와 약점을 일깨운 친절한 교사이며, 미개한 세상에 과학의 횃불을 높이 치켜든 자비로운 영혼이다." 만약 그 이후로 유럽 국가 또는 유럽계 국가의 국제관계가 다른 인류 가족 구성국들의 관행보다 우월한 인류애와 정의 그리고 관용으로 특징지어진다면, 그 영광스러운 우월성에 대한 빚을 주로 정의와 법을 가르치는 이들 민간인 교사들에게 지고 있다. 군주와 국가는 이들 교사의 도덕적 권위에 자주 고개를 숙이지 않을 수 없으며, 자신의 평시 분쟁에 그들을 궁극적인 중재자로 인정한다. 다른 한편, 그들의 이러한 권위는 전쟁 자체에도 법을 부여하는 데 공헌하였다. 즉 전쟁의 흉포성을 완화하고 전쟁행위의 범위를 전쟁의 목적 및 목표와 부합하는 가장 좁은 범위 내로 제한하는 법이다.

개신교 독일은 자연법과 국제법의 혼합법학이 가장 열심히 그리고 성공적으로 배양된 지역이었다. 그 지적인 땅의 학자들은 아직 그들의 모국어인 독일어(Teutonic tongue)를 자유롭게 사용하는 법을 배우지 못했다. 의미가 풍부하고 어휘가 방대하며 표현력이 좋은 이 언어는, 과학의 목적으로 그리스어를 제외하고는 분명히 그리고 단호하게 그 어떤 언어보다 우월한데, 학자와 과학자들에게 거의 전적으로 무시당했다. 그들은 같은 나라, 같은 시대에 사는 자들을 가르치기 위해 죽은 로마의 문자로 글을 썼다. 다른 어느 국가에서보다 독일에서, (그리고 지금보다도 그 당시에 더) 과학 활동과 실생활이 두 개의 별개 세계인 것처럼 서로 분리되어 있었다. 이 시대에 그들의 상호 소통은 양측에 공통적인 학습 언어나 당시의 통용어를 통해 유지되었다. 라이프니츠*Leibnitz(1646-1716)*는 대부분 라틴어나 프랑스어로, 그리고 그의 제자 볼프*Wolff(1679-1754)*는 거의 전부 라틴어로 글을 썼다. 기본*Gibbon(1737-1794)*은 너무나도 합당하게 라이프니츠를 우주를 정복하려는 야망 속에 자신의 제국을 잃어버린 정복자에 비유하였는데, 그는 방대한 성취 범위 안에 법철학과 실무법학의 세부사항 모두를 포함하였다. Wolff는 자연 법학 분야에서 푸펜도르프*Puffendorf(1632-1694)*의 뒤를 이었다. 그는 개인의 의무를 가르치는 자연 법학의 해당 부분으로부터 국가 간에 적용되거나 적용되어야 할 법을 최초로 분리해 냈다는 공적을 얻었다. 아울러 그는 자연적 정의 규칙을 독립적인 군주와 국가의 행위에 적절히 적용함으로써 국제법을 완전하고 체계적인 형태로 응축했다는 공적이 있다. 한때 아홉 권의 묵직한 책으로 유명했던 그의 작품은 아마 이제는 수면을 자주 방해받지 않을 것이다. 정말 가치 있는 모든 내용은 특히 바텔*Vattel(1714-1767)*의 작품에 들어있기 때문이다. 매킨토시*Mackintosh(1765-1832)*의 말로는, "바텔의 작품은 산만하고 비과학적이고 피상적이지만, 그는 명석하고 진보적인 작가이다. 그의 작품은 여전히 그 분야 지식의 가장 편리한 요약서로 자리를 지키고 있지만 새로운 건축가의 기술을 필요로 한다."[14]

이 학자들에 앞서 빈케르스후크*Bynkershoek(1673-1743)*는 그의 흐로티위스학파 선배들과 달리 자연법과 국제법의 전체 체계를 논의 주제로 다루지 않고, 국가들의 실제 관계에서 가장 중요하게 여겨지고 가장 빈번하게 발생하는 특정 문제를 주제로 선정했다. 정밀성과 실용성 측면에서 그는 다른 어느 학자보다 우월하다. 그러나 18세기가 시작되는 시기에 명성을 날린 작가에 어울리지 않게, 그의 작품은 전쟁권(rights of war)을 옹호하는 격렬한 감정으로 얼룩져 있다. 하지만 이것이 그의 장점을 조금도 손상하지 않는다고 보아야 한다. 그는 적에 대항하는 모든 수단이 적법하다고 주장한다. 즉 적은 비무장이거나 무방비 상태라도 파괴할 수 있고, 심지어 적에게 독극물이나 어떤 종류의 무기도 사용할 수 있다고 한다. 이러한 관념을 가지

---

14 Christiani Wolfi, Jus Naturæ Methodo Scientifica Pertractatum, in 9 tomos distributum. *Francof*. 1740. (Wolff의 과학적 방법론에 의한 자연법) Vattel, Droit des Gens ou Principes de la Loi Naturelle, *Neufchutel*, 1758. (Vattel의 국제법)

고 시작하는 작가는 전쟁법에 관해 매우 간결한 논문을 쓸 것으로 생각될 수 있다. 하지만 그는 다소 독단적이고 오만하지만, 매우 명쾌하고 강력한 문체로 이 분야의 원칙을 설명해 나간다. 그것으로부터 우리는 국가들의 완화된 관행이 법적 효력을 가지고 시행됨으로써 적들 간에 금지된 여러 방식의 적대행위(hostility)가 있음을 알게 되고, 또한 거기에서 교전국과 중립국 각각의 권리가 다른 어느 저자의 설명보다 더 비판적이고 만족스럽게 설명되고 있음을 발견한다.[15]

15 Quæstiones Juris Publici. *Lugd. Batav*. 1737. (국제법의 문제들) Bynkershoek had previously published his treatise De Dominio Maris, (해양 지배론) in 1702, and that De Foro Legatorum, (외교사절론) in 1721. The latter was translated into French, and published with valuable notes by Barbeyrac at the Hague, 1724, Amsterd. 1730, 1741, 1746. An elegant and accurate translation into English of the first book of Bynkershoek's *Questiones Juris Publici*, enriched with valuable notes, was published by Mr. Duponceau at Philadelphia in 1810, under the title of the *Law of War*. (Bynkershoek는 그에 앞서 1702년에 '해양 지배론'을, 그리고 1721년에 '외교사절론'을 출간했다. '외교사절론'은 프랑스어로 번역되어, Barbeyrac의 유익한 주석과 함께 1724년 헤이그에서, 그리고 암스테르담에서 1730년, 1741년, 1746년에 출판되었다. Bynkershoek의 첫 번째 저서인 '국제법의 문제들'의 우아하고 정확한 영어 번역본이 유익한 주석과 함께 Duponceau에 의해 1810년 필라델피아에서 '전쟁법'이라는 제목으로 출판되었다.)

P. A. R. T

01

국제법의 연원과 주체

국제법의 원리

Chapter 01

국제법의 연원

1 자연법의 정의

흐로티위스*Hugo Grotius(1583-1645)* 자신이 그 창시자인 국제법학에서, 그와 그의 직계 제자 및 후학들의 주목적은,

첫째, 사회적 상태(social state) 또는 일반적 표현으로 자연 상태(state of nature)에서 함께 살아가는 인간을 인간제도의 실정법(positive law)과 무관하게 구속하게 될 정의의 규칙을 정립하고,

둘째, 그러한 규칙을 서로에 대해 유사한 상태에서 살아가는 개별 공동체들의 상호관계에 자연법(natural law)이라는 이름으로 적용하려고 했던 것으로 보인다.

첫 번째 목적을 위해, 흐로티위스는 우선 옳고 그름과 같은 도덕적 구별의 현실을 완전히 부정한 고대 소피스트들(sophists)의 주의를 반박하는 것으로 시작한다. 그는 또한 그러한 도덕적 구별이 전적으로 신의 자의적이고 계시된 의지로 만들어졌다고 주장한 일부 근대 신학자들의 교리를 반박하는데, 그들의 주장은 나중에 홉스*Hobbes*(1588-1679)와 같은 특정 정치학자들이 사법관(civil magistrate) 제도에 의해 도덕적 구별이 만들어졌다고 주장한 바와 마찬가지라고 한다. 이 목적으로 흐로티위스는 어떤 행위가 인간의 합리적·사회적 본성에 적합한지 또는 혐오적인지에 따라 그 행위를 지시하거나 금지하는 양심의 목소리로 들리는 법이 있음을 밝히려고 애쓴다. 흐로티위스가 말하길,

> "자연법(natural law)이란, 어떤 행위에는 합리적·사회적 본성에 대한 그 행위의 적합성으로부터 나오는 도덕적 의무가 있고 또 다른 행위에는 그러한 본성

에 대한 그 행위의 혐오성으로부터 나오는 도덕적 기형이 있다고, 그리고 그 결과 그러한 행위들이 자연의 창조주인 신에 의해 지시되거나 금지된다고 선언하는 올바른 이성의 명령이다. 이러한 이성을 행사하는 주체인 행위는 그 자체로 합법적이거나 위법적이므로 필연적으로 신에 의해 그러한 것으로서 지시되거나 금지된다."[1]

역자 주: 저자의 수정 유고가 반영된 1855년 Lawrence 판에는 이 장 첫 번째 항으로 "국제법의 기원(Origin of international law)"이 다음과 같이 추가되어 있다.「모든 국가가 그들의 상호관계를 규율하는 법을 결정하는 입법기구나 사법기구로 인정하는 그런 것은 없다. 이러한 법의 기원은 국가들의 상호관계에 적용될 수 있는 정의의 원칙(principles of justice)에서 찾아야 한다. 각 문명사회나 문명국가에는 항상 그 국가의 시민법을 명시적 선언으로 수립하는 입법기구, 그리고 그 법을 해석하고 사건에 적용하는 사법기구가 있다. 반면에 커다란 국제사회에는 그러한 입법기구가 없으며, 결과적으로 국가 간에 맺을 수 있는 협약으로부터 나오는 것을 제외하고는 명시적인 법이 없다. 국가들은 어떠한 상위자도 인정하지 않으며, 국제법을 확립하기 위한 목적으로 공통의 최고 권위기구를 명시적 선언으로 만들지 않았으며, 법을 해석하고 적용할 어떠한 종류의 종교적 사법관제(Amphictyonic magistracy)도 설치하지 않았다. 따라서 사법적 해석을 통해 설명되는 국제법규가 존재하기는 불가능하다.

그렇다면 반드시 조사해야 할 것은 무엇이 국가 간의 상호관계를 규율해야 하는 정의의 원칙인지, 즉 어떤 권위로부터 국제법이 도출되는지이다.

이렇게 문제가 제시되면 국제법학자들은 그에 대한 답을 제각각 자신의 관점에서 찾을 것이므로 우리는 그들의 글에서 근본적인 차이점을 발견하게 될 것이다.」

---

2 신의 법 또는 신법과 같은 자연법

여기서 자연법이란 용어는 분명히 실체적 인간제도와 무관하게 사회적 상태(social state), 또는 일반적 표현으로 자연 상태(state of nature)에서 살아가는 도덕적이고 책임 있는 존재로서 인간의 행위를 규율해야 하는 정의의 규칙이라는 의미로

1 De Jur. Bel. ac Pac. lib. i. cap. 1. § x. (전쟁과 평화의 법)

사용되고 있다. 자연법은 신의 법 또는 신법(law of God or divine law)으로 불리는 것이 더 적절할 수도 있는데, 이는 신이 그것을 자신의 합리적 피조물인 인간의 행위규칙으로 제정하고 이를 이성의 빛 또는 성경(sacred Scriptures)으로 계시하였기 때문이다.

3 국가 간의 관계에 적용되는 자연법

독립적인 공동체들은 공통의 상위자를 인정하지 않으므로 서로에 대해 자연 상태에서 살아가는 것으로 여겨질 수 있다. 이로부터 흐로티위스의 제자들과 후계자들에 의해 도출된 명백한 추론은, 이러한 독립적인 공동체 사이에서 발생하는 분쟁은 그들이 자연법(Law of Nature)이라고 부르는 법으로 해결되어야 한다는 것이다. 이것이 국제법(Law of Nations, *jus gentium*)이라는 새로운 별개의 과학 분야를 탄생시켰다.[2]

---

2 This law was termed *Jus inter Gentes*, by Dr. Zouch, an English civilian, distinguished in the celebrated controversy during the reign of Charles Ⅱ between the civilians and common lawyers, as to the extent of the Admiralty jurisdiction. He introduced this term as more appropriate to express the real scope and object of that rule of conduct which obtains between nations. An equivalent term in the French language was afterwards proposed by Chancellor D'Aguesseau, as better adapted to express the idea properly annexed to the system of jurisprudence, commonly called *Droit des Gens*, but which, according to him, ought rather to be termed *Droit entre les Gens*. (Œuvres de d'Aguesseau, tom. ⅱ. p. 337, ed. 1773, 12mo.) The term *International Law* has since been proposed by Mr. Bentham as calculated to express in our language, in "a more significant manner, that branch of jurisprudence which commonly goes under the name of *Law of Nations*, a denomination so uncharacteristic, that, were it not for the force of custom, it would seem rather to refer to internal or municipal jurisprudence." (Morals and Legislation, vol. ⅱ. ed. 1823.) The term International Law has now taken root in the English language, and is familiarly used in all discussions connected with the science. (이 법은 영국의 로마법 법률가 주츠(Zouch)에 의해 *Jus inter Gentes*(국가들 사이의 법)이라고 칭해졌는데, 그는 찰스 2세 국왕 치세 중 해사 관할권의 범위에 관한 로마법 법률가들과 보통법 법률가들 간의 유명한 논쟁에서 두각을 나타냈다. 그는 국가 간에 통용되는 행위 규칙의 진정한 범위와 목적을 표현하기 위해 더 적절한 것으로서 이 용어를 도입하였다. 나중에 이에 해당하는 프랑스어 용어로 프랑스 대법관 다게소(Chancellor D'Aguesseau)가 법학 체계에 타당하게 부속되는 개념을 표현하기 위해 더 잘 적응된 것으로

역자 주: 아래 주석에서 이 용어의 변천에 관해 설명한 바와 같이, 국제법을 의미하는 용어로 라틴어 *Jus Gentium, Jus inter Gentes,* 이를 프랑스어로 번역한 Droit des Gens, Droit entre les Gens, 그리고 영어 Law of Nations가 사용되었으며, 이 책이 나올 당시에는 이미 Bentham이 제시한 "International Law"가 영어 용어로 정착되었다.

---

4 자연법과 구별되는 국제법

흐로티위스는 국제법을 그 기원과 의무의 본질이 서로 다르다는 점에서 자연법과 구별했는데, 그 다른 본질을 국가들의 일반적 동의(general consent of nations)라고 했다. 그의 위대한 작품에 대한 소개 부분에서 그는 다음과 같이 말한다.

"나는 이 법의 존재를 증명하기 위해 철학자·역사가·시인의 증언, 심지어 웅변가의 증언조차 사용했다. 이는 그들을 무분별하게 공정한 권위자로 의지해야 해서가 아니라(그들은 자주 그들의 종파적 편견, 타협 가능한 주장의 본질, 또는 명분의 이익에 굴복하므로), 다양한 시대에 여러 나라에서 많은 사람이 일치하여 같은 정서를 보이는 경우, 그것은 어떤 일반적인 원인의 탓으로 돌려야 하기 때문이다. 지금 문제가 된 주제에서, 이 원인은 자연적 정의의 원칙으로부터 정당한 추론(just deduction)이거나, 그 원칙에 대한 보편적 동의(universal consent)임이 분명하다. 전자는 우리에게 자연법으로 발견되고, 후자는 국제법으로 발견된다. 똑같은 과학의 이 두 줄기를 구별하기 위해, 우리는 저자들이 정의하기 위한 목적으로 사용한 용어만 고려해서는 안 되며(그들은 자주 자연법 용어와 국제법 용어를 혼동하므로), 문제가 된 주제의 본질을 고려해야 한다. 일정한 준칙(maxim)이 인정된 원칙으로부터 정당하게 추론될 수 없음에

Droit des Gens(국가들의 법)이라는 용어를 제안하여 사용되었으나, 그는 차라리 *Droit entre les Gens*(국가들 사이의 법)이 더 나았겠다고 한다.) (다게소 선집, 1773년 판) 그 후 벤담(Bentham)에 의해 *International Law*(국제법)라는 용어가 "흔히 *Law of Nations*(국가들의 법)라는 이름으로 통하는 그 법학 분야를 더 의미 있게," 영어로 표현하기 위해 계산된 것으로서 제안되었는데, "이전 명칭은 너무도 특색이 없어서 습관적인 관성의 힘이 없다면 개별 각국의 국내법을 지칭하는 것처럼 보일 것이다." (벤담의 '도덕과 입법의 원리 서설', 1823년 판) 이제 International Law(국제법)라는 용어가 영어에 뿌리를 내렸고, 이 과학과 연관된 모든 논의에서 친숙하게 사용되고 있다.

도 불구하고 살펴본 모든 곳에서 발견된다면, 그 기원이 실체적 제도(positive institution)에 있다고 단정할 만한 이유가 있기 때문이다."
다시 그가 말하길,

"각 특정 국가의 법은 자국의 이익 증진을 목적으로 하므로 모든 국가 또는 적어도 대다수 국가의 동의로 그들 사이에 특정한 법이 만들어졌을 수도 있다. 그리고 사실 어느 특정 국가가 아닌, 이 거대한 공동체 집단의 효용을 증진하는 그러한 법이 확립되었던 것으로 보인다. 이것이 자연법과 구별되는 소위 국제법이다."[3]

5 홉스와 푸펜도르프는 자연법과 국제법이 같은 것이라고 주장한다

홉스*Hobbes(1588-1679)*는 흐로티위스*Grotius(1583-1645)*보다 나중에, 그리고 푸펜도르프*Puffendorf(1632-1694)*에 앞서 등장했는데, 자연법과 국제법의 일반원칙은 하나의 같은 것이며 그들 간의 구별은 단지 말뿐이라고 주장했다. 그가 말하길,

"자연법은 인간의 자연법과 통상적으로 국제법이라고 불리는 국가의 자연법으로 나누어진다. 이 둘의 원리는 똑같다. 그러나 국가는 일단 성립하면 인적 자격(personal qualities)을 얻으므로, 우리가 개별 인간에 대해 말할 때 자연법이라고 부르는 그 법이 전체 국가들 또는 그들의 국민에 적용될 때 국제법이라고 불린다."[4]

푸펜도르프는 이 견해에 묵시적으로 찬성하는데, "진정한 법적 효력이 정당하게 부여되고 우월한 힘의 명령으로서 구속력이 있는 다른 어떤 실정 국제법도 없다."라고 선언한다. 그는 이러한 견해에 따라 자연법의 일반원칙을 규정하고, 그러한 자연법을 독자들이 필요하다고 판단하는 대로 적용하도록 개별 사인이나 독립적인 사회에 맡겨놓는 것으로 만족한다.[5]

---

3 Prolegom. §§ xlii. xviii, (Grotius의 '전쟁과 평화의 법' 서론)

4 De Cive, cap. 14. § 4. (Hobbes의 시민론)

5 De Jure Naturæ et Gentium, lib. ii . cap. 3. § 23. (Puffendorf의 자연법과 국제법)

6 국제법은 어느 정도로 국가들의 실체적 동의로부터 나오는 실정법인가

다른 한편, 흐로티위스는 국제법을 모든 또는 대다수 국가의 실체적 동의(positive consent)에서 그 권위가 나오는 실체적 제도로 여기는데, 이를 위해 국가들이 사회계약(social compact)으로 연합되어 있다고 상정한다. 그러나 흐로티위스의 논평가 중 한 명인 러더포스*Rutherforth(1712-1771)*는, 흐로티위스가 상정한 것과 같은 국가들 사이의 사회연합(social union)은 존재하지 않으므로 그러한 실정 국제법(positive law of nations)은 있을 수 없다고 추론한다. 그는 개별적이고 연결되지 않은 인간에게 적용될 때 자연법이라고 불리는 똑같은 그 법이, 도덕적 행위자로 여겨지는 시민사회들의 집합체에 적용될 때, 또는 이러한 집합체의 개별 행위자가 아니라 그 부분으로 여겨지는 시민사회들에 적용될 때 국제법이 된다고 결론짓는다. 동시에 그는 자연법만이 국가들이 서로 구속될 수 있는 의무를 측정하는 유일한 척도는 아니라고 인정한다. 국가는 도덕적 행위자로 간주될 때 개인처럼 자연법이 명령하지도 금지하지도 않은 일을 하거나 피하기 위해 특별 약정으로 서로 구속할 수 있게 된다. 그러나 이 의무는 실정 국제법으로부터 나오지도 실정 국제법을 만들지도 않는다. 이 의무는 즉각적이고 직접적인 동의에서 나오며, 그러한 동의 행위로 의무의 당사자가 된 국가들에게만 미친다. 그러므로 이 논평가에 따르면, 국제법이 자연법과 다른 점에서 유일한 근거는 각 개별 시민사회를 별개의 도덕적 존재로 인정하는 인류의 일반적 동의이다. 그는 실정 국제법의 어떤 증거도 관행(usage)으로부터 수집될 수 없다고 주장하는데, 그러한 법이 수집될 수 있는 태곳적부터의 지속적이고 통일된 실행(practice)이 국가들 사이에 없기 때문이라고 한다. 그러나 국제법이 단순히 실정법이 아니라기보다는, 인류의 실체적 합의의 결과로 도덕적 행위자로서 시민사회들의 집합체와 그 집합체의 구성 부분으로서 시민사회들에 적용되는 자연법일 뿐이라면, 그러한 법의 명령은 우리가 자연법을 찾는 데 사용하는 것과 똑같은 방법으로 확보될 수 있다. 세계 몇몇 국가들 사이에서 때때로 일어났던 일의 역사도 마찬가지로 이 조사에서 어느 정도 유용할 수 있다. 이는 자연법이 무관심한 사안에서 지속적이고 중단 없는 어떤 실행이 수집될 수 있어서가 아니라, 가변적이고 상충하는 국가들의 실행에서 일반적으로 무엇이 승인되고 무엇이 거부되었는지가 거기에서 발견될 것이기 때문이다.

호로티위스가 말하길(lib. i. cap. 1. § xii.),

> "자연법을 조사하는 데 두 가지 방법이 있다. 우리는 인류의 본성과 상황으로부터 논쟁함으로써, 또는 모든 국가나 적어도 모든 문명국에 의해 무엇이 일반적으로 승인되었는지 관찰함으로써 자연법을 찾아낸다. 둘 중에서 전자가 더 확실한 방법이다. 하지만 후자도 전자만큼 확실하게는 아니지만, 우리에게 자연법을 인식하게 할 가망성이 매우 높다. 그러한 보편적인 승인은 어떤 보편적인 원칙에서 나와야 하고, 이러한 원칙은 인류의 상식이나 이성이 아닐 수 없기 때문이다. 따라서 일반적인 자연법이 이런 방법으로 조사될 수 있으므로, 특별히 도덕적 행위자로서 국가에 적용되는 똑같은 자연법도(따라서 국제법이라고 불리는) 같은 방법으로 조사될 수 있을 것이다."

이런 이유로, 이 호로티위스 논평가는 우리가 자연적 평등 상태에 있는 개별 인간에게 적용될 때의 자연법이 무엇인지 이해한다면, 유사한 평등 상태에 있는 집단적 인간으로 간주되는 국가에 적용될 때의 자연법이 무엇인지 판단하는 데 거의 어려움이 없을 것이라고 추론한다.[6]

7 이성과 관행으로부터 유래하는 국제법

빈케르스후크*Bynkershoek(1673-1743)*는 푸펜도르프*Puffendorf*보다 나중에, 그리고 볼프*Wolf*와 바텔*Vattel*에 앞서 책을 썼는데, 국제법을 이성과 관행(reason and usage)으로부터 도출한다. 그는 자주 반복되는 사례의 비교와 함께, 관행을 조약과 법령의 증거에서 찾는다. 전시금제품(contraband)에 관한 법을 다루면서 그가 말하길,

> "이 주제에 관한 국제법은 다름 아닌 이성과 관행으로부터 도출된다. 이성은 서로 적인 나의 두 친구를 똑같이 친하게 대하라고 나에게 명령한다. 그러므로 나는 서로 전쟁 중인 어느 한쪽을 더 우대해서는 안 된다. 관행은 군주들이 이 주제에 관한 조약을 체결하고 법령을 제정해온 끊임없는, 말하자면 영구적인

---

6 Rutherforth's Institutes of Natural Law, b. i. c. 9, §§ 1－6. (Rutherforth의 자연법 제도)

관습(perpetual custom)에 의해 나타나는데, 이는 보통 그들이 전쟁이 일어나는 경우 효력이 발생할 조약으로, 그리고 적대행위가 시작된 후에 제정된 법령으로 그러한 규정을 만들어 왔기 때문이다. 나는 '말하자면 영구적인 관습에 의해'(*by, as it were, a perpetual custom*)라고 말했는데, 일반적인 관행과 다른 한두 개의 조약이 국제법을 변경하지는 않기 때문이다."[7]

대사(ambassadors)에게 영향을 미치는 사건에서 관할 재판소에 관한 문제를 다루면서 그가 말하기를,

"옛 법학자들은 국제법을 이성의 빛에 따라 국가 간에 준수되는, 모든 국가는 아니더라도 적어도 확실히 대다수의 그리고 가장 문명화된 국가 간에 준수되는 법이라고 주장한다. 나는 이성과 관행이라는 국제법의 뚜렷한 두 개의 기초를 확립하는 이 정의를 우리가 안전하게 따를 수 있다고 생각한다. 그러나 우리가 국제법을 어떤 방식으로 정의하게 되든, 그리고 국제법에 관해 아무리 논쟁하더라도 최종적으로 다음 결론에 도달한다. 즉 이성이 국가에 명령하는 것, 그리고 자주 반복된 사건들을 대조하여 조사한 결과로서 국가들이 상호 준수하는 그것이 다른 어느 나라의 지배도 받지 않는 국가들의 유일한 법이라는 것이다. 만약 모든 사람이 인간이라면, 즉 이성을 사용한다면, 이성은 마치 모든 사람이 상호 동의에 의해서인 것처럼 지키고 나중에 관행으로 확립되어 국가에 상호 의무를 부과하는 어떤 것들을 권고하고 명령할 수밖에 없다. 그러한 법이 없다면 우리는 전쟁도, 평화도, 동맹도, 대사관도, 통상도 상상할 수 없다."[8]

같은 문제를 다루면서 빈케르스후크가 덧붙이기를,

"로마법이나 교회법 모두 우리의 발걸음을 안내할 빛을 거의 제공할 수 없다. 전체 문제는 이성과 국가 관행에 의해 결정되어야 한다. 나는 어떤 이성이든 그 문제에 대해 지지할 수도 거부할 수도 있다고 주장했다. 그러나 이제 우리는 관행에 의해 무엇이 승인되었는지 보아야 한다. 관행에 의해 승인된 그것으로부

---

7 Quæstiones Jur. Pub. cap. 10. (Bynkershoek의 국제법의 문제들)

8 De Foro Legatorum, cap. 3, § xii. (Bynkershoek의 외교사절론)

터 국제법이 나오기 때문이다."[9]

같은 논문의 후속 문구에서 그가 말하길,

"그럼에도 불구하고 1651년에 네덜란드 정부(States General)가 대사는 형사 범죄를 범했더라도 국제법에 따라 체포될 수 없다고 주장한 것은 지극히 맞는 말이다. 그리고 형평(equity)은 우리가 이전에 그 규칙을 부인하지 않았던 한 그것을 준수해야 한다고 요구한다. 국제법은 단지 관행에 근거한 추정이며, 그러한 각 추정은 그 추정으로 영향받는 당사자의 의사가 그 추정과 반대로 표시되는 순간 중단된다. 후베루스*Huberus(1636-1694)*는 대사가 시효(prescription)에 의해 권리를 획득하거나 유지할 수 없다고 주장하지만, 그것을 주재국 신민이 자기 군주(sovereign)의 의사에 반해 그 대사의 관저에 비호(asylum)를 구하는 경우로 한정한다. 나는 그러한 규칙이 대사의 각각의 특권에 대해 일반적으로 적용되어야 한다고 생각하며, 주재국 군주의 명시적 선언에 반하여 특권의 향유를 주장할 수 있는 대사는 없다고 믿는다. 명시적 반대는 묵시적 동의의 추정을 배제하며, 묵시적 동의로 자발적으로 따르는 국가들 간의 국제법이 아닌 다른 국제법은 없기 때문이다."[10]

8 국제법은 단순히 주권국가에 적용된 자연법이 아니다

이 주제에 관해 지나치게 숙고하지 않더라도, 국제법은 도덕적 존재로 여겨지는 독립 국가의 행위에 단순히 자연법(신의 법)이 적용된 것 이상의 다른 어떤 것임을 알 수 있다. 어떤 특정 상황에서 국가 간에 지켜야 할 규칙이 무엇인지 결정하기 위해서는, 그와 유사한 상황에서 정부를 위한 실체적 인간제도와 무관하게 사회연합(social union) 상태에서 살아간다고 여겨지는 개별 인간에게 적용될 자연법이 무엇인지 조사하는 것만으로는 충분하지 않다. 바텔*Vattel*이 말하길,

"규칙의 적용은, 그 규칙이 적용 대상에 적합하게 만들어지지 않으면 합리적이

---

9 Ibid. cap. 7, § viii. (위의 책)

10 De Foro Legatorum, cap. 19, § vi. (외교사절론)

거나 타당할 수 없다. 우리는 국제법이 그 대상만 개인을 국가로 대체한 것을 제외하고는 정확히 그리고 모든 경우에 자연법과 똑같은 것이라고 믿어서는 안 된다. 시민사회 또는 국가는 인류의 한 개인과는 매우 다른 대상이다. 그로 인해, 많은 경우 자연법 그 자체로 매우 다른 의무와 권리가 뒤따른다. 똑같은 일반규칙이 두 개의 대상에 적용되는 경우, 그 대상들이 서로 다르면 정확하게 똑같은 결과가 나올 수 없기 때문이다. 한 대상에 대해서는 매우 타당한 특정 규칙이 다른 대상에는 적용될 수 없을 수도 있기 때문이다. 그래서 자연법이 인간 사이의 문제를 결정하는 것만큼 잘 국가 간의 문제를 결정하지 못하는 경우가 많다. 따라서 우리는 다른 대상에 자연법의 적용을 적응시키는 방법을 알아야 한다. 국제법을 별개의 과학으로 만드는 것은 올바른 이성에 기초하여 자연법을 타당하게 적용하는 기술이다."[11]

---

11 Vattel, Droit des Gens, Prelim. § 6. (Vattel의 국제법) This modification of natural law, in its application to the mutual relations of states, is attributed by Vattel himself to Wolf. (See Pref. p. xx.) "A great part of law of nations," says Lord Stowell, "stands upon the usage and practice of nations. It is introduced, indeed, by general principles, but it travels with those general principles only to a certain extent; and if it stops there, you are not at liberty to go further, and say that mere general speculation would bear you out in a further progress. For instance, on mere general principles, it is lawful to destroy your enemy; and mere general principles make no great difference as to the manner in which it is to be effected; but the conventional law of mankind, which is evidenced in their practice, does make a distinction, and allows some and prohibits other modes of destruction; and a belligerent is bound to confine himself to those modes which the common practice of mankind has employed, and to relinquish those which the same practice has not brought within the ordinary exercise of war, however sanctioned by its principles and purposes." (자연법을 국가들의 상호관계에 적용하는 데 있어 이러한 자연법의 수정은 볼프(Wolf)의 작품이라고 Vattel 자신이 밝히고 있다. Scott(Lord Stowell) 재판관은 다음과 같이 말한다. "대부분의 국제법은 국가들의 관행과 실행에 근거를 둔다. 국제법은 정말 일반원칙들에 의해 도입되지만, 어느 정도까지만 그것들과 함께 간다. 그리고 국제법이 거기에서 멈추면 더는 자유롭게 나아갈 수 없으며, 일반적인 추론만으로 더 큰 진전을 이룰 것이라고 말할 수 없다. 예를 들면, 단지 일반적인 원칙상, 적을 파괴하는 행위는 합법이다. 그리고 단순한 일반원칙은 파괴가 실행되어야 하는 방식에 관해 별로 상관하지 않는다. 그러나 인류의 관행에 의해 증명되는 인류의 관습법은 그 실행 방식을 확실히 구별하는데, 어떤 파괴 방식은 허용하고 또 다른 파괴 방식은 금지한다. 그리고 교전국은 인류의 공통적인 관행으로 채택된 파괴 방식만 따르고, 통상적인 전쟁 수행의 범위 내에 들어오지 않는 방식은 아무리 전쟁의 원칙과 목적에 의해 승인되더라도 포기하여야 한다.") – *Robinson's Admiralty Reports*, vol. i. p. 140. The Flad Oyen. (Robinson의 해사 판례집)

만약 국가가 직접적이고 실체적인 동의로 약정을 맺을 능력이 있는 도덕적 존재라면, 그리고 더더욱 서로를 그러한 도덕적 존재로 인정하는 국가들의 동의가 인류의 일반적인 묵인으로부터 암시될 수 있다면, 국가는 승인된 국가 관행과 실행(usage and practice)으로, 그리고 국가 간 상호관계를 규율하기 위한 특정 실체적 규칙에 대한 일반적인 묵인으로부터 당연히 암시되는 암묵적 약정으로 자신을 마찬가지로 구속할 수 있다. 그러나 그처럼 승인된 관행이나 일반적 묵인은 오직 유사한 기원·풍속·종교의 유대로 결속된 같은 부류나 가족의 국가들 사이에서만 나올 수 있다고 주장되었다. 흐로티위스는 유스 겐티움(*jus gentium*)이 모든 국가 또는 적어도 몇몇 국가의 실체적 동의(positive consent of all nations, or *at least of several*)로부터 강제력을 얻는다고 말한다. "나는 몇몇 국가라고 말하는데, 유스 겐티움으로도 불리는 자연법을 제외하고는 모든 국가에 공통적인 다른 법이 없기 때문이다. 세상의 어느 지역에서는 국제법인 것이 다른 곳에서는 국제법이 아닌 일도 자주 있다. 이 점에 관해서는 적절한 부분에서 전쟁 포로 및 원상회복권(*jus postliminii*)과 관련하여 설명할 것이다."[12]

그래서 빈케르스후크 또한 앞서 인용된 부분에서 "국제법은 이성의 빛에 따라 국가들 간에 준수되는 법인데, 이들 국가는 모든 국가는 아닐지라도 적어도 확실히 대다수의 국가이며 가장 문명화된 국가들이다."라고 말한다.

몽테스키외*Montesquieu(1689-1755)*는, "국제법은 당연히 모든 국가가 자신의 진정한 이익에 부합하게, 평화 시에는 서로에게 가능한 한 많은 선을 베풀고 전쟁 시에는 가능한 한 적은 해를 끼쳐야 한다는 원칙에 기초하고 있다. 전쟁의 목적은 승리이고 승리의 목적은 정복이며 정복의 목적은 자기보존(self-preservation)이다. 이 원칙과 그 앞의 원칙으로부터 국제법을 형성하는 법들이 나와야 한다."라고 말한다. 몽테스키외는 국제법이 근거해야 할 원칙들을 이렇게 천명한 후에 계속 말하길, "각 국가는, 심지어 포로를 잡아먹는 이로쿼이족(Iroquois)조차도 국제법을 가지고 있다. 국가는 대사를 파견하고 접수한다. 그들은 전쟁과 평화의 법을 안다. 악은 그들의 국제법이 진정한 원칙에 근거하고 있지 않다는 것이다."[13]

---

12 De Jur. Bel. ac Pac. lib. i. cap. 1, § x iv. 4. (Grotius의 전쟁과 평화의 법)

13 Esprit des Lois, liv. i. ch. 3. (Montesquieu의 법의 정신) Montesquieu deduces the

9 보편적인 국제법은 없다

따라서 이들 저자에 따르면, 인류 전체를 구속하는 보편적인 불변의 국제법은 없다. 그러한 국제법이란, 고대와 현대, 야만과 문명, 기독교와 이교도의 모든 시대와 국가에서 모든 인류가 이론으로나 실제로 인정하고, 준수할 것을 공언하고, 실제로 준수해온 법이다. 즉 키케로*Cicero(BC 106-BC 43)*가 말한, 올바른 이성의 법(law of right reason)과 유사한 국제법은 없다. 그가 말하길, 올바른 이성의 법이란,

> "자연의 정서에 부합하고, 모든 인간 사이에 퍼져 있고, 불변의, 영원한, 그리고 의무의 이행을 명령하고 어떠한 위반도 금지하는 법이다. 즉 모든 국가와 시대가 그 대상이며, 그 권위를 공통적인 우주의 주권자(common Sovereign of the universe)로부터 끌어내며, 다른 입법자나 해석자를 찾지도 않고, 위반자에게 가하는 피할 수 없는 처벌로 제재를 관철하는, 폐기될 수도 회피할 수도 없는 영원불멸의 법이다."

모든 국가가 인정하는 그러한 보편적인 법이 있다면, 그것은 상황에 따라 어느 하나가 적용되는 우호적 보복 또는 징벌적 보복(amicable or vindictive retaliation)의 상호주의 법임이 분명하다. 통상적인 국제법(*jus gentium*)은 특정한 일군의 국가들 또는 국가 가족에 적용되는 특수한 법일 뿐이며, 각 부류의 국가들 사이에서 종교·풍속·정부 및 기타 제도의 변화와 함께 시대에 따라 달라진다. 그런 까닭에 문명화된 유럽 및 아메리카의 기독교 국가의 국제법은 그들의 법이고, 동방의 이슬람 국가들의 상호관계를 규율하거나 이들 이슬람 국가와 기독교 국가 간의 관계를 규율하는 국제법은 또 하나의 매우 다른 법이다. 기독교 세계의 국제법은 종교, 기사도, 봉건제도, 상업적·문학적 교류의 복합적인 영향력이 유럽의 국가들을 하나의 대가족으로 융합시킨 흐로티위스 시대 무렵에 확립되기 시작하였다. 이 법은 도덕적 존재로 여겨지는 국가의 행위에 적용되는 자연적 정의의 원칙들로만 구성되지는 않는다. 이 법은

---

peculiar law of nations prevailing among different races from their peculiar moral and physical circumstances, in the same philosophical spirit with which he traces the origin and history of the civil laws of different nations. (몽테스키외는 그가 여러 나라 민법의 기원과 역사를 추적하는 데 사용한 똑같은 철학적 정신으로, 서로 다른 민족들 간에 통용되는 특정 국제법을 그들의 특유한 도덕적 물리적 상황으로부터 추론한다.)

사실 이런 종류의 먼 옛날의 기초가 있을 수 있다. 그러나 유럽의 국제법과 유럽계 아메리카 국가들의 국제법이 수립된 직접적인 가시적 근거는, 그 지역의 인류가 그들의 상호관계에서 지켜온 관습 · 관행 · 협약(customs, usages, and conventions)이다.[14]

10 기독교 국가와 이슬람 국가 간의 국제법

이 이론의 실제 적용 사례가, 한편으로 튀르키예와 바르바리 국가(Barbary states, 역자 주: 북아프리카 지중해 연안의 이슬람 국가들을 서양에서 부르던 명칭) 간의 관계에서, 또 다른 한편으로 튀르키예와 유럽 및 아메리카 기독교 국가 간의 관계에서 다수 발견된다. 유럽과 아메리카 국가들은 때로는 이슬람 국가들의 법을 따르고, 때로는 기독교 규범을 수정하여 적용하는 것으로 만족했다. 이 실례가 포로의 몸값(ransom), 대사의 권리, 그리고 총명한 독자들에게 금방 떠오를 기타 사례들에서 발견된다. 어떤 점에서는, 서로 친밀하고 지속적인 관계를 유지해온 기독교 세계 국가들이 오랜 관행으로 확립한 원칙들을 이슬람 국가들은 매우 느슨하게 적용받을 자격이 있어 보인다. 그래서 알제리인들에 의해 나포되고 이어 선의의(*bonœ fidei*) 기독교도 구매자에게 매각된 선박의 소유권을 이전하기 위해 해사법원(Court of Ad-miralty)의 정식 포획물 확인재판에 의한 몰수는 필요하지 않다고 여겨졌다. 그 지역의 확립된 관습에 따라 권한 있는 당국의 공적 행위로 몰수가 이루어지면 충분하다고 여겨졌다.[15] 다른 한편, 아프리카 국가의 상인은 어떤 점에서는 유럽의 국제법을 더 느슨하게 적용받을 자격이 있을 수도 있지만, 봉쇄법(law of blockade)의 준수가 면제되지 않았다. 해박한 법률가인 Scott 재판관은 이렇게 말한다.

> "국제법은 비록 매우 단순한 규칙들로부터 도출되지만, 많은 복잡한 추론으로 구성되고 전체적으로 상당히 인위적인 체계를 형성하고 있어, 그 규칙들을 인식하거나 준수하기에 친하지 않은 법이다. 그러나 순전히 야만적인 전쟁행위를 제외하고는, 모든 시대에 모든 국가에서 가장 보편적이고 단순한 전쟁행위 중 하나인 봉쇄의 위반에 대해 면죄부를 줄 수는 없다. 유럽의 육군이나 함대가 마을

14 Ward's History of the Law of Nations in Europe, *passim*. (Ward의 유럽의 국제법 역사)

15 Robinson's Admiralty Reports, vol. iv. p. 3. The Helena. (Robinson의 해사 판례집)

이나 항구를 봉쇄하고 있더라도 그들이 그 항구를 통해 자유롭게 거래할 수 있다고 이해해서는 안 된다. 그러한 주장이 지지될 수 있다면, 봉쇄에 따르는 의무를 완전히 무의미하게 만들 것이다. 다른 모든 국가와 마찬가지로, 그들은 봉쇄된 항구로 어떤 종류의 물자도 들여와서는 안 된다는 이 봉쇄의 제1의 기본원칙을 따라야 한다. 그것은 새로 생긴 전쟁행위가 아니며, 거의 전쟁 자체만큼이나 오래되고 일반적이다. 봉쇄된 항구에 적용되는 중립국의 권리와 의무에 관한 한 바르바리 국가(Barbary states)의 신민들이 그 일반규칙을 모를 수 없다."[16]

11 국제법의 정의

기독교 문명국가들 사이에서 이해되는 바와 같이, 국제법은 독립 국가들 사이에 존재하는 사회의 본질로부터 정의에 부합하는 것으로 이성(reason)이 추론해낸 행위규칙들로 구성된다고 정의될 수 있다. 하지만 국가들의 일반적 동의(general consent)에 의해 국제법의 정의와 그 수정이 확립될 수도 있다.

12 국가 간의 행위규칙이 어떤 의미에서 법이라고 불리는가

한 걸출한 법학자가 독립적인 인간사회 또는 주권국가의 상호관계에서 행위 준칙으로서 채택된 규칙들이 엄정하게 어디까지 법(*laws*)으로 불릴 수 있는지 질문하였다.[17] 그리고 그의 한 제자가 다음과 같이 의견을 개진하였다.

"진정한 의미의 법(*laws*)은 합리적 사고와 행위 능력이 있는 이성적 존재 또는 그러한 존재의 집합체로부터 나오는 명령이며, 궁극적인 악이 제재로 부속되어 있다. 자연법, 더 적절하게 소위 신의 법 또는 신법(divine law)이 그런 것이다. 정치적으로 우세한 자가 그의 권위에 복종상태에 있는 자들에게 지시하는 정

---

16 Sir W. Scott (Lord Stowell) in Robinson's Adm. Rep. vol. iii. p. 324. The Hurtige Hane. (Robinson의 해사 판례집에 나오는 Scott 재판관의 판결문)

17 Bentham, An Introduction to the Principles of Morals and Legislation, vol. ii. p. 256, ed. 1823. (Bentham의 도덕과 입법의 원리 서설)

치적 인간의 법이 그런 것이다. 그러나 일반 여론에 의해 부과되는 법은 용어의 유추적 확장에 의해 법으로 칭해지는 그러한 법(styled *laws* by an analogical extension of the term)이다. 명예 규율(*laws of honour*)이 그런 것인데, 특정 사회집단에서 통용되는 여론에 의해 강요되고 적절한 제재로 집행되는 행위 규칙이다. 독립적인 정치사회의 행위를 그들의 상호관계에서 규율하는 법인 소위 국제법도 그런 것이다. 국가들 사이에서 통용되는 이 법은 실정법(positive law)이 아니다. 각 실정법은, 그 법의 제정자에게 복종상태에 있는 자에게 특정한 상위자나 주권자가 지시하는 법이기 때문이다. 서로 연관되어 있다고 간주되는 주권 국가들의 행위에 관한 규칙은 그것을 실정법에 유추함으로써 법(*law*)으로 칭해지고, 우세한 권위자의 실체적 명령이 아니라 국가들 사이에 존재하는 일반 여론에 의해 국가나 군주에게 부과된다. 그 규칙이 부과하는 의무는 도덕적 제재로 집행되는데, 즉 일반적으로 수용되고 존중되는 준칙(maxims)을 위반하면 전반적인 적대감을 유발하고 그로 인해 해를 입을 수 있다는 국가나 군주 측의 두려움에 의해서이다."[18]

13 국제법의 구분

국제법은 일반적으로 두 갈래로 나뉜다.

첫째, 소위 자연법적 국제법(Natural Law of Nations)으로, 국가라는 독립적 인간 사회의 행위에 적용할 수 있는 정의의 규칙들(rules of justice)로 구성된다.

둘째, 실정법적 국제법(Positive Law of Nations)으로, 다시 세 갈래로 나뉜다.

1. 자발적 국제법(Voluntary Law of Nations)으로, 국가들의 일반적인 관행과 동의(general usage and consent)에서 나오는 추정적 국가 동의(presumed consent of nations)로부터 도출된다.
2. 협약 국제법(Conventional Law of Nations)으로, 조약과 기타 국제 약정에서 증명되는 바와 같이, 국가들의 명시적 동의(express consent of nations)로부터 도출된다.

18 Austin, Province of Jurisprudence determined, pp. 147－8, 207－8. (Austin의 실정법학의 영역)

3. 관습 국제법(Customary Law of Nations)으로, 국가 간의 특정 관행을 확립하는 특정 국가들의 묵시적 동의(tacit consent of particular nations)로부터 도출된다.[19]

역자 주: 저자는 1846년 개정판에서, Vattel의 이러한 구분이 혼란을 일으킨다며 대안을 제시한 Pinheiro Ferreira의 의견을 따르고 있다. Ferreira는 자신이 편집한 Vattel의 「Droit des Gens」(Vattel, Droit des Gens, edit. de Pinheiro Ferreira, tom. iii. p. 22)에서, 국제법의 종류를 이처럼 '자발적 국제법', '협약 국제법', '관습 국제법'으로 구분함으로써 혼란이 초래된다고 지적하고, '자발적 국제법'은 다른 두 종류의 국제법을 포괄하는 상위 개념의 용어로 사용해야 한다고 주장한다. 즉 '자발적 국제법'은 국가의 실체적 동의(positive consent)에서 나오는 모든 국제법을 의미하며, 명시적 동의에 의한 '협약 국제법'과 묵시적 동의에 의한 '관습 국제법'으로 나뉜다는 것이다. (It is, perhaps, almost superfluous to point out the confusion in this enumeration by *Vattel* of the different species of international law, which might easily have been avoided by reserving the expression "voluntary law of nations" to designate the *genus*, including all the rules introduced by positive consent for the regulation of international conduct, and divided into the two *species* of conventional and customary law, the former being introduced by treaty and the latter by usage; the former by express consent, and the latter by tacit consent between nations)

---

14 국제법의 연원

이러한 국제법의 각종 연원(sources of international law)은 다음과 같다.

1. 독립 국가들 사이에 존재하는 사회의 본질로부터 이성에 의해 추론된 것으로, 국가들 사이에 준수되어야 하는 행위 규칙(rules of conduct).
2. 국가들의 상호행위에 관한 승인된 국가 관행이나 일반적 국가 의견이 무엇인지 밝히는 권위 있는 국제법학자들의 주장(국가들의 일반적 동의에 의한 그에 대한 정의 및 수정과 함께).

---

19 Vattel, Droit des Gens, Prelim. (Vattel의 국제법)

3. 중재위원회나 포획재판소와 같은 국제재판소의 판결.

국제법의 원칙과 규칙을 해석하는 권한이 항구적으로 부여된 어떤 사법관(judicial expositor)도 인정하지 않는 현재의 불완전한 실정 국제법(positive international law) 상태에서 특정 국가 간의 분쟁을 해결하기 위해서는, 필연적으로 그러한 분쟁을 판정하기 위해 특별히 구성된 중재위원회나 전시포획의 유효성에 관해 심판하기 위해 각국에 세워진 포획재판소의 결정들로부터 수집된 선례에 의존해야만 한다. 당연히 더 큰 비중은, 단일 국가에 의해 설치되고 그 지시에 의존적인 포획재판소의 판결보다는, 양 당사국의 공동 합의로 임명되어 결정을 내릴 혼성 포획재판소의 판결에 귀속된다. 재판소는 교전국 내에 설치될지라도 국제법이 표방하는 정의를 중립국과 교전국의 구별 없이 독립 국가에 대해 무심하게 집행하는 것이, 이들 재판소의 진정한 의무라고 한다. 인정된 법과 국가 관행에 따라 사법 당국은 공간적으로 교전국에 소재하더라도 법 자체는 지역성이 없다. 교전국의 재판정에 앉아 심판하는 자의 의무는 제기되는 문제를 정확히, 그가 중립국의 권리를 심판하는 중립국의 재판정에 앉아 있다면 똑같은 문제에 대해 결정을 내릴 것처럼 그렇게 결정을 내리는 것이다.[20] 그것이 가장 뛰어난 해사 재판관 중 한 분이 설파한 사법 의무론(theory of judicial duty)이다. 최근의 또는 어떤 시대의 실행이 이 이론과 얼마나 부합했는지는 이러한 일방적인(ex parte) 재판소의 판결로 자신의 권리와 이익이 영향을 받는 자들에게 항상 의심스러운 문제일 것이다. 이는 자국의 영광과 안전을 위해 해군의 사기진작에 의존하는 해양 열강의 심판에 대해 더 특별히 그럴 것이다. 이러한 국가에서는 포획자를 옹호하는 국민적 편견이 너무 강해서 재판관이 무의식적으로 영향을 느낄 것이 분명하다. 그래서 이러한 판결이 근거하고 있는 원칙과 그 원칙을 뒷받침하는 추론의 엄격한 조사가 더욱 필요하게 된다.[21] 이러한 점을 주의하면 영국의 해사 판례집(books of admiralty reports)은 포획법의 실제 운용에 관한 유익한 정보원이 될 수 있다.

4. 취역 군함(commissioned cruisers)과 포획재판소(prize tribunals)의 행위규칙을

---

20 Sir W. Scott (Lord Stowell) in the case of Swedish Convoy, Robinson's Adm. Rep. vol. i. p. 34. (Robinson의 해사 판례집, Scott 재판관의 스웨덴 호송대 사건)

21 Mr. Chief Justice Marshall, in the case of the ship Venus, Cranch's Rep. vol. viii. p. 253. (Cranch의 미국 대법원 판례집, Venus 호 사건에서 Marshall 대법원장)

규정한 국가들의 법령.

5. 전쟁 · 교섭 · 평화조약, 그리고 국가들의 공적 관계와 관련된 기타 거래의 역사.
6. 기존의 국제법을 선언 · 수정 · 정의하는 평화조약, 동맹조약 및 통상조약.

국가 간의 명시적 약정(express compacts)의 구속력은 실정법(positive law)에 의존하지 않아도 되지만, 체약 당사국 간의 규칙을 형성하는 이들 약정은 그 용어의 적절한 사용에 유추하여 친숙하게 법률(laws)이라고 불린다. Rutherforth가 생각했던 것처럼, 국가 간 조약의 효력은 반드시 그 조약의 직접 당사국에 국한되지 않는다. 정말 조약은 원래의 그리고 기존 국제법을 해당 특정 조약의 직접 당사국이 아닌 국가에 불리하게 수정할 수 없다. 그러나 그러한 조약이 원시 국제법의 엄격성을 그 국가들에 유리하게 완화하거나, 단지 기존의 법을 선언하거나, 또는 국가들의 실행에서 상반된 주장이 나온 사건에 더 확정적인 규칙을 제공한다면, 그렇게 도입된 협약법(conventional law)은 체약 당사국 간에 의무적일 뿐만 아니라, 다른 모든 국가에 대해서도 그들이 지켜야 할 규칙이 된다.[22]

통상적으로 실정 국제법이라고 불려온 것 역시 조약으로부터 추론될 수 있다. 일반적인 국가 관행 및 관습과 다른 한두 개의 조약이 국제법을 변경할 수는 없을지라도, 특정 규칙을 확립하는 거의 영속적인 일련의 조약은 논쟁이 된 점에 관해 무엇이 법인지를 증명하는 데 큰 역할을 할 것이기 때문이다. 현대 국제법에서 가장 중요한 수정과 개선 중 일부는 이렇게 조약에서 비롯되었다.[23]

---

22 See "Substance of a Speech delivered by Lord Grenville in the House of Lords, Nov. 13, 1801," upon the maritime convention of June, 1801, between Great Britain and Russia. ("영국과 러시아 간의 1801년 6월 해사 협약에 관한 Grenville 경의 영국 의회 귀족원 발언 내용"을 보시오.)

23 Bynkershoek, Quæst. Jur. Pub. lib. i. cap. 10. (Bynkershoek의 국제법의 문제들)

Chapter 02

주권국가

1 주권국가의 정의

국제법의 주체(subjects)는 특별히 주권국가(Sovereign States)라고 불리는, 서로 독립적으로 살아가는 개별 정치적 인간사회이다.

주권국가는 일반적으로 내부 조직의 형태에 상관없이 외국으로부터 독립하여 스스로 통치하는 모든 민족(any nation or people)으로 정의된다.[1]

역자 주: 저자는 1846년 개정판에서 '주권의 정의' 항을 추가하여 다음과 같이 설명하고 있다. 「주권(sovereignty)은 국가를 통치하는 최고 권력(supreme power)이다. 이 최고 권력은 대내적 또는 대외적으로 행사될 수 있다. 대내적 주권은 국민에게 내재되어 있거나, 헌법 또는 기본법에 의해 그 통치자에게 부여되는 주권이다. 이 주권은 소위 국내공법(internal public law, *droit public interne*)의 대상인데, 더 적절하게 이 법을 헌법이라고 부를 수 있다.

대외적 주권(external sovereignty)은 한 정치사회가 다른 모든 정치사회에 대해 독립성을 갖는다는 데 있다. 각 정치사회는 대외적 주권을 행사함으로써 평화 시나 전쟁 시에 다른 모든 정치사회와 국제적 관계를 유지한다. 따라서 그러한 국제관계를 규율하는 법은 대외공법(external public law, *droit public externe*)으로 불려왔는데, 더 적절하게 국제법이라고 부를 수 있다. 한 국가에 대한 다른 국가들의 국가 승인, 그리고 그 국가의 일반적인 국제사회로의 편입은 다른 국가들의 의지에 따라 그 국가의 헌법·정

---

1 Vattel, Droit des Gens, liv. i. c. 1. § 4. (Vattel의 국제법)

부형태 및 통치자의 선택 등에 의존하여 결정할 수 있다. 그러나 그 국가의 헌법이나 정부 형태가 어떻든, 또는 그 통치자가 누구이든, 또는 심지어 정부를 차지하기 위한 당파 간의 폭력적 대결로 인해 국가가 무정부 상태로 혼란스러울지라도, 국가는 사회관계의 최종 해체나 국가의 존재에 종지부를 찍는 다른 원인에 의해 주권이 완전히 소멸하기 전에는 여전히 법적으로 존속한다.」

2 제한된 주권

이러한 주권국가의 정의는 많은 제한이나 조건과 함께 채택되지 않으면 완전히 정확한 것으로 인정될 수 없다. 어떤 국가는 우주의 최고 지배자를 제외하고는 누구도 상위자로 인정하지 않는 완전한 주권과 독립성을 가지며, 또 어떤 국가는 다양한 정도로 제약되고 수정된 주권을 가진다.

2.1. 국가의 평등

모든 독립 국가는 그들의 상대적인 힘과 상관없이 국제법의 관점에서 평등하다. 특정 국가의 협조 주권(co-ordinate sovereignty)은 그 국가가 때로 다른 국가들의 명령에 복종하거나 심지어 다른 국가들이 그 국가의 의회에 상습적으로 영향력을 행사할지라도 손상되지 않는다. 그러한 복종이나 영향력이 명시적 약정(express compact)의 형식을 전제로 할 때만, 열세인 국가의 주권이 다른 국가와의 관계로 법적 영향을 받는다. 독립 국가 간에 자유롭게 체결된 대등한 동맹조약은 그들의 주권을 손상하지 않는다. 대등하지 않은 동맹조약, 보장조약, 중개조약 및 보호조약은 다른 효과를 가질 수 있다.

상대방 동맹국보다 열세인 동맹국이나 피보호국(protected state)의 주권은 동맹조약이나 보호조약의 규정에 따라 제한되고 제약을 받더라도 여전히 남아 있다.[2]

2 Vattel, liv. i. c. 1. §§ 5, 6. (Vattel의 국제법)

2.2. 크라쿠프 시국

그래서 폴란드 내의 도시 크라쿠프(city of Cracow)는 빈 회의(Congress of Vienna) 최종의정서에 의해, 러시아 · 오스트리아 · 프로이센의 보호 아래 영토를 가진 자유 · 독립 · 중립의 국가로 선포되었다.[3] 이 국가는 때로 이 열강들의 지시에 복종하거나 상습적으로 그들의 영향을 받을 수 있지만, 그 주권은 빈(Vienna) 조약에 따라 이 국가에 대해 합법적으로 주장될 수 있는 보호령(protectorate)의 지위로 영향을 받는 만큼을 제외하고는 여전히 남아 있다.

3 조공국가와 제후국가

그래서 조공국가(tributary states), 그리고 서로 봉건적 관계를 갖는 국가들도 그러한 관계로 주권이 영향을 받지 않는 한 여전히 주권국가로 인정된다. 따라서 왈라키아 공국과 몰다비아 공국(principalities of Walachia and Moldavia)이 러시아의 중개(mediation)로 오스만제국(Ottoman Porte)에 조공을 바친 것은 그들에게 주권의 그림자 이상의 어떤 것을 남겨 놓았다고 인정될 수 없지만, 지난날 유럽의 주요 해양 국가들이 지중해에서 자국 상선에 대해 해적 행위를 삼가도록 바르바리 국가들(Barbary states, 역자 주: 북아프리카 지중해 연안의 이슬람 국가들을 서양에서 부르던 명칭)에 조공을 바친 것은 그들의 주권과 독립성에 전혀 영향을 미치지 않았음이 분명하다. 그래서 나폴리왕국의 국왕도 11세기 이래 명목상 교황의 제후였지만, 지금은 폐지된 이 봉건적 의존관계가 결코 나폴리왕국의 주권을 손상한 것으로 여겨지지 않았다.[4]

4 단일국가 또는 연합국가

주권국가는 단일국가(single states)일 수도 있고, 공통의 군주 아래 또는 연방 약정(federal compact)으로 서로 연합된 국가(united states)일 수도 있다.

---

3 Acte du Congrès de Vienne du 9 Juin, 1815, Art. 6, 9, 10. (빈 회의 최종의정서)

4 Ward's Hist. of the Law of Nations, vol. ii. p. 69. (Ward의 국제법의 역사)

5 인적 동군연합

만약 공통의 군주를 갖는 이 연합이 합병 연합(incorporate union)이 아니라면, 즉 연합이 전적으로 통치 군주에게만 속하는 인적(*personal*) 성격이라면, 또는 그것이 물적(*real*) 성격일지라도 여러 구성국이 완전히 대등한 권리로 연합하는 한 각국의 주권은 손상되지 않고 남아 있다.[5]

그러므로 하노버 왕국(Kingdom of Hanover)은 영국 왕의 섬나라 영토와 별개로 영국 왕의 지배를 받는다. 하노버 왕국과 영국은 서로 의존하지 않고 각자의 국가 주권을 유지하면서 같은 군주의 지배를 받는다.

6 물적 동군연합

오스트리아 군주국을 구성하는 다양한 국가들의 연합은 물적 연합(*real union*)이다. 오스트리아 왕가의 세습 영지, 헝가리 왕국, 보헤미아 왕국, 롬바르디아-베네치아 왕국, 그리고 기타 국가들이 모두 같은 군주 아래 불가분하게, 그러나 별개의 기본법과 서로 다른 정치제도를 가지고 연합되었다.

각국의 개별 주권이 제국 내 등위 국가(co-ordinate states) 또는 제국 황제와의 관계에서 내적으로 여전히 존재하지만, 외국과의 국제관계에 대해서는 제국의 일반 주권에 병합된다는 점이 오스트리아 국가들의 연합과 단순히 인적 동군연합이 아닌 다른 모든 연합 간의 뚜렷한 차이로 보인다.

7 합병 연합

합병 연합(*incorporate* union)은 스코틀랜드(Scotland)와 잉글랜드(England) 간에, 그리고 그렇게 성립된 그레이트 브리튼(Great Britain)과 아일랜드(Ireland) 간에 존재

---

5 Grotius, de Jur. Bel. ac. Pac. lib. ii. cap. 9, §§ 8, 9. (Grotius의 전쟁과 평화의 법) Kluber, Droit des Gens Moderne de l'Europe, pt. i. c. 1. § 27. (Kluber의 유럽의 현대 국제법)

하는 연합과 같은 것이다. 이 3개의 왕국이 서로 다른 법과 개별 행정부를 갖고 있지만, 하나의 왕관과 하나의 의회 아래 연합하여 하나의 제국을 형성한다. 원래의 각 왕국의 주권은 그들의 연이은 연합에 의해 성립된 영국(United Kingdom)으로 완전히 합병되었다.

8 러시아와 폴란드 간의 연합

빈 회의에서 수립된 러시아 제국과 폴란드 왕국 간의 연합은 더 변칙적인 성격을 갖는다. 1815년 빈 회의 최종의정서에 의해 바르샤바 공국(duchy of Warsaw, 역자 주: 1807-1815, 프랑스 제국의 위성국가)은 러시아 제국에 재통합되었으며, 다음과 같이 규정되었다. 즉 바르샤바 공국은 자신의 헌법에 의해 불가역적으로 러시아 제국과 결합하여 전체 러시아의 황제 폐하와 그의 상속인과 후계자에게 폴란드 왕의 칭호와 함께 영구적으로 소유되며, 러시아 황제는 별개의 행정권을 누리는 이 국가에 적합하다고 판단하는 내적 확대를 부여할 권리를 유보한다는 것이다. 그리고 각각 러시아, 오스트리아, 프로이센의 지배를 받는 폴란드인들은 제각기 하나의 대의기관과 국가기관들(a representation and national institutions)을 가지며, 이들 기관은 그들이 속한 각국 정부가 유용하고 적합하다고 판단하여 그들에게 부여하는 정치적 존재 방식에 따라 규율된다는 것이다.[6]

---

6 "Le duché Varsovie, à l'exception des provinces et districts, dont il a été autrement disposé dans les article suivans, est réuni à l'Empire de Russie. Il y sera lié irrevocablement par sa Constitution, pour être possédé par S. M. l'Empereur de toutes les Russies, ses heritiérs et ses successeurs à perpétuité. Sa Majesté Imperiale se reserve de donner à cet état, juissant d'une administration distincte, l'extension intérieure qu'elle jugera convenable. Elle prendra, avec ses autres titres celui de Czar, Roi de Pologne, conformément au protocole usité et consacré par les titres attachés à ses autres possessions." (바르샤바 공국은 아래 조항에서 달리 처리된 주와 지역을 제외하고는 러시아 제국에 재통합되었다. 바르샤바 공국은 자신의 헌법으로 러시아 제국과 불가역적으로 결합하여, 전체 러시아의 황제 폐하 그리고 그의 상속자와 계승자에게 영원히 소유된다. 러시아 제국의 황제는 별개의 행정권을 누리는 이 국가에 적절하다고 판단하는 내적 확장을 부여할 권한을 유보한다. 러시아 황제는 그의 다른 소유지에 붙는 직함에 부여되는 의례에 따라, 기타 칭호와 함께 차르 칭호와 폴란드 국왕의 칭호를 갖는다.)
"Les Polonais, sujets respectifs de la Russie, de l'Autriche, et de la Prusse, obtiendront

une représentation et des institutions nationales, réglées d'après la mode d'existence politique que chacun des Gouvernements auxquelles ils appartiennent jugera utile et convenable de leurs accorder." (각각 러시아, 오스트리아, 프로이센의 지배를 받는 폴란드인들은 제각기 하나의 대의기관과 국가기관들을 가지며, 이들 기관은 그들이 속한 각국 정부가 유용하고 적합하다고 판단하여 부여하는 정치적 존재 방식에 따라 규율된다.) – Art. 1.(제1조) In consequence of the revolution and reconquest of Poland by Russia, a manifesto was issued by the Emperor Nicholas, on the 26th of February, 1832, by which the kingdom of Poland was declared to be perpetually united (*réuni*) to the Russian empire, and to form an integral part thereof; the coronation of the emperors of Russia and kings of Poland hereafter to take place at Moscow by one and the same act; Poland to be separately administered, and to preserve its civil and criminal code, subject to alteration and revision by the council of the Russian empire; and consultative provincial states to be established in the different Polish provinces. It is understood that Great Britain and France have protested against the measure of the Russian government as an infraction of the spirit, if not of the letter, of the treaties of Vienna, And it may be stated that so far as the disturbance of the general balance of European power consequent upon the partition of Poland, was meant to be corrected by the above stipulations, they have entirely failed of their effect, either in consequence of the contracting parties not concurring in their actual intentions, or failing to express them with the requisite clearness. Such is the intrinsic imperfection of all human language, that it frequently becomes impossible from the mere words alone of any writing, to ascertain the meaning of the parties. When to this intrinsic defect of every known tongue, is superadded that studied ambiguity, which almost justifies the maxim of a celebrated statesman, an active agent in these transactions, that "language was given to man to conceal his thoughts" – it becomes still more difficult to ascertain the real meaning of words selected to express the result of a compromise between opposite and almost irreconcilable interests and views. At the Congress of Vienna, Great Britain and France avowedly wished to restore the nationality of Poland, with its ancient boundaries as they existed before the first partition of 1772; Austria professed herself not unwilling to sacrifice her share of the dismembered provinces which she had reluctantly received as an equivalent for the inevitable aggrandizement of the other two partitioning states; and Prussia would doubtless have consented to a similar sacrifice for adequate equivalents; but Russia, on the other hand, far from being inclined to give up Lithuania and the other Polish provinces annexed to her empire at the first and second partitions, claimed the Duchy of Warsaw as acquired by right of conquest in war with France. Under these circumstances, the British and French cabinets were induced to consent to relinquish the absolute restoration of Poland as an independent state, in return for the creation of the kingdom of that name to be possessed by the Russian sovereign, by a title distinct from his imperial crown, – to be governed by its separate constitution and laws, and capable of being extended by the addition of the other Polish provinces which had been incorporated in the Russian empire; and also in return for the other stipulations in favour of the Poles inhabiting Prussian and Austrian portions of their former territory, and also for the acknowledgment of the independence of the free city of Cracow, the ancient capital of Poland. Without pretending to scrutinize the various motives which may have influenced the different powers, parties to this arrangement, it must be admitted that nothing is more difficult than to maintain, or regulate the relations between a sovereign nation, and a dependent, or even a co-ordinate state, by means of foreign interference, which must always assume a character offensive to the superior government. If any of the parties to the treaties of Vienna really intended to reserve to the Polish nation the consoling hope of ultimate restoration, and in the mean time to secure to them distinct institutions and privileges as a compensation for the temporary loss of their national independence, and to prevent their being entirely absorbed in the partitioning states, — it must be admitted that this intention has been very inadequately expressed in the text of those treaties — and that it must be sought for in the spirit by which their stipulations were dictated, — which, as already observed, was that of a compromise among the discordant views of all the contracting parties. This compromise has evidently failed of its effect since the Polish revolution of 1830; and the parties to the stipulation in question who seek to avoid the consequences of that event, must go behind the treaty itself, and reverting to the original idea of a complete restoration of Polish independence, must seek to realize that idea by means which are adequate to the end, — by remodelling those stipulations so as to guaranty the existence of Poland with its original extent, as a state independent of any connexion with other powers. (1830년 폴란드 혁명과 러시아의 폴란드 왕국 재정복의 결과, 니콜라스 황제는 1832년 2월 26일 매니페스토를 통해, 폴란드 왕국은 러시아 제국에 영구히 통합되고 그의 불가분한 일부를 구성한다고 선언하였다. 이후 러시아 황제와 폴란드 국왕의 대관식이 하나의 같은 행위로 모스크바에서 거행될 것이었다. 폴란드는 러시아와 별개로 통치되고 그들의 고유한 민사·형사법이 유지되지만, 러시아 제국 국가위원회에 의해 변경되고 개정될 수 있었다. 그리고 폴란드의 각 주에 자문기구가 설치되게 되었다. 영국과 프랑스는 러시아 정부의 조치가 빈 조약의 문언 위반은 아니라 하더라도 그 정신의 위반이라고 항의한 것으로 이해된다. 그리고 위 빈 조약 규정으로 그들이 폴란드의 분할에 따른 유럽의 일반적인 세력 균형의 동요를 바로잡으려고 했던 한 그들은 완전히 실패했다고 말할 수 있다. 체약 당사국들의 실제 의도가 서로 일치하지 않았거나, 그러한 의도가 필요한 만큼 명확하게 표현되지 못한 결과였다. 모든 인간 언어의 본질적인 불완전성은 이러한 정도여서, 어떤 글에서 단어만으로는 당사자가 의미한 바를 확실히 알기가 자주 불가능해진다. 알려진 모든 언어의 이러한 본질적인 결함 위에, 저명한 정치가이자 이러한 거래의 적극적인 대리인으로 활동했던 자가 말한 "언어는 인간에게 자기 생각을 감추도록 주어졌다."라는 격언을 거의 정당화하는 심사숙고한 모호성이 더해질 때, 상반되고 거의 조화될 수 없는 이해관계와 의견 사이에서 타협된 결과를 표현하기 위해 선택된 단어의 진정한 의미를 확인하기는 한층 더 어려워진다. 빈 회의에서 영국과 프랑스는 공공연히 폴란드의 국가성을 1772년 제1차 분할 이전에 존재했던 옛날 국경

9 연방 연합

연방 약정(federal compact)을 통해 서로 항구적으로 통합된 주권 국가들은 연합국가 체제(*system of confederated states*) 또는 최고 연방정부(*supreme federal government*)를 형성한다. 최고 연방정부 형태의 국가는 때로 합성국가(*composite state*)라고 불려왔다.

선으로 회복하기를 원했다. 오스트리아는 다른 두 분할국가의 불가피한 확대에 대한 등가물로 내키지 않게 받았던 분할된 지역의 자기 몫을 희생할 의향이 없지 않다고 표명했다. 그리고 프로이센은 적당한 등가물을 받으면 의심의 여지 없이 유사한 희생에 동의했을 터였다. 다른 한편, 러시아는 제1차 및 제2차 폴란드 분할에서 러시아에 통합된 리투아니아와 폴란드 지역을 포기할 의사가 전혀 없었고, 프랑스와의 전쟁에서 정복권으로 획득한 대로 바르샤바 공국에 대한 권리를 주장했다. 이러한 상황에서, 영국과 프랑스 내각은 러시아가 다음 조건을 받아들이는 대가로 독립 국가로서 폴란드의 절대적 회복을 포기하는 데 동의하도록 설득되었다. 즉 러시아 주권자가 자신의 황제 직함과 별개의 직함으로 소유하는 폴란드 왕국을 세우고, 그 왕국은 별도의 헌법과 법령으로 통치되며, 전에 러시아 제국에 통합되었던 폴란드 지역을 추가로 받아 확대될 수 있다는 것이었다. 또한, 이러한 러시아 안의 폴란드 지역과 이전 폴란드 영토인 프로이센과 오스트리아 지역에 거주하는 폴란드인들을 위한 별도의 규정(그들에게 각각 하나의 대의기관과 국가기관들을 부여)을 만들며, 폴란드의 옛 수도인 크라쿠프 자유시의 독립을 인정한다는 것이었다. 강대국들이 이렇게 처리한 데 영향을 미쳤을 수 있는 다양한 동기를 면밀하게 검토하지 않고도 인정해야 할 것이 있는데, 외국의 간섭을 통해 주권국가와 종속 국가 간 또는 심지어 주권국가와 등위 국가 간의 관계를 지속하고 규제하는 것보다 더 어려운 일은 없다는 것이다. 그러한 관계는 항상 상위 정부에 대해 공격적인 성격을 띠기 마련이기 때문이다. 빈 조약의 어떤 당사국이라도 정말로 폴란드 민족에게 궁극적인 독립의 회복에 대한 위안이 되는 희망을 유보해 두고자 했다면, 그리고 그 기간에 그들에게 일시적인 독립의 상실에 대한 보상으로 별도의 제도와 특권을 확보해 주고자 했다면, 그리고 그들이 분할하는 국가들에 완전히 흡수되는 것을 방지하려고 했다면, 그러한 의도가 그 조약 본문에 매우 불충분하게 표현되어 있다고 인정해야 한다. 또한, 이러한 상황에서 그 의도는 조약의 규정들이 나오게 된 정신에서 찾아야 한다는 것이 인정되어야 하는데, 그 의도는 우리가 이미 본 바와 같이 체약 당사국들의 의견이 일치하지 않는 상황에서 나온 타협의 결과였다. 이 타협은 1830년 폴란드 혁명 이후 분명히 그 효력을 잃었다. 그 사건의 결과를 회피하려고 하는 문제의 규정의 당사국들은 조약 자체를 재검토하고, 폴란드 독립의 완전한 회복이라는 원래의 아이디어로 복귀하여 그 목적에 적합한 수단으로 그 실현을 추구해야 한다. 즉 다른 강대국들과 어떠한 관계로부터도 독립적인 국가로서 원래의 영토를 갖는 폴란드의 존재를 보장하기 위해 그 규정들을 재정비함으로써다.)

10 각 구성국이 주권을 유지하는 연합국가

첫 번째의 경우, 국가들은 통상적인 대등한 동맹조약과 근본적으로 다르지 않은 조약에 의해 서로 연결된다. 그 결과 연합의 각 구성국의 주권은 손상되지 않고 남아 있다. 연합체의 결의는 각 개인 신민을 직접 구속하는 법률로서 시행되는 것이 아니라, 각 구성국 정부가 이 결의를 채택하여 자신의 관할범위 내에서 법의 구속력을 부여하는 중개를 통해 시행된다.

11 최고 연방정부 또는 합성국가

두 번째의 경우, 연방 법으로 창설되는 연방정부(federal government)는 그 법이 연방정부에 부여한 권한의 범위 내에서 주권과 최고의 지위를 갖는다. 그리고 각 개별 국가의 주권은 그렇게 연방정부에 부여된 권한과 그 개별 국가의 정부에 부과된 제한 모두에 의해 손상된다.

12 독일연합

1815년 독일의 주권 군주들과 자유도시가 독일연합(Germanic Confederation)의 이름 아래 영구적인 연맹(perpetual league)으로 연합되었다. 이 연합에, 전에 독일제국(German empire, 신성로마제국)에 속했던 그들의 소유지에 관하여 오스트리아 황제와 프로이센 국왕이, 홀슈타인 공국(duchy of Holstein)을 위해 덴마크 국왕이, 그리고 룩셈부르크 대공국(grand duchy of Luxembourg)을 위해 네덜란드 국왕이 포함되었다.

이 연맹의 지극히 복잡한 헌법으로부터, 언뜻 보아서는 독일연합이 위 두 종류의 연방 약정(federal compacts) 중 어디에 타당하게 속하는지, 그리고 결과적으로 그 구성국의 주권이 그 헌법 규정으로 어디까지 영향을 받거나 손상되는지 의문이 들 수 있다.

독일연합의 목적은 독일의 외적·내적 안전의 보존, 연합국가들의 독립과 불가침성이라고 선언되었다. 연합의 모든 구성국은 그 구성국 자격으로 동등한 권리를 갖는다. 새로운 국가는 구성국들의 만장일치 동의로 연합에 가입할 수 있다.[7]

연합의 사무는 프랑크푸르트(Frankfort on the Main)에 소재하는 연합 의회(federative diet)에 맡겨지며, 연합 의회에서 각 국가는 자국의 외교사절에 의해 대표된다. 각국은 의회의 소위 보통회의(*Ordinary Assembly*)에서 다음과 같이 투표권을 가진다.

오스트리아	1
프로이센	1
바이에른	1
작센	1
하노버	1
뷔르템베르크	1
바덴	1
헤센 선제후국	1
헤센 대공국	1
덴마크(홀슈타인 공국을 위해)	1
네덜란드(룩셈부르크 대공국을 위해)	1
작센 대공작 및 대공작가	1
브라운슈바이크 및 나사우	1
메클렌부르크-슈베린 및 슈트렐리츠	1
올덴부르크, 안할트, 슈바르츠부르크	1
헤센-홈부르크	1
자유도시(뤼베크, 프랑크푸르트, 브레멘, 함부르크)	1
총	17표

오스트리아가 의회의 의장직을 맡지만, 각국은 어떠한 심의 안건이든 제안할 권리가 있다.

---

7 Acte Final du Congrès de Vienne, art. 53, 54, 55. (빈 회의 최종의정서) Deutche Bundes Acte, vom 8 Juni, 1815, art. 1. (독일연합법) Wiener Schluss Acte, vom 15 Mai, 1820, art. 1, 6. (빈 회의 최종의정서)

연합 의회는 구체적인 특정 문제를 결정하기 위해 전체회의인 소위 총회(*General Assembly*)를 구성한다. 전체회의(*in pleno*)에서 투표권은 다음과 같이 배분된다.

오스트리아	4
프로이센	4
작센	4
바이에른	4
하노버	4
뷔르템베르크	4
바덴	3
헤센 선제후	3
헤센 대공국	3
홀슈타인	3
룩셈부르크	3
브라운슈바이크	2
메클렌부르크-슈베린	2
나사우	2
작센 바이마르	1
고타	1
코부르크	1
마이닝겐	1
힐트부르크하우젠	1
메클렌부르크-슈트렐리츠	1
올덴부르크	1
안할트-데사우	1
안할트-베른부르크	1
안할트-쾨텐	1
슈바르츠부르크-손데르스하우젠	1
슈바르츠부르크-루돌스타트	1
슈바르츠부르크-헤칭겐	1
리히텐슈타인	1

호엔촐레른-시그마링겐	1
발데크	1
로이스(노장가)	1
로이스(소장가)	1
샴부르크-리페	1
리페	1
헤센-홈부르크	1
뤼베크 자유도시	1
프랑크푸르트 자유도시	1
브레멘 자유도시	1
함부르크 자유도시	1
총	70표

총회에 상정될 모든 안건은 먼저 보통회의에서 토론되며, 과반수 찬성으로 결정된다. 총회에서의 결정은 전체 투표수의 3분의 2 찬성이 필요하다. 총회에 상정될 안건은 통상적으로 보통회의에서 결정하지만, 연합의 기본법(fundamental laws)의 채택이나 변경에 관한 문제, 연합의 명시적 목적을 실현하기 위한 수단으로서 상설기관을 설립하는 조직 규정에 관한 문제, 신규 구성국의 가입에 관한 문제, 또는 종교 사안에 관한 문제는 모두 총회에 곧바로 올라간다. 이 모든 사안에서 최종 결정에 절대적인 만장일치가 필요하다.[8]

연합 의회는 연합의 기본법, 외교·군사 및 내부 관계에 관한 조직 규정을 제정할 권한을 갖는다.[9]

모든 국가는 연합 내에서 각자의 영토 보유를 서로 보장하고, 어느 한 국가가 공격당하면 전체 독일뿐만 아니라 해당 개별 국가를 방어하기 위해 나설 것을 보장한다. 연합이 전쟁을 선포한 때에는 어느 국가도 개별적으로 적과 교섭할 수 없으며, 나머지 구성국의 동의 없이 평화협정이나 휴전협정을 맺을 수 없다. 연합의 각 구성국은 다른 외국과 동맹을 맺을 수 있으나, 그 동맹이 연합이나 연합 구성국의 안보에 반하는 것이어서는 안 된다. 어느 국가도 연합의 다른 구성국을 상대로 전쟁을

---

8 Acte Final art. 58. Wiener Schluss Acte, art. 12－15. (빈 회의 최종의정서)

9 Acte Final, art. 62. (빈 회의 최종의정서)

일으킬 수 없으며, 모든 국가는 자신의 분쟁을 연합 의회의 결정에 맡겨야 한다. 의회는 그 분쟁을 중개(mediation)로 해결하기 위해 노력해야 한다. 이러한 노력이 실패하고 사법적 판결이 필요해지면, 오스트레갈 절차(Austrëgal-Instanz)에 의지해야 하는데, 소송 당사국은 이의없이 이 절차에 따라야 한다.[10]

연합의 각 국가는 자체 헌법을 가질 권리가 있다.[11] 의회는 어느 특정 국가가 제정한 헌법을 그 신청에 따라 보장할 수 있으며, 그로써 그 헌법의 해석이나 집행에 관해 발생하는 불화를 중개나 사법적 중재로 해결할 권리를 얻는다. 다만 이는 그 구성국 헌법이 이러한 성격의 분쟁을 해결할 다른 수단을 제공하지 않는 경우로 한정된다.[12]

연합의 일국 또는 복수의 구성국에서 폭동이나 반란이 발생하거나 긴급한 위험성이 있는 경우, 의회는 연합의 일반적 안전을 위협하는 것으로 보아 이를 진압하기 위해 개입할 수 있다. 연합은 또한 구성국의 신청에 따라, 또는 폭동자들 때문에 직접 신청할 수 없는 때에는 주지의 존재 사실 또는 긴급한 위험성에 근거하여 연합의 공동 무력으로 이를 진압하기 위해 마찬가지로 개입할 수 있다.[13]

자국 신민이 다른 구성국에 의해 재판을 거부당하거나 재판이 부당하게 지연되는 경우, 피해국 측은 연합 의회에 중개(mediation)를 요청할 수 있다. 그리고 사인간의 소송이 구성국들의 상충하는 권리와 의무에 관한 문제를 수반하고 타협을 통해 우호적으로 해결될 수 없는 경우, 의회는 그 분쟁을 오스트레갈 재판소(Austrëgal tribunal)의 결정에 따르게 할 수 있다.[14]

연합 의회가 폭동이나 내란을 진압하기 위해 개입하는 경우를 제외하고는, 연합 의회의 법령은 연합의 개별 국가 정부에 의해 집행되며, 의회가 그러한 목적으로 그 정부에 집행을 신청해야 한다. 연합 의회가 폭동이나 내란을 진압하기 위해 개입하는 경우조차, 그 집행은 가능한 한 집행 대상이 된 신민의 소속 국가 정부와 협조하

10 Acte Final, art. 63. (빈 회의 최종의정서)

11 Bundes Acte, art. 13. In allen Bundestaaten wird eine landesständische Verfassung Statt finden. (독일연합법)

12 Wiener Schluss Acte, art. 60. (빈 회의 최종의정서)

13 Ibid. art. 25－28 (위 의정서)

14 Ibid. art. 29, 30. (위 의정서)

여 이루어져야 한다.[15]

연합의 각 구성국 신민은 연합 내 다른 국가에서 부동산을 취득하고 보유할 권리를 갖는다. 아울러 한 국가에서 다른 국가로 이주의 자유, 본국 군주의 최고 우선권이 적용되는 가운데 연합 내 다른 국가의 군대나 공직에 복무할 권리, 그리고 특정 호혜적 협정이 상반되게 규정하지 않는 한 퇴거세(*droit de rétraction*)나 다른 국가로의 개인 물품의 반출에 대한 유사한 세금을 면제받을 권리가 있다. 의회는 연합 전역에서 언론의 자유에 관한 통일법, 그리고 저작권을 보호하기 위한 통일법을 제정할 권한을 갖는다.[16]

연합 전역의 다양한 기독교 종파들은 동등한 시민적·정치적 권리(civil and political rights)를 갖는다. 그리고 의회는 유대인의 시민적 여건을 개선하고 연합의 각국에서 그들에게 시민적 권리의 완전한 향유를 보장하는 수단을 고려할 권한을 갖는다. 다만 이는 그들이 다른 시민들이 부담하는 모든 의무를 마찬가지로 부담한다는 조건 아래서이다. 한편, 특정 국가가 그들에게 부여한 특권은 계속 유지된다.[17] 의회는 또한 구성국 간의 통상을 규제하는 권한, 빈 조약에 보장된 바와 같이 연합에 속하는 강의 자유항행을 규제할 권한을 갖는다.[18]

12.1. 독일연합 구성국의 주권

이처럼 연합 의회에 부여된 엄청난 권한과 연합을 구성하는 개별 국가들의 주권 행사에 부과된 수많은 제약에도 불구하고, 독일연합은 그 항구성과 이루려는 목적이 더 많고 복잡하다는 것을 제외하고는, 독립적인 주권자들 사이의 통상적인 대등한 동맹(equal alliance)과 구별될 수 없는 것으로 보인다. 연합의 구성국들은 그들의 연합으로 하나의 합성국가(composite state)를 형성하지 않으며, 또한 공통의 한 주권자에게 복종하지도 않는다. 소위 연합의 기본법(fundamental laws)이 연합 의회에 의해 제정되고, 의회는 또한 연합의 대내외 관계 및 군사 관계에 관한 조직 규정을 제정할 권한을 갖지만, 이들 규정은 개인 신민을 일반적으로 직접 구속하는 법으

15 Wiener Schluss Acte, art. 32. (빈 회의 최종의정서)

16 Bundes Acte, art. 18. (독일연합법)

17 Bundes Acte, art. 16. (독일연합법)

18 Ibid. art. 19. Acte Final, art. 108－117. (빈 회의 최종의정서)

로서 시행되는 것이 아니라, 구성국 개별 정부가 그 규정을 채택해서 자신의 관할권 내에서 법적 효력을 부여하는 중개를 통해 시행된다. 연합 의회가 특정 구성국 내에서 자신의 결의를 그 정부 기관을 통하지 않고 합법적으로 그 신민 개인이나 집단에 직접 시행한 경우에는 (그런 경우가 있는 것 같다), 그런 경우가 발생할 때마다 연합의 일반적 성격에 대한 예외를 구성하며, 그 정도만큼 합성국가 또는 최고 연방정부가 된다. 그러나 연합 의회가 때로 연합의 압도적인 두 구성국(역자 주: 오스트리아와 프로이센을 의미)의 지시에 따르거나 개별 국가들이 연합 의회를 통해 그 두 국가의 지시에 따르고, 심지어 이 두 국가가 연합 의회나 그 구성국들의 입법부에 상습적으로 영향력을 행사하더라도, 법적 의미에서 그들의 주권을 손상하거나 연합의 법적 성격을 변경하지 않는다.

12.2. 연합 헌법의 1832년 개정

1832년 6월 28일의 연합의회법으로 독일연합 헌법에 매우 중요한 개정이 이루어졌다. 이 법률의 본문은 다음과 같다.

제1조. 빈 회의 최종의정서 제57조에 따라 국가의 권력은 국가원수의 수중에 계속 남아 있어야 하고, 주권자는 특정 권리의 행사에 관한 경우를 제외하고는 입법부(the chambers)의 협력을 필요로 하는 자국 헌법에 구속되어서는 안 되므로, 독일연합의 구성국으로서 독일의 주권자들은 이 원칙에 반하는 입법부의 청원(petitions)을 거부할 권리가 있을 뿐만 아니라, 독일연합의 목적에 의해 그러한 청원을 거부할 의무가 있다.

제2조. 위에 언급된 빈 회의 최종의정서 제57조의 정신과 제58조에 명시된 그 정신의 추론에 따라, 구성국 입법부(the chambers)는 연합에 대한 주권자의 의무와 구성국의 헌법이 그 주권자에게 부과하는 의무의 이행에 필요한 수단을 거부할 수 없으므로, 입법부가 이러한 목적에 필요한 세금에 대한 동의를 위해 노력하고 그 동의가 입법부가 제안한 다른 문제에 대한 주권자의 승인에 의존하는 경우는, 정부에 대한 신민의 저항에 관한 최종의정서 제25조와 제26조가 적용되어야 할 사안으로 분류되어야 한다.

제3조. 독일연합에 속하는 국가의 국내 입법은 원래의 연합법(original act of confederation) 제2조와 빈 회의 최종의정서 제1조에 명시된 바와 같은 연합의 목적

을 침해할 수 없다. 이 입법은 어떤 방식으로도 연합에 대한 국가의 의무 이행, 특히 그 이행에 필요한 세금의 납부를 방해할 수 없다.

제4조. 연합 그리고 연합을 대표하는 연합 의회의 권리와 존엄을 모든 종류의 침해로부터 지키기 위해, 그리고 동시에 연합 구성국들의 정부와 입법부 간의 헌법적 관계의 유지를 촉진하기 위해, 연합 의회는 일차적으로 구성국 입법부의 심의를 감독할 6년 임기의 위원회를 임명한다. 위원회는 연합 약정(compacts of the confederation)이 보장하는 구성국의 연합에 대한 의무와 연합의 주권에 반하는 것으로 판단될 수 있는 법안 및 결의안에 관심을 집중한다. 위원회는 연합 의회에 해당 문제를 보고하고, 의회는 그 문제에 대한 추가 심의가 적절하다고 판단하는 경우 해당 구성국 정부와 직접 협의한다. 6년의 임기가 만료된 후, 위원회의 연장을 위한 새로운 조치를 취한다.

제5조. 빈 회의 최종의정서 제59조에 따라, 입법부의 심의의 공표가 헌법에 의해 보장된 국가의 경우 심의 자체나 언론 매체를 통한 공표에서 자유로운 의사 표시가 국가 자체나 연합의 안녕을 위태롭게 할 정도로 확대될 수 없다. 따라서 연합 구성국의 모든 정부는 이미 연합 관계로 구속된 바에 따라, 자신의 입법부에서 연합에 대한 모든 공격을 방지하고 처벌하는 데 필요한 조치를 채택하고 유지하는 데 상호 구속된다.

제6조. 빈 회의 최종의정서 제17조에 의해, 연합 의회는 원래의 연합법의 진정한 의미를 유지하기 위해 연합법의 규정을 연합의 목적과 부합할 수 있게 해석하도록 권한을 부여받았으므로, 이에 관해 의문이 일어나는 경우 연합은 그 규정의 법적 효력을 발생시키기 위해 원래의 연합법과 최종의정서에 대한 배타적 해석권을 가지며 그 권리를 자신의 헌법기관인 연합 의회를 통해 행사하는 것으로 이해된다.

12.3. 연합 헌법의 1834년 개정

1834년 10월 30일의 연합의회법으로 독일연합 헌법의 추가 개정이 이루어졌다. 이는 그해 빈에서 독일의 각국 대표들이 참석한 가운데 개최된 외교 회의(diplomatic conferences)의 결과였다.

1. 어느 국가의 정부와 입법부 간에 자국 헌법의 해석에 관해, 또는 명확히 주권자에게 부여된 특정권한을 집행하는 데 있어 입법부에 허용된 협력의 한계

에 관해 논란이 발생하는 경우, 특히 정부가 자국의 헌법과 연합에 대한 의무에 따라 연합에 물자를 지원하는 데 입법부가 반대하는 경우, 논란은 모든 법적 · 헌법적 조정(conciliation) 수단을 거친 후에 다음 방식으로 임명되는 연합 중재인 재판소(federal tribunal of arbitrators)에 의해 결정된다.

2. 연합 의회의 보통회의에서 17표 중 각 1표를 보유하는 대표들은 3년마다 한 번씩 자신이 대표하는 국가 내에서, 사법 및 행정 분야에 오래 봉직하고 명성이 높은 2인을 지명한다. 이 3년의 임기 중, 이렇게 구성된 중재인 재판소에 공석이 발생할 때마다 같은 방식으로 채워진다.
3. 제1조에서 언급된 경우가 발생하고 이 재판소에 의한 결정에 의지할 필요가 생길 때마다 이 34인 중에서 6인의 중재 재판관(judges arbitrators)이 선정되는데, 3인은 정부가 또 다른 3인은 입법부가 선정한다. 이 숫자는 당사자들의 동의로 2인으로 줄이거나 8인으로 늘릴 수 있다. 어느 당사자든 재판관을 지명하지 않는 경우 연합 의회가 임명할 수 있다.
4. 이렇게 지정된 중재관들(arbiters)이 재판장(umpire)으로 1인의 추가 중재관을 선출하며, 표결이 동수일 때에는 연합 의회가 재판장을 임명한다.
5. 분쟁 사안에 관한 문서가 재판장에게 전달되면, 재판장은 이를 2인의 중재 재판관에게 의뢰하여 그에 관하여 보고토록 한다. 2인 중 1인은 정부가 선정한 자 중에서 선택되고, 또 다른 1인은 입법부가 선정한 자 중에서 선택된다.
6. 재판장을 포함한 중재 재판관들은 양 당사자가 지정한 장소에서 회합하거나, 의견이 일치하지 않는 경우 연합 의회가 지정한 장소에서 회합하며, 분쟁 사안에 관해 자신의 양심적 신념에 따라 육성에 의한 과반수 다수결로 결정한다.
7. 중재 재판관들이 결정을 내리기 전에 추가적인 소명이 필요한 경우에는, 연합 의회에 소명을 요청하고 연합 의회는 이를 제공한다.
8. 제7조에 명시된 상황으로 인해 불가피하게 지연되는 경우가 아닌 한, 아무리 길어도 재판장이 지정된 날부터 4개월 안에 결정이 내려져야 하며, 이해 관계국 정부에 통보되도록 연합 의회에 전달되어야 한다.
9. 중재 재판관들의 판정은 오스트레갈 판결(austrëgal judgement)의 효력을 가지며, 연합의 법령이 규정하는 방식으로 집행된다. 특히 재정 예산에 관한 분쟁의 경우, 중재의 효력은 중재인 재판소가 표결 대상으로 삼았던 기간에까지 미친다.

10. 중재의 비용과 경비는 전적으로 이해 관계국이 부담하며, 그 지급과 관련하여 분쟁이 발생하면 연합 의회의 법령에 따라 부과된다.
11. 연합의 자유도시에서, 그 헌법에 따라 시민(burghers)이 설립한 기관과 입법기관(senate) 간에 발생할 수 있는 논란과 분쟁에 대해서도 같은 중재인 재판소가 결정한다. 이 규정은 프랑크푸르트 자유도시의 헌법과 관련된 1815년 빈회의 최종의정서 제46조에 어떠한 변경을 가하는 것으로 해석되지 않는다.
12. 독일연합의 구성국들은 상호 간에 발생하는 논란을 결정하기 위해 연합의 중재인 재판소를 이용할 수 있다. 이를 위해 각 이해 관계국이 동의하면, 연합 의회가 중재인 재판소를 구성하기 위해 앞의 조항에 따라 필요한 조치를 한다.

역자 주: 독일연합(German Confederation)은 이후 다음과 같은 국가형태를 거쳐 오늘날 독일연방공화국(Federal Republic of Germany)에 이르고 있다. 독일연합의 두 주도국인 오스트리아와 프로이센이 독일 통일방식(소위 프로이센 중심의 소독일주의와 오스트리아 중심의 대독일주의)을 둘러싼 경쟁 끝에 1866년 전쟁을 벌인 결과 프로이센이 승리함으로써, 독일연합이 붕괴되고 오스트리아를 배제한 프로이센 주도의 북독일연합(North German Confederation)이 성립하였다. 1870년 프로이센-프랑스 전쟁에서 프로이센의 승리 후 1871년 1월 독일제국 헌법의 채택으로 입헌군주제 단일국가인 독일제국(Imperial Germany)이 성립하였다. 독일제국의 제1차 세계대전 패배가 확실해진 가운데 1918년 11월 독일혁명으로 독일제국이 무너지고, 1919년 8월 바이마르헌법(Weimar Constitution)의 채택으로 연방공화국 형태의 일명 바이마르공화국이 성립하였다. 나치 독일의 제2차 세계대전 패배 후 1949년 독일연방공화국(Federal Republic of Germany, 서독)과 독일민주공화국(Democratic Republic of Germany, 동독)으로 분리되었으며, 1990년 10월 3일 동독이 서독에 통합되는 방식으로 독일연방공화국이 성립하였다.

---

13 미합중국

미합중국의 헌법은 독일연합의 헌법과 매우 다른 성격을 가지고 있다. 미국은 단순히 대내외적 폭력에 대해 공동 방위를 위한 주권 주들의 연맹이 아니라, 최고 연방정부(supreme federal government) 또는 합성국가(composite state)이며, 연방의 구성 주들에 대해서뿐만 아니라 개인 자격이든 법인 자격이든 모든 시민에 대해 직접 작용한다. 헌법이 명시적으로 선언하는 바와 같이, 미국은 "더 완전한 연방(union)을 형성하고, 정의를 확립하고, 국내적 안녕을 확보하고, 공동의 방위를 제공하고, 일반적 복지를 증진하며, 우리와 우리 후손에게 자유의 축복을 보장하기 위하여 미국 국민에 의해" 수립되었다.

연방의 입법권(legislative power)은 의회(congress)에 속하며, 의회는 각 주의 입법부(the legislature)에 의해 그 구성원이 선출되는 상원(senate, 역자 주: 1913년 수정헌법 제17조에 의해 이후 각 주의 주민에 의해 선출된다.)과 각 주의 주민에 의해 선출되는 하원(house of representatives)으로 구성된다. 의회는 조세와 관세를 부과하고, 채무를 상환하며, 연방의 공동 방위와 일반적 복지를 제공할 권한을 갖는다. 의회는 또한 미국의 신용으로 자금을 빌릴 권한을 갖는다. 의회는 외국과의 통상, 주 간의 통상, 인디언과의 통상을 규제할 권한을 갖는다. 의회는 귀화에 관한 통일 규칙, 파산에 관한 연방 내 통일법을 제정할 권한을 갖는다. 의회는 화폐를 주조하고 도량형의 표준을 정할 권한, 우체국과 우편 도로를 설치할 권한, 작가와 발명가에게 저작물과 발명에 대한 배타적 권리를 보장할 권한, 공해상 해적 행위 및 중죄 그리고 국제법 위반 범죄를 처벌할 권한, 전쟁을 선포하고 포획 및 복구 면허장(letters of marque and reprisal)을 부여하며 육상 및 해상 포획물을 규제할 권한, 육군을 육성하고 지원할 권한, 해군을 창설하고 유지할 권한, 육군과 해군의 운용규칙을 제정할 권한, 연방정부 소재 구역 및 연방에 속하는 모든 요새·탄약고·무기공장 및 조선소에 관한 배타적인 민사·형사 입법권을 행사할 권한, 그리고 헌법이 연방정부(federal government)에 부여한 권한과 기타 권한의 집행에 필요하고 적절한 모든 법을 제정할 권한을 갖는다.

이와 같은 엄청난 주권적 권한을 집행하기 위해 집행권(executive power)이 미국의 대통령에게 부여되어 있다. 대통령은 각 주에서 그 입법부가 지시하는 방식으로 임명된 선거인(electors)에 의해 선출된다.

사법권(judicial power)은 연방의 헌법, 법률 및 조약 아래 발생하는 모든 법률 사건과 형평 사건(all cases in law and equity)에 미치며, 하나의 대법원과 의회가 설립하는 하급 법원들에 속한다. 모든 연방 법원은 이 수권에 따라, 연방 의회와 주 입법부가 통과시킨 법에 대해 심사하고, 사법적 판단을 위해 적절한 경우에는 그 법의 합헌성(constitutional validity)에 대해 결정할 권한을 행사한다. 조약체결권은 배타적으로 대통령과 상원에 속하며, 외국과 교섭한 모든 조약은 이들의 비준을 받아야 한다.

연방의 어느 주도 외국과 조약, 동맹 또는 국가연합을 맺을 수 없다. 어느 주도 포획 및 복구 면허장을 발급할 수 없다. 어느 주도 화폐를 주조할 수 없으며, 신용채권을 발행할 수 없으며, 금화나 은화 이외의 어떠한 화폐로도 채무를 상환할 수 없다. 어느 주도 사권 박탈법(bill of attainder)이나 소급법(*ex post facto law*) 또는 계약의 의무를 손상하는 법을 제정할 수 없다. 어느 주도 귀족 자격을 부여할 수 없다. 어느 주도 수입이나 수출에 대해 현지 검사를 위한 법률의 시행에 필요한 것을 제외하고는 어떠한 관세도 부과할 수 없으며, 그 시행으로 징수된 관세는 국고에 넣어야 하며, 그러한 법률은 의회에 의해 개정되고 통제될 수 있다. 어느 주도 의회의 동의 없이 선박 톤세(tonnage duty)를 부과할 수 없고, 평화 시에 군대나 군함을 보유할 수 없으며, 다른 주나 외국과 조약을 맺을 수 없으며, 실제로 침략당하거나 지체할 수 없는 긴급한 위험 상황이 아닌 한 전쟁을 할 수 없다. 연방은 각 주에 공화정 형태의 주 정부를 보장하며, 각 주를 침략으로부터 보호하고, 내부 폭력으로부터 보호하기 위해 주 입법부 또는 주 행정부(주 입법부가 소집될 수 없는 경우)의 신청에 따라 개입한다.

역자 주: 1776년 7월 4일 독립을 선언한 미국이 이 헌법(1789년 3월 4일 발효)으로 최고 연방정부(supreme federal government) 국가로 전환되기 전에는 13개 주로 구성된 국가연합(confederation) 형태를 취하고 있었다. 당시 헌법에 해당하는 연합규약(Articles of Confederation) 하에서, 연합 의회(Congress of Confederation)가 중앙정부의 기능을 수행하였으며, 각 주는 연합 의회에 명시적으로 위임된 주권을 제외하고는 자신의 주권을 계속 보유하였다. 연합 의회에 위임된 주권은 주로 외교권과 조약체결권, 선전포고와 강화권 등이었다. (제1조) The Stile of this Confederacy shall be "The United States of America." (제2조) Each State retains its sovereignty, freedom, and independence, and every power, jurisdiction, and right, which is not by this Confederation expressly delegated to the United States, in Congress assembled. (제3조) The said States hereby severally enter into a firm league of friendship with each other, for their common defence, the security of their liberties, and their mutual and general welfare. (제6조) No State, without the consent of the United States in Congress assembled, shall send any embassy to, or receive any embassy from, or enter into any conference, agreement, alliance or treaty with any King,

Prince or State. No two or more States shall enter into any treaty, confederation or alliance whatever between them. No State shall engage in any war without the consent of the United States in Congress assembled. (제9조) The United States in Congress assembled, shall have the sole and exclusive right and power of determining on peace and war.

---

14 스위스연합

스위스연합(Swiss confederation)은 1815년의 연방 약정(federal pact)으로 개편된 바대로, 스위스의 22개 칸톤(canton) 간의 연합으로 구성되어 있다. 연합의 목적은 자유, 독립, 외국의 공격에 대한 안전보장, 그리고 국내 질서와 안녕의 보존이라고 선언되었다. 칸톤들은 각 칸톤의 헌법과 영토 보유를 상호 보장한다. 연합은 공동의 군대와 국고(treasury)를 가지며, 이는 칸톤 간에 일정한 고정비율로 할당된 징병과 기여금에 의해 유지된다. 이 기여금 외에 군사비용은 외국 물품 수입 관세로 충당하며, 의회가 설정한 관세율에 따라 국경 지역 칸톤이 징수하여 공동의 국고에 넣는다.

의회(diets)는 각 1표의 투표권을 갖는 각 칸톤을 대표하는 각 1인의 대의원으로 구성되며, 매년 이른바 집행 칸톤(directing canton, *vororte*)인 베른, 취리히, 루체른에서 교대로 회합한다. 의회는 배타적인 전쟁 선포권, 외국과의 평화조약·동맹조약·통상조약의 체결권을 가지며, 이들 행위가 효력을 발생하기 위해서는 4분의 3의 다수결이 필수적이다. 다른 모든 목적으로는 과반수 다수결로 충분하다. 각 칸톤은 외국과 개별적으로 군사적 항복규약(military capitulations), 경제문제 및 경찰목적과 관련된 조약을 체결할 수 있지만, 이러한 조약이 연방 약정이나 다른 칸톤의 헌법상 권리를 침해해서는 안 된다. 의회는 연합의 내적·외적 안전보장을 제공하며, 연합 군대의 작전을 지휘하고 지휘관을 임명하며, 외국에 파견하는 외교사절을 임명한다. 1789년 이전에 집행 칸톤이 행사했던 권한 외에, 의회는 비회기 중 비상 상황에서 행사할 수 있는 특별 전권(special full powers)을 집행 칸톤에 위임할 수 있으며, 적절하다고 판단되면 집행 칸톤의 연합 업무 처리를 돕기 위해 연합 대표를 해당 칸톤에 파견할 수 있다. 각 칸톤은 내적·외적 위협이 있는 경우 다른 칸톤의 원조를 요구할 권리가 있으며, 이 경우 필요한 안전보장 조치의 제공을 위해 의회가 회합할 수 있도록 집행 칸톤에 즉각 통지하여야 한다.[19]

---

19 Bundesvertrag zwischen den zwey und zwanzig Cantonen der Schweitz (스위스의 2개 칸톤과 20개 칸톤 간의 연방 약정)
Martens, nouveau Recueil, tom. viii. p. 173. (Martens의 신 조약집)
The above compact is plainly nothing more than a mere league, or system of confederated states, not differing essentially from a treaty of perpetual alliance between independent communities, in which each member of the Union retains its own sovereignty unimpaired. After the French revolution of July, 1830, various changes had taken place in the internal constitutions of the different cantons tending to give them a more democratic character. A plan for the revision of the national pact of 1815, which in various particulars tended to heighten its federal features, and to give to the central authority more of the character of a supreme federal government, or one composite state, was drawn up by a committee of the ordinary Swiss diet assembled at Lucern in 1832. This plan encountered very decided opposition on the part of the cantons of Neufchâtel, Uri, Underwalden, Schweitz, Bâle, Valais, and Tessin,— which had formed a sort of separate confederation, called the league of Sarnen, insisting upon the conditions of the pact of 1815, and the exclusion of the two new cantons of *Bâle—Compagne* and what are called the *exterior districts* of Schweitz,— which had declared themselves independent of the cantons from which they had separated. The plan of revision was submitted to the deliberations of an extraordinary diet assembled at Zurich in 1833, in which sixteen of the principal cantons were represented, and which again modified essentially the proposed plan upon entire federal principles. It retained, however, the most important feature of reform proposed by the diet at Lucern, by which the central executive power was to be vested in four councillors, with a president under the title of Landamman, elected for the term of four years. This council was to be divided into four departments of the Interior, Foreign Affairs, Finances, and War,— each councillor being charged with the duties of a department. The plan thus modified, was submitted to the legislative councils of the several cantons, by some of which it was rejected; by others, accepted, either unconditionally, or subject to an appeal to the people in their primary assemblies: whilst the dissentient cantons, adhering to the league of Sarnen, continued to protest against any alteration in the original pact of 1815. The ordinary diet convened at Zurich in July, 1833, adopted measures for recognising the separation of *Bâle—Compagne* from the ancient cantons,— and for dissolving the league of Sarnen, and compelling the dissentient cantons to send deputies to the national diet. At the subsequent session of the diet at the same place in 1834, in which all the cantons were represented, the question of the revision of the federal pact was again taken up, and considered as to the manner in which it should be effected. Three different modes were proposed for this purpose: that of a constituent assembly representing the whole

---

역자 주: 이후 스위스연합은 1848년 연방헌법의 제정으로 연방정부와 연방의회가 출범하고 각 칸톤의 주권이 제한됨으로써 최고 연방정부 성격의 국가가 되었다. 오늘날 26개 칸톤으로 구성된 스위스(Swiss Confederation)는 국명에 여전히 국가연합(confederation)이라는 명칭이 붙어 있지만, 최고 연방정부 형태의 국가이며 통상적으로 스위스 연방으로 불린다.

Swiss nation; a free conference among the different cantons; or by the diet itself under special instructions from the constituents represented in that body. Neither of these propositions obtained a majority of votes, so that Switzerland remains still subject to the federal constitution, established in 1815 under the mediation of the allied powers, and guarantied by the Congress of Vienna. (위 약정은 명백히 각 구성국이 자신의 온전한 주권을 보유하는 연맹(league) 또는 연합국가체제이며, 근본적으로 독립적인 공동체 간의 영구적인 동맹조약과 다르지 않다. 1830년 7월 프랑스혁명 후에 각 칸톤의 헌법에 더 민주적인 성격을 부여하는 경향의 다양한 변화가 일어났다. 1815년의 연방 약정에 대한 개정안이 1832년 루체른(Lucern)에서 소집된 스위스 통상 의회의 한 위원회에 의해 작성되었는데, 다양한 세부 사항에서 연방의 특징을 강화하고, 중앙 권력에 최고 연방정부 또는 단일 합성국가의 성격을 더 많이 부여하였다. 이 개정안은 7개 칸톤(Neufchâtel, Uri, Underwalden, Schweitz, Bâle, Valais, Tessin)의 매우 단호한 반대에 부딪혔다. 이들 칸톤은 Sarnen League라는 일종의 독립적인 국가연합을 형성하였으며, 1815년 약정의 조건을 고수하고, 분리 독립을 선언한 2개의 새로운 칸톤(*Bâle－Compagne*, 그리고 Schweitz의 소위 외곽 지구)을 연합에서 제외할 것을 주장했다. 개정안은 1833년 취리히(Zurich)에서 소집된 특별 의회에서 16개 주요 칸톤이 참석한 가운데 심의되었으며, 제안된 개정안을 전체 연방의 원칙에 따라 근본적으로 수정하였다. 하지만 루체른 회의에서 제안된 가장 중요한 개혁의 특징, 즉 중앙집행권이 4인의 평의회 위원들(councillors)에게 부여되고 Landamman 직함의 위원장은 4년 임기로 선출된다는 규정은 유지되었다. 이 평의회(council)는 내무·외무·재무·전쟁의 4개 부서로 나누어지며, 각 위원이 각 부서의 책임을 맡는다. 이렇게 수정된 안은 각 칸톤의 입법기관에 제출되어, 어떤 칸톤에서는 거부되고 또 어떤 칸톤에서는 무조건적으로 또는 기초 의회 의원들에 대한 호소를 조건으로 수락되었다. 한편, Sarnen League를 지지하는 반대 칸톤은 계속 원래의 1815년 약정의 변경에 반대하였다. 1833년 7월 취리히에서 소집된 통상 의회는 옛 칸톤들로부터 Bâle－Compagne의 분리를 승인하고, Sarnen League를 해체하며, 반대 칸톤에 그들의 대표를 전국 의회에 보낼 것을 강요하는 조치를 채택하였다. 모든 칸톤이 참가한 가운데 1834년 같은 장소에서 열린 의회 회기에서, 연방 약정의 개정 문제가 다시 다루어졌으며, 개정의 효력 발생 방식에 대한 심의가 이루어졌다. 이 목적으로 3가지 방식이 제안되었다. 즉 전체 스위스 국가를 대표하는 제헌의회 방식, 칸톤 간의 자유 회의 방식, 그리고 의회 대의원들의 특별 지시에 따른 의회 자체에 의한 방식이었다. 이들 중 어느 방식도 과반수의 표를 얻지 못했으므로 스위스는 여전히 대프랑스 동맹국의 중개에 따라 제정되고 빈 회의가 보장한 1815년 연방 약정을 적용받고 있다.) (Acte Final du Congrès de Vienne, art. 74. Annexæ, No. XI. Martens, Supplement au Reçueil, tom. VI.) (Martens의 조약집 부록에 수록된 빈 회의 최종의정서 제74조 부속서 제11항)

15 주권은 언제 획득되는가

국가의 주권(sovereignty)은 국가를 구성하는 시민사회(civil society)가 기원하는 때에, 또는 공동체의 한 부분을 구성하고 그에 의존했던 시민사회가 그로부터 합법적으로 분리되어 나올 때 획득된다.[20]

역자 주: 저자는 1846년 개정판에서, 이 구절에 연속하여 다음과 같이 이 주제에 관해 더욱 자세히 설명하고 있다. 「이 원칙은 국가의 대내적 주권과 대외적 주권에 동일하게 적용된다. 그러나 여기서 이 두 종류의 주권 사이에 구별해야 할 중요한 점이 있다는 것을 유의하여야 한다.

국가의 대내적 주권은 다른 국가의 승인(recognition)에 의존하지 않는다. 달리 말하면, 신생국은 자신의 대내적 주권을 누리기 위해 다른 국가의 승인이 필요하지 않다. 이 점에서 국가의 사실상(*de facto*) 존재가 국가의 법적(*de jure*) 존재를 확립하기에 충분하다. 국가는 존재하기 때문에 국가이다. 그래서 미합중국의 대내적 주권은 그들이 스스로 영국으로부터 "자유·주권·독립 국가(free, sovereign, and independent States)"를 선언한 1776년 7월 4일부터 존재한다. 1808년 연방 대법원의 다음과 같은 결정은 이 원칙에 근거한 것이었다. 즉 연방을 구성하는 각각의 주들은 자신의 주 법령에 관한 한 그들의 독립을 선언한 시점부터 주권국가의 모든 권리와 권한(all the rights and powers of sovereign States)을 갖게 되었으며, 그것을 영국 국왕에 의한 양허(concession)로부터 얻지 않았다는 것이다. 영국과의 1782년 조약[역자 주: 그해 11월 30일 서명된 잠정조약(Provisional Articles)이며 양국 간 1783년 평화조약의 일부가 되었다]은 미국의 독립에 대해 하사(grant)가 아니라 승인(recognition)이라고 명시하고 있다. 그로부터, 각 주정부의 법은 독립선언일부터 주권국가의 법이 되며, 그러한 법으로서 그 주민에 대해 해당 법이 제정되는 때부터 구속력을 갖게 되었다.

---

20 Kluber, Droit des Gens Moderne de l'Europe, pt. i. ch. i. § 23. (Kluber의 유럽의 현대 국제법)

다른 한편 국가의 대외적 주권이 완벽하고 완전하게 되기 위해서는 다른 국가들의 승인이 필요하다. 신생국이 그의 행위를 자신의 시민에 대해 그리고 자신의 영토 내에 한정하는 한 이러한 승인은 필요하지 않을 수도 있다. 하지만 모든 구성국이 누릴 수 있는 권리와 이행할 의무의 존재를 인정하는 이 커다란 국제사회에 들어가고자 한다면, 이러한 사회를 구성하고 있는 국가들에 의해 승인을 받아야 한다. 국제사회가 보장하는 모든 유리한 지위에 동참하기 위해서는 반드시 그러한 승인이 필요하기 때문이다. 각 외국은 완전히 자유롭게 이러한 승인을 부여할 수도 거부할 수도 있다. 그리고 신생국은 이러한 승인이 보편화하기 전에는, 자신의 주권을 승인한 국가에 대해서만 대외적 주권을 행사할 권리가 있다.」

16 국가의 정체성

국가의 정체성(identity)은 같은 기원이나 존재의 시작을 갖는 데 있으며, 다른 모든 국가와 다른 점은 그들과 다른 기원이나 존재의 시작을 갖는 데 있다. 국가는 그 국가를 구성하는 개인 구성원의 측면에서는 변동하는 실체이지만, 사회의 측면에서는 새로운 개인 구성원들의 끊임 없는 계승으로 그 존재가 영구적으로 유지되는 하나의 같은 실체이다. 이러한 존재는 국가의 존재에 영향을 미치는 근본적인 변화로 그 존재가 중단될 때까지 계속된다.[21]

16.1. 국가는 내부 혁명으로 어떤 영향을 받는가

이러한 변화가 단지 국가의 헌법과 정부 형태를 변경하는 내부 혁명으로 일어나면 국가는 그대로 유지된다. 국가는 어떤 권리도 잃지 않으며 어떤 의무로부터 면제되지도 않는다.[22]

---

21 Grotius, de Jur. Bel. ac Pac. lib. ii. cap. 9, § iii. (Grotius의 전쟁과 평화의 법) Rutherforth's Institutes of Natural Law. b. ii. c. 10, §§ 12, 13. (Rutherforth의 자연법 제도)

22 Grotius, § viii. (Grotius의 전쟁과 평화의 법) Rutherforth, § 14. (Rutherforth의 자연법 제도) Puffendorf, de Jur. Nat. et Gent. lib. viii. cap. 12, §§ 1-3. (Puffendorf의 자연법과 국제법)

16.2. 내전 중인 국가에 대한 외국의 행위

정부를 차지하기 위한 대결을 수반하는 내전(civil war)이 진행되는 동안, 외국은 구 정부를 여전히 주권자로, 그리고 사실상의(*de facto*) 정부를 적에 대한 전쟁권(rights of war)을 갖는 사회로 대하면서, 혁명이 완결될 때까지 그 논란에 무심한 방관자로 남아 있을 수 있다. 또는 자신이 정의롭다고 믿는 측의 대의를 지지할 수도 있다. 첫 번째의 경우, 외국은 자신의 모든 국제법상 의무를 이행하는 것이 되며, 불편부당한 중립을 견지하는 한, 어느 대결 당사자도 불만을 표시할 권리가 없다. 두 번째의 경우, 당연히 외국은 자신이 대의를 지지한 측의 동맹국이 되며, 그 상대방의 적이 된다. 그리고 이 점에서 실정 국제법은 정의로운 전쟁과 정의롭지 않은 전쟁을 구별하지 않으므로, 개입하는 국가는 상대방 적국에 대해 모든 전쟁권을 갖게 된다.[23]

16.3. 내전의 당사자는 서로에 대해 전쟁권을 가진다

외국이 중립을 표방하면, 전쟁이 공적들(public enemies)에게 서로에 대해 부여하는 권리를 자유롭게 행사하도록 양 교전 당사자에게 공평하게 허용할 의무가 있다. 즉 봉쇄권(right of blockade), 그리고 전시금제품과 적의 재산을 포획하는 권리(right of capturing contraband and enemy's property)와 같은 것이다. 그러나 본국에 대항하는 지방이나 반란 식민지에 의한 그러한 권리의 행사는 해당 본국과 외국 간의 기존 조약의 의무에 의해 수정될 수도 있다.[24]

17 국가의 정체성은 어떻게 외부 폭력의 영향을 받는가

다른 한편, 정복(conquest)과 같이 외부의 폭력에 의해 변화가 일어나고 이어 평화조약으로 확인된다면, 국가의 존재에 미치는 영향은 그 조약 규정에 따라 결정될

---

23 Vattel, Droit des Gens, liv. ii. ch. 4, § 56. (Vattel의 국제법) Martens, Précis du Droit des Gens, liv. iii. ch. 2, §§ 79－82. (Martens의 유럽의 현대 국제법 개요)

24 See Part IV. ch. 3, § 3. (이 책 제4부 제3장 제3항을 보시오)

것이다. 정복되어 할양되는 영토는 패전국의 단지 일부일 수도 있고 전체일 수도 있는데, 전자의 경우 원래의 국가가 여전히 계속되지만, 후자의 경우 국가의 존재가 중단된다. 어느 경우든 정복된 영토는 정복한 국가의 한 지방으로 통합되거나, 동등한 주권을 갖는 등위 국가(co-ordinate state)로서 그 국가에 연합될 수도 있다.

18 국가의 정체성은 내부 및 외부 폭력의 공동효과와 조약의 확인으로 어떻게 영향을 받는가

이러한 국가 존재의 변화는 내부 혁명과 외국의 정복(이어 국제조약에 의해 확인되거나 수정되고 조정되는)에 의한 결합 효과에 의해 생길 수도 있다. 프랑스 대혁명의 영향과 프랑스 군대의 진입 결과로, 1797년에 네덜란드 7개 주 연합공화국(Seven United Provinces of the Netherlands)에서 오라녜 가문(House of Orange)이 쫓겨나고, 옛 네덜란드 헌법의 자리에 민주공화국이 들어섰다. 동시에 오랫동안 오스트리아 군주국에 등위 국가(co-ordinate state)로 통합되어 있던 벨기에 지방은 프랑스에 정복되어 1797년 캄포포르미오(Campo Formio) 조약과 1801년 뤼네빌(Luneville) 조약으로 프랑스 공화국에 병합되었다. 오라녜 공(Prince of Orange)은 1813년 복위하면서 네덜란드의 주권 군주(Sovereign Prince) 칭호를, 나중에는 네덜란드 국왕의 칭호를 획득하였다. 그리고 1815년 빈 조약으로 그의 주권 아래 이전 네덜란드 7개 주 연합공화국이 오스트리아 저지대국가(Austrian Low Countries, 벨기에)와 통합되어 한 국가를 이루었다.[25]

이것이 두 국가가 한 국가로 통합되어 새로운 국가를 형성한 사례다. 이전 국가들 각각의 독립적 존재는 상대방 국가에 대하여 완전히 중단된다. 한편 다른 외국에 대한 두 국가의 권리와 의무는 새로운 국가의 창설 조약에 의해 영향을 받을 수 있는 만큼을 제외하고는 여전히 계속된다.

1830년 벨기에에서 발생한 혁명의 결과로 벨기에는 다시 네덜란드에서 분리되었으며, 오스트리아 · 프랑스 · 영국 · 프로이센 · 러시아의 5개 열강에 의해 별개의 왕국으로 독립이 인정되고 보장되었다. 이어 작센-코부르크 가문 출신의 레오폴트 공

25 Acte Final du Congrès de Vienne, Art. 65, 72, 73. (빈 회의 최종의정서)

(Prince Leopold of Saxe-Cobourg)이 국민의회에 의해 벨기에 국민의 왕으로 선출된 데 이어, 벨기에의 분리 조건이 1831년 11월 15일 이들 5개국과 벨기에 간에 체결된 조약에 의해 규정되었다. 런던회의에서 이 조약은 벨기에의 분리 · 독립 · 중립 그리고 영토 보유상태에 관한 불변의 기초를 구성하는 것으로 선언되었으며, 다만 벨기에 왕국과 네덜란드 간의 직접 교섭의 결과로 수정될 수 있다고 인정되었다.

19 신생국의 독립을 주장하는 지방이나 식민지는 외국에 의해 어떻게 간주되는가

한 국가에서 지방이나 식민지가 본국의 주권을 떨쳐내고 혁명이 완수되더라도, 신생국의 독립이 다른 국가들에 의해 인정되지 않으면 그 주권(sovereignty)은 신생국 정부와 시민이 어떻게 여기든지 간에 국제적 관점에서 완전한 것으로 간주될 수 있는지 의심스러워 보일 수 있다. 이미 언급한 바와 같이, 주권을 쟁취하기 위한 투쟁이 계속되고 내전이 치열해지는 중에 다른 국가들은 전쟁이 공적들(public enemies) 서로에게 부여하는 모든 권리를 양 대결 당사자에게 허용하면서 수동적으로 남아 있거나, 새로운 국가와 우호 · 통상조약을 맺음으로써 그 독립을 승인하거나, 또는 어느 한 당사자와 동맹을 맺어 다른 당사자에 대항할 수도 있다. 첫 번째의 경우 제3국이 공평하게 중립을 유지하고 대결의 추이를 지켜보는 한, 어느 경쟁 당사국도 불만을 표시할 권리가 없다. 마지막 두 경우는 법보다는 정치의 영역에 속해 보이는 문제를 수반하지만, 이와 유사한 사건에서 국가들의 관행은 이 문제의 해결을 위한 불변의 규칙을 제공하지는 않더라도 적어도 약간의 시사점을 줄 것이다. 스위스의 칸톤과 네덜란드 7개 주 연합공화국의 기억할 만한 사례는 이 주제에 관한 인류의 일반적인 인식을 잘 보여준다. 스위스는 독일제국(신성로마제국)에 의해, 그리고 네덜란드는 에스파냐에 의해 마침내 독립이 승인될 때까지 매우 오랫동안 전쟁을 하고, 평화조약을 체결하고, 동맹을 맺고, 그 밖의 모든 주권 행위를 수행하였다.

미합중국의 독립에 대한 프랑스의 승인은 반란 식민지에 대한 프랑스 조정의 은밀한 지원과 결합되어 영국에 의해 부당한 침략행위로 여겨졌는데, 그 상황에서는 아마도 그랬을 것이다.[26] 그러나 만약 프랑스 궁정이 선의로(with good faith) 행동하고 두 교전국 사이에서 공평하게 중립을 지켰다면, 프랑스와 미국 간 통상조약이나 궁극적으로 동맹조약조차 프랑스에 대한 영국 정부의 선전포고에 정당한 근거가 될 수 없었을 것이다. 에스파냐가 그의 아메리카 식민지의 독립에 대한 승인을 계속 보류하고 있는 가운데 미국·영국 그리고 기타 강대국들이 그 독립을 인정한 더 최근의 사례 또한, 봉기한 지방이나 식민지가 독립을 선언하고 유지할 능력을 보인 경우 외국에 의한 주권의 승인은 단지 정책과 신중성의 문제라는 국가들의 일반적인 이해를 보여준다.

19.1. 외국에 의한 독립의 승인

이 문제는 이들 외국의 주권적 입법권이나 집행권에 의해 결정되어야 하며, 어떤 하위의 당국이나 개별 신민의 사적 판단으로 결정되어서는 안 된다. 신생국의 주권에 의문을 제기했던 외국이 그 독립을 승인하기 전에는, 또는 신생국이 전에 한 지방으로 속해 있었던 본국 정부가 승인하기 전에는, 외국의 사법재판소나 개인은 이전의 상태가 변경되지 않고 유지되는 것으로 여겨야 할 의무가 있다.[27]

20 군주의 신분 또는 국가의 정부 형태의 변경으로 발생하는 국제적 효과

군주의 신분(person of the sovereign) 또는 국가의 정부 형태(form of government)의 변경으로 발생하는 국제적 효과는 다음 사항에 관하여 고려될 수 있다.

---

26 See Memoire Justicatif pour servir de Réponse à l'Exposé des Motifs de la Conduite du Roi de France relative à l'Anglettre. Edward Gibbon's Miscellaneous Works, vol. iv. p. 246. ('Edward Gibbon의 기타 작품들'에 나오는 '영국에 대한 프랑스 국왕의 행위에 관한 이유서에 대한 답변으로 사용하기 위한 정당화 각서'를 보시오)

27 Vesey's Ch. Rep. vol. ix. p. 347. The City of Berne *v.* the Bank of England. (Vesey의 판례집) Edward's Adm. Rep. vol. i. p. 1. The Manilla, Appendix IV. Note. D. (Edward의 해사 판례집) Wheaton's Rep. vol. iii. p. 324. Hoyt *v.* Gelston, p. 634. The United States *v.* Palmer. (Wheaton의 미국 대법원 판례집)

1) 동맹조약 및 통상조약
2) 공공채무
3) 국가의 공공영역(public domain) 및 사유재산권
4) 타국의 정부 또는 신민에 대한 불법행위 책임

20.1. 조약

국제법학자들은 조약을 인적(*personal*) 조약과 물적(*real*) 조약으로 나눈다. 인적 조약은 가족 동맹(family alliance) 또는 특정 군주와 그의 가족에게 왕위를 보장하는 조약과 같이 전적으로 체약 당사자의 신분(person)과 관련된다. 이러한 조약은 당연히 왕의 사망이나 왕가의 소멸로 효력이 종료된다.

물적 조약은 체약 당사자의 신분과 무관하게 오직 조약의 주제(subject matters)와 관련이 있다. 이들 조약은 중간에 국가의 내부 구조나 통치자의 신분에 어떤 변경이 일어나든 계속 국가를 구속한다. 그러한 변경에도 불구하고 국가는 그대로 유지되므로, 국가의 목적과 관련된 조약은 국가가 독립국으로 존재하는 한 유효하다. 물적 조약에 관해 이러한 일반규칙에 대한 유일한 예외는, 조약이 정부 형태 자체에 관한 것이고 국가의 내부 구조에서 그러한 변경을 방지하기 위한 것이었던 경우이다.[28]

20.2. 공공채무

공공채무(public debts)가 혁명으로 성립한 국가로 인해 발생한 것인지 또는 그 국가가 직접 빌린 것인지를 막론하고, 단지 정부 형태나 통치자 신분의 변경은 국가의 의무에 영향을 미치지 않는다. 국가를 독립적인 공동체로 만드는 국가의 본질적인 형태는 그대로 유지되고 부수적인 형태만 변경되었기 때문이다. 공공채무는 국가의 이름으로, 국가의 권한을 위임받은 대리인에 의해, 그리고 공적 사용을 위해 약정된 것이므로, 국가는 내부 구조의 변경에도 불구하고 계속 그에 대한 책임이 있다.[29]

---

28 Vattel, Droit des Gens, liv. ii. ch. 12, §§ 183–197. (Vattel의 국제법)

29 Grotius, de Jur. Bel. ac Pac. lib. ii. cap. 9, § viii. 1–3. (Grotius의 전쟁과 평화의 법) Puffendorf, de Jur. Nat. et Gent. lib. viii. cap. 12, §§ 1, 2, 3. (Puffendorf의 자연법과 국제법)

20.3. 공공영역 및 사유재산권

혁명이 성공하고 국가의 내부 구조의 변경이 공적 행위에 의해 최종 확정되면, 공공영역(public domain)은 새로운 정부로 넘어간다. 이러한 전환에 사유재산권의 변동이 반드시 수반되는 것은 아니지만 수반될 수도 있다. 국가 당국은 피정복자의 재산을 전체적 또는 부분적으로 전환할 수 있는 권한이 있으며, 재산이 실제로 몰수되면 그 사실은 권리로 여겨져야 한다. 그러나 소유권의 이전(transfer of proprietary rights)이 작용하기 위해서는 적극적이고 명확한 몰수 행위가 필수적이다.

다른 한편, 국가 정부의 내부 혁명에 이어 구질서의 회복이 뒤따르면, 실제로 몰수되지 않은 공공재산과 사유재산 모두 합법 정부의 회복과 함께 원소유자에게 되돌아간다. 이는 정복의 경우에 공적(public enemy)이 점령했던 영토에서 철수하면 소유권이 원래 소유자에게 되돌아가는 것과 마찬가지다. 국가의 개입 행위로 실제로 양도된 것이 아닌 공공영역은 주권과 함께 군주에게 다시 돌아간다. 일시적으로 압류된 사유재산은 전시에 적으로부터 탈환한 재산의 경우와 마찬가지로 원상회복의 원칙(*jus postliminii*)에 따라 전 소유주에게 돌아간다.

그러나 혁명 중에 국가 영역이 양도되었거나 사유재산이 국가의 개입 행위로 몰수되었다면, 그러한 이전(transfer)의 유효성에 관한 문제는 해결하기가 더욱 어려워진다.

국가의 합법적인 군주조차 해당 국가의 헌법에 따라 공공영역의 양도권이 있을 수도 있고 없을 수도 있다. 자신의 신민들과의 국내적 거래에서는 군주에게 그러한 권한이 부여되지 않았다는 것이 일반적인 추정이다.[30] 그러나 외국인이나 외국 정부가 관련된 국제적 거래의 경우에는 군주에게 그러한 권한이 있는 것으로 추정된다. 이는 국가의 기본법에 명시적인 제한이 없는 한 그러한 권한이 일반적인 조약 체결권에 포함된다는 데서 추론될 수 있다. 따라서 외국의 정부와 신민이 공공영역이나 몰수된 사유재산을 취득하기 위해 그 외국이 묵시적으로 승인한 현실의(actual) 국가 원수나 사실상의(*de facto*) 정부와 거래한 경우, 합법적 주권자는 비록 사실상의 정부의 행위가 자신에게는 찬탈자의 행위였을지라도, 복위 시에 원칙적으로 그 행

30 Puffendorf, de Jur. Nat.. et Gent. lib. viii. cap. 12. §§ 1－3. (Puffendorf의 자연법과 국제법)

위를 유효한 것으로 인정해야 한다.[31] 다른 한편, 자국의 신민에게 행해진 이러한 국가재산 또는 사유재산의 양도에 대해서는, 복위된 합법적 군주가 자국 정부에 영향을 미칠 수 있는 정책적 동기에 따라 그 국내적 효력을 무효화하거나 인정할 수 있을 것으로 보인다. 다만 군주는 선의의 구매자(*bonæ fidei* purchasers)가 양도받은 재산에 부가한 개선(ameliorations)에 대해 보상받을 법적 권리를 보장해야 한다.[32]

매각되거나 교환된 재산의 가액 또는 등가물을 국가가 실제로 사용했거나 그로부터 이익을 얻은 경우, 재산의 이전은 확실히 인정되고 원소유자는 국고(public treasury)로부터 보상을 받는다. 이는 프랑스 대혁명 기간 중 해외로 떠난 프랑스 귀족들의 토지를 몰수하여 매각한 데 대해 이루어진 보상과 같은 것이다. 그래서 또한 대혁명 기간 중 프랑스에 통합되었다가 1814년 및 1815년에 각각 파리 조약과 빈 조약으로 프랑스 영토에서 다시 떨어져 나간 독일과 벨기에 지방의 공공영역, 또는 라인 연합(Rhenish confederation) 구성국들, 이탈리아 왕국, 교황국(Papal States) 등에 소재한 공공영역의 매각이 이들 조약과 독일연합 의회(Germanic diet) 및 복위된 각 군주의 행위로 일반적으로 인정되었다. 그러나 베스트팔렌 왕국(Kingdom of Westphalia)을 구성했던 국가들에 속한 공공영역의 양도에 대해 하나의 길고 복잡한 소송이 독일연합 의회에서 일어났다. 베스트팔렌 왕을 승인했던 프로이센은 그후 빈 조약으로 프로이센 영토에 병합된 이전 베스트팔렌 왕국 지역에서 베스트팔렌 왕이 행했던 양도의 유효성을 인정했지만, 헤센-카셀(Hesse Cassel)의 선제후와 브라운슈바이크(Brunswick)의 공작은 이러한 양도를 인정하기를 거부했다.[33]

20.4. 타국의 정부 또는 신민에 대한 불법행위 책임

엄격한 원칙에서, 국가는 정부형태나 통치자의 신분이 변경된 기간에 사실상의 정부의 불법행위로 타국의 정부 또는 신민에게 끼친 손해에 대해서도 계속 그 국가에 책임이 있는 것으로 보인다. 이 원칙은 승전 동맹국에 의해 1814년 및 1815년 프랑스와의 평화조약에서 엄격하게 적용되었다. 이 원칙의 더 최근의 적용 사례는 미국이 프랑스·네덜란드·나폴리왕국과 행한 교섭에서 나타나는데, 나폴레옹

---

31 Grotius, de Jur. Bel. ac Pac. lib. ii. cap. 14. § 16. (Grotius의 전쟁과 평화의 법)

32 Kluber, Droit des Gens. sec. ii. ch. 1, § 258. (Kluber의 유럽의 현대 국제법)

33 See the German Conversations Lexikon, art. *Domainenverkauf*.

과 그의 제후왕들(vassal kings)이 프랑스 제국 정부하에서 자행한 미국의 통상에 대한 약탈적 행위(spoliations)와 관련된 것이었다. 전임 정부의 그러한 행위에 대한 복원된 프랑스 정부의 책임은 부르봉 왕조 본가 왕들인 루이 18세와 샤를 10세의 통치 기간에도 거의 부인되지 않았으며, 1831년 미국과 체결된 보상조약(treaty of indemnities)에서 프랑스의 현재 통치자에 의해 명시적으로 인정되었다. 나폴리왕국의 무라(Murat) 찬탈 정부가 나폴레옹의 생각과 정책을 추진하면서 채택한 몰수조치에 이 원칙을 적용하는 데 대해 나폴리왕국이 이의를 제기하였으나, 이어진 장기간의 지루한 논쟁은 마찬가지로 보상조약의 체결로 종료되었다.

P. A. R. T

02

국가의 절대적인 국제적 권리

Chapter 01

자기보존권

1 절대적인 국제적 권리

각국은 독립적인 도덕적 존재로서, 달리 말하면 국가이기 때문에 가질 자격이 있는 일정한 주권적 권리(sovereign rights)가 있다. 이 권리는 국가의 절대적인(*absolute*) 국제적 권리라고 부를 수 있다.

2 조건부의 국제적 권리

특정 상황에서 주권국가가 타국과의 관계에서 가질 자격이 있는 권리를 조건부(*conditional*) 국제적 권리라고 부를 수 있다. 이 권리는 평시나 전시에 존재하는 국제관계에서 발생할 수 있다.

역자 주: 예를 들면, 전쟁이 발발하면 교전국에 부여되고 전쟁이 끝나면 사라지는 전쟁권과 같은 것을 말한다.

---

3 자기보존권

국가의 절대적인 국제적 권리 중에서 가장 근본적이고 중요한, 그리고 다른 모든 권리의 기초가 되는 권리가 자기보존권(right of self-preservation)이다. 자기보존권은 다른 국가에 대한 권리일 뿐만 아니라 자국민에 대한 의무인데, 가장 엄숙하고 중요한 의무이다. 이 권리는 필연적으로 주된 목적을 실현하기 위한 수단으로 필수적인 다른 모든 부수적인 권리를 포함한다.

3.1. 다른 국가의 동등한 권리나 조약에 의해 수정되는 자위권

이러한 부수적인 권리 중에 자위권(right of self-defence)이 있다. 이 권리는 다시 모든 국민에게 군 복무를 요구하고, 군대를 징병하고, 해군을 유지하며, 요새를 축조할 권리, 그리고 이 모든 목적을 위해 세금을 부과하고 징수할 권리를 포함한다. 이 절대적인 주권적 권리의 행사는 명백히 다른 국가의 같은 상응하는 권리에 의해, 또는 이 권리의 행사를 수정하기 위해 다른 국가와 자유롭게 맺은 특별 조약에 의해서만 억제될 수 있다.

따라서 자국의 영토 내에 요새를 구축할 수 있는 절대적인 권리는 종종 조약에 의해 수정되었는데, 그러한 요새의 구축이 다른 공동체의 안전을 위협한다고 여겨지거나, 적에게 평화의 조건을 강요할 수 있을 정도로 강력한 국가에 의해 승리의 과시로 그러한 양보가 강탈된 경우였다. 그래서 프랑스 정부는 영국과의 1713년 위트레흐트(Utrecht) 조약으로 덩케르크(Dunkirk) 요새를 허물기로 약속했으며, 이 조약은 1748년 엑스라샤펠(Aix-la-Chapelle) 조약 및 1763년 파리 조약으로 계속 확인되었다. 프랑스에 너무도 굴욕적인 이 규정은 미국 독립혁명 후 1783년 영국과 프랑스 간에 체결된 평화조약에서 지워졌다. 마찬가지로 1815년 파리에서 대프랑스 동맹국과 프랑스 간에 서명된 조약에 의해, 프랑스는 스위스연합의 도시 바젤(Basle)에 항상 불안의 대상이었던 프랑스 내 위낭그(Huningue)의 요새들을 철거하고, 절대로 재건되거나 바젤로부터 3리그 이내에서 다른 요새들로 대체되어서는 안 된다고 규정되었다.[1]

1 Martens, Reçueil des Traités, tom. ii. p. 469. (Martens의 조약집)

4 간섭권

독립 국가가 무해하고 합법적인 모든 수단으로 자신의 국토·국부·인구·힘을 키울 권리는 국가 관행과 여론에 의해 일반적으로 인정된 논쟁의 여지가 없는 주권적 권리이다. 그러한 수단은 새로운 영토의 평화적 획득, 새로운 땅의 발견과 정착, 항행과 어업의 신장, 세수·예술·농업·상업의 증진, 육·해군 군사력의 증강과 같은 것이다. 이 권리는 다른 국가의 시원적 자기보존권(right of self-preservation)으로부터 나오는 상응하는 동등한 권리에 의해서만 그 행사가 제한될 수 있다. 이러한 수단에 의한 이 권리의 행사가 다른 국가의 주권적 권리의 행사를 즉시 방해하는 경우처럼 다른 국가의 안보에 직접 영향을 미칠 때는 그 권리 행사의 정확한 한계를 설정하는 데 어려움이 없다. 그러나 그러한 권리의 행사가 특정 국가의 과도한 강대국화(aggrandizement)나 소위 세력 균형의 교란에서 발생하는 타국의 안전에 대한 우발적 위험을 수반할 뿐인 경우 최고로 어려운 문제가 발생한다. 이는 국제법학보다는 정치학에 속하는 문제이다. 커다란 국제 사회의 각 구성국은 서로 전적으로 독립되어 있고, 타국과의 관계에서 공통의 주권적(sovereign) 중재자나 재판관을 인정하지 않는 소위 자연 상태에서 살고 있다. 국가 간에 통용되는 법은 시민사회의 법을 개인 간에 집행하는 수단과 같은 외적 제재가 부족하다. 그리고 국제법의 의무 이행은 오직 도덕적 제재에 의해서만 강제되는데, 즉 그 법을 위반하는 경우에는 일반적인 적대행위를 유발하고 그로 인한 손상을 입을 수 있다는 두려움에 의해서이다. 어느 한 국가의 과도한 강대국화가 다른 국가의 독립과 안전에 미칠 수 있는 결과에 대한 우려가 현대 유럽 국가들의 세력 균형에서 중대한 교란 하나하나를 체계적인 경계심을 갖고 관찰하도록 그들을 유도했다. 이러한 예방정책은 현대에 일어난 가장 피비린내 나고 파괴적인 전쟁들의 구실이 되었다. 일부 전쟁은 확실히 약소국의 독립에 대한 위협의 합리적 우려에서 기원하였지만, 대다수의 전쟁은 각국의 군주와 내각이 영향을 받은 진정한 동기는 숨기고 불충분한 이유에 근거하였다. 침략의 기운이 정말로 일반적인 안보를 위협하는 경우에는 언제나, 전쟁은 보통 야심찬 목적을 명확히 표시할 뿐만 아니라 그 자체로 타국의 무력행사를 정당화하기에 충분한 실질적인 근거를 제공하는 공공연한 행위로 발발하였다.

4.1. 종교개혁 전쟁

신성로마제국의 카를 5세*Karl V(1519-1556)* 황제(동시에 에스파냐의 카를로스 1세 *Carlos I*(1516-1556) 국왕)와 그 계승자들 치하에서 에스파냐와 오스트리아 왕가가 과도하게 강대국화되자, 이를 견제하기 위해 연합이 형성되고 전쟁이 수행된 근거가 바로 그런 것이었다. 그 목적이 마침내 베스트팔렌 조약(treaty of Westphalia)으로 달성되었으며, 이는 오랫동안 유럽의 성문 국제법이 되었다. 독일에서 종교개혁(Reformation)으로 야기된 장기간의 종파 간 폭력투쟁은 유럽 전역으로 퍼지고, 정치적 이해관계 및 야심과 긴밀하게 연계되었다. 가톨릭과 개신교 열강은 서로 경쟁국의 수중에 있는 그들의 신도들을 보호했다. 프랑스 · 독일 · 영국 내 가톨릭교도를 보호하려는 오스트리아와 에스파냐의, 그리고 독일 · 프랑스 · 네덜란드에서 박해받는 형제들을 보호하려는 개신교 국가들의 반복적인 간섭은 그 시대의 정치관계에 독특한 색채를 부여하였다. 이는 리슐리외*Cardinal Richelieu(1585-1642)*의 관리 하에서 가톨릭 프랑스의 행위로 한층 더 고조되었다. 프랑스는 자국의 개신교 신민들을 가차 없이 엄하게 박해하는 한편, 비범하게 정교한 정책으로 독일의 개신교 군주들과 신민들을 오스트리아 왕가에 계속 대항하게 하였다. 베스트팔렌 평화조약으로 조정된 세력 균형은 프랑스의 루이 14세*Louis XIV(1643-1715)* 국왕의 야심으로 다시 한번 교란되었다. 그는 영국 스튜어트 가문의 왕위 주장을 지원하기 위해 간섭하는 한편, 유럽의 개신교 국가들을 프랑스 자신의 침략에 대비하여 오스트리아 왕가와 연합하게 하고, 그 연합국들이 1688년 영국의 혁명을 후원하도록 유도하였다. 이 거대한 거래는 자국의 이익과 안보가 다른 국가의 국내 사정으로 중대한 영향을 받을 것 같은 상황에서 유럽 국가들이 서로 내정에 간섭한 수많은 사례를 제공한다. 그러나 이러한 간섭은 확립된 명확한 국제법 원칙이라고 부르기 어려우며 유사한 다른 경우에 적용하기에 적합한 일반규칙이 될 수 없다.*

* 로버트슨*William Robertson(1721-1793)*은 같은 정치적 활동권에 있는 국가들이 기존 영토와 기타 권리를 방해받지 않고 지키기 위한 체계적 장치에 관한 개념이 근대 이탈리아의 군주들과 공화국들 사이에서 나왔다고 추정한다. (Hist. Charles V. Vol. I. § 2.) 그러나 그에 앞서 흄*David Hume(1711-1776)*은 고대 그리스와 그 이웃 국가들이 세력균형체제를 이론적으로 이

해하지는 못했더라도 적어도 실제로 채택하였음을 밝히려고 했다. (Essays, Vol. I. pt. 2, Essay 7.) 세력균형체제의 주요 개념이 폴리비우스*Polybius (c.200-c.118BC)*에 의해 명확히 진술되고 있으며(Hist. lib. I. cap. 83.), 데모스테네스*Demosthenes(BC384-BC322)*는 그의 동포들에 대한 연설에서 자주 마케도니아의 세력 강화로 교란된 그리스 국가들 사이의 균형유지 정책에 대해 이야기한다. 그래도 세력균형체제 이론이 실질적으로 유럽 국가들의 상대적 힘에 대한 지금의 상시적 감시에 최초로 적용된 것은, 프랑스 국왕 샤를 8세*Charles VIII*(1483-1498)의 이탈리아 침공 직후 각국이 그것을 정책으로 채택한 새로운 국면으로 추적될 수 있음을 인정해야 한다. 이는 상호 사찰권(right of mutual inspection)을 행사하기 위해 임명된 상주 외교사절 제도의 확립 시기와도 일치한다.

5 프랑스혁명 전쟁

프랑스혁명에서 비롯된 것으로 위 사건보다 더 최근이지만 그에 못지않게 중요한 사건들에도 똑같은 언급이 적용될 것이다. 그 사건들은 매우 불명확하고 실제 적용에서 특히 남용되기 쉬운 원칙을 규칙으로 응축하여 국제 규범에 통합시키려는 시도에 강력한 훈계를 제공한다. 1789년의 제1차 프랑스혁명 이후 유럽의 열강 군주들이 프랑스에 맞서 결성한 일련의 동맹(coalitions)은 프랑스혁명 이념의 전파와 프랑스 군사력의 확장을 막기 위해 공공연히 고안되었다.

5.1. 유럽 5대 열강의 동맹

이들 대프랑스 동맹국의 노력으로 궁극적으로 러시아 · 오스트리아 · 프로이센 · 영국의 4대 열강 간에 항구적으로 의도된 동맹(alliance)이 결성되었으며, 이어 1818년 엑스라샤펠 회의(Congress of Aix-la-Chapelle)에서 프랑스가 여기에 가입하였다. 이 동맹은 유럽의 국제문제에 대한 일종의 감독기구가 되었는데, 동맹의 정확한 범위와 목적은 결코 명확하게 정의되지 않았다. 이 체약 열강 중 소위 신성동맹(Holy Alliance)의 원 당사국(러시아, 오스트리아, 프로이센)이기도 한 국가들이 해석한 바대로, 이 동맹은 유럽 국가들 사이의 항구적인 간섭체제를 형성하려는 것이었으며, 각 통치 가문의 합법적인 왕조 아래 재건된 군주제의 존립을 위협할 수 있는 정부 형태의 내적 변경을 막기 위한 것으로 조정되었다. 이 일반적인 간섭권은 때로 모든 민중혁명의 경우에 적용될 수 있게 정의되었다. 즉 정부 형태의 변경이 통치 군주의 자발적인 양보로부터 진행되지 않았거나, 군주의 자유로운 동의에 대해 의심의 여지가 없는 상황에서 주어진 승인에 의한 것으로 확인되지 않은 경우이다. 그 외에도, 그 결과가 바로 나타나든 먼 훗날에 나타나든 유럽의 사회 질서 또는 이웃 국가들의 개별 안전을 위협한다고 이 열강들이 선언하는 각각의 혁명 운동에도 적용되었다.

6 트로파우 회의와 라이바흐 회의

1820년 나폴리 혁명(Neapolitan revolution)에 대해 오스트리아·러시아·프로이센이 트로파우(Troppau) 회의와 라이바흐(Laybach) 회의에서 채택한 조치는, 유럽 대륙의 열강들에게 여타 유럽 각국의 내부 문제에 대한 항구적인 간섭의 구실을 주기 위해 조정된 원칙에 근거하였다. (역자 주: Troppau는 오늘날 체크 공화국의 Opava, Laybach는 슬로베니아의 수도 Ljubljana이다.) 영국 정부는 이 원칙에 명시적으로 반대했다. 이 원칙에 따라 호혜적으로 행동한다면 영국의 기본법에 위반될 뿐만 아니라, 이 원칙이 국제법 체제의 일부로서 안전하게 인정될 수 없다는 이유에서였다. 당시 영국 정부가 자국의 모든 외교관(diplomatic agents)에게 보낸 긴급 회람문서(circular despatch)에 영국의 입장이 명시되어 있다. 영국 정부는 다른 국가의 내부 사태로 어느 한 국가나 국가들의 직접적인 안보와 본질적 국익이 중대하게 위협받는 경우, 그 국가나 국가들의 간섭권을 어떤 정부보다 더 지지할 준비가 되어 있지만, 이러한 권리의 행사는 가장 강력한 필요성(strongest necessity)에 의해서만 정당화되며, 또한 그 필요성에 의해 제한되고 규제되는 것으로 여긴다는 것이었다. 아울러 영국 정부는, 간섭권이 혁명 운동의 특정 국가에 대한 직접적인 영향을 고려하지 않고 모든 혁명 운동에 일반적이고 무차별적으로 적용될 수 있다거나, 향후 어떤 동맹의 기초로 될 수 있다고는 인정하지 않는다고 하였다. 즉 영국 정부는 간섭권의 행사를 최고로 가치 있고 중요한 일반원칙에 대한 예외로서, 그리고 오직 해당 사건의 특별한 상황에서 타당하게 생기는 예외로 간주했다. 하지만 동시에 영국 정부는 이러한 예외가, 극도의 위험성이 없이는 결코 국가의 통상적인 외교나 국제법 제도에 통합될 정도의 규칙으로 응축될 수 없다고 보았다.[2]

7 베로나 회의

영국 정부는 또한 1822년 베로나(Verona)에서 개최된 동맹회의 회의록에 당사자가 되기를 거부하였다. 이 회의는 궁극적으로 오스트리아·러시아·프로이센의 승인 아래 프랑스가 에스파냐의 국내 문제에 무력으로 간섭하여 에스파냐 의회(Cortes)가 제정한 헌법의 폐기를 이끌었다. (역자 주: 이 헌법은 나폴레옹 군대의 에스파냐 점령 기간 중 에스파냐 임시정부 저항 세력이 남부 항구도시 카디즈(Cadiz)에서 1812년에 의회를 통해 제정한 진보적 성향의 입헌군주제 헌법이다.) 영국 정부는 독립 국가에 내부 제도의 변경을 요구해서 거부하면 적대적 공격의 위협을 가할 권리가 자신에게 없다면서 다른 열강의 그러한 권리도 부인하였다. 영국 정부는 에스파냐 혁명이 무력 간섭을 정당화할 수 있을 정도로 다른 국가의 안보와 이익에 직접적이고 긴급한 위협의 경우가 되지 않는다고 보았다. 영국과 기타 주요 유럽 국가 간 원래의 동맹은 구체적으로 프랑스의 군사적 지배로부터 유럽 대륙을 회복하고 해방하기 위해 고안되었으며, 프랑스의 지배를 타도한 후에는 평화조약에 의해 수립된 보유상태를 동맹의 공동 보호 아래 두었다. 하지만 그 동맹은 절대로 세계 정부를 위한, 또는 다른 국가의 내부 문제에 대한 감독을 위한 연합으로 의도되지 않았다. 에스파냐가 프랑스의 영토를 침략하려는 어떠한 증거도, 프랑스 군인들 사이에 불만을 불러일으키려는 어떠한 시도의 증거도, 그리고 프랑스의 정치제도를 훼손하려는 어떤 기획의 증거도 영국 정부에 제시되지 않았다. 그리고 에스파냐의 투쟁과 소요가 그들의 영토 범위 내에 국한되는 한, 영국 정부는 그것을 외국의 간섭을 간청하는 것으로 인정할 수 없었다. 전세기 말과 금세기 초에 전체 유럽이 대프랑스 동맹을 결성한 것은 프랑스가 자신의 정치적·시민적 개혁에 필요하다고 생각한 내적 변화 때문이 아니라, 처음에는 자신의 이념을 그리고 나중에는 자신의 지배를 무력으로 전파하

---

2 Lord Castlereagh's Circular Despatch, Jan. 19, 1821. Annual Register, vol. lxii. pt. ii. p. 737. (애뉴얼 레지스터(1758년 영국에서 창간된 연감), Castlereagh 외무장관(1812–22)의 긴급 회람문서)

려고 했기 때문이다.[3]

8 에스파냐와 그 아메리카 식민지 간의 전쟁

영국과 미국 모두 에스파냐와 그 아메리카 반란 식민지 간의 대결에 유럽 동맹국들이 무력 간섭할 권리에 대해 반대하였다. 영국 정부는 만약 불행히도 전쟁이 장기화되면 엄격히 중립을 지키겠다는 결의를 천명했다. 그러나 외국이 에스파냐의 식민지 문제 대응에 가담한다면, 이는 영국 정부에 완전히 새로운 문제가 되는 것으로, 그리고 영국의 이익이 요구하는 바에 따라 결정해야 할 문제로 볼 것이라고 선언했다. 즉 영국은 식민지의 독립에 대한 승인을 거부하거나 늦추도록 자신을 구속하는 어떠한 약정도 맺지 않을 것이며, 에스파냐와 그 식민지 간의 타협을 무한정 기다릴 수도 없다는 것이다. 그리고 그들 간의 분쟁에 외국이 무력이나 위협으로 간섭한다면, 영국은 지체 없이 그 식민지의 독립을 승인하는 동기로 삼겠다는 것이다.[4]

미국 정부는 유럽 동맹국 측이 그들의 독특한 정치 체제를 아메리카 대륙으로 확장하려는 어떠한 기도든 미국의 평화와 안전을 위협하는 것으로 본다고 선언했다. 미국은 어느 유럽 국가의 기존 식민지나 속령에 대해서도 간섭한 적이 없으며 앞으로도 간섭하지 않을 것이지만, 미국이 이미 독립을 승인한 정부에 대해서는, 그들을 억압하거나 그들의 운명을 기타 방식으로 통제하기 위한 어떠한 개입도 미국에 대한 비우호적인 성향의 표명이 아닌 다른 관점에서 볼 수 없었다. 미국은 새로운 정부를 승인하던 당시 에스파냐와 이들 정부 간의 전쟁에 중립을 선언했었으며, 자국의 안보를 위해 상응하는 변화가 불가결하다고 판단되는 그러한 변화가 일어

---

3 Confidential Minute of Lord Castlereagh on the Affairs of Spain, communicated to the Allied Courts in May, 1823. Annual Register, vol. lxv.; *Public Documents*, p. 93. (애뉴얼 레지스터, 동맹국 궁정에 전달된 영국 Castlereagh 외무장관의 에스파냐 문제에 관한 비밀 문서)
Mr. Secretary Canning's Letter to Sir C. Stuart, 28 Jan. 1823, p. 114. Same to the Same, 31 March, 1823, p. 141. (Canning 영국 외무장관의 Stuart 주프랑스 영국대사 앞 서한)

4 Memorandum of Conference between Mr. Secretary Canning and Prince Polignac, 9 Oct. 1823. Annual Register, vol. lxvi. p. 99. *Public Documents*. (애뉴얼 레지스터, Canning 영국 외무장관과 Polignac 주영국 프랑스 대사 간의 회의 각서)

나지 않는 한 계속 중립을 지켜야 한다. 에스파냐와 포르투갈에서 최근의 사건들은 유럽의 상태가 아직 확고한 기반 위에 있지 않다는 것을 보여주었다. 이 중요한 사실에 관해 제시될 수 있는 가장 강력한 증거는, 동맹국들이 에스파냐의 내부 문제에 무력으로 간섭한 것을 그들에게 만족스러운 어떤 원칙에서도 적절하다고 생각했어야 했다는 것이다. 이러한 간섭이 똑같은 원칙에서 아메리카에 어디까지 실행될지가 그들과 다른 정부를 가진 모든 독립 국가의 관심사였는데, 특히 미국의 관심사였다.

유럽에 대한 미국 정부의 정책은 지구상의 그 지역을 그렇게 오래 뒤흔든 전쟁의 초기 단계에 채택되었음에도 그대로 유지되었다. 그 정책은 유럽 어느 국가의 내부 문제에도 간섭하지 않으며, 사실상의(*de facto*) 정부를 합법적인 정부로 간주하고, 그 정부와 우호 관계를 돈독히 하며, 솔직하고 확고하고 당당한 정책으로 그러한 관계를 유지해나가는 것이었다. 각국의 정당한 요구는 모든 경우에 받아들이고, 어떤 국가로부터의 권리 침해에도 굴복하지 않는 것이었다. 그러나 아메리카 대륙에 관해서는 상황이 크게 달랐다. 미국의 평화와 행복을 위험에 빠뜨리지 않고는, 유럽의 동맹국들이 그들의 정치 체제를 이 대륙의 어느 부분으로도 확장하기가 불가능했다. 따라서 어떤 형태의 간섭이든 미국이 무심히 바라보고만 있을 수는 없었다.[5]

9 영국의 1826년 포르투갈 문제 간섭

영국은 프랑스 정부의 에스파냐 내정에 대한 간섭에 반대하는 데 그치고, 프랑스의 에스파냐 반도 침략을 막기 위한 무력 개입을 자제했다. 프랑스의 침략으로 에스파냐 의회(Cortes)가 제정한 헌법은 폐기되고, 페르난도 7세*Fernando VII(1808, 1813-1833)*는 절대 권력을 회복했다. 이 사건에 이어 1826년에 포르투갈의 주앙 6세 국왕이 사망했다. 그의 큰아들 페드로*Don Pedro*는 당시 브라질의 국왕이었는데, 브라질 헌법은 브라질의 왕위가 포르투갈의 왕위와 함께 동일인에게 통합되어서는 안 된다고 규정하였다. 그래서 그는 포르투갈의 왕위를 자신의 어린 딸 마리아*Donna Maria*에게 넘겨주고 그녀의 미성년 기간에 왕국을 통치할 섭정을 임명하였

5 President's Message to Congress, 2 Dec. 1823. Annual Register, vol. xv. *Public Documents*, p. 193. (애뉴얼 레지스터, Monroe 대통령의 1823년 12월 2일 의회 연두교서)

다. 동시에 그는 브라간사 가문(house of Braganza)의 유럽 영토에 적용될 헌법을 부여하였다.

절대적 권위를 완전히 회복한 에스파냐 정부는 이웃 왕국에 입헌 정부가 평화적으로 수립되는 것을 두려워하여, 페드로의 동생 미겔*Don Miguel*의 포르투갈 왕위에 대한 요구를 지지하고 섭정과 헌법을 전복하려는 그 일당의 노력을 지원하였다. 에스파냐로 탈영한 미겔 측의 군대는 국경에서 에스파냐 당국의 영접과 지원을 받았다. 그들은 에스파냐에서 포르투갈 영토 안으로 침공할 계획을 세우고 에스파냐 당국의 묵인 아래 실행하였다. 이러한 상황에서 영국 정부는 포르투갈의 섭정으로부터 에스파냐의 적대적 침략에 대한 군사 원조를 요구받았다. 이는 양국 국왕 간에 존속하는 오랜 우호·동맹조약에 따른 것이었다. 영국 정부는 그 요구를 수락하고 포르투갈의 방위를 위해 군대를 파견하면서, 포르투갈의 헌법이 정당한 원천에서 비롯된 것으로 인정되고 모든 포르투갈 국민 계층에 의해 즉각 수락됨으로써 그 헌법의 보호를 위해 영국인들에게 제시되었다고 발표하였다. 그러나 만약 포르투갈 국민이 그 헌법을 받아들이려 하지 않거나 국민의 욕구와 바람에 대한 헌법의 적합성과 친화성에 대해 포르투갈 국민 사이에 분열이 존재한다면 영국이 포르투갈 국민에게 그 헌법을 강요할 일은 아닐 것이다. 영국군은 옛 조약과 현대 조약 모두에 의해 약정된 신성한 의무를 이행하기 위해 포르투갈에 갔다. 거기에 있는 동안 그들은 헌법의 확립을 강제하기 위해 아무것도 하지 않을 것이지만, 다른 사람들이 헌법의 공정한 시행을 막기 위해 어떤 일도 하지 않도록 돌보아야 한다. 포르투갈의 헌법에 반대하는 측을 지지하고 지원하는 에스파냐의 적대적 침략은 그런 간섭을 자제하기로 영국 정부에 약속한 에스파냐 내각의 거듭된 엄숙한 보장을 정면으로 위반하는 것이었다. 영국의 유일한 목적은 이러한 약속에 대한 성실한 이행을 확보하는 것이었다. 이전의 프랑스의 에스파냐 침략의 경우는 에스파냐 헌법의 폐기가 목적으로 그 상황이 근본적으로 달랐다. 프랑스는 에스파냐의 독립에 대한 침략으로 영국에 전쟁의 원인을 제공했다. 당시 영국 정부는 정치적 편의를 이유로 합법적으로 간섭할 수도 있었지만, 지금처럼 조약의 의무로 포르투갈을 위해 간섭해야만 하는 그런 의무는 없었다. 에스파냐 사건의 경우, 영국 정부가 전쟁을 현명한 일이라고 생각했다면 전쟁이 그들의 자유로운 선택이었을 수도 있다. 반면에 포르투갈을 위한 영국의 간섭은 국가의 신의와 영예의 원칙을 포기할 준비가 되어 있

지 않는 한 그들의 의무였다.[6]

10 유럽 기독교 열강의 그리스인들을 위한 간섭

잔인한 억압의 세월을 견뎌낸 후 오스만제국의 멍에를 떨치고 일어선 그리스인들을 위한 유럽 기독교 열강의 간섭은, 특정 국가의 내정으로 타국의 이익과 안전이 직접 영향을 받는 경우뿐만 아니라, 야만적이고 전제적인 정부의 난폭한 행위로 인류의 보편적 이익이 침해되는 경우에도 간섭을 허용하는 국제법 원칙에 대한 추가적인 설명을 제공한다. 이 원칙은 1827년 7월 6일 런던에서 서명된 영국·프랑스·러시아 간의 그리스의 평화 회복을 위한 조약에서 완전히 인정되었다. 이 조약의 전문(preamble)은 다음과 같이 시작한다.

> "3개 체약당사국은 이 유혈 대결이 그리스의 육상지역과 에게해 군도(Archipelago)의 섬들을 무정부 상태의 대혼란에 빠지게 함으로써, 유럽 국가들의 통상에 일상적인 새로운 장애를 낳고 해적 행위에 기회를 주어 그들의 국민에게 상당한 손실을 끼칠 뿐만 아니라, 보호와 진압을 위한 부담스러운 조치를 필요하게 하므로 이를 종식할 필요성을 절감한다."

그런 다음 조약은 다음과 같이 말한다. 즉 영국과 프랑스 정부는 그리스인들로부터 오스만제국과의 중개(mediation)에 나서 달라는 긴급한 요청을 받고, 러시아 황제와 마찬가지로 유혈을 중단시키고 그러한 사태의 지속으로 발생할 수 있는 모든 종류의 해악을 막으려는 열망에 고무되어, 유럽의 안녕이라는 이익만큼이나 인류애(humanity)에 의해 요구되는 분쟁 당사자들 간의 평화를 일종의 장치를 통해 회복할 목적으로 그들의 노력을 결집하고 그 활동을 정식 조약으로 규율하기로 결의하였다는 것이다. 그러고 나서 조약은(제1조), 체약 3국은 콘스탄티노플(Constantinople)에 상주하는 자국 대사들의 공동선언으로 오스만제국에 중개를 제안할 것이며, 동시에 교섭 개시에 불가결한 예비조건으로 양 분쟁 당사자에게 즉각

---

6 Mr. Canning's Speech in the House of Commons, 11 Dec. 1826. Annual Register, vol. lxviii. p. 192. (애뉴얼 레지스터, Canning 외무장관의 영국 의회 서민원 연설문)

적인 휴전(armistice)을 요구할 것이라고 규정하고 있다. 제2조는 영국과 러시아 간의 이전 양해의 원칙의 결과로 그리스의 시민적·정치적 상태에 관해 체결될 약정의 조건을 규정하고 있다. 제3조에 의해, 이 약정의 세부사항과 이 약정에 포함될 영토의 범위는 체약 당사국들과 두 분쟁당사자 간의 별도 교섭에서 타결하는 것으로 합의되었다.

이 조약에 다음과 같은 비밀 조항 하나가 추가되었다. 첫째, 체약 당사국들은 그리스와 서로 영사(consular agents)를 파견하고 접수함으로써 통상관계를 수립하기 위한 즉각적인 조치를 한다는 것이다. 다만 그리스에 이러한 관계를 수행할 수 있는 권한 있는 당국이 존재하는 경우라는 조건에서다. 둘째, 만약 한 달의 기한 내에 오스만제국이 휴전 제안을 수락하지 않거나 그리스인들이 휴전의 이행을 거부한다면, 체약 당사국들은 분쟁 당사자들 간의 모든 충돌을 방지하여 즉각 휴전을 발효시키기 위해, 제반 상황을 신중하게 고려한 모든 수단을 동원할 작정임을 적대행위를 계속하려는 일방 또는 필요하면 쌍방에 선언한다는 것이다. 그리고 분쟁 당사자들의 적대행위에 일절 관여하지 않고 그 목적을 달성하기 위해 공동으로 그들의 모든 수단을 동원할 것이며, 그 목적으로 레반트(Levant) 지역에 있는 그들의 함대 사령관들에게 궁극적인 지시를 내린다는 것이다. 셋째, 이러한 조치들이 오스만제국을 체약 당사국들의 제안을 수락하도록 유도하기에 충분하지 않거나, 또는 그리스인들이 그들에게 유리하게 규정된 조건을 거부하더라도, 체약 당사국들은 그들 간에 합의된 바탕 위에서 평화작업을 계속 수행한다는 것이다. 이어 그들은 런던에 있는 그들의 대표들에게 향후 의존할 필요가 있을 수 있는 조치들을 논의하고 결정하도록 권한을 부여할 것이라고 하였다.

그리스인들은 이들 3국이 제안한 중개(mediation)를 수락했지만, 튀르키예인들은 거부했다. 이어 동맹국 함대 사령관들에게 적대행위를 강제로 중지시키라는 지시가 내려졌다. 그 지시는 프랑스 군대의 모레아(Morea) 점령과 함께, 나바리노(Navarino) 해전의 결과로 이행되었다. 그리고 체약 당사국들의 중개로 마침내 오스만제국에 의해 그리스의 독립이 승인되었다. 일부 작가들의 생각처럼 튀르키예인들이 기독교 세계의 일반 국제법에 구속되지 않는 국가 가족이나 집단에 속할지라도, 그들은 기독교 열강이 이슬람 통치로 억압받는 자신의 종교적 형제들을 보호하기 위해 적절하다고 채택한 조치에 불평할 권리가 없다. 더 야만의 시대에 유럽 민족은 이교도의 점령으로부터 성묘(holy sepulchre)를 되찾고 사라센인들(Saracens)의 무자비한 탄압으로부터 기독교 순례자들을 구하기 위해, 관대하고 열정적인 자비심에서 아시아의 평원으로 물밀듯 몰려들었다. 16세기와 17세기에 유럽의 개신교 군주와 국가들은, 가톨릭 공동체 안에서 자신의 종교 예배의 자유가 거부된 개신교 신자들에게 그러한 자유를 보장하기 위해, 주저하지 않고 연합하여 전쟁에 나섰다. 따라서 한 민족 전체를 구출하기 위한 유럽 기독교 국가들의 간섭은 한층 더 정당화될 수 있었다. 그것은 단지 종교적 박해로부터 구출이 아니라, 고향 땅에서 이집트의 굴레 속으로 끌려가거나 무자비한 탄압자에 의해 말살당하는 잔인한 대안으로부터 그들을 구출하기 위한 것이었다. 인류가 그들의 조상에게 예술과 문학의 엄청난 축복을 빚지고 있는 기독교 문명 민족을 상대로 6년 동안 계속된 이 잔인한 교전으로 인간 본성의 권리가 무자비하게 짓밟혔으며, 이 간섭으로 뒤늦게 그리고 불완전하게 옹호되었다. 그러나 그 간섭의 원칙은 자기보존이라는 위대한 최고의 법(the great paramount law of self-preservation)에 의해 완전히 정당화될 수도 있었다. 매킨토시 *J. Mackintosh*는, "한 국가가 자신을 위해 합법적으로 지킬 수 있는 것은 무엇이든, 개입을 요청받으면 다른 민족을 위해 그것을 지켜줄 수 있다."라고 말했다. 따라서 이 유혈 대결을 종식하기 위한 기독교 열강의 간섭은, 체약 당사국들이 간섭의 결정적인 동기로 조약에서 제시한 인류애 및 유럽의 통상·안녕의 이익에 호소하지 않고도 자기보존권이라는 이 근거 하나에 안전하게 의지할 수도 있었다.[7]

7 Another treaty was concluded at London between the same three powers on the 7th of May, 1832, by which the election of Prince Otho of Bavaria, as King of Greece was confirmed, and the sovereignty and independence of the new kingdom guarantied by the contracting parties, according to the terms of the protocol signed by them on the 3rd of February, 1830, and accepted by Greece and Ottoman Porte. (또 다른 조약이 같은 3국 간에 1832년 5월 7일 런던에서 체결되었다. 이 조약에 의해, 바이에른의 오토 왕자가 그리스의 왕으로 확정되었으며, 그들이 1830년 2월 3일 서명하고 그리스와 오스만제국이 수락한 의정서의 조건에 따라 새로운 왕국의 주권과 독립이 보장되었다.)

Chapter 02

독립권

1 내정에 대한 국가의 독립성

서로 독립적인 도덕적 존재로서, 각국은 모든 주권적 권리(sovereign rights)를 다른 국가의 같은 권리와 상충하지 않는 한 어떤 방식으로든 자유롭게 행사할 수 있다. 그러한 권리 중에 자국의 헌법을 제정, 변경, 또는 폐기할 수 있는 권리가 있다. 어느 외국도 자신의 독립성·자유·안보에 직접적으로 영향을 미치는 것과 같은 명백한 필요성의 경우나 특별 약정에 의해 간섭이 승인되는 경우가 아닌 한 이 권리의 행사에 합법적으로 간섭할 수 없다.[1]

2 국가의 내분을 해결하기 위한 외국의 중개

한 국가가 다른 국가의 내분을 해결하기 위한 주선이나 중개(good offices or mediation)를 제안하는 것은 승인된 국가 관행으로 허용된다. 이러한 제안이 분쟁 당사자들에 의해 수락되면 중개 국가의 정당한 간섭의 권원(title)이 된다.

그러한 권원은 중개조약이나 보장조약(treaties of mediation and guarantee)과 같은 기존의 실체적 약정으로부터 나올 수도 있다. 1648년 베스트팔렌 평화조약에서 프랑스와 스웨덴이 독일 헌법을 보장한 것이 이러한 성격이었다. 이 조약은 독일의 군주와 국가들이 자신의 시민적·종교적 자유를 지키기 위해 오스트리아 가문(house of Austria)의 야심에 맞서 싸운 30년 전쟁의 결과였다.

---

1 Vide ante, pt. ii. ch. 1, § 4. (이 책 앞 제2부 제1장 제4항을 보시오)

제네바 공화국은 스위스의 베른 및 취리히 칸톤(cantons)과 오랜 동맹으로 연결되어 있었다. 그래서 두 칸톤은 1738년에 제네바 공화국의 평온을 교란하는 분쟁 정당들 측에 프랑스와 공동으로 중개를 제안하였다. 이 중개의 결과로 제네바 공화국의 헌법이 타결되었으며, 이 헌법으로 인해 1768년에 발생한 새로운 분쟁도 중개국가들의 개입으로 다시 해소되었다. 1782년에 프랑스 정부는 이들 칸톤 및 사르데냐(Sardinia) 궁정과 연합하여 한 번 더 귀족정당과 민주정당 사이에 중개를 제공하였다. 그러나 엄격한 국제법 원칙상 이러한 처리, 특히 마지막 처리가 최강국에 못지않게 최약국의 정당한 권리와 독립에 주어져야 할 존중과 어디까지 조화를 이룰 수 있을지 매우 의심스럽다.[2]

스위스연합(Helvetic confederation)의 현재의 헌법 역시 대프랑스 동맹국 열강의 중개로 1813년에 타결되고 이어 1815년 빈 회의에서 그들에 의해 스위스 연방 약정(federative compact)의 기초로 승인되었다. 스위스연합 칸톤들은 이 헌법으로 각 구성원 칸톤 정부의 헌법을 보장하고 있다.[3]

독일연합(Germanic confederation)을 구성하는 국가들의 헌법 또한 해당 국가의 신청에 따라 연합 의회에 의해 보장될 수 있다. 연합 의회는 이러한 보장을 주는 대신에 그 헌법의 해석과 집행에 관한 모든 논란을 결정할 권리를 갖는다.[4]

그리고 미합중국의 헌법은 연방의 각 주에 대해 공화제 형태의 정부를 보장하며, 각 주를 침략으로부터 그리고 주 당국의 신청에 따라 내부 폭력으로부터 보호할 것을 약속하고 있다.[5]

---

2 Flassan, Histoire de la Diplomatie Française, tom. v. p. 78, tom. ii. pp. 27, 297. (Flassan의 프랑스 외교사)

3 Acte Final du Congrès de Vienne, art. 74. (빈 회의 최종의정서)

4 Wiener Schluss－Acte vom 15 Mai, 1820, art. 60. (빈 회의 최종의정서) Corpus Juris Germanici von Mayer, tom. ii. p. 196. (von Mayer의 독일법대전)

5 Constitution of the United States, Art. 3. (미국 헌법)

3 통치자의 선택에 관한 국가의 독립성

이러한 각 주권국가의 완전한 독립성은 자신의 정치제도에 관하여 정부 형태의 선택뿐만 아니라 최고 통치자(supreme magistrate) 및 기타 통치자의 선택에도 미친다. 세습 정부에서 왕위 계승은 기본법으로 규제되며, 계승에 관한 모든 분쟁은 외세의 간섭이나 통제에서 독립하여 그 국가 자신에 의해 적법하게 해결된다. 따라서 선출제 정부에서도 최고 통치자와 기타 통치자의 선택은 외국의 영향이나 권위의 간섭 없이, 해당 국가의 헌법에 규정된 방식으로 자유롭게 이루어져야 한다.[6]

4 약정 또는 기타 정당한 간섭권에서 비롯되는 예외

이러한 일반규칙의 적용에 대한 예외는 동맹조약, 보장조약 및 중개조약과 같이 자국의 우려를 다루는 약정에 해당 국가 자신이 당사국이 됨으로써 발생한다. 또는 다른 국가들이 자국의 특정 안보와 관련된 필요성이나 국가들의 일반적 안보에 영향을 미치는 잠재적 위험에서 비롯되는 것으로 추정되는 간섭권(right of intervention)을 행사할 때 형성된다. 여러 사례 중에서 특히 18세기 초 에스파냐 왕위 계승과 관련된 전쟁, 그리고 같은 세기 후반 바이에른 왕위 계승 및 오스트리아 왕위 계승과 관련된 전쟁들의 경우가 그러했다. 현대 유럽의 역사를 보면, 독일제국(Germanic empire, 신성로마제국)의 수장, 폴란드 국왕, 그리고 로마 교황의 경우와 같이 헌법상 대중 선거나 선출 평의회에 의해 결정되는 주권자(sovereign)나 최고 행정관(chief magistrate)의 선출에 외국 열강이 실제로 간섭한 다른 사례가 많이 있다. 그러나 이들 경우에 그러한 간섭의 사실로부터 간섭의 권리가 나온다는 어떠한 논거도 도출될 수 없다. 하지만 세속 군주이자 로마 가톨릭교회의 최고 주교(supreme pontiff)인 교황(pope) 선출의 특정 경우, 아주 오랜 관행으로 오스트리아 황제, 프랑스 국왕, 그리고 에스파냐 국왕은 각각 한 명의 교황 후보자를 배제할 권리가 있다.[7]

---

6 Vattel, Droit des Gens, liv. i. ch. 5, §§ 66, 67. (Vattel의 국제법)

7 Kluber, Droit des Gens Moderne de l'Europe, pt. ii. tit. 1, ch. 2, § 48. (Kluber의 유럽의 현대 국제법)

5 배타적 민사·형사 입법권

최고의 배타적인 민사·형사 입법권 또한 각 독립 국가의 근본적인 권리이다.

이 주권적 권리는 다음에 언급되는 예외와 함께 영토 내의 모든 물적 재산(또는 부동산)과 인적 재산(또는 동산)의 규제에 미친다. 보유 형태가 봉건적 보유(feudal tenure)이든 완전 사유(allodial tenure)이든, 보유자가 그 신민이든 외국인이든 상관없다.

부동산이 소재하는 장소의 법(*lex loci rei sitæ*)이 부동산의 보유 형태(tenure), 권원(title), 그리고 양도 방식(forms of conveyance)에 관한 모든 것을 규율한다. 그러므로 외국에서 작성되는 부동산의 날인증서(deed) 또는 부동산에 대한 유언장은 반드시 그 토지가 소재하는 국가의 현지 법이 요구하는 형식요건에 맞게 작성되어야 한다는 것이다.[8]

동산에 관해서도 일반적으로 같은 규칙이 적용되지만, 동산의 상속규칙에 관한 한 그 소유자의 주소지법이 동산의 소재지법에 우선한다. 따라서 동산의 소유자가 사망 당시 주소를 둔 장소의 법이 그의 동산이 어디에 소재하든지 간에 그 동산에 대한 유언 없는 상속(succession *ab intestato*)을 규율한다.[9] 그래서 또한 동산에 관한 문서가 작성되는 유언자의 주소지법이 그 문서의 외적 형식, 해석 및 효력에 관해 규율한다. 즉 장소가 행위를 지배한다(*Locus regit actum*). 따라서 동산에 대한 유

---

8 Vattel, liv. ii. ch. 8, § 111. (Vattel의 국제법)

9 Huberus, Prælect. tom. ii. lib. ii. tit. 3, *de Conflictu Legum*, §§ 14, 15. (Huberus의 법저촉론) Merlin, Répertoire de Jurisprudence, tit. *Loi*, §§ 6, 3. (Merlin의 판례집) Bynkershoek, Quæst. Jur. Pub. lib. i. cap. 16. (Bynkershoek의 국제법의 문제들) See also an opinion given by Grotius as counsel in 1613.(1613년에 흐로티위스가 변호인으로서 제시한 의견도 보시오) Henry's Foreign Law, Appendix, p. 196. Yet it has been recently doubted how far a British subject can, by changing his native domicil for a foreign domicil without the British empire, change the rule of succession to his personal property in Great Britain; though it is admitted that a change of domicil within the empire, as from England to Scotland, would have that effect. (주소지를 잉글랜드로부터 스코틀랜드로 옮기는 것처럼 대영제국 내에서 주소지를 변경하는 것은 동산에 대한 상속규칙을 변경하는 효력을 갖는다고 인정되었다. 하지만 최근에 영국 신민이 그의 출생 주소지를 영국제국 밖의 외국 주소지로 변경함으로써 그의 영국 내 동산에 대한 상속규칙을 어디까지 변경할 수 있을지 의문이 제기되었다.) Per Sir J. Nicholl, in Curling *v*. Thornton, Addams' Eccles. Rep. vol. ii. p. 17. (Addams의 교회법 판례집)

언장(testament)은 유언 당사자가 자신의 주소지에서 그곳의 법이 요구하는 요건에 따라 작성하면 다른 모든 국가에서 유효하며, 그러한 법적 사건이 일어난 장소의 법(*lex loci*)에 따라 해석되고 효력이 발생한다.[10]

---

10 This principle, laid down by all the text writers, was recently recognised in England, in a case where a native of Scotland domiciled in India, but who possessed heritable bonds in Scotland, as well as personal property there, and also in India, having executed a will in India ineffectual to convey Scottish heritage; and a question having arisen whether his heir at law (who claimed the heritable bonds as heir) was also entitled to a share of the movable property as legatee under the will, it was held by Lord Chancellor *Brougham*, in delivering the judgment of the House of Lords, affirming that of the court below, that the construction of the will, and the legal consequences of that construction, must be determined by the law of the land where it was made, and where the testator had his domicil, namely India, *i. e.* by the law of England prevailing in that country; and this, although the will was made the subject of judicial inquiry in the tribunals of Scotland, for these courts also are bound to decide according to the law of the place where the will was made. (모든 국제법학자에 의해 규정된 이 원칙은 최근 영국에서 있었던 한 사건에서 인정되었다. 한 스코틀랜드 출생자가 인디아에 주소를 두고 있었는데, 스코틀랜드에 금전채무 상환 담보부 토지(heritable bonds)를, 그리고 스코틀랜드와 인디아에 동산(personal property)을 소유하고 있었다. 그는 주소지인 인디아에서 유언장을 작성하였는데, 스코틀랜드 내 부동산 유산(heritage)의 이전에 효력이 인정되지 않았다. 그리고 (상속인으로서 heritable bonds에 대한 권리를 주장한) 그의 법정 상속인이 유언에 따른 수유자(legatee)로서 스코틀랜드 내 동산의 지분에 대해 권리가 있는지의 문제가 제기되었다. 의회 귀족원의 Brougham 재판소장은 하급 법원의 판결을 확인하는 의회 귀족원(House of Lords)의 판결에서, 유언의 해석과 그 해석의 법적 결과는 유언이 행해지고 유언자가 주소를 둔 곳, 즉 인디아, 다시 말해 인디아에서 통용되는 영국법으로 결정되어야 한다고 판결하였다. 그리고 이는 유언이 스코틀랜드 법원에서 사법 조사의 대상이 되었을지라도, 유언이 행해진 곳의 법에 따라 결정하도록 스코틀랜드 법원도 구속되기 때문이라고 하였다.) – Trotter *v.* Trotter, 3 Wilson & Shaw's Rep. on Appeal Cases in the House of Lords, pp. 407–414. (귀족원 항소 사건) But it ought to be observed that the precedents respecting the operations of a will of personal property, executed according to the law of the place where it is made, but wanting the formalities required in the country where the property lies, have been considered by very high judicial authority as rather applying between different co–ordinate states of the same empire governed by distinct laws, than as between countries entirely independent of each other. (그러나 동산의 유언장이 유언이 행해진 장소의 법에 따라 작성되었으나 동산의 소재지 국가에서 요구되는 형식요건이 충족되지 않은 경우, 그 유언장의 집행에 관한 판례에 의하면, 고위 사법당국이 이를 서로 완전한 독립 국가 사이에서보다는 같은 제국 내에서 각각의 법으로 규율되는 등위 국가 사이에 적용되는 것으로 여겼음이 주목되어야 한다.) – Addam's Eccles. Rep. vol. I. p. 21, Curling *v.* Thornton. (Addam의 교회법 판례집)

역자 주: 저자는 1846년 개정판에서 국가의 배타적 민사입법권(exclusive power of civil legislation)과 그 충돌 문제를 별도의 항을 추가하여 간략히 다루었으며, 저자의 수정 유고를 반영한 1855년 Lawrence 판에는 다음과 같이 상세히 설명되어 있다.

「각 독립 국가는 자국 시민의 인적 권리와 시민적 지위에 관하여, 그리고 자국의 영토 내에 소재하는 모든 부동산과 동산에 관하여 자국 시민에 속하든 외국인에 속하든, 배타적 입법권을 가진다. 그러나 자주 일어나듯이, 개인은 자신의 주소지 국가가 아닌 다른 국가에 부동산을 소유하기도 하고, 양쪽 어느 국가도 아닌 다른 국가에서 계약을 체결하거나 유언장을 작성하기도 하며, 그러한 제3국에서 유언 없는(*ab intestato*) 상속에 이해관계가 생기기도 한다. 따라서 개인이 동시에 2개 또는 3개의 주권국가에 구속되는 일이 발생할 수 있다. 즉 그의 출생지국(또는 주소지국), 해당 재산의 소재지국, 또는 계약의 체결지국이나 유언장의 작성지국이다. 출생지국의 주권에 대한 충성 의무는 그 개인의 출생 시부터 존재하며, 국적의 변경 시까지 계속된다. 여타 두 경우에는, 오직 제한적 의미에서 그 국가의 법을 적용받는 것으로 여겨진다. 부동산을 소유하고 있는 외국에서, 그는 부재지주(non-resident land owner)로 불리며, 계약이 체결된 외국에서는 임시 거주자(temporary resident)로 불린다. 일반적으로 각국은 별개의 법체계에 의해 규율되므로, 각국의 법 간에 자주 충돌이 발생한다. 말하자면, 그것은 해당 사건에 어느 법체계가 적용되는지의 문제가 된다. 서로 다른 국가의 민사·형사법 간의 충돌을 해결하는 규칙의 총체가, 국가 간의 관계를 규율하는 국제공법(public international law)과 구별되어 국제사법(private international law)이라고 불린다. (Fœlix, Droit International Privé, § 3.)

이 주제에 관한 첫 번째 일반원칙은 바로 국가의 독립성이라는 사실로부터 나온다. 각국은 자신의 영토 전역에서 배타적인 주권과 관할권을 보유하고 행사한다. 이 원칙으로부터 각국의 법이 권리로서 그 영토 내 주민뿐만 아니라 모든 부동산과 동산을 통제하고, 그 영토 내에서 행해지는 유언과 체결되는 계약에 영향을 미치고 규제한다는 결과가 된다.

결과적으로 "각국은 자신의 영토 내 부동산 또는 동산이 소유되거나 이전될 수 있는 조건을 규정하는 권리를 보유하며, 영토 내에서 이루어진 계약과 기타 행위의 유효성, 그리고 그것들로부터 초래되는 권리와 의무는 물론 영토 내 모든 사람의 지위와 자격을 정하는 권리를 보유하고, 끝으로 그 영토 내에서 법적 소송이 개시되고 수행될 수 있는 조건을 규정할 수 있는 권리를 보유한다." (Fœlix, Droit International Privé, § 9.)

두 번째 일반원칙은 "어느 국가도 자신의 영토 밖에 있는 재산에 대해, 자신의 법으로 직접 영향을 미치거나, 구속하거나, 규제할 수 없으며, 또한 자신의 영토 내에 거주하지 않는 자를 출생 신민 여부와 관계없이 통제할 수 없다는 것이다. 이는 첫 번째 일반원칙의 당연한 귀결이다. 만약 각국에 자국의 영토 밖의 사람이나 물건을 규제하는 권한을 인정하는 다른 법체계가 있다면, 그것은 서로 다른 국가 간의 권리의 평등과 그들 각국에 속하는 배타적 주권을 배제할 것이다." (Fœlix, Droit International Privé, § 10.)

이 두 원칙으로부터, 외국법이 어느 국가의 영토 내에서 가질 수 있는 모든 효력은 절대적으로 그 국가의 명시적 또는 묵시적 동의에 달려 있다는 결과가 된다. 국가는 자국 영토 내에서 외국법의 적용을 허용할 의무는 없지만, 외국법에 어떤 효력을 주기를 절대적으로 거부할 수 있다. 국가는 어떤 외국법에 대해서만 이러한 금지를 선언할 수도 있고, 다른 외국법에 대해서는 전체적으로 또는 부분적으로 적용되도록 허용할 수도 있다. 국가의 법이 전체적으로든 부분적으로든 허용에 긍정적이라면, 재판소는 반드시 그에 따라야 한다. 오직 법이 침묵하고 있는 경우에만, 재판소는 특정 사건에서 외국법을 어디까지 따르고 그 규정을 적용할지 스스로 판단할 수 있다. 자신의 영토 내에서 외국법의 적용에 대한 국가의 동의는 그의 입법부에 의해 통과된 법으로 주어지거나, 타국과 체결한 조약에 의해 주어진다. 국가의 묵시적 동의는 그 국가의 사법당국과 행정당국의 결정에 의해 나타나며, 그 국제법학자들의 글에서도 드러난다.

외국법에 대한 존중이 입법자와 공공당국 그리고 국제법학자들에 의해 의무로 인정된 바는 없으며, 오직 국가들의 효용과 상호 편의라는 고려로부터 외국법의 적용이 인정되고 있다. 즉 "예양에서, 그리고 상호 이익을 위해서"(*ex comitate, ob reciprocam utilitatem*)이다. 공공선과 국가들의 일반적 이익에 의해 외국법이 각국에서 어느 정도 작용하게 되었으며, 이 과정에서 각국은 자국의 이익을 발견하였다. 각국의 신민은 다른 국가의 신민들과 다양한 관계를 맺고 있으며, 외국에서의 사업 수행과 그곳에 있는 재산에 이해관계가 있다. 이로부터 자국 신민이 외국에서 자신의 이익을 위해 호혜적인 보호를 받을 수 있도록, 각국이 자국 신민의 정당한 이익에서 외국법에 특정 효력을 부여하고 외국에서 행해진 행위의 유효성을 인정할 필요성이나 효용성이 나온다. 이렇게 외국법의 적용에 대한 묵시적인 합의가 상호 필요에 의해 형성되었다. 이에 대한 이해가 모든 곳에서 똑같지는 않다. 어떤 국가들은 외국인을 자국 신민이 그 외국에서 대우받는 것과 똑같이 대우함으로써 완전한 상호주의 원칙을 채택하고, 또 어떤 국가들은 특정 권리를 시민의 자격에 절대적으로 고유한 것으로 보아 그 권리로부터 외국인을 배제하기도 한다. 또 어떤 국가들은 자국의 제도에 매우 큰 중요성을 부여하고, 외국법을 그 제도의 정신과 양립할 수 없는 것으로 보아 적용하기를 거부하기도 한다. 그러나 현대에는 모든 국가가 원칙으로서 자국의 영토 내에서 외국법의 적용을 채택하였는데, 다만 자국의 주권적 권리와 신민의 이익이 요구하는 제약에 따른다는 조건에서다. 이것이 이 주제에 관해 저술한 모든 국제법학자가 공언한 주의이다.

부이에*Bouhier*는 다음과 같이 말한다. "무엇보다도 우리가 반드시 기억할 것이 있는데, 엄격한 규칙은 우리에게 법을 영토 범위 내에 한정하여 시행하도록 권한을 부여하겠지만, 법의 적용은 공공효용(public utility)의 고려로부터, 그리고 심지어 자주 일종의 필요성(necessity)에서 확장되어왔다. 그러나 이웃 국가들이 이러한 확장을 허용할 때, 자신을 외국법의 지배 아래 두었다고 여겨서는 안 된다. 그들은 단지 그렇게 하는 데서 자신의 이익을 발견했기 때문에 허용했다고 여겨져야 한다. 즉 유사한 경우에 자신의 법이 이웃 국가들에서 적용됨으로써 마찬가지로 이익을 얻게 되기 때문이다. 외국법에 주어지는 이러한 효력은 일종의 국제법상의 예양(comity)에 근거를 두고 있다. 그러한 예양에 의해 각 국민은 외국법이 그들의 국내법상의 금지 규정에 위반되지 않는다는 조건에서, 예양과 공통의 효용(equity and common utility)에 의해 요구되면 언제나 그것을 적용하기로 묵시적으로 동의하였다." (Bouhier, Observations sur la Coutume du Duché de Bourgogne, ch. 23, §§ 62, 63, p. 457.)

이 주제에 관한 매우 초기의 그리고 최고의 국제법학자 중 한 명인 후베루스*Huberus(1636-1694)*는 그와 관련하여 발생할 수 있는 모든 복잡한 문제를 해결하기 위해 적절한 것으로서 다음과 같은 일반적인 공리(maxims)를 제시한다.

1. 각국의 법은 그 국가의 영토 범위 내에서 효력을 가지며, 그 국가의 모든 신민을 구속한다.
2. 국가의 영토 범위 내에 있는 모든 사람은 그들의 거주가 영구적이든 일시적이든 그 신민으로 여겨진다.
3. 국가들의 예양(comity)에 의해, 어떤 국가의 영토 범위 내에서 집행된 어떤 법이든 다른 국가와 그 시민의 권리를 침해하지 않는 한 모든 곳에서 같은 효력을 갖는 것으로 간주된다.

이러한 공리로부터, 후베루스는 사람의 사권과 재산에 관해 국가들의 법의 충돌로부터 발생하는 모든 문제를 결정하는 데 적용 가능한 것으로, 다음과 같은 일반적인 정리(corollary)를 추론한다.

유언에 의한 양도이든 다른 방식에 의한 양도이든 특정 장소의 법에 따라 통상적으로 행해지거나 집행되는 법정 내외에서의 모든 행위는, 다른 법이 통용되는 곳에서도 유효하며 그러한 행위가 발생했다면 유효하지 않았을 그러한 국가에서조차 유효하다. 다른 한편, 어느 국가의 법을 위반하여 행해진 행위나 작성된 증서는 원래 무효이므로 어디에서든 절대로 유효할 수 없다. 그리고 이는 행위가 이루어지거나 증서가 작성되는 장소에 영구적으로 거주하는 자들의 행위나 계약에 적용될 뿐만 아니라, 단지 일시적으로 그곳에 거주하는 자들에 의한 그러한 행위나 계약에도 적용된다. 여기에 대한 유일한 예외는, 다른 국가에서 행해진 행위에 이러한 효력을 부여함으로써 해당 국가나 그 시민이 중요한 성격의 독특한 불편을 겪게 된다면, 그러한 행위에 효력을 부여하거나 유효한 것으로 간주할 의무가 없다는 것이다. (Huberus, Prælect. tom. ii. lib. I. tit. 3, de Conflictu Legum.)」

---

6 사망한 외국인 재산의 몰수권

대다수 국가의 국내법은 자국 영토 내에서 외국인의 부동산 보유를 금지한다. 유럽에서 봉건제도가 성행하던 시대에 토지의 획득은 그 토지가 소재한 영토의 군주에 대한 충성 의무(allegiance)의 관념을 포함하고 있었으므로, 토지의 획득은 그 소유자가 모국의 군주에게 지고 있던 충성 의무와 양립하지 않을 수도 있었다. 사망한 외국인의 모든 재산(동산과 부동산)을 유언 상속이든 유언 없는 상속이든 상속인을 배제하고 국가용으로 몰수하는 사망 외국인 재산 몰수권(*droit d'aubaine*)이 확립된 것도 똑같은 무례한 시대에서였다. 문명이 발달하면서 이 야만적이고 야박한 관행은 점차 거의 전적으로 폐지되었다. 이러한 개선은 국내법령이나 호혜적 국제 약정에 의해 이루어졌다. 프랑스 대혁명 이전에 사망 외국인 재산 몰수권은 프랑스와 외국 간 조약으로 폐지되거나 수정되었으며, 1791년 제헌의회(constituent assembly)의 명령으로 모든 국가에 대해 완전히 폐지되었다. 이러한 양보는 1803년 나폴레옹 법전(Code Napoléon)으로 철회되었고, 이 문제는 원래의 호혜적 기반 위에 놓였다. 그러나 민법전의 이 부분은 다시 1819년 7월 14일의 법령으로 폐지되어, 프랑스에서 외국인은 동산과 부동산 모두 소유권이 인정되고 유언이 있든 없든 프랑스 국민과 같은 방식으로 상속권이 인정되었다. 상속에 의하거나 유언에 의한 처분으로 획득된 재산의 국외 반출에 세금을 부과하던 퇴거권(*droit de retraction* 또는 *droit de retrait*)의 유사한 관행 또한 대다수 문명국에서 호혜적으로 폐지되었다.[11]

7 인적 지위

국내 입법 주권은 영토 내에 있는 자국 신민의 인적 권리(personal rights)의 규제, 그리고 그들의 시민적 상태와 지위(civil state and condition)에 영향을 주는 모든 것에 미친다.

국내 입법 주권은 또한 (특정 예외와 함께) 영토 내에 있는 내외국인 모두에 대한 최고의 경찰 행위, 그리고 그들이 영토 내에서 범한 모든 형사 범죄에 미친다.

이에 대한 예외 중 어떤 것은 실정 국제법(positive law of nations)으로부터 나오고, 또 다른 어떤 것은 국가 간 특별 약정(special compact)의 효력에 해당한다.

민사 · 형사 국내법이 다음과 같이 국가의 영토관할권 밖에서 작용하는 일정한 경우도 있다.

7.1. 시민적 지위와 인적 능력에 관한 법은 국가의 영토 밖에서 작용할 수 있다.

일반적으로 시민적 지위와 인적 능력(civil condition and personal capacity)에 적용되는 국내법은 시민이 외국에 거주하는 때에도 그들에 대해 작용한다.

보편적인 인적 자격(personal qualities)이 그런 것인데, 시민권 · 적출 · 서출과 같이 출생 시부터 자격이 발생하거나, 미성년 · 성년과 같이 출생 후 특정 시점에 자격이 발생하거나, 또는 백치 · 광기 · 파산 · 혼인 · 이혼과 같이 출생 후 불확정 시점에

11 Vattel, liv. ii. ch. 8, §§ 112-114. (Vattel의 국제법) Kluber, Droit des Gens Moderne de l'Europe, pt. 2. tit. 1, ch. 2, §§ 32, 33. (Kluber의 유럽의 현대 국제법) Von Mayer, Corpus Juris Confederationis Germanicæ, tom. ii. p. 17. (Von Mayer의 독일연합법대전) Merlin, Répertoire, tit. *Aubaine*. (Merlin의 판례집)

자격이 발생한 다음 관할 법원의 판결로 확정된다. 신민의 이러한 모든 인적 자격에 영향을 미치는 국내법은 그들이 어디에 가든지 함께 가며, 어느 국가에 거주하든지 그들에게 따라붙는다.[12]

하지만 이 일반규칙은 다음과 같은 예외가 적용된다.

1. 각 독립 주권국가는 외국인을 귀화시키고 그들이 획득한 주소의 특권을 부여하는 권리가 있다.
   한 국가 태생의 신민이 더는 자신의 조국에 대한 범죄행위에 책임을 지지 않기 위해 시원적 충성 의무(primitive allegiance)를 버릴 수 없다고 하더라도, 외국에서 거주 및 귀화로 획득한 주소와 시민권에 수반되는 모든 시민적 권리와 상업 특권(commercial privileges)을 누릴 수 있다고 영국과 미국 모두에서 결정되었다. 그래서 미국과 영국 간의 1794년 조약으로, 영국 동인도회사에 부여된 특허장(charter)의 효력 범위 내 국가들, 즉 희망봉(Cape of Good Hope) 바깥 국가들과의 무역이 영국 신민에게는 계속 금지되는 가운데 미국 시민에게 개방되었다. 영국의 왕좌법원(Court of King's Bench)은, 영국 출생의 신민이 미국 시민이 될 수 있고 그가 태어난 영국과 미국 간에 양허된 무역의 모든 혜택을 누릴 권리가 있다고 판결하였다. 그리고 그가 단지 일시적으로 자신이 출생한 영국에 돌아온 상황으로 인해 이들 혜택이 박탈되지 않는다고 판단하였다.[13]
2. 각 독립 국가는 자신의 영토 내 재산을 규제하는 주권적 권리가 있다.
   따라서 혼인을 약정할 수 있는 나이, 부모의 동의 등에 관한 인적 능력은 당사자가 신민인 국가의 법으로 규율될지라도, 타국에 소재하는 부동산(real property)에 대한 혼인계약(nuptual contract)의 효력은 부동산의 소재지법(*lex loci rei sitæ*)에 의해 결정된다. 후베루스*Huberus(1636-1694)*는 다음과 같은 근거로 이와 상반되는 주의를 내세운다. 즉 이 경우에 혼인계약서가 작성된 외국의 법은 그 부동산 소재지국의 영토에 직접적이 아니라 단지 부수적으로 영향을 미치며, 그것도 부동산 소재지국의 군주가 그의 신민의 이익을 위해 자

12 Pardessus, Droit Commercial, pt. vi. tit. 7, ch. 2, § 1. (Pardessus의 상법)

13 Term Reports in the Court of Kings Bench, vol. viii. p. 31. (영국 왕좌법원 판례집) Bos. & Pull. Rep. vol. i. p. 43, Wilson *v*. Marryatt.

신이나 그의 신민의 권리를 침해함이 없이 그 법에 묵시적으로 동의한다는 것이다. 그러나 국가들의 관행은 확실히 다르므로, 영토관할권 내의 부동산에 지울 수 없는 특성을 부여하는 현지 법을 포기하려는 그러한 동의는 결코 암시될 수 없다.[14]

파산자가 신민인 국가에서 획득된 면책증서(a certificate of discharge)는, 그 국가에서 계약이 체결되고 계약 당사자 모두가 그 국가에 주소를 두고 있었다면, 유럽과 아메리카의 일반 국제법상 그 채무자를 다른 모든 국가에서 유효하게 면책시킨다. 그러나 파산자의 채무 인수인 또는 인수단(assignees or syndics)의 권원이 파산자의 외국 소재 동산(personal property)을 어디까지 통제할지, 그리고 현지 법이 파산자 본국의 파산법 규정과 다른 방향으로 압류하고 분배하는 것을 파산자의 국내법이 어디까지 저지할지에 대해 법률가들의 의견과 국가의 실행이 많이 나뉘어 있다. 대다수 유럽 국가의 법에 따르면, 시간의 관점에서 앞선 절차는 권리의 관점에서 우선한다고 여겨지며, 그 절차에 재산을 획득하고 분배할 권리를 부여한다. 이렇게 확립된 규칙은, 동산은 법적 의제(legal fiction)에 의해 파산자가 주소를 둔 국가에 소재하는 것으로 간주된다는 일반원칙에 근거한다. 그러나 미국의 국제 파산법에 따르면, 채권자에 관해서는 소재지법(*lex loci rei sitæ*)이 주소지법(*lex domicilli*)에 우선하며, 타국의 법은 재산이 소재하는 국가의 권위 · 권리 · 이익을 침해하는 역외 작용(extra-territorial operation)이 허용되지 않는다. 따라서 미국 대법원은 절대적 우선권을 갖는 정부와 현지 법에 따라 압류하는 사인 채권자 모두, 채무자가 외국에 주소를 두고 그곳에서 계약이 체결되었을지라도, 외국의 파산법에 따라 일반 채권자들의 이익을 위해 청구하는 인수단보다 우선권을 갖는다고 결정하였다.[15]

---

14 Kent's Commentaries on American Law, vol. ii. pp. 183, 184, Note. (Kent의 미국법 주석)

15 Bell's Commentaries on the Law of Scotland, vol. ii. pp. 681–687. Rose's Cases in Bankruptcy, vol. i. p. 462. (Bell의 스코틀랜드법 주석) Kent's Commentaries on American Law, vol. ii. pp. 393, 404–408, 459. (Kent의 미국법 주석) Cranch's Rep. vol. v. p. 289, Harrison *v*. Sterry. (Cranch의 미국 대법원 판례집) Wheaton's Reports. vol. xii. pp. 153–163, Ogden *v*. Saunders. (Wheaton의 미국 대법원 판례집)

3. 속인법(personal statutes)의 적용에 관한 일반규칙은 때로 계약지법(*lex loci contractus*)의 작용에 양보한다.
   그래서 파산자가 자국의 법에 따라 획득한 파산자 면책증서는 외국에서 외국인과 약정한 채무로부터 그를 면책하기 위한 목적으로 다른 국가에서 작용할 수 없다. 그리고 혼인 계약을 맺기 위한 나이, 부모의 동의, 금지된 근친 정도 등에 관한 인적 능력은 일반적으로 당사자가 신민인 국가의 법으로 규율될지라도, 혼인의 의식은 항상 거행지법으로 규율된다. 그리고 혼인 의식이 거행지에서 유효하면, 그 의식이 신민으로서 주소를 둔 국가의 법을 기만하여 거행되지 않은 한 다른 모든 곳에서 유효한 것으로 간주된다.

8 계약지법

국가의 국내법은 그 영토 내에서 체결된 계약이 직접적 또는 부수적으로 외국의 법정에서 문제가 된 경우에도 영토관할권 밖에서 작용할 수 있다.

계약 체결지의 법으로 유효한 계약은 일반적으로 다른 모든 곳에서 유효하다. 일반적 예양(comity)과 국가의 상호 편의로 계약 체결지의 법이 계약의 형식·해석·의무·효력에 관한 모든 측면을 규율한다는 규칙이 확립되었다. 다만, 이러한 예양과 편의가 다른 국가와 그 시민의 권위·권리·이익을 침해하지 않는 한 그러하다.

이 규칙에 대한 이러한 단서는 이 규칙의 적용에 예외가 있다는 것을 암시한다.

1. (앞에 언급된 외국 소재 부동산에 대한 혼인 계약의 효력의 경우처럼) 정당하게 부동산의 소재지법으로 규율되거나, 또는 해당 시민의 인적 지위와 능력에 관해 정당하게 다른 국가의 법이 규율하는 경우에는 계약지법이 적용될 수 없다.
2. 다른 국가의 경찰·공중보건·통상·재정 그리고 일반적인 주권적 권위, 그리고 그 시민의 권리와 이익에 관한 법과 충돌하는 경우, 계약지법이 적용될 수 없다. 따라서 물품의 판매가 금지되지 않은 곳에서 금지된 곳으로 인도되도록 판매한다면, 해당 거래는 계약지법상 완전하게 합법일지라도 물품이 인도될 국가에서 그 대금이 회수될 수 없다. 만약 그 물품이 인도된 곳에서 계약이 집행된다면, 자국의 통상법에 대한 위반을 승인하는 결과가 될 것이기 때문이다.

그러나 어느 국가의 재판소든 다른 국가의 통상법이나 세수법을 주목하거나 직접적 또는 부수적으로 집행하지 않으므로, 금지된 무역에 대한 보험은 그 무역이 법으로 금지되지 않은 다른 국가의 재판소에서 집행될 수 있다.[16]

3. (외국에서의 혼인) 당사자들이 본국의 법을 부정하게 회피하여 외국에서 맺은 혼인 계약은 혼인이 이루어진 곳의 법에 따라 유효할지라도 원칙적으로 자신의 본국에서 무효로 보일 수 있다. 자국의 국내법상 미성년자이거나 달리 혼인 능력이 없는 자가 외국에서 외국법에 따라 하는 혼인이 그렇다. 이러한 경우는 계약지법의 일반적 작용에 대한 예외를 구성하는 것으로 보이는데, 그것이 자국의 주권 또는 시민의 권리와 이익에 해를 끼치는 경우 어느 국가도 그것을 인정할 의무가 없다. 그러나 영국제국(British empire)의 국제적 혼인법에 따르면, 원래 잉글랜드(England)에 거주하는 당사자들이 부모나 후견인의 동의를 요구하는 잉글랜드 혼인법을 회피하기 위한 유일한 목적으로 스코틀랜드에 가서 비밀리에 혼인하면 잉글랜드의 교회법원에서 유효한 혼인으로 인정된다. 이 법리는 그것이 기독교 세계의 일반법과 관행의 일부이고, 또한 혼인 계약의 유효성이 혼인이 이루어진 곳의 법에 따라 확정되지 않으면 적출(legitimacy), 상속, 그리고 여타 사권 및 재산권과 관련하여 끝없는 혼란과 피해가 따를 것이라는 근거에서 채택되었다고 한다. 똑같은 원칙이 유사한 공공정책의 이유로 미국연방의 여러 주 사이에서 인정되었다.[17]

다른 한편, 프랑스 민법이 요구하는 유효한 성관계 동의 연령(age of consent)은 프랑스 법상 프랑스 신민의 인적 능력으로서, 그들이 어디로 떠나가든지 따라다니는 것으로 여겨진다. 따라서 프랑스인의 혼인 당시 나이가 혼인 거행지 국가의 법이 요구하는 것보다 많을지라도 프랑스 법이 요구하는 것보다 적으면 프랑스 법원에

---

16 Pardessus, Droit Commercial, pt. vi. tit. 7, ch. 2, § 3. (Pardessus의 상법) Emerigon, Traité d'Assurance, tom. i. pp. 212－215. Park on Insurance, p. 341. Sixth Ed. (Emerigon의 보험계약) The moral equity of this rule has been strongly questioned by Bynkershoek and Pothier. (이 규칙의 도덕적 형평은 Bynkershoek와 Pothier에 의해 강력히 의문시되었다.)

17 Haggard's Consist. Rep. vol. ii. pp. 428－433. (Haggard의 종교법원 판례집) Kent's Commentaries, vol. ii. p. 93. (Kent의 미국법 주석)

서 유효한 것으로 간주되지 않는다.[18]

9 법정지법

각 주권국가는 자신의 재판소의 소송절차(proceedings)를 규제하는 배타적인 권리가 있다. 따라서 다른 국가의 계약지법(*lex loci contractus*)은 해당 계약이 문제가 된 재판소가 속한 국가의 법, 즉 법정지법(*lex fori*)에 의해 결정되어야 하는 사건에는 적용될 수 없다.

따라서 한 국가에서 맺어진 계약이 다른 국가의 재판소에서 집행이 시도되거나 부수적으로 문제가 되는 경우, 소송의 방식·증거 규칙 그리고 소멸시효 등에 관련된 모든 것은 계약이 체결된 국가의 법이 아니라 소송이 제기된 국가의 법으로 결정된다.[19]

10 타국의 영토 내에 있는 외국의 군주와 그의 대사·군대·함대

다음 경우에는 한 국가의 국내기관도 자국의 영토관할권 밖에서 작용할 수 있다.

1. 다른 국가의 영토 안으로 들어가는 외국 군주의 신체는 일반적인 국가 관행과 예양에 의해 통상적인 현지 관할권으로부터 면제된다. 자국의 권력, 존엄성 그리고 모든 주권적 속성을 대표하고 (평시에) 금지의 부재로부터 암시되는 허가에 따라 다른 국가의 영토 안으로 들어가는 군주는 그가 일시적으로 체류하는 국가의 민사·형사 관할권에 복종하지 않는다.[20]
2. 대사(ambassador) 또는 기타 외교사절(public minister)의 신체 또한 주재하는 국가의 영토 내에 있는 동안 그 국가의 관할권으로부터 면제된다. 그의 관저

---

18 Merlin, Repértoire, tit. Loi, § 6. (Merlin의 판례집) Toullier, Droit Français, tom. i. No. 118, 576. (Toullier의 프랑스법)

19 Kent's Commentaries, vol. ii. p. 462, Second Ed. (Kent의 미국법 주석)

20 Bynkershoek, de Foro Legat. cap. iii. § 13. cap. ix. § 10. (Bynkershoek의 외교사절론)

는 본국에 있는 주택의 연장으로 여겨지며, 그는 주재하는 현지 국가의 국민성과 섞이지 않는 순수한 자신의 국민성을 유지한다.[21]

3. 자국의 군주가 우호 관계를 유지하는 다른 국가의 영토를 행군 또는 항해하여 통과하거나 그곳에 주둔하는 군대나 함대도 마찬가지로 그 국가의 민사·형사 관할권으로부터 면제된다.[22]

명시적인 금지가 없으면, 우호국의 항구는 그 국가와 평화 관계에 있는 다른 국가의 무장 취역 공공선박(public armed and commissioned ships)에 개방된 것으로 여겨진다. 이러한 선박은 금지의 부재로부터 나오는 묵시적 허가로 입항하든, 조약에 규정된 명시적 허가로 입항하든, 현지 재판소와 당국의 관할권으로부터 면제된다. 그러나 다른 국가의 항구에 입항하는 외국의 민간 선박(private vessels)은 명시적인 약정에 의하지 않고는, 그리고 그 약정이 규정한 범위 내가 아니면, 현지 관할권으로부터 면제되지 않는다. 중립국 수역에 들어오는 외국의 공공선박(public ships)에 부여되는 현지 관할권으로부터의 면제가, 중립국의 중립성을 침해하여 그 중립국의 항구에서 장착된 무기로 포획한 선박이나 물품에까지 미치지는 않는다.[23]

11 공해상에 있는 자신의 공공선박과 민간선박에 대한 국가의 관할권

공해상에 있거나, 또는 다른 모든 국가의 영토 범위 밖에 있는 각국의 공공선박과 민간선박은 모두 그 선박이 속한 국가의 관할권을 적용받는다.

바텔*Vattel*이 말하기를, 국가의 영역(domain)은 자신의 모든 정당한 소유물에까지 이르며, 우리는 그 소유물에 의해 국가의 영토뿐만 아니라 국가가 누리는 모든 권리를 이해하게 된다고 한다. 그리고 그는 또한 공해상에 있는 어느 국가의 선박이 전시금제품(contraband)이나 적의 재산을 적재하고 있는지 교전국 군함이 조사할

---

21 Vide infra, pt. iii. ch. 1.

22 Casaregis, Discursus legales de commercio. 136–174. (Casaregis의 상법에 관한 담론)

23 Vattel, liv. i. ch. 19, § 216. (Vattel의 국제법) Cranch's Rep. vol. vii. p. 116. The Exchange. (Cranch의 미국 대법원 판례집)

권리를 인정하지만, 그 선박을 그 소속국 영토의 일부로 간주한다.

흐로티위스는 "사람으로 치면 해상의 군대와 같은 함대가 해상 어느 곳에 주둔하고 있는 것처럼"(*ratione personarum, ut si classis qui maritimis est exercitus, aliquo in loco maris se habeat*) 바다의 일부에 주권(sovereignty)이 획득될 수 있다고 주장한다. 그러나 한 흐로티위스 논평가가 표명했듯이, 함대가 바다에 나와 있을 때 그 구성원에 대해 국가가 관할권이 있다는 데에는 의문의 여지가 없지만, 그렇다고 바다 자체의 어느 부분에 대해 국가가 관할권을 갖게 되지는 않는다. 국가가 얻는 것은 영구적인 소유권이 아니라, 모든 인류에게 속하는 장소에서 모두가 기회가 되는 대로 연이어 사용하는 점용권(right of occupancy)이다.[24]

국가가 공해상에 있는 자신의 공공선박과 민간선박에 대해 갖는 이 관할권은 오직 자신의 국내법 위반행위에 대해서만 배타적이다. 국제법을 위반하는 해적 행위와 기타 범죄행위는 어느 특정 국가에 대한 범죄가 아니라 모든 인류에 대한 범죄이므로, 그 범죄가 공해상의 외국 선박에서 행해졌을지라도 범죄자가 발견되거나 이송될 수 있는 어느 국가에서든 권한 있는 재판소에 의해 처벌될 수 있다.[25]

이러한 위법행위는 합법적으로 범죄자의 신병을 확보한 모든 국가의 권한 있는 재판소에서 심판될 수 있을지라도, 평시에는 선박에 대한 임검권(right of visitation and search)이 존재하지 않는다. 평시에는 임검권이 국제 약정에 의해 명시적으로 허용되지 않는 한, 공해상의 해적 행위도 국제법 위반 행위도 아닌 거래(예를 들면, 노예무역과 같은)의 금지를 집행하기 위한 목적으로 외국 선박과 외국인에 대해 행사될 수 없다.[26] (역자 주: 당시 노예무역의 국제법상 금지 여부에 대해 이 장 제17항에서 상세히 다루고 있다.)

각국은 자신의 모든 구성원에게 국가 방위를 위한 복무를 요구할 수 있는 다툼의 여지가 없는 권리를 가지고 있다. 그러나 그 권리는 합법적 수단에 의해서만 실행될 수 있다. 자국민의 군 복무를 요구할 국가의 권리는 오직 자국의 영토 내에서,

---

24 Vattel, liv. ch. 19, § 216. liv. ii. ch 7, § 80. (Vattel의 국제법) Grotius, de Jur. Bel. ac Pac. lib. ii. cap. iii. § 13. (Grotius의 전쟁과 평화의 법) Rutherforth's Inst. vol. ii. b. 2, ch. 9, §§ 8, 19. (Rutherforth의 자연법 제도)

25 Sir L. Jenkins' Life and Works, vol. i. p. 714. (Jenkins 재판관의 생애와 작품)

26 Dodson's Adm. Rep. vol. ii. p. 238. The Louis. (Dodson의 해사 판례집) Wheaton's Rep. vol. x, pp. 122, 123. The Antelope. (Wheaton의 미국 대법원 판례집)

또는 다른 국가의 관할권이 적용되지 않는 곳에서만 행사될 수 있다. 대양(ocean)이 그러한 곳이며, 의문의 여지 없이 모든 국가는 자국 신민의 육군 또는 해군 복무(military or naval services)를 강제할 권리를 대양에 있는 자국의 선박에서 행사할 수 있다. 그러나 국가가 똑같은 권리를 다른 국가의 선박에 대해 행사할 수 있을지는 매우 복잡한 문제이다.

국가에 속한 공공 취역 선박(public commissioned vessels)에 대해서는, 일반적으로 모든 종류의 그리고 모든 목적의 조사로부터 완전한 면제가 인정된다. 외국의 신민에게 속하는 민간선박에 대해 영국이 탈영병이나 기타 군 복무 대상자를 찾기 위해 공해상에서 수색권을 일관되게 주장하였으나, 미국은 이를 끊임없이 부인하였다. 양국은 그 기원과 언어의 동질성으로 이 문제에 가장 깊은 이해관계가 있는데, 양국 간의 다툼은 그들 간 최근 전쟁(역자 주: 1812-15년 미·영 전쟁)의 주요 동기 중 하나였다. 지금까지 영국 해군에 만연해 있는 추악한 선원 징병(impressment)의 관행을 선원 등록부와 제한된 복무기간의 자발적 입대 시스템으로 대체함으로써 이러한 논란의 근원이 사라질 수 있기를 희망하는 바이다. 그러한 징병의 관행은 영국 해군의 오만한 행동에 저항할 수 있는 모든 해양 국가 측의 적대행위를 유발하지 않고는 결코 외국의 민간선박에까지 미칠 수 없다.[27]

12 영사관할권

양국 간 특별 약정으로 한 국가의 국내법과 제도가 자국의 영토 밖 다른 국가의 영토 내에서 작용할 수 있다.

자국민이 거주하는 외국의 영토 내에서 자국의 영사(consuls)나 통상주재관(commercial agents)에게 그들에 대한 관할권을 행사하도록 권한을 부여하는 조약이 그런 것이다. 이 특정 관할권의 성격과 범위는 양국 간 조약의 규정에 달려 있다. 일반적으로 기독교 국가는 이 관할권을 외국에서 자국의 상인·선원 및 기타 신민 간에 발생하는 민사 분쟁의 결정, 영사의 면전에서 작성되는 유언·계약서 및

27 Edinburgh Review, vol. xi. art. 1. Mr. Canning's Letter to Mr. Monroe, Sept. 23, 1827. (에든버러 리뷰) American State Papers, vol. vi. p. 103. (미국 국가문서)

기타 문서의 등록, 그리고 영사 관할구역 내에서 사망한 동포의 유산관리에 국한한다. 튀르키예, 바르바리 국가들(Barbary States), 그리고 기타 이슬람 국가에 상주하는 기독교 열강의 영사는 그들의 동포에 대해 현지 국가의 사법관과 재판소를 배제하고 민사 · 형사 관할권 모두를 행사한다. 이 관할권에 의한 민사 사건에 대해 본국의 상급재판소에 상소할 수 있다. 형사 관할권은 통상적으로 벌금의 부과에 국한되며, 더 중한 범죄의 경우 영사의 기능은 경찰 치안판사(police magistrate)나 수사 판사(*juge d'instruction*)의 역할과 유사한 것이다. 영사는 본국에서의 재판을 위해 서증 및 기타 증거를 수집하여 죄인과 함께 본국 정부에 보낸다.[28]

13 사법권에 관한 국가의 독립성

각 주권국가는 다른 모든 국가로부터 독립적으로 자신의 사법권을 행사한다.

물론 이 일반적인 지위는 명시적인 약정으로부터 나오는 사법권 적용의 예외에 의해 제한되는데, 이러한 약정은 외국과의 협약 또는 공통의 목적을 위해 다른 국가들과 연합을 이룰 수 있는 연합법(acts of confederation)과 같은 것을 말한다. 이러한 약정의 규정에 따라, 국가는 그 조약이나 연합법의 목적을 달성하기 위해 사법권의 일부를 양도하거나 그 행사를 수정할 수 있다.

이러한 예외를 제외하고는, 각국의 사법권은 입법권과 똑같은 시공간적 범위를 갖는다. 동시에 사법권은 다른 국가의 정부 기관이 자국의 영토 내에서 활동하는 경우를 포괄하지 않는데, 그 국가의 영토 내에 들어오는 외국의 군주(sovereign)나 그의 외교사절 · 함대 · 군대의 경우가 그런 것이다. 이미 살펴본 바와 같이, 이러한 경우는 일반적으로 현지 법의 작용으로부터 면제된다.[29]

---

28 De Steck, Essai sur les Consuls, sect. vii. §§ 30－40. (De Steck의 영사론) Pardessus, Droit Commercial, pt. vi. tit. 6, ch. 2, § 2. ch. 4. §§ 1, 2, 3. (Pardessus의 상법)

29 Vide ante, § 10. (이 책 앞의 10항 참조 바람)

14 형사 범죄에 대한 사법권의 범위

따라서 각 독립 국가의 사법권은 위에 언급된 제약과 함께 아래 위반행위의 처벌에 미친다.

1. 누가 범하든, 자국 영토 내에서 모든 국내법 위반행위.
2. 누가 범하든, 공해상에 있는 자국의 공공선박과 민간선박에서, 그리고 외국 항구에 있는 자국의 공공선박에서 범한 모든 국내법 위반행위.
3. 어디에서 범하든, 자국 신민이 범한 모든 국내법 위반행위.
4. 누가 어디에서 범하든, 해적 행위 및 기타 국제법 위반행위.

국가는 다른 국가의 영토 내에서 범해진 자국의 국내법 위반행위에 대해, 자국 시민이 범한 것이 아니면 처벌할 수 없다는 것이 명백하다. 국가는 또한 다른 국가의 영토 내에 있는 자국민 범죄 혐의자를 체포하거나 그의 재산을 압수할 수 없다. 그러나 국가는 공해와 같이 다른 어떤 국가의 관할권 내에도 있지 않은 장소에서 자국민을 체포하여, 그러한 곳이나 외국의 영토 내에서 범한 국내법 위반행위에 대해 처벌할 수 있다.

14.1. 무역 및 항행에 관한 법

한 국가의 무역 및 항행에 관한 법은 그 국가의 영토 범위 밖에 있는 외국인에게는 영향을 미칠 수 없지만, 그 국가의 국민에 대해서는 그가 어디에 있든지 간에 구속력을 갖는다. 따라서 특정 거래를 금지하거나 규제하는 국내법을 위반하는 행위는, 그 국가의 국민이 위반한 경우에는 위반 장소를 불문하고 그 국가의 재판소에 의해 처벌될 수 있다. 그러나 외국인이 위반한 경우에는, 그 위반행위가 그 국가의 영토 내에서 일어났거나, 다른 어떤 국가의 관할권 내도 아닌 장소에 있는 그 국가의 선박에서 일어난 경우에만 그 국가의 재판소에 의해 처벌될 수 있다.

14.2. 반역법

국가의 영토 내 모든 거주자에 대해 구속력이 있는 반역법(laws of treason)은, 외국인에게는 그 영토 내에서 법을 위반한 경우에 적용될 수 있는데 그들이 거주국에 일시적인 충성 의무(temporary allegiance)를 지기 때문이다. 그러나 자국 시민에게는 그가 어느 곳에서 위반하든 이 법이 적용될 수 있다. 그들이 어디에 가든 본국에 대한 그들의 충성 의무도 따라가기 때문이다.

14.3. 상업적 주소

외국에 거주하는 자국 시민에 대한 무역법의 시행과 관련하여 주목해서 구별해야 할 점이 하나 있다. 그것이 단지 특정 무역을 허용하거나 금지하는 규정인 경우, 외국에 거주하는 자는 본국에 대한 충성 의무가 계속되는 가운데, 본국법의 작용으로부터 면제될 정도로 상업적 주소(commercial domicil)의 혜택을 누릴 수 있다. 그러나 그 법이 형사 범죄를 창설하고 그 국가의 모든 신민에게 명시적으로 적용되는 인적 처벌을 부과하는 경우, 그 신민이 그 범죄를 구성하는 행위가 법으로 금지되지 않은 외국에서 거주 중에 범한 그러한 위반행위에 적용된다.

14.4. 범죄인 인도

특별 약정에 의한 경우가 아닌 한, 어떤 주권국가도 자신의 신민이든 외국인이든 다른 국가에서 범죄로 기소되거나 유죄 판결을 받은 자를 외국 또는 외국 사법관의 요구에 따라 인도해야 할 의무는 없다. 그러나 사회의 일반적 평온과 안전에 영향을 미치는 형사 범죄로 기소되었거나 유죄 판결을 받은 자의 인도(extradition)는 일반적 편의와 예양의 문제로서 특정 국가들에 의해 자발적으로 이루어졌다.[30]

어떤 국가가 다른 국가의 군대에 복무 중 탈영한 자를 인도하는 행위도 전적으로 상호 예양이나 국가 간 특별 약정에 달려 있다.[31]

---

30 Vattel, liv. ii. ch. 6, § 76. (Vattel의 국제법) Martens, Précis du Droit des Gens Moderne de l'Europe, liv. iii. ch. 3, § 101. (Martens의 유럽의 현대 국제법 개요)

31 Bynkershoek, Quæst. Jur. Pub. lib. i. cap. 22. Note to Duponceau's Transl. p. 174. (Bynkershoek의 국제법의 문제들)

15 형사판결의 역외 작용

한 국가의 국내법에 따라 선고된 형사판결은 다른 국가에서 어떠한 직접적인 법적 효력도 가질 수 없다. 만약 그것이 유죄 판결이라면, 형이 선고된 국가의 영토 범위 밖에서 그 범죄자의 신체나 재산에 대해 집행될 수 없다. 그리고 그가 본국에서 공민권 박탈이 수반된 중죄의 유죄 판결을 받았더라도, 그러한 판결이 다른 독립 국가에서 어떠한 법적 효력도 가질 수 없다.[32]

그러나 유죄이든 무죄이든 한 국가에서 선고된 유효한 판결은 다른 국가에서 특정한 간접적이고 부수적인 효력을 가질 수 있다. 판결이 범행의 혐의가 있는 국가나 범죄 혐의자가 충성 의무를 지고 있는 국가에서 그 국내법에 따라 선고되었다면, 유죄든 무죄든 그 판결은 당연히 다른 모든 국가에서 기소를 실효적으로 차단할 것이다(*exceptio rei judicatœ*). 판결이 범행의 혐의가 있는 곳이 아니거나 당사자가 충성 의무를 지는 국가가 아닌 다른 외국에서 선고되었다면, 그 판결은 그에 대한 관할권이 있는 다른 어떤 국가에서도 효력이 없으며, 그 국가의 기소로부터 그를 보호하지 않을 것이다.

이러한 원칙의 당연한 결과로서, 범죄자들이 다른 국가의 재판소에서 더 가벼운 처벌이나 무죄 판결을 받을 목적으로 피난처를 찾아 관할구역을 옮겨 다니는 행위는 국제법이나 승인된 국가 관행에 의해 절대로 인정되지 않는다.[33]

16 국제법상의 해적 행위

각국의 사법권은 국제법을 위반하는 특정 범죄의 처벌에까지 미치는데, 그 중에 해적 행위(piracy)가 포함된다.

국제법학자들은 해적 행위를, 어떤 주권국가의 허가도 받지 않고, 또는 서로 전쟁 중인 두 군주로부터 상대방에 대한 포획 권한을 위임받고 해상에서 노략질하는

32 Martens, Précis, &c., liv. iii. ch. 3, § 86. (Martens의 유럽의 현대 국제법 개요) Kluber, Droit des Gens Moderne de l'Europe, pt. ii. tit. 1, ch. 2, §§ 64, 65. (Kluber의 유럽의 현대 국제법)

33 Henry on Foreign Law, pp. 46, 47. (Henry의 외국법)

범죄라고 정의한다.[34]

적국에 대한 포획 권한을 위임받고서 우호국에 대해 노략질하는 무장 선박의 사관과 선원은 그러한 월권행위로 인해 해적으로 취급되지 않는다. 해양 순찰 선박(cruisers)에 포획 권한을 위임한 국가는 그 선박의 행위에 대해 다른 국가에 책임이 있으므로, 자신의 권위의 외관 아래 행해진 모든 위반행위를 심판하고 처벌할 배타적 관할권을 갖는다.[35]

서로 전쟁 중인 두 군주로부터 상대방에 대한 포획 권한을 위임받은 선박이 노략질하는 범죄는 명백히 해적 행위인데, 한 교전국 군주에 의해 위임된 권한이 다른 교전국 군주가 위임한 권한과 충돌하기 때문이다. 그러나 하나의 공통의 적에 대해 동맹국 군주들로부터 포획을 위임받아 해양을 순찰하던 중에 노략질하는 행위가 어디까지 합법적일지 의문이 제기되었다. 하지만 더 나은 견해는 그것이 해적 범죄에 해당하지는 않을지라도, 두 공동 교전국(co-belligerents)이 중립국에 대해 서로 다른 행위규칙을 채택했거나 상대방에 알려지지 않은 약속에 개별적으로 구속될 수도 있기 때문에 여전히 변칙적이고 불법적일 것이라는 의견인 것 같다.[36]

해적은 전체 인류 공동의 적이고 모든 국가가 그들의 체포와 처벌에 똑같이 이해관계가 있으므로, 어느 국가의 무장 선박이든 공해상에서 해적을 합법적으로 나포할 수 있고 자국 재판소의 심판을 위해 자국의 영토관할권 내로 데려올 수 있다.[37]

---

34 See authorities cited in Note to the case of United States v. Smith, Wheaton's Rep. vol. v. p. 157. (Wheaton의 미국 대법원 판례집)

35 Bynkershoek, Quæst. Jur. Pub. lib. i. cap. 17. (Bynkershoek의 국제법의 문제들) Rutherforth's Inst. vol. ii. p. 595. (Rutherforth의 자연법 제도)

36 Bynkershoek, Quæst. Jur. Pub. lib. i. cap. 17, Duponceau's Transl. p. 130. (Bynkershoek의 국제법의 문제들) Valin, Commentaire sur l'Ord. de la Marine. (Valin의 해사법 주석) "The law," says Sir L. Jenkins, "distinguishes between a pirate who is a highwayman, and sets up for robbing, either having no commission at all, or else hath two or three, and a lawful man of war that exceeds his commission."(Jenkins 재판관이 말하길, 법은 권한을 전혀 위임받지 않았든 두세 개를 위임받았든 강도질에 착수한 노상강도인 해적과 위임받은 권한을 초과하여 행사하는 합법적인 군함을 구별한다.") — *Works*, vol. ii. p. 714. (Jenkins 재판관의 생애와 작품)

37 "Every man, by the usage of our European nations, is *justiciable* in the place where the crime is committed: so are pirates, being reputed out of the protection of all laws and privileges, and to be tried in what ports soever they may be taken." ("우리 유럽 국가의 관행으로, 각 개인은 범죄가 행해진 곳에서 재판을 받는다. 해적도 그렇다. 그들은 모

16.1. 국제법상 해적 행위와 국내법상 해적 행위의 구별

하지만 이러한 명제는 국제법에 의해 정의된 해적 행위에 한정되어야 하며, 국내법에 의해 해적 행위가 된 위법행위에 미칠 수 없다. 국제법상 해적 행위는 누가 어디에서 범했든 상관없이 어느 국가의 재판소라도 심판하고 처벌할 수 있다. 그러나 국내법으로 창설된 해적 행위는 그 위반행위가 그 국가의 영토관할권 내에서 그리고 그 국가의 선박에서 일어났을 때, 그 국가에 의해 심판될 수 있을 뿐이다. 따라서 외국인이 공해상에 있는 외국 선박에서 범한 살인이나 강도 범죄는 그 선박이 속한 국가가 아닌 다른 국가의 재판소에서 심판될 수 없다. 그러나 범죄가 당시 권리와 사실 모두에서 어느 외국이나 그 신민에게도 속하지 않은 선박에서 범해지고, 그 선박이 모든 법을 무시하고 행동하며 어느 국가의 국기에도 복종하지 않는 선원들의 점거 상태에 있었다면, 이러한 범죄는 범죄자의 신병을 확보한 어느 국가의 법원에서든 국제법에 따라 해적 행위로 처벌될 수 있다.[38]

17 노예무역의 국제법상 금지 여부

노예무역(slave trade)은 대다수 국가의 국내법으로 금지되어 있으며, 영국과 미국의 국내법으로는 해적 행위(piracy)라고 선언되었다. 그러나 일반 국제법으로는 그렇지 않으며, 통상적인 임검권(right of visitation and search)을 행사하여 노예무역의 금지를 집행할 수 없다. 그러한 임검권은 특별 약정(special compact)과 상관없이 평시에는 존재하지 않는다.[39]

아프리카 노예무역은 한때 합법적일 뿐만 아니라 매력적인 통상 분야로 여겨졌으며, 노예무역에 대한 참여가 유럽 국가 간 전쟁, 교섭 그리고 조약의 목적이 되었

든 법과 특권의 보호 밖에 있다고 일컬어지므로 그들이 끌려올 수 있는 어느 항구에서든 심판할 수 있다." – *Sir L. Jenkins' Life and Works*, ib. (Jenkins 재판관의 생애와 작품)

38 Wheaton's Rep. vol. v. pp. 144, 184. United States *v*. Clintock, United states *v*. Pirates. (Wheaton의 미국 대법원 판례집)

39 Dodson's Adm. Rep. vol. ii. p. 210. Le Louis. (Dodson의 해사 판례집) Wheaton's Rep. vol. x. p. 66. La Jeune Eugenie. (Wheaton의 미국 대법원 판례집)

다. 하지만 이제 노예무역은 국가들의 거의 보편적인 동의로 혐오스러운 범죄로 비난받는다. 이 분야의 통상은 덴마크, 미국, 영국의 국내법으로 연이어 그 신민들에게 금지되었다. 노예무역의 최종 폐지는 각각 1814년 서명된 파리(Paris) 조약, 킬(Kiel) 조약 및 강(Ghent) 조약에 의해 규정되었으며, 1815년 2월 8일 빈 회의 선언으로 확인되고, 1815년 11월 20일 파리 평화조약의 부속 추가 조항으로 재확인되었다. 노예무역의 폐지 원칙에 대한 에스파냐와 포르투갈의 동의가 마침내 영국과 이들 간의 각 1817년 9월 23일 조약 및 1815년 1월 22일 조약에 의해 주어졌다. 그리고 1826년 영국과 브라질 간에 체결된 협약으로 1830년 이후에 브라질 신민이 노예무역에 종사하는 것은 해적 행위가 되었다.

17.1. 영국 및 미국 법원의 결정

비록 한때 노예무역이 허용되고 심지어 각 해양 국가의 법으로 보호되고 조장되었지만, 노예무역을 폐지하기 위한 국가들의 이러한 일반적인 협조로 노예무역이 앞으로는 유럽과 아메리카의 국제법으로 금지된 것으로 여겨져야 한다는 의견이 생겨났다. 이러한 의견은 먼저 미국 선박이 관련된 영국 의회 귀족원 항소법원(Lords of Appeal)의 포획물 사건 판결의 권위로부터 사법적 지지를 받았다. 이에 앞서 영국법과 미국법으로 이미 노예무역이 폐지되어 있었다. 그랜트*W. Grant* 재판관이 선고한 판결에서, 법원은 노예무역이 그렇게 양국의 법으로 이미 금지되었고 정의와 인류애의 원칙에 반한다고 선언되었으므로 일반적으로 말해서 노예무역이 합법적으로 존재할 수 없고 보편법의 원칙상 일단의(*primâ facie*) 불법이라고 주장할 권한이 법원에 주어져 있다고 판단하였다. 따라서 자국의 국내법상 노예무역에 종사할 권리가 있음을 보여야 하는 모든 증명책임이 청구인에게 부과되었다. "노예로 처분하기 위한 목적으로 부당하게 다른 나라로 데려온 인간을 돌려받기 위해 포획재판소에 청구한 사건에서, 어떤 청구인의 목소리도 들리지 않았다."[40]

이 판결의 원칙은 이후 노예무역에 종사한 혐의로 영국 군함에 나포된 프랑스 선박 *Louis* 호 사건에서 스콧*W. Scott* 재판관에 의해 의문이 제기되었다. 이 사건에서 노예무역이 국제법에 반하는 것으로 여겨질 수 없다는 판결이 내려졌다. 법의 운

---

40 Acton's Rep. vol. i. p. 240. The Amadie, (Acton의 판례집)

용에서, 재판소는 법이 어떤 범죄성도 귀속시키지 않는 행위에 범죄성을 귀속시킬 수 없다. 재판소는 도덕성의 법적 표준을 고려해야 한다. 즉 이와 같은 성격의 문제에 관해, 일반적이고 오래되고 인정된 관행에 의해, 조약에 의해, 그리고 문명국가의 법령과 공식행위의 일반적 정신에 의해 확정되고 증명된 국제법에서 발견되어야 하는 표준이다. 이러한 것들을 고려하고 나서, 이 유식한 재판관은 노예무역을 법적으로 범죄라고 주장하는 데 어려움을 발견했다. 오히려 노예무역은 영국을 포함한 모든 국가가 매우 최근까지 시행하였고, 에스파냐와 포르투갈은 여전히 시행하고 있으며, 프랑스는 아직 절대적으로 금지하지는 않았다. 따라서 노예무역은 관습 국제법상 범죄행위가 아니었으며, 각국은 특별 약정(special compact)과 무관하게 노예무역을 계속할 법적 권리를 보유하고 있었다. 어느 국가도 다른 국가의 독립성을 짓밟음으로써 아메리카 해방의 길을 강제할 권리, 위법한 방식으로 어떤 뛰어난 재화(an eminent good)를 획득할 권리, 또는 어떤 위대한 원칙을 방해하는 다른 위대한 원칙을 타파함으로써 그 위대한 원칙을 밀고 나갈 권리가 없었다.[41]

이와 유사한 추론 과정이 미국 군함에 의해 나포된 에스파냐와 포르투갈 선박 사건에서 미국 대법원에 의해 채택되었다. 당시 노예무역은 이들 두 국가의 법으로 여전히 허용되고 있었다. 대법원의 판결에서 노예무역이 자연법에 반한다는 것은 부인될 수 없다고 명시되었다. 각 개인이 자신의 노동의 과실에 대해 자연권을 갖는다는 것은 일반적으로 인정되었으며, 다른 누구도 그로부터 그것을 정당하게 빼앗아 그의 의사에 반하여 자기 것으로 만들 수 없다는 것은 이러한 인정의 필연적인 결과로 보였다. 그러나 아득한 옛날부터 전쟁이 존재했으며, 전쟁은 모두가 묵인한 것에 대해 권리를 부여했다. 가장 개명된 고대국가들 사이에서 이러한 권리 중 하나는 승자가 패자를 노예로 삼아도 된다는 것이었다. 모든 국가의 관행이었던 것이 일반적 관행의 척도인 국제법에 반한다고 선언될 수는 없다. 모두의 동의를 얻은 것은 모두의 법이 되어야 한다.

따라서 노예제도는 힘에 그 기원을 두었지만 정당한 힘의 결과라고 세계가 동의했으므로, 일반적 동의(general consent)로 그렇게 형성된 상태가 위법이라고 선언될

41 Dodson's Adm. Rep. vol. ii. p. 238. See also the case of Madrazo *v*. Willies, determined in the Court of King's Bench in 1820. (Dodson의 해사 판례집) Barnwell and Alderson's Rep. vol. iii. p. 353. (Barnwell과 Alderson의 판례집)

수는 없다.

그러나 이 가혹한 규칙이 기독교 세계 전역에서 깨졌으며, 전쟁이 더는 포로를 노예로 삼을 권리를 주지 않는다고 여겨졌다. 하지만 이 승리는 보편적이지 않았다. 현대 국제법의 당사국들은 그들의 원칙을 무력으로 전파하지 않으며, 아프리카는 아직 그러한 원칙을 채택하지 않았다. 우리가 아프리카의 역사에서 알고 있는 한, 그 광대한 대륙 전역에서 포로는 곧 노예라는 것이 여전히 그들의 국제법이다. 따라서 문제는, 그러한 법을 포기한 자들이 그 법의 희생자인 인간을 구매함으로써 그 법의 효력에 편승하는 것이 허용될 수 있는지였다.

이 문제에 대한 도덕주의자들의 답변이 무엇이든지 간에, 법률가는 그 문제에 대한 법적 해결책을, 당사자가 자신을 그곳의 한 부분으로 여기고 그곳의 법에 의존한 세계 그 지역의 관행·국가 행위 그리고 일반적 동의로 승인된 원칙에서 찾아야 한다. 만약 우리가 국제법의 척도로서 이러한 기준에 의지한다면, 그 문제는 노예무역의 합법성에 유리하게 결정된다고 보아야 한다. 유럽과 아메리카 모두 노예무역에 착수했었고, 거의 두 세기 동안 반대 없이 그리고 비난받지 않고 노예무역이 계속되었다. 법률가라면, 그렇게 지지받은 관행이 위법이라고, 그리고 노예무역 종사자들이 신체적으로 또는 재산의 박탈로 처벌될 수 있다고 말할 수 없다.

각국은 그렇게 보편적인 동의로 승인된 이 무역에 종사할 동등한 권리가 있었다. 일반법의 어떤 원칙도 국가의 완전한 평등 원칙보다 더 보편적으로 인정되지 않았다. 러시아 제국과 제네바 공화국은 동등한 권리를 갖는다. 이러한 평등성으로부터, 어느 국가도 다른 국가에 어떤 규칙을 정당하게 강제할 수 없다는 결과가 나온다. 각국은 독자적으로 법을 제정하지만, 그 법은 자국에 대해서만 작용할 수 있다. 따라서 모든 국가의 동의로 모든 국가에 부여된 권리는 오직 해당 국가의 동의에 의해서만 상실될 수 있으며, 모든 국가가 참가한 이 무역은 그 권리를 포기하도록 유도될 수 없는 국가에 합법적으로 남아 있어야 한다. 어떤 국가도 다른 국가를 위한 규칙을 제정할 수 없으므로 어떤 한 국가가 국제법을 만들 수는 없다. 노예무역은 자국 정부가 그것을 금지하지 않은 국가들에게 합법적인 것으로 남아 있었다.

노예무역이 국제법과 부합한다면, 그 자체로 해적 행위가 될 수 없다. 그것은 국내법에 의해서만 해적 행위가 될 수 있고, 제정법의 의무는 그 법을 제정하는 국가의 입법권을 초월할 수 없다.

노예무역이 국제법에 반하지도 않고 해적 행위도 아니라면, 노예무역에 종사한 선박을 평시에 재판을 위해 끌고 올 권리가 존재할 수 없다고 법정에서 말하는 것은 사족에 가깝다. 그 선박이 노예무역을 금지한 국가에 속하더라도 마찬가지다. 어떤 국가의 사법재판소도 다른 국가의 형법을 집행하지 않았다. 그리고 임검 문제에 관한 미국 정부의 정책 노선에 따라 미국의 국내법을 위반하지 않은 외국 선박에 대해 미국 군함이 임검권을 행사한 어떤 사건이든 나포자 측에 불리하게 결정될 것이다. 그 결과 평시에 아프리카 노예무역에 종사하던 중 공해상에서 미국 군함에 나포되어 재판을 위해 끌려온 외국 선박은 원래의 소유자에게 반환될 것이다.[42]

18 영토 내 재산에 대한 사법권의 범위

각국의 사법권은 그 영토 내 부동산 및 동산과 관련된 모든 대물적 민사소송(civil proceedings *in rem*)에 미친다. 이 원칙은 부동산(real property)과 관련해서는, 소재지법(*lex loci rei sitœ*)의 적용에 관한 규칙의 필연적인 결과이다. 부동산의 보유 형식(tenure), 권원(title) 및 이전(transfer)에 관한 모든 것이 소재지법으로 규제되므로, 그런 종류의 재산과 관련된 법원에서의 소송절차, 즉 증거와 시효의 규칙, 소송 방식과 변론 또한 필연적으로 소재지법으로 규율되어야 한다.

19 대물적 사건에 영향을 미치는 결정규칙과 소송규칙 간의 구별

국가의 영토 내 동산(personal property)에 관한 모든 대물적 민사소송에도 부동산에 적용되는 것과 유사한 규칙이 적용되는데, 다음의 예외를 제외하고는 동산이 소재하는 현지 법으로 규율된다. 즉 외국법이 적용되는 경우에는 그 외국법이 결정규칙(rule of decision)을 제공하는 한편, 소송의 방식과 증거 및 시효의 규칙은 소송이 제기된 장소의 법, 즉 법정지법(*lex fori*)으로 규율된다. 따라서 만약 동산에 대한 유언이 외국에서 행해지거나 상속받는 자가 외국에 거주한다면, 유언자의 주소지법(*lex domicilii*)이 동산의 유언에 관한 또는 유언 없는(*ab intestato*) 상속에 관한 결

42 Wheaton's Rep. vol. x. p. 66. The Antelope. (Wheaton의 미국 대법원 판례집)

정규칙이 된다. 한편, 소송이 제기된 법원이 소재하는 국가의 법, 즉 법정지법(*lex fori*)이 소송의 방식과 증거 및 시효의 규칙을 정한다.

19.1. 유언 없는 동산의 상속

유언을 남기지 않은 자의 동산의 분배는 사망자가 주소를 두었던 장소의 법에 따라 결정되어야 하지만, 그렇다고 모든 경우에 재산이 소재한 국가의 재판소를 배제하고 주소지국 재판소에 의해 분배가 이루어져야 한다는 것은 아니다. 재산이 소재한 국가의 재판소가 분배를 명령할지 또는 재산을 해외로 송금하게 할지는 상황에 따라 행사되어야 할 사법적 재량의 문제이다. 자국 시민의 채권과 기타 정당한 청구권을 회수하는 데서 자국민을 보호하는 것은 모든 정부의 책무이다. 그리고 채무 지급 가능 유산(solvent estate)의 경우에 그 자금을 모두 해외로 보냄으로써 거주 채권자들이 이를 뒤쫓게 만드는 것은 불합리하고 쓸데없는 예양(comity)이 될 것이다. 그러나 채무의 상환에 충분하지 않은 채무 지급 불능 유산(insolvent estate)이라면, 전적으로 그 소재지국의 신민에게 혜택을 주기 위해 압류해서는 안 된다. 이러한 경우 모든 문명국에서 외국인은 자신의 채권을 증명하고 분배에 참여할 권리가 있다.[43]

19.2. 외국에서 행하는 동산의 유언(foreign will)은 다른 국가에서 어떻게 효력이 발생하는가

외국에서 행하는 동산의 유언이 작성되어야 하는 형식은 그 외국 현지의 법으로 규제되지만, 그 동산이 소재한 국가의 권한 있는 재판소의 승인을 받기 전에는 그 소재지국에서 유언이 효력을 발생할 수 없다. 이러한 승인을 영국법의 언어로는 그러한 국가의 정당한 재판소에서 유언의 검인(*probate*)이 획득되었다고 하고, 대륙법 법률가들의 언어로는 유언이 그러한 재판소에서 공식 승인되었다거나(*homologated*) 등록되었다고(registered) 일컫는다.[44]

---

43 Kent's Commentaries on American Law, 2nd ed. vol. ii. pp. 432－434, and the cases there cited. (Kent의 미국법 주석)

44 Wheaton's Rep. vol. xii. p. 169. (Wheaton의 미국 대법원 판례집) Code Civil, liv. iii. tit. 2, art. 1000. (프랑스 민법전)

따라서 유언자의 유언으로 지정된 외국인 유언집행자(foreign executor)도 해당 현지 법원에서 유산관리증서(letters of administration)를 부여받지 않고는 그 동산의 소재지국에서 그의 권한을 행사할 수 없다. 외국법에 따라 직권으로 임명된 유언 없는 상속자의 유산관리인(administrator) 또한 현지 법원으로부터 그의 권한을 확인받지 않고는 그 나라에 있는 상속 대상 동산에 관여할 수 없다.

20 대물적 소송에서 외국 판결의 확정성

국제법에 따른 포획법원(Prize Courts)의 판결, 또는 국내법에 따른 해사법원과 재무법원(Admiralty and Exchequer courts) 또는 기타 세수 법원(revenue courts)의 판결과 같이 관할권이 있는 외국 재판소에 의한 대물적(*in rem*) 소송의 판결은, 해당 물건의 소유권이나 그 물건에 대한 권원이 다른 국가의 재판소에서 부수적으로 다투어지는 경우, 항상 그 소유권이나 권원에 관해 확정적(conclusive)이다.

판결에 부수적으로 관련된 사실에 관한 외국 판결의 확정성(conclusiveness)에 대해서는 어떤 의문이 존재할 수 있든지 간에, 관할 법원에서 일단 결정된 특정 재산에 대한 권원(title)이 다른 법원이나 국가에서 다시 문제가 되는 경우, 문명 세계의 평온과 통상(commerce)의 일반적인 안전 및 편의를 위해 항상 그러한 판결에 전면적이고 완전한 효력이 부여되는 것이 명백히 필요하다.

20.1. 파산 소송에 따른 외국 소재 재산의 이전

한 국가의 법에 따라 선언된 파산(bankruptcy)이 다른 국가에 소재하는 파산자의 부동산과 동산에 어디까지 영향을 미치는지는, (우리가 이미 본 바와 같이) 국가 관행이나 법률가들의 의견이 만족스러운 해답을 주지 않는 문제이다. 심지어 같은 제국에 속하는 등위 국가(co-ordinate states) 간에도 한 국가의 파산법에 따른 권리의 양도(assignment)가 다른 국가에 소재하는 재산의 이전(transfer)을 어디까지 실현할지 의문시되었다. 보통 현지 법으로 부여된 지울 수 없는 특성을 갖는 부동산에 관하여, 소재지법이 파산자 본인이나 그 재산의 소재지에서 특별히 임명된 그의 대리인(attorney)에게 이전의 완결을 위한 특별한 정식 행위를 요구하는 경우, 이 어려움은 더욱 커진다. 파산자의 재산이 어디에 있든지 간에 권리의 양도로 모든 재산이 이전되는 영국의 파산제도 이론이 실제로 인정되는 국가에서는, 부동산의 이전을 완결하기 위해 현지 법이 요구하는 그러한 정식 행위를 현지 재판소가 파산자나 그의 대리인에게 강제함으로써 권리의 양도 집행에 보조적인 역할을 한다.[45]

영국의 형평법 법원(court of chancery)은 영국의 식민지에서 토지의 권원(title)에 영향을 미치는 문제에 관해, 당사자가 영국 내에 거주하는 경우 대인적(*in personam*) 관할권을 행사함으로써 관할권을 부수적으로 인수하여, 자신의 관할권 밖의 부동산에 대해 자신의 명령을 이행하도록 당사자를 간접적으로 강제하는 관행이 있다. 이 관행은, 피고에게 직접적인 통지 없이 제기한 소송을 통해 부정하게 다른 채권자들보다 과도한 이득을 얻은 당사자의 경우로 한정되지 않는 한, 원칙적으로 많은 문제가 있는 것으로 보인다.

그러나 파산 시 다른 나라에 소재한 재산에 대한 양도(assignment)에 일반적으로 어떤 효력이 귀속될 수 있든지 간에, 채권자가 그 재산의 소재지국 법에 따라 법적 실사(legal diligence)를 통해 특정 유치권(lien)이나 우선권(right of preference)을 정당하게 획득한 경우, 그 양도의 효력이 작용할 수 없다는 것은 명백하다.[46]

21 영토 내 거주 외국인에 대한 사법권의 범위

각국의 사법권은 당사자가 그 영토 내에 거주하면, 소송 원인이 어디에서 기원하든지 간에 인적 권리와 계약, 또는 신체나 재산의 손상에 관한 모든 분쟁에 미칠 수 있다.

이 일반원칙은 재판소가 사건을 결정하는 데 적용되는 결정규칙(rule of decision)과 완전히 별개이다. 결정규칙은 재판소가 소재하는 국가의 법이 될 수도 있고, 외국법이 적용되는 경우에는 그 외국의 법이 될 수도 있지만, 관할권(jurisdiction) 문제

---

45 See Lord Eldon's observations in Selkrigg *v*. Davis, Rose's Cases in Bankruptcy, vol. ii. p. 311. (Eldon 경의 사건 논평) Vesey's Rep. vol. ix. p. 77. Banfield *v*. Solomon. (Vesey의 판례집)

46 Kent's Comment, on American Law, vol. ii. pp. 405－408. Second ed. (Kent의 미국법 주석)

에 영향을 미치지 않는다. 관할권 문제는 전적으로 당사자의 거주(residence)에 의존하거나 의존하게 될 수 있다.

21.1. 국내법 규정에 달려 있다

국가에 일시적 충성 의무(temporary allegiance)를 지는 자를 포함하여 모든 사람에게 미치는 민사 관할권에 대한 국제법의 일반규칙의 작용은, 특정 국가의 실체적 제도에 의해 제한될 수 있다. 자국의 시민에 대해 사법을 집행하는 것은 각국의 권리이자 의무이다. 그러나 외국인 간의 분쟁에 재판권을 인정하는 데 관한 통일되고 일정한 국가 관행은 없다. 외국인 간의 분쟁은 자국의 사법 정책에 영향을 미칠 수 있는 동기에 따라 각국이 재량으로 다루거나 거부할 수 있다.

21.2. 영국법과 미국법

모든 물적 소송과 점유소송(real and possessory actions)은 해당 재산이 소재하는 곳에서 제기될 수 있으며, 진정 그렇게 제기되어야만 한다. 그러나 모든 인적 소송(personal actions)에 대해, 영국과 영국의 보통법이 국내법 체계의 기초를 형성하고 있는 국가의 법은 소송이 불법행위에서(*ex delictu*) 비롯되든 계약에서(*ex contractu*) 비롯되든 이동소송(transitory action)으로 간주하고, 당사자가 누구이든 소송 원인이 어디에서 비롯되든 국내 법정으로 가져오는 것을 허용한다. 이 규칙은 국내 관할 구역 내에서 손상이 가해졌다거나 계약이 체결되었다고 가정하는 법적 의제(legal fiction)에 의해 뒷받침된다.

로마 시민법(Roman civil law)을 모델로 국내법 체계를 형성한 국가에서는, 원고는 피고의 관할 법원을 따라간다(*Actor sequitur forum rei*)는 로마법 법언이 일반적으로 지켜지며, 따라서 인적 소송은 피고가 고정 주소를 획득한 곳의 재판소에 제기되어야 한다.

21.3. 프랑스법

프랑스의 법에 따르면, 국왕의 특별 허가(*autorisation*)로 프랑스에 고정 주소를 획득한 외국인은 모든 시민적 권리(civil rights), 특히 프랑스의 신민으로서 현지 재판소에 소송을 제기할 권리가 부여된다. 그 밖의 상황에서는, 외국인이 다음과 같은 사건의 당사자인 경우에만 프랑스 재판소가 관할권을 갖는다.

1. 계약이 외국인과 프랑스 신민 간에 프랑스 또는 다른 국가에서 체결된 경우.
2. 상사 문제에서, 누구와 체결하든 프랑스에서 체결된 모든 계약에서 당사자들이 소송을 당할 수 있는 주소를 명시적으로 또는 계약의 조건에서 나오는 필연적인 함의로 선택한 경우.
3. 외국인들이 그들의 소송을 자발적으로 프랑스 재판소의 결정에 맡기는 경우.

프랑스 왕의 특별 허가로 프랑스에 주소를 갖는 자가 아닌 외국인이 관련된 그 밖의 모든 경우, 프랑스의 재판소는 계약이 프랑스에서 체결된 경우조차 관할권을 행사하지 않는다.[47]

외국인일 뿐만 아니라 그 영토 내에 주소를 획득하지 않은 부재 당사자에게 불리한 소송절차, 즉 소송에 대한 실제 직접적 통지(actual personal notice) 없이 로마 시민법의 방식과 같은 일종의 공시(formal public notice)에 의존하는 관행이 일부 국가에서 통용되는데, 이는 국제적 정의의 원칙과 조화될 수 없다. 하지만 이러한 공시 방식이 단지 그 영토 내 부재 채무자의 특정 재산에 영향을 미치고, 그 재산에 대한 우월한 실사(superior diligence)로 우선권이 허용된 특정 채권자의 이익 또는 특정 확정 기간 내에 들어오고 비례배분의 이익을 주장하는 모든 채권자의 일반적인 이익을 위해 그 재산을 압류하는 한, 그러한 관행은 용인될 수 있다. 그리고 국제 파산법의 운용에서, 채무자의 주소지인 소위 채권자가 모이는 장소(*locus concursûs creditorum*)의 법에 반하여 압류하는 채권자에게 우선권을 주기 위해 이러한 관행이 자주 허용된다.

---

47 Code Civil, art. 13, 14, 15. (프랑스 민법전) Code de Commerce, art. 631. (프랑스 상법전) Discussions sur le Code Civil. tom. i. p. 48. (프랑스 민법에 관한 토의) Pothier, Procédure Civile, partie i. ch. 1, p. 2. (Pothier의 민사소송법) Valin, Commentaire sur l'Ord. de la Marine, tom. i. pp. 113, 253, 254. (Valin의 해사법 주석) Pardessus, Droit Commercial, pt. vi. tit. 7, ch. 1, § 1. (Pardessus의 상법)

22 계약 사건에서 결정규칙과 소송규칙 간의 구별

재판소가 관할권이 있는 경우, 결정규칙(rule of decision)은 사건의 결정에 적용되는 법으로 국내법이 될 수도 외국법이 될 수도 있다. 그러나 소송규칙(rule of proceeding)은 일반적으로 소송이 제기된 장소의 법, 즉 법정지법(*lex fori*)에 의해 정해진다. 그러나 결정규칙과 소송규칙을 구별하기가 항상 쉽지만은 않다. 하지만 일반적으로 계약의 의무(obligation)에 속하는 것은 무엇이든 주소지법 또는 계약지법으로 규율되고, 계약의 집행을 위한 구제(remedy)에 속하는 것은 무엇이든 법정지법으로 규율된다고 말할 수 있다.

22.1. 의무와 구제

재판소의 소재지국에 주소를 둔 사람들 간의 사건에서처럼, 재판소가 그 소재지 국가의 법을 적용하도록 요구되면 어떤 어려움도 발생할 여지가 없다. 계약의 의무와 계약을 집행하는 구제 모두 국내법으로부터 나오므로, 결정규칙과 소송규칙 모두 국내법에서 찾아야 한다. 다른 경우에는 의무와 구제를 정확하게 구별할 필요가 있다.

계약의 의무는 다음과 같은 부분들로 구성된다고 할 수 있다.

1. 계약 당사자의 인적 능력(personal capacity)
2. 계약의 조건에 관해 표시된 당사자의 의사(will)
3. 계약의 외적 형식(external form)

첫째, 당사자의 계약체결 능력은 자국의 국내법이 규정하는 시민적 지위(civil condition)에 부속되는 인적 자격(personal qualities)에 의존한다. 인적 자격은 당사자가 어디에 가든지 따라가고, 그들이 일시적으로 체류하는 어느 외국에서든 그들에게 붙어 있다. 성년과 미성년, 혼인과 이혼, 온전한 정신과 심신장애 등에 관해 주소지법이 부여하는 특권(privileges)과 능력의 흠결(disabilities)이 그런 것이다. 인적 자격은 계약이 체결되는 곳이나 계약을 집행하려는 곳의 법과 상관없이, 당사자의 계약체결 능력이나 무능력(capacity or incapacity)을 결정한다.

모든 문명국가의 법이 일치하여 계약체결 능력에 근본적인 영향을 미치는 것으로 간주하는 것은 주소지법으로 규제되는 이들 보편적인 인적 자격뿐이지, 일부 국가에서 귀족과 성직자가 상업에 종사하고 상사 계약을 체결하는 행위를 금지하는 것과 같은 본질적으로 자의적이고 현지 정책에 기초한 특정 금지나 능력의 흠결이 아니다. 성인이나 미성년자의 자격, 기혼녀나 미혼녀의 자격 등은 그들에게 속하는 모든 부수 사항과 함께 주소지법으로 확정되지만, 어디에서든 계약체결 능력의 필수요소를 구성하는 것으로 인정되는 보편적인 인적 자격이다.[48]

파산(bankruptcy)이 어디까지 이러한 성격의 특권(privilege)이나 능력의 흠결(dis-ability)로 여겨져야 하는지, 따라서 파산의 작용이 어디까지 해당 파산법에 따라 소송이 진행되는 국가의 영토에 한정되어야 하는지는, 이미 언급한 바와 같이 국가 간에 일정하고 통일된 관행이 확고하지 않은 복잡한 문제이다. 어떤 국가의 파산법이 그 국가에서 그 시민과 맺은 모든 계약에 적용되는 의무의 한 부분을 구성하고, 그러한 각 계약이 그 파산법에 규정된 방식으로 채무자가 의무로부터 면제될 수 있다는 묵시적 조건에 구속된다면, 면책증서(certificate of discharge)는 원칙적으로 채권자가 소송을 제기할 수 있는 어떤 국가의 재판소에서든 효력을 가져야 할 것이다. 다른 한편, 파산법이 단지 계약의 위반에 대한 구제의 한 부분을 구성한다면, 그 파산법은 그 국가의 법원에 제기되는 사건에 적용되는 법정지법(*lex fori*)에 속하는 것으로, 자국 법원에서의 소송 절차를 규율하는 배타적인 권리를 갖는 다른 국가의 관할권 내에서 작용할 수 없다. 파산법이 채권자에 대한 채무자의 자발적 재산 양도(*cessio bonorum*)를 조건으로 채무자의 체포나 구속의 면제와 같은 구제의 부분적 수정에 불과한 경우에는 그러한 역외작용이 한층 더 불가하다. 그러한 면제는 그 성격이 엄격히 지역적이고 면제의 모든 세부사항이 면제를 부여한 국가의 재판소에 의해 관리되어야 하므로 결코 외국의 재판소를 위한 법이 될 수 없다. 그러나 체포나 구속의 면제가 단지 채무자가 지급 불능(insolvency)으로 의무를 이행하지 못하는 데 의존하는 것이 아니라 해당 국가의 법에 따라 체결된 원래의 계약 자체에 들어있고 계약의 본질적 요소를 구성한다면, 그 계약은 다른 어떤 국가에서도 그러한 금지된 수단에 의해 집행될 수 없다. 따라서 신체의 구속(contrainte par corps)이 상사 채무에 한정된 프랑스나 기타 국가의 신민이 그러한 법에 따라 자국에서 약정한 그 밖의 다른 통상적인 채무는, 법정지법이 모든 형태의 채무에 대해 구속형을 승인하고 있을지라도 다른 어떤 국가에서

---

48 Pardessus, Droit Commercial, pt. vi. tit. 7, ch. 2, § 1. (Pardessus의 상법)

도 신체의 체포 수단에 의해 집행될 수 없다.[49]

둘째, 계약의 의무는 계약의 조건에 관해 표시된 당사자의 의사로 구성된다.

계약의 이러한 명시적 조건에 대한 해석은 당연히 계약지법(*lex loci contractus*)에 따르며, 계약 체결지 국가의 현지 법과 관행으로 계약에 부속된 묵시적인 조건의 해석도 마찬가지이다. 따라서 이자율은 당사자들이 미리 정해놓지 않은 한, 채무를 붙잡아 두기 위한 손해배상액(damages for the detention of the debt)으로서 법으로 허용되며, 이 손해배상액을 회수하기 위한 소송은 엄밀히 말하면 구제의 한 부분으로 여겨질 수 있다. 하지만 이자율에 관해 당사자들이 진심으로 다른 국가의 법을 염두에 둔 것으로 보이지 않는 한, 계약 체결지의 법으로 규율된다. 다른 국가의 법을 염두에 둔 경우에는, 지불 장소의 합법적 이자율 또는 현지 재산을 담보로 대출이 이루어진 곳의 합법적 이자율이 계약 체결지의 법을 통제한다.[50]

셋째, 계약의 외적 형식(external form)은 의무의 본질적인 부분을 구성한다.

계약의 외적 형식은 계약지법으로 규율되어야 한다. 계약이 서면으로 작성되어야 할지, 날인되어야 할지, 공증인이나 기타 관리 앞에서 특정 형식으로 작성되어야 할지, 그리고 어떻게 인증되어야 할지가 계약지법으로 결정된다. 이러한 요건을 준수하지 않으면 계약은 원천 무효(void *ab initio*)가 되며, 계약지법으로 무효임에 따라 다른 어떤 국가에서도 집행될 수 없다. 그러나 수수료 규정에 불과한 것은 역외 작용이 없으므로, 다른 국가의 재판소에서 계약을 집행하려는 경우에 그곳의 법이 요구하는 인지(stamp)가 붙지 않았다는 이유로 집행 신청이 거부될 수 없다.

계약의 형식과 계약을 증명하는 외부 증거(extrinsic evidence) 간에는 근본적인 차이가 있다. 계약지법은 특정 계약이 서면으로 작성되고 특별한 방식으로 인증되도록 요구할 수 있으며, 이러한 형식이 준수되지 않으면 계약은 완전히 무효가 된다. 그러나 이러한 형식이 실제로 준수되었다면, 외국 법정에서 계약의 존재와 조건을 증명하게 될 외부 증거는 법정지법으로 규율된다.

---

49 Bosanquet and Puller's Rep. vol. i. p. 131. Melan v. the Duke of Fitz James. (Bosanquet와 Puller의 판례집)

50 Kent's Comm. on American Law, vol. ii. p. 460. Second edit. (Kent의 미국법 주석)

23 인적 소송에서 외국 판결의 확정성

유언·계약 및 기타 생전·사후(*inter vivos* or *causa mortis*) 행위에 국제적 효력을 부여하도록 국가들을 유도한 똑같은 이유가, 각국의 소송 절차(judicial proceedings)가 타국의 재판소에서 문제가 된 경우에도 그 절차에 그와 유사한 효력을 부여하도록 국가들을 유도하였다. 그러나 한 국가의 기판 사항(*res adjudicata*)이 그 자체로(*per se*) 다른 국가에서 효력을 가질 수는 없으므로, 인적 소송에서 외국 판결의 확정성(conclusiveness)은 국가들의 관행이나 그들 간의 특별 약정으로 다소 제약을 받는다.

23.1. 영국법

영국법으로는, 관할권이 있는 외국 재판소의 판결이 같은 문제로 영국의 재판소에서 같은 당사자들 간에 부수적으로(incidentally) 다투어지는 경우, 그 외국 재판소의 판결은 확정적(conclusive)이다. 그리고 같은 소송 원인으로 새로운 소송을 제기하는 것을 막기 위해 그 판결을 들어 항변하는 경우, 기판력의 원칙(*exceptio rei judicatœ*)에 완전한 효력이 부여된다. 외국의 판결은 그 판결의 이익을 주장하는 당사자가 이를 집행하기 위해 영국 법원에 신청하는 경우, 일단의(*primâ facie*) 증거가 되며, 그 판결의 정당성을 탄핵하거나 판결이 부정하게 획득되었음을 증명하는 것은 피고의 몫이다. 이러한 증명이 없으면 외국 판결은 채무의 증거로 받아들여지며, 그 채무에 대해 영국 법원에서 새로운 판결이 내려지고 집행이 부여된다. 그러나 원래의 판결이 나온 소송 기록으로 보아, 불리한 판결을 받은 당사자에게 실제로 소송의 직접적인 통지(personal notice)가 없었고 그로 인해 판결이 부당하거나 부정하게 획득된 것으로 보인다면, 또는 외부 증거(extrinsic evidence)에 의해 판결이 명백히 허위의 전제나 불충분한 근거 또는 현지 법이나 외국법의 분명한 착오에서 진행된 것으로 분명하고 명확하게 밝혀지면, 영국 법원은 그 판결을 집행하지 않는다.[51]

---

51 Knapp's Rep. in the Privy Council, vol. i. p. 274, Frankland *v.* M'Gusty. (Knapp의 추밀원 판례집) Barnwell and Adolphus' Rep. vol. ii. p. 757. Novelli v. Ross, vol. iii. p. 951. Becque *v.* M'Carthy. (Barnwell과 Adolphus의 판례집)

23.2. 미국법

외국 재판소의 판결이나 명령에 관해, 영국에서와 똑같은 법리가 미합중국에서 통용된다. 연방을 구성하는 주들 사이에서, 한 주의 법원이 선고한 판결은 그 주의 법에 의해 그 판결이 갖는 신뢰와 효력(credit and effect)을 여타 모든 주에서 똑같이 갖는 것처럼, 외국 판결은 국내 판결의 확정적 효력을 갖는다.[52]

23.3. 프랑스법

프랑스법은 외국 판결의 집행을 더욱 좁은 범위로 제한하고 있다. 외국에서 프랑스 신민에게 불리하게 내려진 판결은, 같은 문제가 프랑스 재판소에서 부수적으로(incidentally) 다시 다투어지거나, 그 판결의 집행을 위해 프랑스 재판소에 직접 소송(direct suit)이 제기되는 경우 확정적이지 않다. 그리고 이러한 예양의 결여는 더 멀리 나아가, 프랑스 신민이 외국 재판소에 소송을 제기하여 불리한 판결이 내려진 경우, 그가 프랑스의 재판소에 제기한 새로운 소송에 소송 종결의 원칙(*lis finita*)이 장애물로 인정되지 않는다. 만약 문제의 판결이 그것을 선고한 외국 재판소의 관할권에 따라 프랑스 신민이 아니라 외국인에게 불리하게 내려졌다면, 그 판결은 프랑스 재판소에서 같은 당사자 간에 새로운 소송이 제기되는 것을 확정적으로 차단한다. 그러나 외국 판결을 집행하려는 당사자는 그에 대한 새로운 소송을 제기해야 하며, 여기에서 원래의 판결은 단지 일단의(*primâ facie*) 증거가 될 뿐이며, 피고는 본안(merits)의 다툼이 허용된다. 피고는 또한 원래의 판결이 부정하게 획득되었음을 밝히는 것뿐만 아니라, 부당하고 위법임을 밝히는 것도 허용된다.[53]

---

52 Cranch's Rep. vol. vii. pp. 481–484. Mills *v*. Duryee. (Cranch의 미국 대법원 판례집) Wheaton's Rep. vol. iii. p. 234. Hampton *v*. M'Connell. (Wheaton의 미국 대법원 판례집)

53 Code Civil, art. 2123, 2128. (프랑스 민법전) Code de Procédure Civil, art. 546. (프랑스 민사소송법전) Pardessus, Droit Commercial, pt. vi. tit. 7, ch. 2, § 2, No. 1488. (Pardessus의 상법) Merlin, Répertoire, tom. vi. tit. *Jugement*. Questions de Droit, tom. iii. tit. *Jugement*. (Merlin의 판례집, 법의 문제들) Toullier, Droit Civil Français, tom. x. Nos. 76–86. (Toullier의 프랑스 민법)

23.4. 외국에서의 이혼

자국의 법을 기만적으로 회피하여 외국에서 받은 이혼 판결은 그 외국의 법으로는 유효할지라도, 혼인이 이루어졌던 주소지 국가에서는 원칙적으로 명백히 무효로 보일 것이다. 자국법이 허용하지 않는 사유로 혼인 계약의 해소를 얻으려는 유일한 목적으로, 또는 자국법이 어떤 이유로도 완전한 이혼(divorce à *vinculo*)을 허용하지 않는 경우에 다른 국가로 가서 획득하는 이혼이 이런 것이다. 이 문제는 잉글랜드 재판소와 스코틀랜드 재판소가 정반대의 결정을 내림으로써 거의 해결할 수 없는 혼란에 빠졌다. 스코틀랜드 재판소는 스코틀랜드 내에 선의(*bonâ fide*)의 항구적 주소지를 획득하지 않은 잉글랜드 신민 간의 완전한 이혼을 허용하지만, 잉글랜드 재판소는 스코틀랜드 재판소의 그러한 판결을 인정하지 않는다. 한편, 스코틀랜드 재판소는 잉글랜드법, 아일랜드법, 그리고 영국(United Kingdom)의 식민지 법으로 영국 의회의 권한에 의해서만 혼인이 해소될 수 있는 경우, 상대방 당사자의 생존 중에 합법적인 재혼을 가능하게 하는 이혼을 계속 허용하고 있다.[54]

---

54 Dow's Parliament. Cases, vol. i. p. 117. Torey *v*. Lindsay; p.124. Lolly's case. (Dow의 의회 귀족원 재판소 사건들) See Fergusson's Reports of Decisions in the Consistorial Courts of Scotland, *passim*. (Fergusson의 스코틀랜드 종교법원 판례집을 보시오)

Chapter 03

평등권

1 약정과 관행에 의해 수정되는 국가의 자연적 평등

주권국가의 자연적 평등은 실체적 약정(positive compact), 또는 일정한 관행(usage)으로부터 암시되는 동의(consent)에 의해 수정될 수 있다. 이는 의례상 국가의 순위·칭호 및 기타 구별과 같은 특정 외적 대상에 관해 어느 국가에 다른 국가보다 우월한 지위(superiority)를 부여하기 위해서이다.

2 왕의 영예

그래서 유럽의 국제법은 특정 국가에 소위 왕의 영예(*royal honours*)를 귀속시켰는데, 현재 유럽의 모든 제국과 왕국, 로마 교황, 독일의 대공국, 그리고 독일연합과 스위스연합이 이를 누리고 있다. 이러한 왕의 영예는 이전에 독일제국(신성로마제국), 그리고 네덜란드 7개 주 연합공화국 및 베네치아 공화국과 같은 일부 대공화국(great republics)에도 부여되었다.

이 왕의 영예는 그 보유 국가에 1등급의 외교사절을 대사로서 독특한 특정 칭호 및 의식과 함께 다른 국가에 파견하는 배타적인 권리와 함께, 같은 지위를 누리지 못하는 다른 모든 국가에 우선하는 서열(precedence)을 부여한다.[1]

---

1 Vattel, Droit des Gens, tom. i. liv. ii. ch. 3, § 38. (Vattel의 국제법) Martens, Précis du Droit des Gens Moderne de l'Europe, liv. iii. ch. 2, § 129. (Martens의 유럽의 현대 국제법 개요) Kluber, Droit des Gens Moderne, pt. ii. tit. 1. ch. 3, §§ 91, 92. (Kluber의 유럽

3 왕의 영예를 누리는 군주와 국가들 사이의 우선 서열

이 지위를 누리는 군주들 사이에서, 가톨릭국가들은 교황에게 우선 서열을 양보한다. 그러나 러시아와 유럽의 개신교 국가들은 교황을 단지 로마의 주교(bishop of Rome)로, 그리고 이탈리아에 있는 한 명의 주권 군주(sovereign prince)로만 여기며, 그들 중 왕의 영예를 누리는 국가는 교황에게 우선 서열을 양보하지 않는다.

독일 황제(emperor of Germany)는 이전의 제국 헌법하에서 샤를마뉴 대제*Charlemagne (AD 742?-814)*와 서로마제국 황제의 추정적 계승자로서 다른 모든 세속 군주에 우선하는 서열을 가졌으나, 1806년 독일제국의 헌법이 폐기되고 오스트리아 황제가 그 수장의 칭호와 특권을 포기한 이후, 같은 지위의 다른 군주에 대한 오스트리아 황제의 우선 서열은 의심스러워 보인다.[2] 국왕들 간의 다양한 우선 서열 다툼은 유럽에서 여러 시대의 풍속을 보여주는 것으로 흥미로운 역사적 연구 사항이다. 그러나 문명의 진보로 인류의 진지한 관심이 이런 허례에 희생되는 것을 더는 허용하지 않음에 따라 이 논쟁의 실질적 중요성은 크게 줄어들었다.

국제법학자들은 통상적으로 왕의 영예를 누릴 자격이 있는 소위 대공화국들(great republics)에 동급의 국왕(crowned heads)보다 낮은 지위를 배정했다. 그리고 네덜란드 7개 주 연합공화국, 베네치아, 스위스는 이전에 우선서열을 왕의 영예를 누릴 자격이 있는 선제후(electors) 및 기타 하위의 군주와는 다투었을지라도 황제와 국왕에게는 확실히 양보했다. 그러나 이런 종류의 다툼은 정부 형태로부터 나오는 어떤 일반규칙이 아니라, 통상적으로 경쟁국들의 상대적 세력에 의해 결정되었다. 크롬웰*Cromwell(1599-1658)*은 유럽의 국왕들로부터 잉글랜드연방(English commonwealth)의 존엄성과 동등성을 존중받는 방법을 알고 있었다. 그리고 프랑스 공화국과 다른 국가 간의 여러 조약에는, 프랑스혁명 이전에 프랑스와 그들 간에 존속했던 지위와 의례에 관한 똑같은 의식이 준수되어야 한다고 명시적으로 규정되었다.[3]

의 현대 국제법)

2 Martens, § 132. (Martens의 유럽의 현대 국제법 개요) Klubers, § 95. (Kluber의 유럽의 현대 국제법)

3 Treaty of Campo Formio, art. 23, and of Luneville, art. 17, with Austria. (오스트리아와의 Campo Formio 조약 23조, Luneville 조약 17조) Treaties of Basle with Prussia and

국왕이 아니면서 왕의 영예를 누리는 군주국의 군주는 모든 경우에 황제와 국왕에게 우선 서열을 양보한다.

왕의 영예를 누리지 못하는 군주국의 군주는 왕의 영예를 누리는 군주에게 우선 서열을 양보한다.

반 주권국(demi-sovereign states)이나 속국(dependent states)은 주권국보다 낮은 지위를 갖는다.[4]

군주와 국가의 상대적 지위에 관한 이러한 구별은 결코 어떤 실체적 규정이나 국제 약정으로 정해진 바가 없다. 이는 관행과 일반적 묵인에 의존한다. 빈 회의에서 국가들의 상대적 지위를 정하기 위해 유럽 국가들을 분류하려고 시도했으나 실패했다. 파리에서 평화조약에 서명한 8개 강대국의 전권대표들은 1814년 12월 10일 회의에서 이 문제를 다룰 위원회를 임명하였다. 각국의 외교사절의 지위와 상응하게 3개 등급의 국가군을 정할 것을 제안한 위원회의 보고서가 1815년 2월 9일 전권대표 회의에서 논의되었다. 그러나 이러한 분류에 관해, 특히 대공화국(great republics)에 배정된 지위에 의문이 제기되어 이 문제는 무기한 연기되었으며, 국왕(crowned heads)의 외교사절의 상대적 지위를 정하는 규정이 확정되었다.[5]

4 교호의 관행

국가 간의 지위가 같거나 확정되지 않은 경우, 다툼을 피하고 동시에 당사국들의 권리와 주장을 충족하기 위해 다양한 방편에 의존하였다. 이 중에 소위 서로 어긋나게 맞추는 교호(*alternat*)의 관행이 있는데, 그에 따라 국가의 지위와 자리가 일정한 규칙적인 순서에 따라, 또는 추첨으로 결정되는 순서에 따라 수시로 바뀐다. 따라서 조약을 작성할 때 각국이 자신이 보관하게 될 원본의 전문(preamble)과 서명란에 자국의 명칭이 먼저 나오도록 서로 어긋나게 맞추는 것(to *alternate*)이 특정 국가들의 관행이다. 위에 언급된 빈 회의 규정은 교호의 관행을 인정하는 국가 간의 행위와 조

Spain. (프로이센 및 에스파냐와의 Basle 조약)

4 Kluber, § 98. (Kluber의 유럽의 현대 국제법)

5 Kluber, Acten des Wiener Congresses, tom. viii. pp. 98, 102, 108, 116. (Kluber의 빈 회의법)

약에서 각국의 외교사절이 따를 순서는 추첨으로 정한다고 명시하였다.[6]

조약 및 기타 공식 문서에 대한 서명 순서와 관련된 논란을 회피하기 위해 자주 채택된 또 다른 방편은, 외교사절에 의해 대표되는 각국의 명칭에 프랑스어 알파벳이 배정하는 순서대로 서명하는 것이다.[7]

5 외교 관계에서 사용되는 언어

국가의 시원적 평등(primitive equality)은 각국이 다른 국가들을 상대할 때 자국어를 사용할 권리를 부여한다. 이 권리는 아직도 일부 국가의 관행으로 어느 정도 남아 있다. 그러나 일반적으로 양측이 같은 언어를 사용하는 것이 편리하므로, 유럽 국가 간의 외교 관계에서 일찍이 라틴어가 이러한 언어로 사용되었다. 15세기 말경 에스파냐의 압도적인 우세는 통상적인 정치적 소통 매체로서 카스티야어(Castilian tongue)가 일반적으로 사용되는 데 공헌했다. 이는 다시 프랑스어로 대체되었으며, 루이 14세 국왕*Louis XIV(1643-1715)* 이래 거의 보편적으로 프랑스어가 문명 세계의 외교 언어가 되었다.

조약과 외교문서(diplomatic correspondence)에서 여전히 자국어 사용을 유지하는 국가는 통상적으로 그들이 발송하는 문서에 상대국 언어로 된 번역문을 첨부하는데, 상대국이 같은 방식으로 회신할 것으로 양해되는 경우에 그렇게 한다. 독일연합, 에스파냐, 그리고 이탈리아 각국의 궁정의 관행이 그렇다.

공통의 언어를 갖는 국가들은 그들 간의 관계에서 보통 그 언어를 사용한다. 독일연합과 그 구성국 간, 독일연합의 각 구성국 간, 이탈리아의 각국 간, 그리고 영국과 미국 간의 경우가 그렇다.

---

6 Annexe, xvii. à l'Acte du Congrès de Vienne, art. 7. (빈 회의 최종의정서 부속서)

7 Kluber, Uebersicht der diplomatischen Verhandlungen des Wiener Congresses, § 164. (Kluber의 빈 회의 외교교섭 개요)

6 주권 군주와 국가의 칭호

모든 주권 군주나 국가는 자신이 적합하다고 생각하는 어떤 존칭(title of dignity)이든 채택할 수 있으며, 자국 신민에게 자신에 대한 이러한 영예의 표시를 강요할 수 있다. 그러나 다른 국가로부터 그 칭호를 인정받는 것이 그것을 채택하는 국가의 엄격한 권리의 문제는 아니며, 특히 더 높은 새로운 존칭을 채택하는 경우에 그렇다.

그래서 프리드리히 1세*Friedrich I(1701-1713)*가 1701년에 채택한 프로이센 국왕의 칭호는 먼저 독일(신성로마제국) 황제에 의해 인정되고, 이어 유럽의 군주와 국가들에 의해 인정되었다. 로마 교황으로부터는 1786년 프리드리히 빌헬름 2세 *Friedrich Wilhelm II(1786-1797)* 치세에 가서야 인정되었다. 튜턴 기사단(Teutonic knights)은 프로이센 국왕 칭호를 1792년까지 인정하지 않았는데, 한때 유명했던 이 군사 조직은 그 당시까지 프로이센 공국(duchy of Prussia)에 대한 케케묵은 권리 주장의 그림자를 여전히 간직하고 있었다.[8] (역자 주: 튜턴 기사단은 13세기에 프로이센 지역을 정복하여 정착하였는데, 1525년에 제38대 기사단장 알브레히트 폰 프로이센이 루터파 신교로 개종하면서 폴란드왕국의 봉신으로서 프로이센공국의 군주가 되었다. 이에 반발한 튜턴 기사단은 프로이센에서 쫓겨나 신성로마제국 내 다른 영지로 옮겨 명맥을 유지하였다. 프로이센공국은 1618년 대가 끊기면서 브라덴부르크 선제후국 중심의 브라덴부르크-프로이센 동국연합을 형성하였으며, 이 동국연합이 1701년에 프로이센왕국을 선포하였다.).

러시아 황제 표트르 1세*Pyotr I(1682-1725)*가 1701년 처음 채택하여 이후 "전체 러시아의 황제" 칭호가 된 차르(Czar) 역시 1723년에 프로이센·네덜란드·스웨덴에 의해 인정되고, 1732년에 덴마크, 1739년에 튀르키예, 1745-6년에 신성로마제국과 그 황제, 1745년에 프랑스, 1759년에 에스파냐, 그리고 1764년에 폴란드 공화국에 의해 연속적으로 인정되었다. 프랑스는 이 칭호를 인정하면서 프랑스 왕이 권리로서 주장해온 우선 서열에 대한 유보를 고수했고, 러시아는 외교문서 교환(*Réversale*) 형식으로 이 칭호의 변경이 양 궁정 간에 지켜온 의식에 어떠한 변경도

---

8 Ward's History of the Law of Nations, vol. ii. pp. 245—248. (Ward의 국제법의 역사) Kluber, Droit des Gens Moderne de l'Europe, pte. ii. tit. 1, ch. 2, § 107, note *c*. (Kluber의 유럽의 현대 국제법)

가져오지 않는다고 명시하였다. 예카테리나 2세*(1762-1796)* 여황제가 1762년에 즉위하면서 이 규정을 같은 형식으로 갱신하기를 거부하고, 대신 황제 칭호가 양 궁정 간에 준수된 의식에 어떤 변경도 가져오지 않는다고 선언하였다. 이에 베르사유(Versailles) 궁정은 대응 선언을 통해 명시적인 조건 아래 그 칭호에 대한 승인을 갱신하였다. 즉 상트페테르부르크(St. Petersburg) 궁정이 이전에 양 궁정에 의해 준수된 지위와 우선 서열에 관한 규칙에 어떤 변경을 가하는 경우, 프랑스 국왕은 러시아 황제에게 황제 칭호의 부여를 중단하고 옛 방식을 재개할 것이라고 하였다.[9]

황제라는 칭호는 그 역사적 연관성으로부터 이전에는 모든 군주의 칭호 중 가장 높고 영예로운 것으로 여겨졌다. 그러나 국왕(crowned heads)들은 유일하게 독일황제(emperor of Germany)의 경우를 제외하고는 그 칭호가 결코 자신들보다 더 높은 특권이나 우선 서열을 부여하지 않는다고 여겼다.

7 해상 의식

대양 또는 특정 국가가 일종의 패권(supremacy)을 주장하는 해역에서 지켜야 할 일정한 해상 의식(maritime ceremonials)이 국가 관행에 의해 확립되었다.

이러한 의식 중에 함대나 군함에 접근할 때, 또는 군항에 진입할 때 선박의 깃발 또는 돛을 내리거나 일정 수의 대포를 발사함으로써 거행하는 경례(salute)가 있다.

국가의 독립성과 평등성으로 인해, 각 주권국가는 자국 선박들이 공해나 자신의 영토관할권 내에서 서로 간에 또는 외국 선박에 대해 지켜야 할 해상 의식을 규제하는 배타적인 권리가 있다. 국가는 또한 자신의 배타적 관할권 내에서, 모든 외국 선박이 자신의 요새나 군함에 대해 그리고 그들 상호 간에 지켜야 할 의식, 그리고 외국 선박에 대한 자신의 답례 의식을 규제하는 유사한 권리가 있다. 이러한 규정은 자국의 국내법이나 다른 해양 국가와의 호혜적 조약에 의해 확립된다.[10]

---

9 Flassan, Histoire de la Diplomatie Française, tom. vi. liv. iii. pp. 329–364. (Flassan의 프랑스 외교사)

10 Bynkershoek, de Dominio Maris, cap. 2, 4. (Bynkershoek의 해양 지배론) Martens, Précis du Droit des Gens Moderne de l'Europe, liv. iv. ch. 4, § 159. (Martens의 유럽의 현대 국제법 개요) Kluber, Droit des Gens Moderne de l'Europe, pte. ii. tit. 1, ch. 3, §§

Narrow Seas(역자 주: 오늘날 English Channel(영어 명칭)/La Manche(프랑스 명칭)로 불리는 남부 영국과 서부 프랑스 사이의 좁은 바다)에서 영국의 경우처럼 어느 국가가 지배권(dominion)을 주장하는 데 대해 외국이 이의를 제기하는 경우, 외국의 국기로 행해야 하는 해상 경례(maritime honours) 또한 논란의 대상이 된다. 이 문제에 관한 분쟁은 심심찮게 이러한 허세를 주장하는 국가와 그에 반발하는 국가 간에 전쟁의 동기나 구실이 되었다. 덴마크는 Sound 해협 및 Belts 해협에 대한 패권을 주장하며 발트해(Baltic Sea) 입구에서 해상 의식을 요구했는데, 이 의식은 다른 국가들과의 여러 조약으로 규정되고 수정되었다. 특히 러시아와 덴마크 간의 1829년 1월 15일 자 협약으로 이전 조약들이 요구하던 격식이 대부분 폐지되었다. 1818년 11월 9일 서명된 엑스라샤펠회의(Congress of Aix la Chapelle) 의정서에 따라, 이 협약은 유럽의 모든 해양국가 간에 일반 규정이 확립될 때까지 계속 효력을 갖게 되어 있다. 이 의정서의 규정에 의해 5개 열강(오스트리아 · 프랑스 · 영국 · 프로이센 · 러시아)의 전권대표들은 이러한 일반 규정을 성안하기 위해 자국이 준수하고 있는 기존의 규정을 런던 전권대표 회의에 제출하기로, 그리고 이 문제에 대해 의견을 제시하도록 기타 해양국가들을 회의에 초청하기로 합의하였다.[11]

117–122. (Kluber의 유럽의 현대 국제법)

11 J. H. W. Schlegel, Staats Recht des Konigreichs Dänemark, 1 Theil, p. 412. (Schlegel의 덴마크왕국의 국법) Martens, Nouveau Recueil, tom. viii. p. 73. (Martens의 신 조약집)

Chapter 04

재산권

1 국가의 소유권

각 독립 국가가 그 영토(territory) 및 기타 재산에 대해 갖는 배타적인 권리는 원래 점유(occupancy)로 획득되고, 이후 시간의 경과로부터 생기는 추정(presumption)이나 외국과의 조약 또는 기타 약정으로 확인된 권원(title)에 근거를 두고 있다.

2 국가의 재산

국가에 속하는 것은 국가의 공공재산(public property or domain), 그리고 그 영토 내의 민간인 개인이나 법인에 속한 모든 것을 포함한다.

3 사유재산 수용권

이러한 국가 소유권(national proprietary rights)은 다른 국가의 소유권을 배제하는 한 절대적(*absolute*)이다. 그러나 국가의 구성원에 대해서는 최고(*paramount*)의 권리일 뿐이며, 소위 사유재산 수용권(eminent domain)을 형성한다.[1]

---

1 Vattel, Droit des Gens, liv. i. ch. 20, §§ 235, 244. (Vattel의 국제법) Rutherforth's Inst. of Natural Law, vol. ii. ch. 9, § 6. (Rutherforth의 자연법 제도)

4 시효

자연법 학자들은 시효(*prescription*)라고 불리는 시간의 경과로부터 나오는 그 독특한 종류의 추정이 국가와 국가 사이에 어디까지 타당하게 적용 가능한지 의문을 제기해 왔다. 그러나 일정하고 승인된 국가 관행에 의하면, 영토나 기타 재산에 대한 국가의 일정 기간 중단되지 않은 점유(uninterrupted possession)는 어떤 이름으로 불리든지 간에 다른 모든 국가의 권리 주장을 배제한다. 이는 개인의 유사한 점유가 자연법과 각 문명국의 국내법으로 해당 재산에 대한 다른 모든 사람의 권리 주장을 배제하는 것과 마찬가지이다. 이 규칙은, 모든 사람은 자신에게 속한 것을 당연히 누리려 한다는 끊임없는 경험으로 확인된 추정, 그리고 침묵과 태만으로부터 자신의 권원(title)의 원래 결함이나 그 권원에 대한 포기 의도가 정당하게 도출된다는 추론에 근거하고 있다.[2]

5 정복과 발견은 약정과 시간의 경과로 확인된다

거의 모든 유럽 국가가 현재 그 지역에서 보유하고 있는 영토에 대한 권원(title)은 원래 정복(conquest)에서 유래하고, 그 후 모든 유럽 국가가 연이어 당사국이 된 국제 약정으로 확인되었다. 콜럼버스와 기타 모험가들이 발견한 신대륙에서 점유물에 대한 그들의 권리 주장, 그리고 그들이 아프리카와 아시아의 대륙과 섬에서 획득한 영토에 대한 권리 주장은 원래 발견이나 정복 그리고 식민지화에서 유래하고, 역시 나중에 그들 간의 실체적 약정으로 확인되었다.

이러한 권원과 별개로, 한 국가의 장기간 중단되지 않은 점유(long and uninterrupted possession)는 다른 모든 국가의 권리 주장을 배제한다는 원칙이 인류의 일반적 동의로 확립되었다. 이 일반적 동의가 묵시적 약정으로 여겨지든 실정법으로 여겨지든, 모든 국가는 똑같이 그 동의에 구속된다. 이는 그들이 그 일반적 동

---

2 Grotius, de Jur. Bel. ac. Pac. lib. ii. cap. 4. (Grotius의 전쟁과 평화의 법) Puffendorf, Jus Naturæ et Gentium, lib. iv. cap. 12. (Puffendorf의 자연법과 국제법) Vattel, Droit des Gens, tom. i. liv. ii. ch. 11. (Vattel의 국제법) Rutherforth's Inst. of Natural Law, vol. i. ch. 8, vol. ii. ch. 9, §§ 3, 6. (Rutherforth의 자연법 제도)

의의 당사자이며, 그러한 동의를 무시하면 어떤 국가든 자신의 소유물에 대한 권원이 침해되지 않을 수 없기 때문이다. 그리고 그 동의가 상호 효용에 기초하고 인류의 일반적 복리를 증진하는 경향이 있기 때문이다.

15세기와 16세기 유럽의 동쪽과 서쪽에서의 화려한 해양 발견에서, 에스파냐와 포르투갈 사람들이 유럽 국가들 사이에서 선두를 달렸다. 그 시대 유럽인의 발상으로는, 지구의 다른 구역에 있는 이교도 국가는 문명화된 정복자들의 합법적인 전리품이자 사냥감이었다. 그리고 군주로서 교황(Sovereign Pontiff)은 기독교 국가들 사이에서 그랬던 것처럼, 권리 주장이 충돌하는 경우에 최고의 중재자였다. 그래서 알렉산데르 6세 교황*Alexander VI(1492-1503)*은 1493년에 그 유명한 교서(bull)로, 카스티야-아라곤 연합왕국 왕들에게 아조레스 제도(Azores)로부터 서쪽 100리그(league, 역자 주: 1리그는 약 3해리에 해당) 지점에서 북극과 남극을 연결한 가상선 밖에서 발견했거나 발견할 모든 땅을 갖도록 권리를 부여했다. 이에 따라 이후 에스파냐는 그 선 서쪽의 신세계에서, 땅뿐만 아니라 바다의 점유와 사용으로부터 다른 모든 유럽 국가가 배제된다고 주장했다. 이러한 교황의 권리 부여와 별개로, 선 발견권(right of prior discovery)은 아메리카 대륙에서 연이어 정복하고 정착한 다른 유럽 국가들이 그 땅을 배타적으로 사용하기 위한 권리 주장의 근거였다. 에스파냐조차 자신의 권리 주장에 대한 근거를 교황의 수권에만 두지는 않았다. 포르투갈은 교황이 그은 경계선의 동쪽 편을 견지하려고 유의하면서, 남아메리카 일부에 대해 발견과 정복에서 유래한 권원을 주장했다. 이 때문에 세계는 이 위대한 두 군주국으로 나뉘어 있는 것처럼 보였다.

다른 한편, 영국과 프랑스 그리고 네덜란드는 교황청의 가장된 권위를 무시하고, 동인도제도와 서인도제도 모두에서 발견과 정복 그리고 정착을 밀고 나갔다. 이는 에스파냐와 포르투갈이 주장하는 최고의 우선권(paramount claims)과 충돌할 때까지 계속되어, 유럽의 여러 해양 강대국 간에 피비린내 나는 파괴적인 전쟁이 초래되었다. 그러나 그들 모두가 동의한 것이 하나 있었는데, 이 지역 원주민의 권리를 거의 전적으로 무시하는 것이었다. 그래서 교황 알렉산데르 6세의 교서는 이전에 다른 기독교 국가가 이미 차지한 땅을 에스파냐에 대한 수권으로부터 보류하였다. 그리고 잉글랜드의 왕 헨리 7세*Henry VII(1485-1509)*는 존 캐봇*John Cabot*과 그의 아들들에게 부여한 칙허장(patent)에서, "기독교를 믿지 않는 불신자와 이교도에게 속한 모든 섬과 지역 및 지방을 찾아내 발견하도록", 그리고 "자신의 봉신이자 부하로서 그 땅을 굴복시켜 점령하고 보유하도록" 권한을 부여하였다. 마찬가지로 엘리자베스 여왕*Elizabeth(1558-1603)*은 험프리 길버트*Humphrey Gilbert*에게 "기독교 군주나 신민이 실제로 점유하지 않은 멀리 있는 이교도 야만족의 땅과 토지 그리고 영역을 발견하고 점유하여 그것을 모든 물품·관할권·사용권과 함께 누리도록" 권한을 부여하였다. 따라서 원주민 인디언의 권리는 최초 기독교도 발견자의 권리에 종속된다는 것이 정책과 법의 준칙이 되었다. 그리고 그 발견자가 주장하는 최고의 우선권은 다른 모든 문명국의 권리 주장을 배제하고, 점차 원주민의 권리를 소멸하였다. 아메리카 대륙의 땅에 대한 기독교 세계 국가들의 권리 주장이 서로 충돌함에 따라 생긴 다양한 전쟁·조약·교섭에서, 인디언의 시원적 권원(primitive title)은 완전히 무시되거나, 유럽 국가들 간의 조약 규정에 의해 그들이 우연히 그 범위 안에 들어간 국가의 처분에 맡겨졌다. 경작이 진전되면서 숲속의 원주민 경작자들이 점차 문명화된 침략자들의 우월한 힘과 기술에 굴복함에 따라, 원주민의 권원은 무력이나 자발적인 계약에 의해 거의 완전히 소멸하였다.

5.1. 누트카 해협(Nootka Sound)에 대한 영국과 에스파냐 간의 분쟁

1790년 영국과 에스파냐 간에 발생한 누트카 해협(Nootka Sound, 역자 주: 현재 캐나다의 북서 태평양 Vancouver 섬과 Nootka 섬 사이에 위치) 분쟁에서, 에스파냐는 북위 61도 상의 Prince William's Sound까지 아메리카의 전체 북서 연안에 대한 권리를 주장했다. 에스파냐는 그 근거로 카를로스 2세*Carlos II(1665-1700)* 당시의 점유 상태를 언급하며 위트레흐트 조약 제8조에 의해 확인된 선 발견과 장기간의 점유를 들었다. 이 주장에 대해 영국 정부는, 지구는 인류의 공동유산이며 각 개인과 각국은 점유와 경작에 의해 자기 몫을 차지할 권리(right to appropriate)가 있다는 원칙에 입각하여 다투었다. 이 분쟁은 양국 간 협약으로 종결되었으며, 양국 신민은 다음 조건 아래 태평양에서 항행과 어로를 방해받지 않으며 원주민과의 상거래 또는 정착을 위해 아직 점유되지 않은 바다의 연안에 자유롭게 상륙할 수 있게 되었다.

1. 영국 신민은 항행과 어로를 구실로 에스파냐의 정착촌과 불법 무역을 하지 않으며, 에스파냐가 이미 차지한 연안의 어느 부분으로부터든지 10 해양 리그(marine league) 이내 수역에서 항행이나 어로를 하지 않는다.
2. 남아메리카의 동부 및 서부 연안과 그 인근 섬에 관해서는, 이후 양국 신민은

에스파냐가 이미 차지한 연안과 인근 섬 이남의 연안과 섬 부분에 어떠한 정착촌도 조성하지 않는다. 다만 이는 양국 신민이 그렇게 위치한 연안과 섬에 어로 목적으로 상륙하고, 오직 그 목적으로 오두막이나 다른 임시 건축물을 세울 자유가 있다는 조건에서다.[3]

5.2. 미국과 러시아 간의 아메리카 북서부 연안에 관한 협약

알렉산드르 1세 러시아 황제의 1821년 9월 4-16일 칙령(ukase)으로, 베링해협(Behring's Straits)부터 남쪽으로 북위 51도까지의 아메리카 북서부 연안, 시베리아 동부 연안의 알류샨 열도(Aleutian islands), 그리고 베링해협부터 북위 45도 51분에 있는 우루프섬(island of Ooroop)의 South Cape 곶까지의 쿠릴 열도(Kurile islands)에 대한 배타적 영토권(exclusive territorial right)이 러시아 제국에 속한다고 선언되었다. 이 범위 내에 있는 섬, 항구, 만(gulfs)에서 다른 모든 국가의 항행과 어로가 금지되었다. 그리고 모든 외국 선박은 위에 열거된 곳에 있는 러시아 정착촌과의 접촉이 금지되고, 심지어 100 이탈리아 마일 이내로 접근하는 것도 금지되었으며, 위반 시에는 그 화물의 몰수로 처벌한다고 규정하였다.

이 칙령에 따르면, 이 영역에 대한 러시아의 소유권은 일반 국제법과 태곳적부터의 관행에 의해 요구된다는 3개의 근거에 의존하고 있었다. 즉 선 발견(first discovery)과 선점(first occupation), 그리고 반세기 이상 평온하고 다툼 없는 점유(peaceable and uncontested possession)의 권원에 근거한다는 것이다. 칙령은 또한 아시아와 아메리카 대륙의 러시아 영토에 의해 그 한계가 형성되는 바다는 폐쇄된 바다(mers fermées)에 통상적으로 붙는 모든 조건을 포함한다면서, 러시아 정부가 그 바다에서 주권을 행사할 수 있는 권리, 특히 외국인의 진입을 완전히 금지할 수 있는 권리가 있다고 덧붙였다. 그러나 러시아는 러시아-아메리카 회사(Russian-American Company)의 특허 수역 내에서 밀무역을 방지하기 위해 조정된 수단을 통해 근본적인 권리만 주장하는 데 만족하였다. (역자 주: "러시아-아메리카 회사"는 아메리카 내 러시아인 정착촌 개발, 원주민과의 무역, 식민지화 사업 등을 위해 1799년 러시아 황제의 칙령으로 설립된 특허회사이다.)

---

3 Annual Register for 1790, (State Papers,) pp. 285－305; 1791, pp. 208－214, 222－227. (애뉴얼 레지스터 1790년 판)

미국 정부는 이 모든 근거에 대해 권리와 사실의 측면 모두에서 다투었으며, 이 문제는 양국 간의 교섭의 주제가 되었다.

이 교섭은 1824년 4월 5-17일 상트페테르부르크에서 서명된 협약으로 종결되었는데, 양국의 시민과 신민은 다음의 조건 아래, 태평양 어디에서든 아직 점유되지 않은 지점에서 항행과 어로 또는 연안에 의지하는 권한을 방해받지 않는다고 규정되었다.

1. 양국의 시민 또는 신민은 특별 허가 없이는 상대방의 정착촌(establishment)이 있는 지점에 가지 않는다.
2. 미국 정부나 시민은 아메리카 북서부 연안, 또는 북위 54도 40분 이북의 연안 인근 섬에 어떠한 정착촌도 조성하지 않는다. 러시아 정부나 신민도 같은 위도 이남에 어떠한 정착촌도 조성하지 않는다. 그러나 양국의 선박이나 그 시민 또는 신민에 속하는 선박은 어로 및 원주민과의 교역 목적으로 연안의 내해, 만, 항만, 하천 등에 드나들 수 있다. 단 증류주, 총기류, 기타 무기, 그리고 모든 종류의 탄약은 교역 품목에서 제외된다.[4]

6 해양 영토관할권

각국의 해양 영토(maritime territory)는 항구, 항만, 만, 강어귀, 그리고 같은 국가에 속하는 곶들(headlands)로 둘러싸인 바다의 인접 해역(adjacent parts of the sea)에까지 미친다. 일반적인 국가 관행은 영토관할권의 이 범위에 추가로 전체 연안(coasts)을 따라 1 해양 리그(marine league, 3해리에 해당)의 거리를 더하거나, 해안으로부터(from the shore) 발사된 포탄의 도달 거리 만큼을 더한다. 이러한 범위 내에서 국가의 재산권과 영토관할권은 절대적이며 다른 모든 국가의 그러한 권리를 배제한다.[5]

---

4 Annual Register, vol. lxiv. pp. 576−584. Correspondence between M. de Poletica and Mr. Adams. (애뉴얼 레지스터, 동 조약의 러시아 측 서명자 Pierre de Poletica와 당시 미국 국무장관 John Quincy Adams 간의 통신문)

5 Grotius, de Jur. Bel. ac Pac. lib. ii. cap. 3, § x. (Grotius의 전쟁과 평화의 법) Bynkershoek, Quæst. Jur. Pub. lib. i. cap. 8. (Bynkershoek의 국제법의 문제들) De

7 연안이라는 용어의 범위

"연안(coasts)"이라는 용어는 물 밖으로 솟아오른 자연적인 영토 부속물(natural appendages of the territory)을 포함한다. 이러한 섬은 사람이 거주하거나 요새화하기에 충분한 견고성이 없더라도 연안에 포함되지만, 영구적으로 물에 덮여 육지의 가라앉은 연장선을 형성하는 모든 모래톱(shoals)은 당연히 연안에 포함되지 않는다. 이 주제에 관한 법 규칙은 무기의 힘이 다하는 곳에서 땅의 지배가 끝난다(*terrœ dominium finitur, ubi finitur armorum vis*)는 것이다. 그리고 그 거리는 화약 무기의 도입 이래 통상적으로 해안으로부터(from the shore) 약 3해리로 인정되었다.

중립국 미국의 영토 내 미시시피강 어귀에서 행해진 것으로 주장된 포획의 합법성에 관한 사건을, 영국의 스콧*William Scott(1745-1836)* 재판관이 다루게 되었다. 그런데 강을 타고 떠내려온 흙과 나무로 형성된 다수의 작은 진흙 섬이 육지로 들어가는 일종의 주랑 현관을 이루어 무엇을 해안(shore)으로 보아야 할지 의문이 생겼다. 포획자 측은 이것들이 미국 영토의 어떤 부분으로도 여겨져서는 안 된다고 주장했다. 즉 생활의 목적을 뒷받침하기에 충분한 일관성이 없고, 사람이 살지 않으며, 사냥과 새 둥지를 얻기 위해서만 찾아가는 일종의 "누구에게도 속하지 않는 땅"(no man's land)이 있다는 주장이었다. 미국의 영토선은 이전 소유자인 에스파냐인들이 강 입구를 간척하여 세운 요새인 Balise부터 시작되어야 한다고까지 주장하였다. 그러나 유식한 그 재판관은 다른 의견을 가지고 있었다. 그는 미국 영토의 보호는 이 섬들부터 계산에 넣어야 하며, 이 섬들은 미시시피강 연안에 접해 있고 진정으로 연안에 기인하여 형성된 자연적인 부속물(natural appendages)이라고 판단했다. 섬의 구성요소가 직접 미국의 영토로부터 나왔으며, 법서에서 너무도 많이 발견되는 충적과 증분의 원칙(principle of alluvium and increment)상 "강물의 힘이 당신의 땅에서 끌어내 이웃의 땅으로 옮겨놓은 것은 당신의 것으로 남는다"(*Quod vis fluminis de tuo prœdio detraxerit, et vicino prœdio attulerit, palam tuum remanet*). 땅에

Dominio Maris, cap. 2. (Bynkershoek의 해양 지배론) Vattel, liv. i. ch. 23, § 289. (Vattel의 국제법) Valin, Comm. sur l'Ordonnance de la Marine, liv. v. tit. 1. (Valin의 해사법 주석) Azuni, Diritto Marit. pt. i. cap. 2, art. 3, § 15. (Azuni의 해사법) Galiani, dei Doveri dei Principi Neutrali in Tempo di Guerra, liv. i. (Galiani의 전시 중립국의 의무) Life and Works of Sir L. Jenkins, vol. ii. p. 780. (Jenkins 재판관의 생애와 작품)

대한 지배권은 토양의 질감에 의존하지 않으므로, 섬이 흙으로 구성되었는지 단단한 바위로 구성되었는지는 땅에 대한 지배권을 변경시키지 않는다.[6]

7.1. 왕의 방

그레이트 브리튼 섬(island of Great Britain)의 연안에서 육지로 에워싸인 바다 부분에 대한 영국 왕의 배타적 영토관할권은 태곳적부터 왕의 방(*King's Chambers*)이라고 불린 만(bays)에까지 미쳤다. 즉 곶(promontory)에서 곶으로 그은 가상의 선으로 잘린 바다의 육지 쪽 부분이다. 유사한 관할권이 또한 미국에 의해 델라웨어만(Delaware Bay)과 기타 만들, 그리고 미국 영토의 일부를 구성하는 강어귀(estuaries)에서 주장되었다. 영국의 젱킨스*Leoline Jenkins* 재판관에 의하면, 제임스 1세*James I(1603-1625)*와 찰스 2세*Charles II(1660-1685)* 치세에 영국의 통상에 대한 안전은 중립국 영국의 연안과 항만에서 선박의 출입을 방해하거나 위협할 정도로 외국 군함이 가까이에서 배회하는 것을 명시적으로 금지함으로써 제공되었던 것으로 보인다. 이러한 외국 군함에 의한 포획이 왕의 방 내에서 이루어졌다면, 영국 해사법원(Court of Admiralty)은 포획된 선박이 그 외국 군함의 적에 속할지라도 반환하도록 판결했던 것으로 보인다. 그래서 1736년에 통과된 영국의 배회 금지법(hovering act, 9 Geo. II. cap. 35)도 특정 세수 목적으로 연안으로부터 4리그(league, 1리그는 3해리)의 관할권을 설정하고 있는데, 그 거리 내에서 관세를 내지 않고 외국 물품을 옮겨 싣는 것을 금지한다. 미국의 세수법(revenue laws)에도 유사한 규정이 포함되어 있다. 각 규정 모두 그 나라의 사법당국에 의해 국제법과 국가 관행에 부합하는 것으로 선언되었다.[7]

---

6 Robinson's Adm. Reports, vol. v. p. 385(*c*.) The Anna. (Robinson의 해사 판례집)

7 Life and Works of Sir. L. Jenkins, vol. ii. pp. 727, 728, 780. (Jenkins 재판관의 생애와 작품) Opinion of the United States Attorney－General on the capture of the British ship Grange in the Delaware Bay, 1793. (Delaware 만에서 영국 선박 Grange 호의 포획에 관한 미국 법무장관의 의견) Waite's American State Papers, vol. i. p. 75. (Waite의 미국 국가문서) Dodson's Adm. Reports, vol. ii. p. 245. (Dodson의 해사 판례집) Le Louis Cranch's Reports, vol. ii. p. 187. Church *v*. Hubbard. (Cranch의 미국 대법원 판례집) Vattel, Droit des Gens, liv. i. ch. 22, § 288. (Vattel의 국제법)

8 특별한 목적을 위한 접속 수역에 대한 권리 주장

이러한 규정은 국가의 안보와 이익에 근본적으로 필요하다는 이유로만 정당화될 수 있다. 그것은 그렇게 광범위한 해역에 대해 배타적인 주권과 영토권(exclusive right of sovereignty and domain)을 주장하려는 의도가 아니다. 접속 수역(contiguous portions)에 대한 권리 주장조차 너무 관대하게 여겨져서는 안 된다. 엄격하게 해석되고 명확하게 이해되어야 한다. Scott 재판관은 다음과 같이 말한다.

"그것은 일반적인 또는 적어도 공동의 이용이 추정되어야 하는 대상에 대해 배타적인 사유재산권(private and exclusive property)을 주장하는 것이다. 그것은 바다나 여러 국가를 흐르는 강의 일부분에 대해서만 일어날 수 있는 권리 주장이다. 대포의 포탄이 도달하는 거리 밖의 바다에서는 보편적 이용이 추정된다. 국경을 서로 접한 국가들을 흐르는 강에서는 그 국가들의 공동 이용이 추정된다. 하지만 이들 모두에서, 법적 가능성으로서, 보편적 또는 공동 이용을 배제하는 특이한 재산이 존재할 수도 있다. 바다의 어떤 부분이 그런 종류의 재산으로 규정되어 있다. 서로 접한 국가들을 통과하여 흘러가는 강도 마찬가지이다. 정착이 강의 한쪽 제방에서 먼저 이루어졌을 수도 있으며, 이를 통해 점유와 재산이 획득되었을 수도 있고, 또는 정복 등으로 할양(cessions)이 일어났을 수도 있다. 그러나 일반적인 추정은 확실히 그러한 배타적인 권리에 강력하게 반한다. 그 권원(title)은 다른 모든 법적 주장들처럼, 그 권원에 근거하여 권리를 주장하는 측이 명백하고 유력한 증거(clear and competent evidence)로써 증명해야 할 문제이다."[8]

9 시효를 근거로 한 바다의 일부에 대한 권리 주장

국가의 영토에 속하는 크고 작은 곶(capes and headlands)으로 둘러싸인 걸프와 만(gulfs and bays), 해협(straits), 강어귀(mouths of rivers and estuaries) 외에도 바다의 기타 특정 부분에 대한 관할권과 재산권이 태곳적부터 이용을 근거로 여러 국가에

---

8 Robinson's Adm. Reports, vol. iii. p. 339. The Twee Gebroeders. (Robinson의 해사 판례집)

의해 주장되었다. 예를 들면, 전에 베네치아 공화국의 아드리아해(the Adriatic)에 대한 주권 주장이 그러했다. 소위 Narrow Seas에 대한 영국의 해상 패권 주장은 일반적으로 그 바다에서 단지 영국 국기에 대한 특정한 경의 표시를 요구하는 방식으로 이루어졌다. 국가들이 상황에 따라 이를 이행하거나 거부하였으며, 영국의 권리 주장 자체는 결코 일반적인 묵인으로 승인되지 않았다.[9]

9.1. 흑해

튀르키예가 흑해(Black Sea) 해안을 배타적으로 보유하고 있던 한, 그 바다는 폐쇄된 바다(*mare clausum*)로 보는 것이 타당할 수도 있다. 그리고 흑해를 지중해와 연결하는 통로의 양쪽 해안 모두 동시에 튀르키예 영토의 한 부분이었으므로, 그 통로에서 다른 국가의 항행을 배제할 수 있는 오스만제국의 권리에 의문을 제기할 이유는 없는 것 같다. 그러나 러시아가 오스만제국의 영토를 획득하고 흑해 해안에 러시아의 상업 시설이 세워진 이래 러시아 제국과 기타 해양 국가들 모두 흑해에서 통상에 참여할 권리를 갖게 되었으며, 결과적으로 다르다넬스 해협(the Dardanelles)과 보스포루스 해협(the Bosphorus)의 자유항행권을 갖게 되었다. 이 권리는 1829년 러시아와 오스만제국 간에 체결된 아드리아노플(Adrianople) 조약 제7조에 의해 명시적으로 러시아의 선박, 그리고 오스만제국과 우호 관계에 있는 다른 유럽 국가들의 선박 모두에 인정되었다.[10]

영국과 오스만제국 간에 1809년 1월 5일 체결된 평화조약 제12조에는 다음과 같이 선언되어 있었다. 즉 "콘스탄티노플의 운하인 다르다넬스 해협과 흑해 해협으로 진입이 모든 군함에 대해 항상 금지되어 있었고, 오스만제국의 이 오랜 규칙은 향후 평시에 모든 국가에 대해 마찬가지로 지켜져야 하므로 영국 궁정도 이 원칙에 따를 것을 약속한다."라는 것이다.

러시아와 튀르키예 간에 1833년 7월 8일 운키아르스켈레시(Hoonkiar Skelessi)에서 체결된 동맹조약에 의해, 오스만제국은 전시에 러시아를 위해 외국의 무장 선박

9 Vattel, Droit des Gens, liv. i. ch. 23, § 289. (Vattel의 국제법) Martens, Précis du Droit des Gens Moderne de l'Europe, liv. ii. ch. 1, § 42. (Martens의 유럽의 현대 국제법 개요) Edinburgh Review, vol. xi. art. 1, pp. 17–19. (에든버러 리뷰)

10 Martens, Nouveau Recueil, tom. viii. p. 143. (Martens의 신 조약집)

이 지중해 쪽 다르다넬스 해협에 진입하지 못하도록 폐쇄해야 한다고 규정되었다. 다른 국가들에 대해 불리하게 작용하는 이 규정의 불공평한 효력에 대해 일부 불만이 제기되었다. 그러나 조약의 발동 사유(*casus fœderis*)는 전쟁 상태에만 적용되므로, 러시아의 교전국이 다르다넬스 해협을 강제로 통과하려고 하기 전에는 그 규정과 관련하여 어떤 실질적인 문제도 발생할 수 없다.

9.2. 발트해

덴마크의 국제법학자들에 의하면, 발트해(Baltic Sea)의 대양으로의 출구를 형성하는 외레순 해협(the Sound)과 2개의 벨트 해협(two belts)에 대해 덴마크 국왕이 주장하는 패권은 태곳적부터의 시효(immemorial prescription)에 의존하고 있는데, 그 시효는 오랜 일련의 조약에 의해 승인되었다고 한다. 이 학자들에 따르면, 덴마크는 매우 일찍부터 통상의 보호에 유익하게 주권을 행사하였는데, 경비함을 배치하여 해적과 기타 적들로부터 통상을 보호하고, 등대와 표지물을 설치하여 해난으로부터 보호하였다. 덴마크인들은 1658년 로스킬레(Roeskilde) 조약으로 스카니아(Scania) 지역을 스웨덴에 할양하기 전 수 세기 동안, 외레순 해협 양쪽 연안과 스카니아 지역의 주인이었다. 이 조약은 1660년의 조약으로 확인되었는데, 스웨덴은 이 할양의 결과로 외레순 해협 통행료 징수권을 절대 주장해서는 안 되며 스카니아 연안의 등대 유지에 대한 덴마크 측의 보상으로 만족해야 한다고 규정되었다. 덴마크의 배타적 권리는 일찍이 1368년 한자동맹 공화국들(Hanseatic republics)과의 조약으로 인정되었다. 덴마크의 권리는 잉글랜드의 왕 헨리 7세*Henry VII(1485-1509)*와의 1490년 조약으로도 인정되었는데, 영국 선박은 불가피한 경우가 아니면 외레순 해협뿐만 아니라 대벨트 해협(the Great Belt)의 통과도 금지되었다. 불가피하게 대벨트 해협을 통과한 경우, 영국 선박은 마치 헬싱고르(Elsinore)에서 외레순 해협을 통과한 것처럼 비보르그(Wyborg)에서 통행세를 내야 했다. 1544년 슈파이어(Spires)에서 신성로마제국 카를 5세 황제 *Karl* V와 체결된 조약은 통상적으로 덴마크의 외레순 해협 통행세 징수의 기원으로, 또는 적어도 그 징수권에 대한 최초의 인정으로 여겨지는데, 덴마크의 항구를 빈번히 출입하는 네덜란드 상인들은 통행세를 이전과 똑같이 낸다고 일반적으로 규정하고 있을 뿐이다. 네덜란드와의 1645년 크리스티아노펠(Christianopel) 조약에 의해 관세율이 처음으로 확정되었는데, 이는 이후

조약의 특혜를 누리는 다른 국가들에 대한 관세의 기준이 되었다. 특혜를 누리지 못하는 국가들은 목록에 열거된 품목에 대해서는 옛날의 관세를 내고, 그렇지 않은 품목에 대해서는 1.25%의 관세를 냈다.[11]

9.3. 발트해는 적대행위의 행사가 허용되지 않는 폐쇄된 바다인가?

발트해 연안에 접해 있는 해양국가들은 그들이 평화를 유지하고 있는 동안에는, 발트해를 그 해역에서 다른 국가들의 적대행위 행사가 허용되지 않는 폐쇄된 바다(*mare clausum*)로 여겼다. 이 원칙은 1780년 및 1800년의 무장중립(armed neutrality) 조약에서, 그리고 발트해의 평온을 보장하는 덴마크와 스웨덴 간의 1794년 조약에 의해 선포되었다. 러시아의 영국에 대한 1807년 선전포고에서, 발트해의 불가침성(inviolability)과 그에 대한 발트해 인접 국가들의 상호보장(이 보장은 영국 정부가 인지한 가운데 약정되었다고 한다)이, 그해 영국이 외레순 해협(the Sound)에 진입하여 덴마크의 수도를 공격하는 과정을 한층 어렵게 한 것으로 명시되었다. 이 선전포고에 대한 응답에서, 영국 정부는 발트해의 불가침성 주장이 근거하고 있는 그 원칙을 결코 묵인한 적이 없다고 주장했다. 하지만 영국은 특정 시기에 자신의 당시 행위에 영향을 미치는 특별한 사유로 그 원칙에 반하는 행위를 자제했었을 수도 있다. 그러한 자제는 북방의 평화 국가이자 진정한 중립국 이외의 다른 나라에는 결코 적용될 수 없었다. 그리고 프랑스가 프로이센을 정복하여 단치히(Dantzic)부터 뤼베크(Lubeck)까지 발트해 연안을 따라 힘들게 완전한 주권을 확립한 후에는, 영국이 다시 그러한 자제를 보일 것으로 기대될 수 없을 것이다. (역자 주: 단치히는 오늘날 폴란드의 도시인 그단스크(Gdansk)이다.)

10 바다의 지배권에 관한 논쟁

한 국가가 연안의 인근 너머 얼마나 멀리까지 다른 국가를 배제하고 대양을 전유할 수 있는지에 관한 논쟁은 한때 유럽의 가장 유능한 법학자들의 펜을 단련시

---

11 Schlegel, Staats-Recht des Königreichs Danemark, 1 Theil, cap. 7, §§ 27-29. (Schlegel의 덴마크왕국의 국법)

켰지만, 오늘날에는 그러한 논쟁이 열려 있다고 보기 어렵다. 흐로티위스는 그의 저서 "전쟁과 평화의 법"에서 더 넓은 해역의 전유 주장이 때로 관행과 여론에 의해 인정되었음을 보여주는 고대 작가들로부터의 인용을 다수 제시하지만, 연안에 바로 접속된 해역의 전유 가능성(possibility of appropriating the waters immediately contiguous) 이상을 거의 인정하지 않는다. 그는 제한된 부분 이상의 어떤 것이 그렇게 주장될 수 있다는 것을 절대 시사하지 않는다. 그리고 그는 일관되게 대양 전체가 아닌 "바다의 일부(*pars maris*)" 또는 "항구(*portus maris*)"에 대해 말하면서, 이런 종류의 관할권과 재산권을 부여하는 데 있어 자신의 관점을 항상 이웃 토지의 효과로 한정한다.[12] 이전에 에스파냐와 포르투갈의 선 발견, 그리고 점유와 교황의 수권으로 확인된 권리를 근거로 한 배타적 권리 주장(exclusive claims)에 대해, 그는 대서양과 태평양에서 자유로운 항행과 통상 그리고 어로를 인류 공동의 권리(common right of mankind)라고 앞장서 주장했다. 그의 논문 "해양자유론(*De Mare Libero*)"이 1609년에 출간되었다.

젠틸리 *Albericus Gentilis(1552-1608)*는 그의 사후 1613년에 출판된 저서 "에스파냐를 위한 변호(*Advocatio Hispanica*)"에서 영국의 바다에 대한 영국 왕들의 주권(sovereignty) 주장을 옹호하였다.

셀던*John Selden(1584-1654)*은 1635년에 "해양폐쇄론(*Mare Clausum*)"을 출간했는데, 흐로티위스가 주장한 일반원칙에 이의를 제기하고, 젠틸리보다 더 강력하게 영국의 주장을 옹호하였다. 유명한 셀던의 논문 제1권은 바다가 재산이 될 수 있다는 명제에 전념하고 있다. 그는 추론에 의해서가 아니라, 인용 개수는 훨씬 적지만 흐로티위스의 방식으로 고대 작가들로부터 많은 인용을 제시함으로써 이를 증명하려고 한다. 그렇게 모호하고 광범위한 지배권(dominion)은 국제법에 반하는 것으로 보인다는 주장에 대해 그는 전혀 신경쓰지 않는다. 그리고 그의 작품의 주 연구대상에 관한 제2권에서, 영국이 소위 *Narrow Seas*에 대한 주권이 있음을 밝히기 위해 오로지 관행과 실체적 약정의 증거에 의존한다.[13]

트렌트 공의회(council of Trent)에 관한 저명한 역사가 사르피*Paolo Sarpi* 신부 또한 아드리아해(the Adriatic)에 대한 베네치아 공화국의 주권 주장을 옹호하는 글

---

12 De Jur. Bel. ac Pac. lib. ii. cap. 3, §§ 8－13. (Grotius의 전쟁과 평화의 법)

13 Edinburgh Review, vol. xi. art. i, p. 16. (에든버러 리뷰)

을 썼다.[14]

Bynkershoek*(1673-1743)*는 아주 초기 작품에서, 그의 모든 저작을 특징짓는 활력과 예리함으로 그 문제를 검토했다. 그는 영국의 바다에 대한 영국 왕들의 주권 주장을 중단되지 않은 점유(uninterrupted possession)의 결여를 이유로 인정하지 않지만, 바다의 특정 부분이 배타적 지배(exclusive dominion)의 대상이 될 수 있다는 것을 인정한다. 그는 자신이 책을 쓰던 당시, 바다를 둘러싼 영토가 특정 주권자에게 속하지 않으면서 그 바다가 그의 지배 아래 있던 경우는 없었다고 주장한다.[15]

Puffendorf*(1632-1694)*는 좁은 바다에서 그 지배권(dominion)은 바다를 둘러싸고 있는 육지의 주권자에게 속하며, 주권자가 여러 명일 경우는 호수나 강에 관해 어떠한 약정도 없다는 가정하에 "영국이 주장하는 것처럼" 그 호수나 강에 인접한 땅의 소유자들에게 적용되는 것과 같은 규칙에 따라 배분된다고 규정한다. 그러나 그는 도대체 대양(main ocean)이 전유될 수 있다는 발상에 일종의 분노로써 자기 생각을 표명한다.[16]

Vattel*(1714-1767)*은 바다의 항행권이나 어로권이 태곳적부터 이용을 근거로 배타적으로 주장될 수 없고, 그것을 사용하지 않은 국가가 시효(prescription)의 원칙으로 그 권리를 다른 국가에 잃을 수도 없지만, 사용하지 않은 국가가 동의나 암묵적 합의의 성격을 받아들이고 그에 따라 한 국가의 권원(title)이 다른 국가의 권원보다 더 유리하게 되는 경우, 그 권리가 상실된 것으로 확립될 수도 있다고 주장한다.[17] 그러한 용인으로 Vattel의 권위가 약해지지 않는다면, 그의 권위는 이 목적으로도 완전하고 명백할 것이다. (역자 주: 저자는 Vattel의 주장을 완곡하게 비판하고 있다.)

---

14 Paola Sarpi, Del Dominio del Mare Adriatico e sue Reggioni per il *Jus Belli* della serenissima Rep. de Venezia, *Venet*. 1676, 12°. (Paola Sarpi의 아드리아해의 지배론)

15 De Dominio Maris, Opera Minora, Dissert. V. first published in 1702. (Bynkershoek의 해양 지배론)

16 De Jur Naturæ et Gentium, lib. iv. cap. 5, § 7. (Puffendorf의 자연법과 국제법)

17 Droit des Gens, liv. i. ch. 23, §§ 279−286 (Vattel의 국제법)

11 국가 영토의 일부를 구성하는 강

국가의 영토(territory)는 그 범위 내에 완전히 둘러싸인 호수·바다·강을 포함한다. 영토를 관통하여 흐르는 강 역시 그 발원지부터 강어귀까지, 또는 영토 내에서 흘러가는 데까지 국가의 영역(domain)을 구성하는데, 강이 바다와 만나는 지점에서 형성하는 만이나 강어귀를 포함한다. 항행이 가능한 강이 국경을 접하는 국가들(conterminous states)의 경계를 형성하는 경우, 법의 추정은 강의 항행권이 양국에 공동으로 있다는 것이므로, 일반적으로 수로의 중앙(middle of the channel), 또는 탈베그(*Thalweg*)가 양국 간의 분리선으로 여겨진다. 그러나 이러한 추정은 강 연안의 일방 소유국에 강 전체에 대한 배타적 권원을 부여하는 선점(prior occupancy)과 장기간 방해받지 않은 점유(undisturbed possession)의 실제 증거에 의해 깨질 수도 있다.[18]

12 여러 국가를 통과하는 강의 무해통항권

바다나 흐르는 물과 같이 이용하더라도 고갈되지 않는 대상은, 그 소유자에게 손실이나 불편을 초래하지 않는 어떤 방식으로도 다른 사람이 이용하지 못하게 할 정도로 전유될 수 없다(cannot be appropriated). 이것이 소위 무해 이용(*innocent use*)이다. 이와 같이 우리는 한 국가의 영토를 통해 다른 국가의 영토로, 또는 모든 국가의 공용인 다른 바다로 인도하는 해협과 기타 바다 지형에 대한 한 국가의 관할권이, 다른 나라를 그러한 교통로의 무해통항권(right of innocent passage)으로부터 배제하지 않는다는 것을 보았다. 같은 원칙이 한 국가의 영토로부터 다른 국가의 영토를 통과해 바다로, 또는 제3국의 영토로 흘러가는 강에 적용될 수 있다. 여러 국가의 영토를 통과해 흐르는 강을 상업적 목적으로 항행할 권리는, 강의 제방(banks)에 자신의 주민이 거주하는 모든 국가에 공유된다. 그러나 국제법학자들이 불완전한 권리(*imperfect right*)라고 부르는 이 무해통항권은 그 행사로 영향을 받는 국가의 안전과 편의에 따라 불가피하게 수정되며, 그 행사 방식을 규정하는 상호 협약에 의해

---

18 Vattel, Droit des Gens, liv. i. ch. 22, § 266. (Vattel의 국제법) Martens, Précis du Droit des Gens Moderne de l'Europe, liv. ii. ch. 1, § 39. (Martens의 유럽의 현대 국제법 개요)

서만 실효적으로 확보될 수 있다.[19]

13 강의 제방을 사용할 부수적인 권리

이 권리는 주된 권리(principal right) 자체의 안전한 향유에 필요한 모든 수단을 사용할 부수적인 권리(incidental right)를 끌어내는 것으로 보인다. 따라서 항행이 가능한 강을 공공재산 또는 공유재산(public or common property)으로 간주한 로마법은, 강물을 이용하는 권리에 강의 연안을 사용하는 권리가 부수된다고 선언했다. 그리고 강의 항행권에 선박을 제방에 정박하고 화물을 싣고 내리는 권리 등이 부수된다고 선언했다. 국제법학자들은 이러한 로마법의 원칙을 국가 간의 같은 사안에 적용하고, 자유항행이 허용된 목적을 달성하는 데 필요한 수단으로서 인접 토지를 이용할 권리를 추론하였다.[20]

14 성질상 불완전한 부수적인 권리

이 부수적인 권리는 주된 권리 자체와 마찬가지로 성질상 불완전하며, 상호 편의를 위해 양 당사자가 반드시 협의하여 행사하여야 한다.

15 약정을 통한 권리의 변경

이 권리의 향유에 이해관계가 있는 국가들은 그 권리를 전적으로 포기하거나, 서로의 편의와 정책이 요구하는 방식으로 수정하기로 동의할 수 있다. 그러한 포기

---

19 Grotius, de Jur. Bel. ac Pac. lib. ii. cap. 2, §§ 12－14; cap. 3, §§ 7－12. (Grotius의 전쟁과 평화의 법) Vattel, Droit des Gens, liv. ii. ch. 9, §§ 126－130; ch. 10, §§ 132－134. (Vattel의 국제법) Puffendorf, de Jur. Naturæ et Gentium, lib. iii. cap. 3, §§ 3－6. (Puffendorf의 자연법과 국제법)

20 Grotius, de Jur. Bel. ac Pac. lib. ii. cap. 2, §§ 15. (Grotius의 전쟁과 평화의 법) Puffendorf, de Jur. Naturæ et Gentium, lib. iii. cap. 3, § 8. (Puffendorf의 자연법과 국제법) Vattel, Droit des Gens, liv. ii. ch. 9, § 129. (Vattel의 국제법)

의 주목할 만한 사례가 1648년 베스트팔렌 조약(treaty of Westphalia)에서 발견되고 후속 조약들로 확인되는데, 스헬더강(the Scheldt)의 항행이 네덜란드인들에게 유리하게 벨기에 지역에 대해 폐쇄되었다. 1792년 프랑스 공화국 군대가 벨기에를 점령했을 당시, 프랑스인들이 이들 조약을 침해하여 벨기에 지역에서 Scheldt 강을 항행할 수 있도록 강제로 개방한 것이 프랑스를 상대로 영국과 네덜란드가 전쟁을 벌인 주요 표면적인 이유 중 하나였다. 1815년 빈(Vienna) 조약에 의해, 벨기에 지역이 같은 군주 아래 네덜란드에 통합되고 Scheldt 강의 항행은 라인강 및 유럽의 여타 큰 강들의 항행과 같은 자유항행의 기반 위에 놓였다.

16 유럽의 큰 강들에 관한 빈 조약

1815년 빈 조약에 의해, 국가들을 분리하거나 여러 국가의 영토를 통과해 흐르는 강의 상업적 항행은 항행이 가능해지는 지점부터 강어귀까지 전 과정에서 완전히 자유라고 선언되었다. 단, 항행의 단속에 관한 규정이 준수되어야 한다는 조건이 붙었는데, 그러한 규정은 통일적이고 모든 국가의 통상에 최대한 호의적이어야 했다.[21]

빈 회의 최종의정서 부속서 16(*Annexe* xvi)에 의해, 라인강(the Rhine)의 자유항행은 "항행이 가능해지는 지점부터 바다까지, 오르내리는 전 과정에서(in its whole course, from the point where it becomes navigable to the sea, ascending or descending)" 라고 확인되었다. 네카어강, 마인강, 모젤강, 뫼즈강, 그리고 스헬더강 등도 마찬가지로 각각 항행이 가능해지는 지점부터 강어귀까지 자유라고 선포되었다. 그리고 라인강과 이들 강의 항행에 관한 상세 규정이 마련되었다. 1821년 12월 12일 드레스덴(Dresden)에서 서명된 협정으로, 엘베강(the Elbe)의 통상에 이해관계가 있는 국가들 사이에 자유항행에 관한 유사한 규정이 만들어졌다. 그리고 오스트리아와 러시아 간의 1815년 5월 3일 조약, 동일자 러시아와 프로이센 간의 조약(나중에 오스트리아가 가입)에 포함된 비스와강(the Vistula) 등 옛 폴란드의 강의 자유항행에 이해관계가 있는 국가들 간의 규정이 빈 회의 최종의정서에 의해 확인되었다. 이 최종의정서는 또한 빈 회의에서 채택된 강의 항행에 관한 일반원칙을 포강(the Po)의 항행에

21 Acte Final du Congrès de Vienne, art. 14, 96, 109. (빈 회의 최종의정서)

적용하고 있다.[22]

17 라인강의 항행

라인강(the Rhine)의 자유항행에 관한 규정의 해석을 둘러싸고 네덜란드 왕국과 그 강을 통한 통상에 이해관계가 있는 기타 국가들 사이에 논쟁이 일어났다. 네덜란드 정부는 자국 영토 내 라인강에서 분리된 지류들이 바다 안으로 들어가는 지점에서 무역을 규제하고 관세를 부과할 수 있는 배타적인 권리가 있다고 주장하였다. 네덜란드 정부는 파리 조약과 빈 조약에 나오는 "바다까지(*jusqu'à la mer*, to the sea)"의 표현은 "바다 안으로(into the sea)"와 의미가 다르다고 주장했다. 그리고 그에 더하여, 강의 상류 국가들이 조약의 용어에 대해 그렇게 엄격하게 주장한다면, 그들은 고유한 라인강 자체의 수로에 만족해야 한다고 주장하였다. 라인강을 타고 내려온 강물은 네이메헌(Nijmegen) 조금 위쪽에서 3개의 주요 수로인 발강(the *Waal*), 렉강(the *Leck*), 그리고 이셀강(the *Yssel*)으로 갈라져 바다에 도달한다. 첫 번째 수로인 Waal 강은 호르쿰(Gorcum)을 지나 내려가는데, 거기에서 이름이 뫼즈강(the Meuse)으로 바뀐다. 두 번째 수로인 Leck 강은 로테르담(Rotterdam)에서 바다로 접근한다. 세 번째 수로인 Yssel 강은 주트펜(Zutphen)과 데벤터(Deventer)를 따라 북쪽으로 향하다가 조이데르해(Zuyderzee)로 흘러든다. 하지만 이들 중 어느 것도 라인강이라고 불리지 않는다. 라인강의 이름은 빅크(Wyck)에서 Leck 강을 떠나가는 개울에 남아 있는데, 이 개울은 위트레흐트(Utrecht)와 레이던(Leyden)을 지나면서 점차 흩어져 쿨빅(Kulwyck)에서 모래언덕 사이로 사라진다. 고유한 라인강은 이처럼 항행의 목적으로 쓸모가 없으므로 항행에 이해관계가 있는 국가들 모두의 동의로 그 대신 Leck 강이 항행에 사용되었다. 그리고 나중에 항행에 더 적합하게 된 Waal 강이 Leck 강을 대체해야 한다는 데 네덜란드 정부가 동의하였다. 하지만 네덜란드 정부는 Waal 강이 밀물이 차오르는 호르쿰에서 끝나므로 라인강도 결과적으로 그곳에서 끝난다고 주장하였다. 그리고 호르쿰부터 헬부트슬루위스(Helvoetsluys) 및

22 Mayer, Corpus Juris Germanici, tom. ii. p. 224－239, 298. (Mayer의 독일법대전) Acte Final, art. 14, 118, 96. (빈 회의 최종의정서)

Meuse 강 하구까지 Waal 강에 남는 것은 네덜란드 왕국의 영토 안에 둘러싸인 길고 좁은 바다의 입구뿐이므로, 이곳은 네덜란드 정부가 적절하다고 판단하여 제정하는 모든 규정을 적용받는다고 주장하였다.

반면에 라인강의 항행에 이해관계가 있는 다른 국가들은 1814년 파리 조약의 관련 규정이 대프랑스 동맹국들의 의도와 불가분하게 연결되어 있다고 주장하였다. 그 규정은 오라녜 가문(House of Orange)의 네덜란드에 대한 주권을 영토의 계승과 함께 부활시키고 라인강의 항행은 “항행이 가능해지는 지점부터 바다까지(from the point where it becomes navigable to the sea)” 자유라고 선언하였다. 그렇게 드러난 의도는 그 후 1815년 빈 회의로 실현되었는데, 동맹국들은 벨기에의 네덜란드로의 통합을 결정하고 네덜란드 정부가 수락한 이러한 영토 확대에 부수되는 조건으로서 라인강의 항행의 자유를 확인하였다는 것이다. 그들은 라인강의 자유항행권은 필연적인 함의로 라인강을 바다와 연결하는 다른 수로의 무해 이용(innocent use)을 끌어낸다고 주장하였다. 그리고 바다 안으로(into the sea) 흘러가는 주요 통로에서 무제한의 관세를 부과하려는 네덜란드의 주장은 네덜란드 영토 내에서 다른 국가가 갖는 라인강의 항행 특권을 완전히 무용지물로 만들 것이므로, “바다까지(to the sea)”라는 표현은 이 점에서 “바다 안으로(into the sea)”라는 용어에 해당한다고 주장하였다.[23]

길고 지루한 교섭 끝에, 이 문제는 마침내 1831년 3월 31일 마인즈(Mayence)에서 모든 라인강 연안 국가들(riparian states) 사이에 체결된 협약으로 해결되었다. 라인강의 항행은 네덜란드 왕국 내 라인강의 두 주요 출구인 Leck 강과 Waal 강을 포함하여 항행이 가능한 지점부터 바다 안까지(into the sea, *bis in die See*) 자유라고 선언되었다. Leck 강을 통해 로테르담과 브리엘(Briel)을 지나가고, Waal 강을 통해서는 부르네(Voorne)-헬부트슬루이스(Helvoetsluys) 운하의 인공 수로를 이용해 도르트레흐트(Dortrecht)와 헬부트슬루이스를 지나간다. 이 조약의 조건으로, 네덜란드 정부는 브리엘 또는 헬부트슬루이스에서 바다로 나가는 통로가 자연적 또는 인위적인 원인으로 항행할 수 없게 될 경우, 자국민의 통상과 항행에 개방될 수 있는 것과 동등하게 편리한 다른 수로를 유역 국가들에 지정하기로 약정하였다. 협약은 네

23 Annual Register for 1826, vol. lxviii. p. 259－263. (애뉴얼 레지스터 1826년 판)

덜란드의 영토를 통해 바다를 출입하는 선박과 상품의 단속 및 통행세(toll-duties)에 관해서도 상세히 규정하였다. 아울러 협약은 라인강 상류 국가들의 항구에서 시행될 관련 규정을 포함하고 있다.[24]

18 미시시피강의 항행

프랑스·에스파냐·영국 간에 7년 전쟁을 종결하는 평화조약이 1763년 파리에서 체결되었다. 이 조약에 의해 프랑스가 캐나다를, 그리고 에스파냐가 플로리다를 영국에 할양하였다. 그리고 북아메리카에서 프랑스와 영국의 소유지 간 경계가 확정되었다. 즉 미시시피강의 발원지부터 이베르빌(Iberville)까지 강의 중앙선으로, 그리고 Iberville부터 미시시피강과 모레파스(Maurepas) 호수 및 폰처트레인(Pontchartrain) 호수를 거쳐 바다까지 그 중앙선으로 정해졌다. 동시에 영국 신민에게 미시시피강의 발원지부터 바다까지 항행의 권리가, 그리고 정지당하거나 조사받지 않고 무관세로 바다 입구를 출입할 권리가 확보되었다. 그 후 곧 프랑스가 루이지애나를 에스파냐에 할양하였으며, 1783년 파리(Paris) 조약으로 영국이 플로리다를 에스파냐에 반환하였다. 이들 국가 간의 개별 조약으로 미국의 독립이 인정되었으며, 미시시피강의 항행권이 미국 시민과 영국 신민에게 확보되었다. 그러나 이렇게 미시시피강 어귀에서 그리고 그 위 상당한 거리까지 양쪽 제방을 소유하게 된 에스파냐는 미국의 남쪽 경계가 미시시피강과 만나는 지점 이남에서 배타적인 항행권을 주장하였다. 미국은 이러한 주장에 저항하고, 자연법과 국제법뿐만 아니라 1763년 및 1783년 파리 조약에 따라 강의 발원지부터 바다까지 항행에 참여할 권리가 있다고 주장하였다. 이 분쟁은 1795년 산로렌소 엘레알(San Lorenzo el Real) 조약으로 종결되었다. 이 조약 제4조에서 에스파냐의 국왕은 미시시피강의 발원지부터 대양까지 그리고 전체 강폭에서 미국 시민의 자유로운 항행에 동의하였다. 그리고 제22조에 의해 미국 시민은 뉴올리언스(New Orleans) 항구에 물품을 보관하고, 창고료 외에는 어떠한 관세도 내지 않고 수출하도록 허용되었다. 그 후 미국이 루이지애나와 플로리다를 획득함으로써 미시시피강의 발원지부터 멕시코만(Gulf of

---

24 Martens, Nouveau Recueil, tom. ix. p. 252. (Martens의 신 조약집)

Mexico)까지 미시시피강 전체가 미국의 영토 내에 들어왔다. 그리고 영국 신민에게 미시시피강의 항행권을 보장했던 1783년 조약 규정이 1814년 강 조약(treaty of Ghent, 1812년 미 · 영 전쟁 종결)에서 갱신되지 않음에 따라, 이제 미시시피강의 항행권은 배타적으로 미국에 속하게 되었다.

미국 정부는 미시시피강의 항행에 에스파냐와 함께 참여할 미국의 권리를, 바다는 모든 인간에게 자유롭고 강은 모든 연안 주민에게 자유롭다는 인간의 마음속 깊이 새겨진 정서에 의존하였다. 이러한 자연권은 항행이 가능한 강을 모든 주민에게 개방함으로써 같은 정치사회 아래 통합된 국가의 모든 지역에서 보편적으로 인정되고 옹호되는 것으로 발견되었다. 강이 다른 정치사회의 경계 안으로 들어갈 때 상류의 주민이 강물을 타고 내려올 권리가 어떻게든 방해받는다면, 그것은 약한 사회에 대한 더 강한 사회의 일종의 무력행위로서 인류의 심판으로 비난받았다. 신성로마제국 황제 요제프 2세*Joseph II(1765-1790)*가 스헬더강(the Scheldt)의 항행을 앤트워프(Antwerp)에서 바다까지 개방하기 위해 시도한 최근의 사례는 이 점에 관한 정서가 일반적으로 일치함을 보여주는 뚜렷한 증거로 여겨졌다. 네덜란드 밖에서 네덜란드 정부를 옹호하는 자가 거의 없었으며, 네덜란드 내에서조차 정부가 자연권이 아니라 조약을 근거로 자신의 주장을 옹호하는 것으로 믿어졌기 때문이다. 상류의 주민에게 호의적인 이러한 권리 감정은 그 국가의 영토가 하류 국가의 영토에 대해 갖는 크기에 비례해서 더욱 강해질 것이다. 미국은 미시시피강과 그 지류에서 60만 제곱마일의 거주 가능지역을 보유하였는데, 이 강과 그 지류는 그 지역의 모든 곳으로 흘러드는 수천 마일의 항행 가능 수역을 제공했다. 미국과의 국경 이남에서 강에 접한 에스파냐의 거주 가능지역은 미국의 거주 가능지역의 1/1000이 되지 않았으며, 그것만이 미국의 이용으로 인한 불편의 우려를 주장할 수 있는 부분이었다. 이처럼 넓은 미국 지역에서 나오는 생산물을 운반해 나갈 다른 출구가 없었으며, 그 생산물은 부피가 매우 큰 종류였다. 그리고 미국 선박의 강 하류 통항은 정말로 그 주변의 에스파냐 신민들에게 해를 끼치지 않는 것은 물론 분명히 그들의 생활을 훨씬 풍요롭게 할 것이었다. 따라서 상류든 하류든 모든 주민의 실익은 사실 그들 각각의 권리와 일치했다.

미국 정부는, 그 강이 플로리다와 루이지애나 사이를 통과하는 부분에서 배타적으로 에스파냐에 속할지라도 그 강을 따른 무해 통항(innocent passage)은 에스파냐의 국경 상류에 거주하는 사람들에게 여전히 자연권이라고 주장하였다. 이 권리는 상류 국가의 주민이 통과해 가는 하류 국가의 편의에 따라 그 행사가 상당한 정도로 수정될 수 있으므로, 확실히 국제법학자들이 불완전한 권리(imperfect right)라고 부르는 것이다. 그러나 여전히 그것은 잘 정의된 어떤 권리에 못지않은 진정한 권리였다. 그리고 그 권리가 거부되거나 주민의 평온과 안전에 필요하지 않은 규제에 의해 강의 실제 이용이 불가능할 정도로 제약받는다면, 그것은 시정(redress)을 요구할 권리를 발생시키는 손상(injury)이 될 것이다. 이러한 항행을 이용할 상류 주민의 권리는 강의 연안을 소유한 하류 주민의 권리에 상응하는 것이며, 하류 주민과 마찬가지로 물과 토양과의 자연적 관계에 근거를 두고 있다. 그리고 그들 각자의 권리가 맞닿는 선은 어느 한 쪽의 권리 행사로 다른 쪽이 겪는 불편이 서로 같아지도록 앞으로 나아가거나 뒤로 물러나야 한다. 이 판단은 서로 같은 희생을 치르려는 마음으로 공정하게 내려져야 하며, 각 측의 숫자는 적정한 가중치를 가져야 한다. 에스파냐는 국경선 아래 강 양쪽에 너무도 작은 거주 가능지역을 갖고 있었기 때문에, 그것은 사실 바다로 치면 해협(strait)으로 여겨질 수 있었다. 미국과의 국경선에서 강어귀까지 거리가 80리그였지만, 홍수로 범람 시 수면 위로 드러나는 땅이라곤 듬성듬성 반점과 조각들뿐이었기 때문이다. 당시 에스파냐의 강 지역에 매우 적은 주민이 살고 있었고 앞으로도 그럴 것이 확실하므로, 강의 항행을 아무리 자유롭게 이용하더라도 그들을 불편하게 하지 않고 미국에 허용될 수 있을 것이다.[25] 그 강의 항행은 파리 조약에 규정된 기초 위에서, 즉 강폭 전체에 걸쳐 양 당사국 모두에 자유로워야 한다는 것이 양측의 이익에 필수적이었다. 미시시피강의 수로는 현저하게 구불구불하고 물이 강바닥 전반에서 끊임없이 한쪽으로 밀려갔다가 다른 쪽으로 돌아왔다. 따라서 수로가 만든 굴절 부분 안쪽에 전반적으로 상승 소용돌이가 형성되었으며, 이러한 소용돌이를 이용해서 배가 끊임없이 한쪽에서 다른 쪽으로 이동함으로써 강을 거슬러 올라갈 수 있었다. 이러한 권리가 없다면 강 전체의 항행은 실제로 미국인이나 에스파냐인 모두에게 불가능할 것이다.

---

25 The authorities referred to on this head were the following: Grotius, de Jur. Bel. ac Pac. lib. ii. cap. 2. §§ 11–13; c. 3, §§ 7–12. Puffendorf, lib. iii. cap. 3, §§ 3–6. Wolff's Inst. §§ 310–312. Vattel, liv. i. § 292; liv. ii. §§ 123–139. (이 표제에 관해 다음의 권위자가 인용되었다. Grotius(전쟁과 평화의 법), Puffendorf(자연법과 국제법), Wolff(자연법과 국제법 제도), Vattel(국제법)

어떤 물건에 대한 권리는, 그것 없이는 그 권리가 행사될 수 없는 수단에 대한 권리를 준다는 것이 원칙이었다. 즉 수단은 목적을 따라간다. 그러므로 강을 항행할 권리에는 강기슭(shores)에 배를 정박하고, 조난 시 또는 다른 필요한 목적으로 거기에 상륙할 권리가 따른다. 이 원칙은 합리적인 이유에 근거해 있고, 인류의 상식으로 증명되었으며, 앞에 인용된 국제법학자들에 의해 선언되었다. 로마법은 로마의 강을 로마 시민에 대해 공공(Public)이라고 선언함으로써 다른 국가들의 국내법과 마찬가지로 강의 항행을 자연의 기반 위에 놓았으며, 또한 강의 연안(shores)을 이용할 권리가 강물의 이용권에 부수된다고 선언했다.[26] 아마 각국의 국내법도 마찬가지로 규정했을 것이다. 이는 1783년 파리 조약에서 영국과 프랑스 간에도 그렇게 이해되었음이 틀림없다. 이 조약에서 미시시피강 전체, 그리고 명시적으로 뉴올리언스 섬과 강의 서쪽 제방 사이를 항행할 권리가 영국 신민에게 부여되었으며, 당시 두 부분 모두 프랑스에 속했고 곧바로 에스파냐에 속하게 되어 있었음에도 강안(shores)의 이용에 관해 조약에 한 마디도 언급되지 않았다. 강기슭의 이용이 강물의 이용에 부수되는 것으로 여겨지지 않았다면, 명시적으로 부수되지 않는다고 규정되었을 것이다. 그러한 규정의 필요성이 너무도 명백해서 어느 쪽도 그냥 넘어가지 않았을 것이기 때문이다. 따라서 모든 영국 신민은 강의 항행에 필요한 목적으로 강의 연안을 일상적으로 이용했다. 그리고 한번은 에스파냐 총독이 이를 금지하고 강안에 배를 매어놓은 밧줄을 잘라버리기까지 하였다. 그러자 그 영국 신민은 즉시 그 배를 뉴올리언스 맞은편으로 이동시켜 정박하였다. 그리고 경비원을 배치하고 정박을 방해하려고 하면 발포하라고 지시했다. 총독은 이를 묵인했으며, 그 후 정박권은 계속 행사되고 어떤 방해도 받지 않았다. 이 부수적인 권리는 주된 권리의 행사에 필요한 상황이 되면, 강안의 밖으로까지 확장된다. 예를 들어 파손된 선박의 경우에서처럼, 선박이 수리될 때까지 강기슭이 화물의 안전한 보관장소가 될 수 없는 경우, 강 바깥의 안전한 지대로 선박을 옮길 수 있다. 로마법이 여기에도 인용되었는데, 이 권리의 범위와 한계 모두에 대해 좋은 아이디어를 주기 때문이다.[27]

---

26 Inst. liv. ii. t. 1. §§ 1－5. (Wolff의 자연법과 국제법 제도)

27 Mr. Jefferson's Instructions to U.S. ministers in Spain, March 18, 1792. Waite's State Papers, vol. x. pp. 135－140. (Waite의 국가문서, Jefferson 국무장관의 에스파냐 주재 미국 외교사절에 대한 지시)

19 세인트로렌스강의 항행

미국과 영국의 오대호 및 세인트로렌스강(the St. Lawrence)의 항행에 관한 상대적 입장은, 미국이 루이지애나와 플로리다를 획득하기 전에 미시시피강의 항행에 관해 미국과 에스파냐가 가졌던 입장과 유사해 보인다. 미국은 오대호의 남쪽 연안, 그리고 세인트로렌스강의 남쪽 연안을 북쪽 국경선이 강과 만나는 지점까지 소유하고 있었다. 반면에 영국은 오대호의 북쪽 연안, 그리고 세인트로렌스강의 북쪽 연안을 바다에 이르기까지 전체적으로, 그리고 북위 45도부터 강어귀까지는 강의 남쪽 제방도 소유하고 있었다.

미국인들이 세인트로렌스강을 따라 바다를 출입할 항행권을 주장함에 따라, 이 문제가 최근 미국과 영국 정부 간에 논의 주제가 되었다. 미국 정부는 이 권리의 근거를 이전에 미시시피강에 관해 주장했던 바와 똑같이 자연권과 명백한 필요성(obvious necessity)에 두었다. 이 문제에 관해 양측이 주고받은 문서에 유럽 국가 간의 1784년 스헬더강(the Scheldt)의 항행에 관한 분쟁도 언급되어 있는데, 스헬더강의 경우는 그 강의 특수한 사정으로 인해 세인트로렌스강의 경우와 달랐다. 무엇보다도, 네덜란드 측이 자신의 영토 내를 통과하는 스헬더강의 두 지류 전체 수로가 완전히 인공물(*artificial*)이라고 주장한 것으로 알려졌다. 즉 그 수로의 존재 자체가 네덜란드 사람들의 기술과 노동의 산물이며, 엄청난 비용을 들여 그 제방을 축조하고 유지해 왔다는 것이다. 따라서 아마도 그것이 베스트팔렌(Westphalia) 조약에서, 사스 운하와 스윈 운하(canals of Sas and Swin)가 소재한 스헬더강 하류, 그리고 그 운하에 인접한 바다의 다른 입구들이 네덜란드 쪽에서 닫혀있어야 한다고 규정된 동기일 것이다. 그러나 세인트로렌스강의 경우는 완전히 달랐다. 미국이 이 강의 자유항행의 근거로 주장한 원칙은 최근에 주요 유럽 국가들의 엄숙한 행위(solemn acts), 즉 조약으로 명확히 확인되었다. 빈 회의에서 체결된 조약에, 라인강 · 네카어강 · 마인강 · 모젤강 · 뫼즈강 · 스헬더강의 항행은 모든 국가에 자유로워야 한다고 규정되었다. 영국이 한 당사국인 이들 규정은 이 일반적인 문제에 대한 유럽의 현재 판단을 보여주는 것으로 여겨질 수 있다. 지금 문제가 된 항행권 주장의 중요성은 미시간 준주(territory of Michigan) 외에 적어도 미국연방 8개 주의 주민이 이 항행권에 직접적인 이해관계를 갖고 있다는 사실뿐만 아니라, 이 강과 연결된 다른 지역 및 이 강을 통해 바다와 통하는 내해(inland sea)의 잠재적 이익에 의해서도 판단될 수 있다. 이처럼 많은, 그리고 계속 증가하는 주민이 바다로 통하는 유일한 자연적 출구인 이 강을 이용할 권리는 제퍼슨*Jefferson*이 미시시피강의 항행에 관해 에스파냐와 교섭 당시 주장했던 바와 똑같은 원칙과 권위에 의해 뒷받침되었다. 현재의 주장은 이 항행이 1756년 전쟁에서 모국과 식민지의 공동 노력으로 프랑스로부터 획득한 것으로서 미국 혁명전쟁 이전에 대륙의 모든 영국 신민의 공유재산이었다는 고려사항에 의해서도 강화되었다. 세인트로렌스강의 자유항행에 관한 미국의 주장은, 미시시피강의 어귀와 하류 연안이 다른 국가의 소유이던 때에 영국이 1763년 파리 조약 제7조에 의해 인정받았던 미시시피강의 항행에 관한 주장과 같은 성격이었다. 미국의 주장은 미국에 필요하면서도 영국에 손상을 주지 않고, 영국의 어떠한 정당한 권리도 침해할 여지가 없었다.[28]

미국 정부의 주장은 영국 정부 측에 세인트로렌스강의 완전한(*perfect*) 자유항행권이 국제법의 원칙과 국가 관행에 따라 주장될 수 있는지의 문제를 수반하는 것으로 여겨졌다.

한 국가가 다른 국가의 영토를 통해 누릴 수 있는 통행(통항)의 자유(liberty of passage)는, 가장 저명한 국제법학자들에 의해, 최고의 재산권에 대한 제한적이고 흔치 않은 예외로 취급되었다. 그들은 한 국가의 소유지로부터 다른 국가의 소유지를 통과해 바다로 흘러가는 강의 통항권을 육지 주민들이 일반적으로 접근 가능한 육로나 수로에 의해 누리는 통행(항)권과 구별하지 않았다. 그러므로 통항권은 무역의 목적 외에 다른 목적으로도(평화의 목적뿐만 아니라 전쟁의 목적으로도) 어느 특정 국가에 못지않게 모든 국가가 이용할 수 있어야 하고, 자연 교통로와 인공 교통로 모두에 적용되어야 한다. 따라서 미국 정부가 영국 신민을 위해 미시시피강과 허드슨강의 항행에 같은 원칙을 호혜적으로 적용할 준비가 되어 있지 않은 한 미국 정부는 이 원칙을 주장할 수 없다. 캐나다로부터 이들 두 강에 대한 접근은 수 마일의 육상 운송이나 뉴욕-오하이오 운하로 생긴 인공 교통로로 확보될 수 있다. 그런 이유로 국제법학자들은 통과권(right of transit)을 현지 주권자가 배타적으로 결

---

28 American Paper on the Navigation of the St. Lawrence. Congress Documents, Sessions 1827, 1828; No. 43, p.34. (St. Lawrence 강의 항행에 관한 미국 의회의 1827－28년 회기 문서)

정하는 무해 효용(*innocent* utility)의 용도로 제한함으로써 그렇게 광범위하고 위험한 원칙의 시행을 통제할 필요성을 느꼈다. 그래서 그들은 문제의 권리를 불완전한(*imperfect*) 권리라고 불렀다. 그러나 이 국제법학자들의 주장이나 독일의 큰 강들의 항행에 관한 빈 조약 규정에, 미국의 절대적 자연권 주의(doctrine of an absolute, natural right)를 옹호하는 어떤 것도 없었다. 빈 조약의 규정들은 이 항행에 관련된 각국의 상대적 사정으로부터 나오는 상호 이익의 고려에 근거한 상호 동의의 결과였다. 이는 여러 시기에 미시시피강의 항행에 적용되었던 다양한 협약 규정에도 적용될 것이다. 영국인과 미국인에 의한 세인트로렌스강의 동시 획득에서 도출되는 어떤 추정적인 권리에 관해서는, 미국의 독립을 인정하고 북아메리카 영국령을 새로운 미국 정부와 모국 정부 간에 분리한 1783년 조약 이후에도 그러한 권리가 남아 있다고 인정될 수 없다.[29]

영국 정부의 이러한 주장에 대해, 미국 측은 당연한 일이지만 세인트로렌스강이 항행 가능한 바다를 연결하는 해협(*strait*)으로 여겨진다면, 논란이 덜할 것이라고 대응했다. 해협을 항행할 권리가 의존하는 원칙은, 해협은 그것이 연결하는 바다에, 그리고 배타적이 아니라 모든 국가에 공통적인 항행의 권리에 부대적(accessorial)이라는 것이다. 바다를 항행할 권리는 해협을 통과할 권리를 끌어온다. 미국과 영국은 서로 오대호를 항행할 배타적인 권리가 있다. 세인트로렌스강은 그 호수를 바다와 연결한다. 호수와 바다 모두를 항행할 권리는 자연적 연결고리를 통해 한 곳에서 다른 곳으로 이동할 권리를 포함한다. 그렇다면 호수의 두 공동소유국 중 어느 일방이 상대방에게 호수의 완전한 향유에 필요한 자연의 공통적인 혜택을 일절 누리지 못하게 하는 것이 합리적이거나 정당한가? 한 국가가 다른 국가의 영토를 통한 통행을 주장하는 육상 통행권과 항행 가능한 수역을 통한 통행을 주장하는 수상 통항권 간의 구별은, 국제법학자들이 항상 명확하게 표명하지는 않았을지라도, 사물의 본질상 분명히 존재한다. 전자의 경우에 통행은, 특히 그것이 수많은 사람의 통행이라면, 그 대상이 된 영토가 속한 국가에 어떤 손상이나 불편을 주지 않고는 거의 불가능하다. 그러나 수상 통행의 경우는 그러한 손상이 일어나지 않는다. 미국 정부는 유사한 상황에서 원칙의 혜택이 영국에 거부되는 그런 원칙을 주장하려는 것이 아

29 British Paper on the Navigation of the St. Lawrence, Sessions 1827, 1828; No. 43, p. 41. (세인트로렌스강의 항행에 관한 영국 의회의 1827－28년 회기 문서)

니었다. 따라서 발견이 더욱 진전되어 미시시피강과 Upper Canada(역자 주: 오늘날 캐나다 온타리오주에 해당하는 지역) 사이에 미국과 세인트로렌스강 사이에 존재하는 것과 유사한 연계가 개발된다면, 미국 정부는 세인트로렌스강에 대해 자신이 주장한 것과 똑같은 원칙을 미시시피강에 적용할 준비가 항상 되어 있을 것이다. 그러나 전적으로 한 국가의 영토 내에서 물이 차오르고 빠지는 강의 경우는, 강의 발원지와 항행 가능 부분이 상류 국가에 있고 강의 하류에 있는 다른 국가의 영토 내에서 최종적으로 바다로 들어가는 강의 경우와 혼동되어서는 안 된다. 전자의 경우, 다른 국가에 항행을 개방하는 문제는 외국과의 다른 통상 관계의 규제에 영향을 미칠 수 있는 똑같은 고려사항에 달려 있으며, 배타적으로 현지 주권자에 의해 결정될 일이었다. 그러나 후자의 경우, 상류 국가의 주민에게 강의 자유항행은 하류 국가의 자의적인 변덕으로 그 권리를 완전히 빼앗길 수는 없는 일종의 자연권이었다. 이 권리의 행사를 유럽 강의 항행에 관해 빈 회의에서 제안되어 체결된 조약 규정에 따르게 한 사실도, 그 권리의 기원이 자연법이 아니라 협약법이라고 증명하기에 충분하지 않았다. 때로는 필수적이지 않을지라도 많은 경우에 자연권의 향유를 위해 특정 규칙을 제정함으로써 논란을 피하는 것이 매우 편리하였다. 자연법의 큰 윤곽과 일반적인 목적은 충분히 이해될 수 있지만, 자연법이 현대의 항행과 통상의 복잡한 욕구와 다양성이 요구하는 모든 세세한 부분까지 항상 도달하지는 않는다. 그런 이유로 대양의 항행 권리 자체는 많은 경우, 주로 전쟁 상태에 부수적으로 수많은 조약에 의해 각종 규제를 받는다. 이러한 규정들, 즉 빈에서 마련된 규정과 기타 유사한 규정들은 우주의 최고 입법자(paramount Lawgiver of the universe)에 대한 인간의 자발적인 경의의 표시로 여겨져야 한다. 이 규정들은 그가 창조한 위대한 작품들을 자의적이고 부당한, 인위적인 속박과 이기적인 장치로부터 구해냈다.[30]

30 Mr. Secretary Clay's Letter to Mr. Gallatin, June 19, 1826. Sessions 1827, 1828; No. 43, p. 18. (Clay 미국 국무장관의 영국 주재 미국 외교사절 Gallatin 공사 앞 1826년 서한)

P. A. R. T

03

평화적 관계에서 국가의 국제적 권리

Chapter 01

사절권

1 상주 외교공관의 관행

국가들 간의 상주 외교공관(permanent diplomatic missions) 제도만큼 현대문명의 진보를 뚜렷이 보여주는 정황은 없다. 고대 고전 국가들은 대사(ambassadors)의 권리를 알고 있었으며 어느 정도 존중하였다. 중세에는 대사의 권리가 그만큼 뚜렷이 인정되지 않았으며, 17세기가 되어서야 확립되었다. 1648년 베스트팔렌 평화조약(peace of Westphalia) 이후 유럽의 모든 궁정에서 상주 외교공관 제도가 시행되었으며, 통상·정치 관계의 확대와 세력 균형(balance of power)에 대한 더욱 정교한 예측 필요성에서 서로의 문제에 관심이 증가함에 따라 이 제도가 유용해졌다. 이런 이유로 사절권(rights of legation)이 명확히 확인되어 국제법에 통합되었다.

2 외교사절의 파견 권리와 접수 의무

각 독립 국가는 평화·우호 관계를 유지하고자 하는 어떤 주권국가와도 외교사절(public ministers)을 파견하고 접수할 권리가 있다. 외교사절을 파견하거나 접수해야 할 일종의 상호 의무가 국가들의 관행과 예양(usage and comity)에 의해 확립된 것으로 보일지라도, 엄격히 말해서 어떤 국가도 실정 국제법에 의해 그렇게 해야 할 의무는 없다. 하지만 이는 불완전한 의무(imperfect obligation)일 뿐이며, 외교관계를 통해 국가 간에 유지하려는 관계의 성격과 중요성에 의해 수정되어야 한다

는 것은 분명하다.[1]

3 사절권은 어떤 국가에 속하는가

종속국이나 반주권국이 어느 정도로 사절권을 갖는지는 그들을 보호하는 종주국과의 특수관계의 성격에 달려 있다. 그래서 러시아와 오스만제국 간의 1774년 카이나르지(Kainardgi) 조약으로 러시아의 보호 아래 놓인 몰다비아와 왈라키아(provinces of Moldavia and Wallachia)는 그들을 대표하는 외교사절로 그리스 정교회 출신의 대리공사(chargés d'affaires)를 오스만제국의 콘스탄티노플 궁정에 파견할 권리가 있다.[2]

국가연합을 구성하는 국가 역시 마찬가지다. 연합 구성국 서로 간에 또는 외국에 외교사절을 파견할 권리는 연합의 특성과 그들을 구속하는 연합 헌법에 달려 있다. 이전 독일제국(German empire, 신성로마제국)의 헌법, 그리고 현재 독일연합(Germanic confederation)의 헌법하에서 이 권리는 연합을 구성하는 모든 군주와 국가에 남아 있다. 네덜란드 7개 주 연합공화국의 구 헌법도 그랬으며, 현재 스위스연합의 헌법이 그렇다.

미합중국의 헌법에 의해, 미국의 각주는 의회의 동의 없이 연방의 다른 주나 외국과 동맹조약이나 연합조약, 또는 어떤 다른 협정도 맺는 것이 명시적으로 금지되어 있다. 이러한 금지로 외교사절을 파견하고 접수할 수 있는 원래의 권리가 완전히 없어진 것은 아니더라도 근본적으로 수정되었다.

1 Vattel, Droit des Gens, liv. iv. ch. 5, §§ 55–65. (Vattel의 국제법) Rutherforth's Institutes, vol. ii. ch. 9, § 20. (Rutherforth의 자연법 제도) Martens, Précis du Droit des Gens Moderne de l'Europe, liv. vii. ch. 1, §§ 187–190. (Martens의 유럽의 현대 국제법 개요)

2 Vattel, liv. iv. ch. 5, § 60. (Vattel의 국제법) Kluber, Droit des Gens Moderne de l'Europe, st. 2. tit. 2, ch. 3, § 175. (Kluber의 유럽의 현대 국제법)

4 사절권은 내전이나 주권 다툼으로 어떻게 영향받는가

외교사절을 파견하고 접수하는 권한이 정부 어느 기관에 속하는지의 문제도 국가의 헌법에 달려 있다. 절대 군주국이든 입헌 군주국이든 군주국에서는 이 대권(prerogative)이 대개 군주(sovereign)에게 있다. 공화국에서는 이 대권이 최고 행정관(chief magistrate)에게 있거나, 최고 행정관과 공동으로 또는 배타적으로 의회(senate or council)에 부여되어 있다. 혁명이나 내전 또는 기타 주권 다툼이 일어난 경우, 그 국가의 정당한 권위가 누구에게 있는지 결정할 배타적인 권리는 엄밀하게 말해서 그 국민에게 있지만, 필연적으로 외국은 대사를 파견하고 접수함으로써 사실상(*de facto*)의 정부를 승인할지, 자신이 정당한 주권자로 여기기로 선택한 군주와 평소의 외교 관계를 계속할지, 또는 문제의 국가와 그러한 관계들을 아예 중단할지 스스로 판단해야 한다. 따라서 어떤 제국에서 지방이나 식민지가 반란(revolt)을 일으켜 독립을 선언하고 유지함으로써 제국이 분리된 경우에도, 외국은 새로운 국가와 외교 관계를 시작할지 또는 그의 본국이 독립을 승인할 때까지 기다릴지 편의에 따라 결정하게 된다.[3]

이러한 문제를 정식으로 그리고 적극적으로 결정함으로써 발생할지도 모르는 곤란한 상황을 회피하기 위해 외교관(diplomatic agents)의 교체가 빈번하게 이루어진다. 그들은 대표성이 부여되지도 않고 외교 영예(diplomatic honours)를 누릴 자격도 없지만 그러한 권한이 있는 듯한 외관을 하고 외교사절의 면제를 누린다.

5 외교사절의 조건부 접수

어떤 국가도 다른 국가로부터 외교사절을 접수해야 할 전적인 의무는 없으므로, 국가는 자신이 적합하다고 생각하는 접수 조건을 달 수 있다. 그러나 일단 접수되면, 외교사절은 그 조건 이외의 다른 모든 면에서 국제법이 그의 공적 성격에 부여하는 특권을 누릴 권리가 있다. 따라서 어떤 정부는 자국의 신민(subjects)인 자는 외국의 외교사절로 접수하지 않는다는 규칙을 가지고 있다. 또 어떤 정부는 자국의 신

---

3 Vide ante, pt. i. ch. 2, §§ 17, 18. (이 책 제1부 제2장 제17·18항을 보시오)

민인 자를 명시적인 조건, 즉 계속해서 자국의 법과 관할권을 적용받는다는 조건으로 접수할 수도 있다. 따라서 한 궁정이 거부의 근거가 된 동기를 들어 특정 개인을 다른 궁정의 외교사절로 접수하기를 거부할 수도 있다.[4]

6 외교사절의 분류

시원적 국제법은 여러 종류의 외교사절(public ministers) 간에 어떠한 구별도 하지 않는다. 그러나 유럽의 현대 관행은 이 점에서 실정 국제법에 일정한 구별을 도입하였는데, 그에 대한 정확한 정의가 없어 끊임없는 논란거리가 되었다. 마침내 빈(Vienna) 회의와 엑스라샤펠(Aix-la-Chapelle) 회의에서 통일된 규칙이 채택되어 논란이 종식되었다. 이렇게 수립된 규칙으로 외교사절은 다음과 같이 4개 등급(classes)으로 나누어진다.

1. 대사(ambassadors), 교황청 대사(papal legates or nuncios).
2. 주권자에게 파견되는 사절(envoys), 공사(ministers), 또는 기타 인사.
3. 주권자에게 파견되는 변리공사(ministers resident).
4. 외무장관에게 파견되는 대리공사(chargés d'affaires).[5]

첫째 등급의 대사와 교황청 대사는 자신을 파견한 군주나 국가를 특별히 대표하는 소위 대표성(*representative* character)을 가지며, 그의 군주가 친히 참석한다면 받을 영예(honours)와 똑같은 영예를 누릴 자격이 있다고 여겨진다. 하지만 이는 그들이 받을 자격이 있는 영예의 종류를 가리키는 것으로서 일반적인 의미로 받아들여져야 한다. 이 등급의 외교사절에 대해 거행될 정확한 의식은 관행에 달려 있는데, 유럽 역사의 여러 시대에 걸쳐 그 관행이 변동하였다.

---

4 Bynkershoek, de Foro Competent. Legatorum, cap. 11, § 10. (Bynkershoek의 외교사절론) Martens, Manuel Diplomatique, ch. 1, § 6. (Martens의 외교 편람)

5 Récez du Congrès de Vienne du 19 Mars, 1815. (빈 회의 회의록) Protocol du Congrès d'Aix la Chapelle du 21 Novembre, 1818. (엑스라샤펠회의 의정서) Martens, Manuel Diplomatique, ch. 4, § 38. (Martens의 외교 편람)

정규(ordinary) 대사와 특별(extraordinary) 대사 간에는 약간의 차이가 있다. 정규 대사의 명칭은 상설적 임무로(on permanent missions) 파견되는 대사에게 배타적으로 사용되고, 특별 대사의 명칭은 특정의 또는 특별한 경우에(on a particular or extraordinary occasion) 임명되거나 간혹 외국의 궁정에 정해진 기한 없이 머무는 대사에게 사용된다.[6]

대사를 파견할 권리는 배타적으로 국왕(crowned heads), 대 공화국(great republics), 그리고 왕의 영예(royal honours)를 누릴 자격이 있는 국가들에 한정되어 있다.[7]

다른 모든 외교사절은 군주의 신분과 존엄성을 일반적으로 대표하는 데서 나오는 것으로 추정되는 그러한 특별한 성격이 없다. 그들은 단지 자신이 주재하는 궁정에서 자신의 임무로 맡겨진 특정 업무(particular business)에 관해서만 군주를 대표한다.[8]

둘째 등급의 외교사절은 사절(envoys), 특별사절(envoys extraordinary), 전권공사(ministers plenipotentiary), 특별사절 겸 전권공사(envoys extraordinary and ministers plenipotentiary), 그리고 교황청 공사(internuncios of the pope)이다.[9]

셋째 등급의 외교사절에는 공사(ministers), 변리공사(ministers resident), 그리고 군주에게 파견되는 대리공사(ministers chargés d'affaires accredited to sovereigns)가 포함된다.[10]

마지막 등급의 외교사절로서 주재국 외무장관에게 파견되는 대리공사(chargés d'affaires accredited to the minister of foreign affairs)는 원래 그 자격으로 파견되어 주재하는 대리공사(chargés d'affaires *ad hoc*)이거나, 외교사절이 부재중에 그를 대신하는 공사대리(chargés d'affaires *par interim*)이다.[11]

---

6 Vattel, Droit des Gens, liv. iv. ch. 6, §§ 70－79. (Vattel의 국제법) Martens, Précis du Droit des Gens Moderne de l'Europe, liv. vii. ch. 2, § 192. (Martens의 유럽의 현대 국제법 개요) Martens, Manuel Diplomatique, ch. 1, § 9. (Martens의 외교 편람)

7 Martens, Précis, &c. liv. vii. ch. 2, § 198. Vide ante, pt. ii. ch. 3, § 2. (Martens의 유럽의 현대 국제법 개요)

8 Martens, Manuel Diplomatique, ch. 1, § 10. (Martens의 외교 편람)

9 Ibid. (앞의 책)

10 Martens, Précis, &c. liv. vii. ch. 2, § 194. (Martens의 유럽의 현대 국제법 개요)

11 Martens, Manuel Diplomatique, ch. 1, § 11. (Martens의 외교 편람)

빈 회의에서 제정되고 이후 일반적으로 채택된 규칙에 따라, 외교사절은 그들이 주재하는 궁정에 자신의 도착을 공식 통보한 날짜에 따라 각 등급 내에서 그들 간의 서열이 정해진다.[12]

빈 회의의 결정으로, 외교사절의 파견국 궁정과 주재국 궁정 간의 혈연 및 가족 관계, 또는 정치 관계에서 비롯되는 외교사절 간의 지위 구별도 폐지되었다.[13]

국가는 어떤 등급의 외교사절이든지 파견할 권리가 있으며, 자신의 외교사절에 대해 어떤 등급을 부여할지 스스로 결정할 수 있다. 그러나 상대방 정부에 서로 상주공관을 유지하고 있는 국가는 관행상 일반적으로 같은 등급의 외교사절을 파견하고 접수한다. 한 명의 외교사절이 여러 궁정에서 군주를 대표할 수도 있다. 여러 국가가 참가하는 회의(congress)에서처럼, 특정 국가에 파견되지 않고 회의 참가국들과 교섭하기 위해 한 명 또는 여러 명의 외교사절이 전권위임장(full powers)을 받을 수도 있다.[14]

군주나 외무장관에게 파견되는 것이 아닌 영사(consuls)와 통상 주재관(commercial agents)은 일반적으로 외교사절로 여겨지지 않는다. 하지만 유럽과 아메리카의 기독교 국가들이 바르바리 국가(Barbary States, 역자 주: 당시 서양에서 북아프리카 지중해 연안의 이슬람 국가들을 부르던 명칭)에 유지하던 영사는 외교사절로서 파견되고 대우받는다.[15]

7 신임장

각 외교사절이 그 자격으로 접수되고 그의 지위에 수반되는 특권과 영예를 누리기 위해서는 그에게 신임장(letter of credence)이 부여되어야 한다. 처음 3개 등급

12 Récez du Congrès de Vienne du 19 Mars, 1815, art. 4. (빈 회의 회의록)

13 Ib. art. 6. (앞의 회의록)

14 Martens, Précis, &c. liv. vii. ch. 2, §§ 199－204. (Martens의 유럽의 현대 국제법 개요)

15 Bynkershoek, de Foro Competent, Legat. cap. 10, §§ 4－6. (Bynkershoek의 외교사절론) Martens, Manuel Diplomatique, ch. 1, § 13. (Martens의 외교 편람) Vattel, liv. ii. ch. 2, § 34. (Vattel의 국제법) Wicquefort, de l'Ambassadeur, liv. i. § 1, p. 63. (Wicquefort의 대사론)

의 대사·사절 또는 공사의 경우, 신임장은 자국의 군주(sovereign)나 최고 행정관(chief magistrate)의 이름으로 그가 파견되는 군주나 국가 앞으로 작성된다. 대리공사(chargés d'affaires)의 경우에는, 외무장관 또는 외무부 담당 국무장관 명의로 상대국 정부 외무장관 앞으로 신임장이 작성된다. 신임장은 내각 서한(*cabinet letter*)의 형식을 취할 수도 있으나, 더 일반적으로 국무원 서한(*letter of council*) 형식으로 작성된다. 후자의 형식으로 작성되는 경우, 군주가 서명하고 국새(great seal of state)가 날인된다. 외교사절은 신임장의 인증 사본(authenticated copy)을 접수국의 외무장관에게 전달하면서 그 군주나 최고 행정관에게 신임장 원본을 제정하기 위한 알현(audience)을 주선해 주도록 요청한다. 신임장에는 외교사절의 임무의 일반적인 목적이 명시되고, 그가 본국 궁정의 입장에서 하는 말을 완전히 신뢰하고 신용해 주기를 요청하는 내용이 적혀 있다.[16]

8 전권위임장

외교사절에게 교섭 권한을 부여하는 전권위임장(full power)이 신임장에 기재되는 방식으로 포함될 수도 있으나, 보통은 칙허장(letters patent, 역자 주: 군주가 권한이나 권리를 부여하는 공식 문서)의 형식으로 작성된다. 일반적으로, 국제회의(congress)에 파견되는 외교사절은 신임장이 제공되지 않고 전권위임장만 주어지는데, 그 사본을 참가국 외교사절과 상호 교환하거나, 중개 국가(mediating power) 또는 회의 주재국의 외교사절에서 기탁한다(deposit).[17]

9 훈령

외교사절에 대한 훈령(instructions)은 오직 그 외교사절 본인을 위한 것이다. 훈령을 전체적(*in extenso*) 또는 부분적으로 주재국 정부에 전달하라는 본국 정부의 지

---

16 Martens, Précis, &c. liv. vii. ch. 3, § 202. (Martens의 유럽의 현대 국제법 개요) Wicquefort, de l'Ambassadeur, liv. i. § 15. (Wicquefort의 대사론)

17 Wicquefort, liv. i. § 16, (Wicquefort의 대사론) Martens, Précis, &c. liv. vii. ch. 3, § 204. Manuel Diplomatique, ch. 2, § 17. (Martens의 유럽의 현대 국제법 개요, 외교 편람)

시를 받거나 외교사절 자신의 재량으로 그러한 전달이 적절하다고 판단하는 경우가 아닌 한 훈령을 주재국 정부에 전달해서는 안 된다.[18]

10 통행증

평시에 자신의 부임지로 향하는 외교사절은 자국 정부가 발급한 통행증(passport) 이외에 다른 어떤 보호도 필요로 하지 않는다. 전시에 부임지에 가기 위해 자국과 적대 상태에 있는 국가의 영토를 통과해야 하는 외교사절은, 적의 영토를 안전하게 통과하기 위해 적국 정부로부터 안전보장증서(safe-conduct)나 통행증을 받아야 한다.[19]

11 파견되는 국가가 아닌 다른 국가의 영토를 통과하는 외교사절

외교사절은 자신이 파견되는 국가의 영토 내에서 누리는 모든 특권과 면제가 아직 부여되지 않았을지라도, 자신이 파견되는 국가가 아닌 다른 우호국의 영토를 통과하는 과정에서 존중과 보호를 받을 권리가 있다. 외교사절이 접수국이 아닌 외국의 영토 내에서 받을 존중과 보호의 범위에 관해, Vattel은 이성이나 국가 관행 또는 다른 국제법학자들의 권위에 의해 보장되는 것보다 더 멀리 나아간다.

누구보다도 Grotius와 Bynkershoek는 국제법에 따른 대사의 불가침성(inviolability)이 대사가 파견되는 국가의 군주만 구속한다고 이해한다. 그리고 특히 대사권 옹호의 챔피언으로 여겨졌던 위크포트*Wicquefort(1606-1682)*는, 프랑스의 국왕 프랑수아 1세*François I(1515-1547)*의 외교사절이 신성로마제국 카를 5세*Karl V(1519-1556)* 황제의 영토를 통과하던 중에 암살된 사건은 흉악한 살인이기는 하지만 대사의 특권에 관한 국제법 위반은 아니라고 판단한다. 그것은 무해통행권(right of innocent

18 Manuel Diplomatique, ch. 2, § 16. (Martens의 외교 편람)

19 Vattel, liv. iv. ch. 7, § 85. (Vattel의 국제법) Manuel Diplomatique, ch. 2, § 19. (Martens의외교 편람) Flasasan, Histoire de la Diplomatie Française, tom. v. p. 246. (Flassan의 프랑스 외교사)

passage)의 위반일 수 있는데, 범죄의 대상이 된 자가 존엄한 인물이라는 사정으로 인해 사태가 악화되었다는 것이다. 그것은 또한 대사를 파견하고 접수하는 국가들 사이에서만 존재할 수 있는 법적 함의로부터 나오는 대사로서의 보호 문제를 수반함이 없이 카를 5세 황제에 대한 정당한 전쟁의 원인이 될 수도 있다.[20]

12 임지에 도착한 외교사절의 도착 통보

임지에 도착하는 즉시 도착 사실을 주재국 외무장관에게 통보하는 것이 각 외교사절의 임무이다. 첫째 등급의 외교사절의 경우, 이 통보는 보통 대사관이나 공사관의 서기관(secretary of embassy or legation) 또는 기타 소속 직원에 의해 행해지는데, 외무장관에게 신임장의 사본을 직접 전달하면서 외교사절의 주재국 군주에 대한 알현(audience)을 요청한다. 둘째 또는 셋째 등급의 외교사절의 경우에는 보통 공한으로 외무장관에게 도착을 통보하면서 신임장 제정에 관한 군주의 지시를 받아 줄 것을 요청한다. 군주에게 파견되는 것이 아닌 대리공사(chargés d'affaires)는 마찬가지로 공한으로 외무장관에게 도착을 통보하면서 신임장 제출을 위한 외무장관에 대한 예방을 요청한다.

13 군주 또는 최고 행정관에 대한 알현

첫째 등급의 대사와 교황청 대사는 군주에 대한 공식 알현(*public audience*) 자격이 있다. 그러나 외교사절의 기능을 시작하는 데 이 의식이 필수적이지는 않다. 이 의식은 이제 이 등급의 외교사절에 대해 이전에 행해졌던 장엄한 입장(*solemn entry*) 의식과 함께 보통 생략되고, 다른 외교사절과 마찬가지로 군주에 대한 개별 알현(*private audience*)이 주어진다. 이 알현에서 신임장이 제정되며, 외교사절은 경의의 인사말

---

20 Vattel, liv. iv. ch. 7, § 84. (Vattel의 국제법) Wicquefort, liv. i. § 29, pp. 433－439. (Wicquefort의 대사론) Grotius, de Jur. Bel. ac Pac. lib. ii. cap. 18, § 5. (Grotius의 전쟁과 평화의 법) Bynkershoek, de Foro Competent. Legat. cap. 9, § 7. (Bynkershoek의 외교사절론) Rutherforth's Instit. vol. ii. b. ii. ch. 9, § xx. (Rutherforth의 자연법 제도) Ward's Hist. of the Law of Nations, vol. ii. ch. 17, pp. 334－339. (Ward의 국제법의 역사)

(complimentary discourse)을 하고 여기에 군주가 화답한다. 공화국에서는 최고 행정관(chief executive magistrate)이나 외무담당 평의회(council charged with the foreign affairs)가 유사한 방식으로 외교사절을 접견한다.[21]

14 외교 의례

같은 궁정에 주재하는 외교단(diplomatic corps) 구성원 서로 간에, 그리고 접수국의 정부 구성원에 대해 지켜야 할 특정 의례(etiquette)가 문명국의 관행으로 확립되었다. 이 점에서 예양으로 준수가 요구되는 외교사절의 임무는 법규라기보다는 예절수칙(code of manners)에 속하며, 적극적인 제재의 대상이 될 수 없다. 그러나 지키지 않으면 더 진지하고 중요한 임무를 수행하는 데 불편이 따를 수 있는 일정한 확립된 규칙이 있다. 같은 궁정에 주재하는 외교사절 간에 서로 방문하고 답방할 것을 요구하는 유럽의 외교 의식인 의례 방문(visits of etiquette)이 그런 것이다.[22]

15 외교사절의 특권

외교사절은 접수국의 영토에 들어서는 순간부터 주재하는 동안, 그리고 그 국가를 떠날 때까지 그 국가의 민사·형사 관할권 모두로부터 완전한 면제를 누린다. 군주 또는 국가로부터 위임받아 그의 권리·이익·존엄성을 대표하는 외교사절의 신체는 신성하고 불가침(sacred and inviolable)이다. 접수국 관할권으로부터 완전 면제에 관한 더욱 생생한 관념을 주기 위해 치외법권의 의제(fiction of extra-territoriality)가 고안되었다. 이로써 외교사절은 실제로는 외국에 있을지라도 여전히 자기 군주의 영토 내에 남아 있는 것으로 여겨진다. 그는 자신의 인적 지위와 재산권이 계약·상속 또는 유언 어느 것에서 유래하든, 그러한 지위와 권리를 규율하는 자국법을 계속 적용받는다. 그의 자녀는 외국에서 태어나더라도 본국 국민으로 여겨진다. 이러한 접수국의 법과 관할권으로부터 면제는 외교사절이 임무 수행을 위해 접수

21 Martens, Manuel Diplomatique, ch. 4, §§ 33－36. (Martens의 외교 편람)

22 Manuel Diplomatique, ch. 4, § 37. (Martens의 외교 편람)

국의 권위로부터 완전히 자유로워야 할 필요성에서 비롯된 상호 효용성에 근거하고 있다. 한편으로 외교사절을 파견하고 다른 한편으로 외교사절을 접수한다는 사실은 외교사절이 자국의 권위에만 따른다는 양국 간의 묵시적 합의에 해당한다.[23]

외교사절이 신임장을 제정하기 전이라면, 외교사절 자신의 정부가 부여한 통행증(passports)이나 안전보장증서(safe conduct)가 이 특권의 목적으로 접수국에서 그의 공적 성격을 증명하는 충분한 증거가 된다.[24]

16 주재국 관할권으로부터 면제의 일반규칙에 대한 예외

이러한 면제는 외교사절 본인뿐만 아니라, 그의 가족과 수행원(suite), 공관의 서기관(secretaries)과 기타 서기, 사용인(servants), 동산인 물건, 그리고 그가 거주하는 관저에도 적용된다.[25] 외교사절은 일반적으로 주재국의 민사·형사 관할권 모두로부터 완전히 면제된다. 이 일반적인 면제에 다음과 같은 예외가 있을 수 있다.

1. 주재국의 재판소와 당국의 관할권으로부터 면제는 외교사절이 자발적으로 소송당사자가 됨으로써 재판소에 부여되는 쟁의관할권(*contentious* jurisdiction)에는 적용되지 않는다.[26]

---

23 Grotius, de Jur. Bel. ac Pac. lib. ii. cap. 18, § 1－6. (Grotius의 전쟁과 평화의 법) Rutherforth's Inst. vol. ii. b. ii. ch. 9, § 20. (Rutherforth의 자연법 제도) Wicquefort, de l'Ambassadeur, liv. i. § 27. (Wicquefort의 대사론) Bynkershoek, de Jure Competent. Legat. cap. 5, 8. (Bynkershoek의 외교사절론) Vattel, Droit des Gens, liv. iv. ch. 7, §§ 81－125. (Vattel의 국제법) Martens, Précis, &c. liv. vii. ch. 5, § 214－218. (Martens의 유럽의 현대 국제법 개요) Kluber, Droit des Gens Moderne de l'Europe, pt. ii. tit. 2, § 203. (Kluber의 유럽의 현대 국제법)

24 Vattel, liv. iv. ch. 7, § 83. (Vattel의 국제법)

25 Grotius, de Jur. Bel. ac Pac. lib. xviii. §§ 8, 9. (Grotius의 전쟁과 평화의 법) Bynkershoek, de Foro Competent. Legat. cap. 13, § 5, cap. 15, 20. (Bynkershoek의 외교사절론) Vattel, liv. iv. ch. 8, § 113; ch. 9, §§ 117－123. (Vattel의 국제법) Martens, précis, &c. liv. vii. ch. 5, §§ 215－227; ch. 9, §§ 234－237. (Martens의 유럽의 현대 국제법 개요)

26 Bynkershoek, cap. 16, §§ 13－15. (Bynkershoek의 외교사절론) Vattel, liv. iv. ch. 8, § 111. (Vattel의 국제법) Martens, Précis, &c. liv. vii. ch. 5, § 216. (Martens의 유럽의 현대

2. 만약 외교사절이 접수국의 시민 또는 신민이고 접수국이 그에 대한 자신의 권위를 포기하지 않았다면, 그는 여전히 그 국가의 관할권을 적용받는다. 그러나 이전의 충성 의무(allegiance)에 계속 구속된다는 명시적인 유보(reservation) 없이 그를 다른 국가의 외교사절로 접수한 행위가, 그러한 권리 주장을 포기한 것으로 간주되어서는 안 되는지 의문이 제기될 수 있다. 이러한 방식의 접수는 그가 접수국의 관할권으로부터 완전히 면제된다는 양국 간의 묵시적인 합의를 의미하기 때문이다.[27]
3. 독일의 궁정들 사이에서 때때로 일어나듯이, 파견국의 외교사절이 동시에 접수국을 위해 복무하고 있다면 그는 여전히 접수국의 관할권을 적용받는다.[28]
4. 외교사절이 주재국의 생존과 안전에 영향을 미치는 범죄를 저지른 경우, 위험성이 긴급하다면 그의 신체는 구금되거나 주재국의 영토 밖으로 보내질 수 있고 문서는 압수될 수 있다. 그 밖의 모든 경우에는, 그 외교사절의 군주에게 그의 소환(recall)을 요청하는 것이 확립된 국가 관행으로 보인다. 그의 군주가 이를 부당하게 거부한다면, 피해국은 의문의 여지 없이 그를 주재국 밖으로 내보낼 권리를 갖는다. 만약 그의 군주가 정의를 거부한다면, 사태가 매우 악화한 상황에서는 그렇게 해를 입은 국가가 대사를 상대로 공적(public enemy)으로 소송을 제기하거나 그의 신체에 처벌을 가하는 행위가 정당화될 수도 있다. 그러나 이러한 소송이 허용될 수 있는 상황을 정확히 정의하기는 거의 불가능하다. 외교사절이 공적 성격을 벗어던지고 접수국의 안전을 헤치는 음모를 꾸몄던 역사적 사례들로부터 일반적인 규칙이 수집될 수도 없다. 일반규칙에 대한 이러한 비정상적인 예외는 국가의 최고의 자기보존권(right of self-preservation)과 필요성(necessity)에 의해 해결될 것이다. 여기서 흐로티위스는 자위(self-defence)의 방법으로 할 수 있는 것과 처벌의 방법으로 할 수 있는 것을 서로 구별한다. 국제법이 대사의 범죄행위에 대한 처벌로 그의 목숨이 박탈되는 것을 허용하지는 않겠지만, 그의 폭력에 저항하려 하지 말고 당하도록

국제법 개요)

27 Bynkershoek, cap. 11. (Bynkershoek의 외교사절론) Vattel, liv. iv. ch. 8, § 112. (Vattel의 국제법)

28 Martens, Manuel Diplomatique, ch. 3, § 23. (Martens의 외교 편람)

국가에 의무를 지우지도 않는다.[29]

17 외교사절의 가족·서기·사용인 등에 미치는 인적 면제

외교사절의 부인과 가족, 사용인(servants), 그리고 수행원(suite)은 외교사절의 공적 성격에 부여되는 불가침성을 함께 누린다. 대사관과 공사관의 서기(secretaries)는 주재국 관할권으로부터 면제에 관하여 특별히 공적 인물(official persons)로서 외교단(diplomatic corps)의 특권을 누릴 자격이 있다.[30]

이들에게 이러한 면제의 혜택을 부여하기 위해 일부 국가는 국내법으로, 그리고 대다수 국가는 관행으로 그들의 공식 명단을 주재국 외무장관에게 제출하도록 요구하고 있다.[31]

따라서 외교사절과 그의 가족, 그리고 외교공관에 부속되거나 외교사절의 수행원에 속하는 자들의 치외법권의 원칙(principle of extra-territoriality)으로부터, 그리고 그들이 거주하는 국가의 국내법 및 관할권으로부터의 면제로부터, 이들에 대한 민사·형사 관할권은 외교사절에게 있으며 외교사절이 본국의 법과 관행에 따라 관할권을 행사해야 한다는 결과가 나온다. 이 규칙은 민사관할권에 관하여 쟁송 및 비쟁송 사건 모두에서 일부 예외를 제외하고 국가 관행으로 지켜지고 있다. 그러나 이들의 형사 범죄에 대해서는, 엄밀하게는 외교사절이 심판하고 처벌할 권리가 있지만, 현대의 관행은 본국에서의 재판을 위해 범죄자를 체포하여 본국으로 송환할 권

29 Grotius, de Jur. Bel. ac Pac. lib. ii. cap. 18, § 4. (Grotius의 전쟁과 평화의 법) Rutherforth's Inst. vol. ii. b. ii. ch. 9, § 20. (Rutherforth의 자연법 제도) Bynkershoek, de Foro Competent. Legat. cap. 17, 18, 19. (Bynkershoek의 외교사절론) Vattel, liv. iv. ch. 7, §§ 94－102. (Vattel의 국제법) Martens, Précis, &c. liv. vii. ch. 5, § 218. (Martens의 유럽의 현대 국제법 개요) Ward's Hist. of the Law of Nations, vol. ii. ch. 17, pp. 291－334. (Ward의 국제법의 역사)

30 Grotius, lib. ii. cap. 18, § 8. (Grotius의 전쟁과 평화의 법) Bynkershoek, cap. 15, 20. (Bynkershoek의 외교사절론) Vattel, liv. iv. ch. 9, §§ 120－123. (Vattel의 국제법) Martens, Précis, &c. liv. vii. ch. 5, § 219; ch. 9, §§ 234－237. (Martens의 유럽의 현대 국제법 개요)

31 Blackstone's Commentaries, vol. i. ch. 7. LL. of the United States, vol. i. ch. 9, § 26. (Blackstone의 영국법 주석)

한만 부여한다. 외교사절은 국제법에 따라 누릴 권리가 있는 어떤 특권도 포기할 수 있으므로, 재량권을 행사하여 그들을 자신에 대한 복무로부터 해임하거나 주재국의 법에 따라 재판에 넘길 수도 있다.[32]

18 외교사절의 관저와 재산에 대한 면제

외교사절의 주재국 영토 내 개인용품이나 동산(personal effects or moveables)은 주재국의 관할권에서 완전히 면제된다. 그의 주거인 관저도 마찬가지이다. 그러나 그가 주재국 영토 내에 소유하고 있을 수 있는 다른 부동산(real property)은 주재국의 법과 관할권의 적용을 받는다. 그가 상인으로서 소유하고 있을지도 모르는 동산, 또는 유언집행자(executor) 등으로서 신탁 성격(fiduciary character)으로 보유하고 있을 수 있는 동산 또한 주재국 법의 시행으로부터 면제되지 않는다.[33]

19 관세와 조세

외교사절의 신체와 개인용품은 과세의 대상이 아니다. 외교사절은 자신이나 가족의 개인적 사용을 위한 물품의 수입에 관세(duties)가 면제된다. 그러나 관세의 면제는, 현재 대다수 국가의 관행으로, 외교사절의 임기 동안 정해진 총액으로 제한된다. 외교사절은 통행료와 우편요금(tolls and postages)을 내야 한다. 외교사절의 주거가 호텔이라면, 그 호텔은 군대의 숙영(quartering of troops)에서 면제되지만, 그것이 그의 소유이든 그의 정부 소유이든 주재국의 다른 부동산과 마찬가지로 과세 대상이다. 그리고 외교사절의 관저는 일반적으로 불가침이며, 그의 허락 없이는 경찰관·세관원·세무원이 들어갈 수 없다. 그러나 이 특권의 남용으로 일부 국가에서

---

32 Bynkershoek, cap. 15, 20. (Bynkershoek의 외교사절론) Vattel, liv. iv. ch. 9, § 124. (Vattel의 국제법) Rutherforth's Inst. vol. ii. b. ii. ch. 9, § 20. (Rutherforth의 자연법 제도) Kluber, pt. ii. tit. 2, §§ 212－214. (Kluber의 유럽의 현대 국제법)

33 Vattel, liv. iv. ch. 8, §§ 113－115. (Vattel의 국제법) Martens, Précis, &c. xliv. vii. ch. 8, § 217. (Martens의 유럽의 현대 국제법 개요) Kluber, pt. ii. tit. 2, ch. 3, § 210. (Kluber의 유럽의 현대 국제법)

외교사절의 관저가 사법적 도망자의 피난처가 됨으로써, 이 특권은 최근 국가 관행으로 많은 제한을 받게 되었다.[34]

20 메신저와 외교신서사

국가 관행에 의해, 외교사절의 불가침성이 긴급 공문서(dispatches)를 각국에 주재하는 외교공관(legation)과 주고받기 위해 파견되는 메신저(messengers)와 외교신서사(diplomatic couriers)에게도 미치게 되었다. 그들은 자국 정부와 우호 관계에 있는 국가의 영토를 통과할 때 모든 종류의 임검(visitation and search)으로부터 면제된다. 이러한 면제를 적용받기 위해, 그들은 공적 성격을 증명하는 자국 정부가 발급한 통행증(passports)을 휴대하여야 한다. 그리고 바다를 통해 보내는 긴급 공문서의 경우, 그 운반 선박이나 문서운반선(*aviso*)은 취역증서나 통행증(a commission or pass)을 휴대하여야 한다. 전쟁 중에는, 교전국 사이에서처럼 이러한 운반선이 방해받지 않도록 자국 정부뿐만 아니라 적이 발급한 통행증과 함께 카르텔 선박(cartel)이나 휴전기(flag of truce)에 의해 제공되는 특별한 사전 준비가 필요하다. 그러나 중립국과 자국 정부 간의 평화·우호 관계를 유지하기 위해 중립국에 주재하는 대사나 기타 외교사절은, 본국과 전쟁 중인 국가의 군함에 의한 방해를 합법적으로 받지 않는 그 중립국 선박으로 긴급 공문서를 자유롭게 보낼 권리가 있다.[35]

역자 주: '카르텔 선박'이란 전시에 교전국 간 합의로 포로의 교환, 공문서 운반, 또는 군대의 수송 등에 종사하는 선박을 말한다.

---

34 Vattel, liv. iv. ch. 9, §§ 117, 118. (Vattel의 국제법) Martens, Précis, &c. liv. vii. ch. 5, § 220. Manuel Diplomatique, ch. 3, §§ 30, 31. (Martens의 유럽의 현대 국제법 개요, 외교편람)

35 Vattel, liv. iv. ch. 9, § 123. (Vattel의 국제법) Martens, Précis, &c. liv. vii. ch. 13, § 250. (Martens의 유럽의 현대 국제법 개요) Robinson's Adm. Rep. vol. vi. p. 466. The Caroline. (Robinson의 해사 판례집)

21 종교 예배의 자유

외국에 주재하는 외교사절은, 주재국 법으로 일반적으로 허용되지 않는 종교 예배일지라도, 자신의 개인 예배당에서 자기 민족 신앙의 고유한 의식에 따라 예배를 볼 특권이 있다. 종교개혁(Reformation) 시대 이래, 이 특권은 유럽의 가톨릭 국가와 개신교 국가 간의 협약이나 관행에 의해 보장되었다. 이 특권은 또한 튀르키예와 바르바리 국가(Barbary States, 역자 주: 서양 국가들이 지중해 연안의 이슬람 국가들을 부르던 명칭)에 주재하는 기독교 국가의 외교사절과 영사도 누리고 있다. 종교의 자유와 자유주의 정신이 고양되어 감에 따라 이 특권은 점차 대다수 국가에서 외국 대사관에 부속된 공공 예배당의 설립으로까지 이어졌다. 이 예배당에서 대사관 본국의 교민뿐만 아니라 같은 종교를 믿는 다른 나라 출신자들도 자유롭게 그들의 고유한 예배를 보는 것이 허용되었다. 일반적으로 이는 예배당 담장 밖에서 거행되는 공개행렬, 종(bells)의 사용, 또는 그 밖의 외부 의식으로 확장되지 않는다.[36]

22 영사는 외교사절의 고유한 특권이 부여되어 있지 않다

영사(consuls)는 외교사절이 아니다. 영사가 자신의 공식 임무 수행에서 어떤 보호권이 부여되어 있든지 간에, 그리고 현지의 법과 관행 또는 국제 약정으로 어떤 특권(privileges)이 그들에게 주어져 있든지 간에, 영사는 대사의 고유한 면제권(immunities)이 일반 국제법으로 부여되어 있지 않다. 영사를 접수하기로 협약에 규정되어 있지 않은 한, 어느 국가도 영사의 주재를 허용할 의무는 없다. 영사는 현지 군주에 의해 승인되고 접수되어야 한다. 그리고 위법하거나 부당한 행위를 저지르면 영사 인가장(*exequatur*)이 철회될 수 있으며, 피해국 정부의 재량으로 주재국의 법에 따라 처벌되거나 영사의 본국으로 돌려보내질 수 있다. 민사·형사 사건에서 영사는 현지 국가에 일시적 충성 의무(temporary allegiance)를 지는 다른 외국인 거주

---

36 Vattel, liv. iv. ch. 7, § 104. (Vattel의 국제법) Martens, Précis, &c. liv. vii. ch. 6, §§ 222–226. (Martens의 유럽의 현대 국제법 개요) Kluber, Droit des Gens Moderne de l'Europe, pt. ii. tit. 2, ch. 3, §§ 215–216. (Kluber의 유럽의 현대 국제법)

자와 마찬가지로 현지 법을 적용받는다.[37]

23 외교사절의 임무 종료

외국의 궁정에 주재하거나 국제 회의(congress)에 참석 중인 외교사절의 임무는 그의 사망의 경우를 제외하고는 다음의 7가지 방식 중 하나에 의해 종료될 수 있다.

1. 정해진 임무 기간이 만료됨으로써다. 또는 외교사절이 단지 임시로(*ad interim*) 임명된 경우에는 정규 외교사절이 그의 직에 복귀함으로써다. 어느 경우든 정식 소환(formal recall)은 필요하지 않다.
2. 순전히 대사관의 의식(ceremony)을 위한 경우처럼 임무의 목적이 달성되었을 때다. 또는 특별한 임무의 경우, 교섭의 목적이 달성되었거나 실패했을 때다.
3. 본국 정부가 외교사절을 소환함으로써다.
4. 본국의 군주나 주재국 군주의 사망 또는 퇴위에 의해서이다. 어느 경우든 외교사절의 신임장이 갱신되어야 한다. 본국 군주의 그러한 경우, 때로 후임 군주가 외교사절의 주재국 군주에게 보내는 통지 서한으로 갱신된다. 주재국 군주의 그러한 경우, 외교사절은 새로운 신임장이 부여되어야 한다. 그러나 그 외교사절이 이미 시작한 교섭은 그의 임무 중단이 단지 단기간일 것으로 믿을 만한 이유가 있는 경우, 추후 비준을 조건으로(*sub spe rati*) 비밀리에 계속 진행할 수 있다.
5. 외교사절이 국제법 위반이나 교섭 과정에서 중대한 사건으로 책임을 지고 임무 종료를 선언하는 경우이다.
6. 외교사절의 비행(misconduct)이나 그의 본국 정부의 조치를 이유로 주재국 궁정이 그의 소환을 기다리지 않고 내보내는 것이 적절하다고 생각하는 경우이다.
7. 외교사절의 외교 등급(diplomatic rank)의 변경에 의해서다.

---

37 Wicquefort, de l'Ambassadeur, liv. i. § 5. (Wicquefort의 대사론) Bynkershoek, cap. 10. (Bynkershoek의 외교사절론) Martens, Précis, &c. liv. iv. ch. 3, § 148. (Martens의 유럽의 현대 국제법 개요) Kent's Comment. on American Law, vol. i. pp. 43－45. 2nd Edit. (Kent의 미국법 주석)

위에 언급된 어느 상황에 의해 외교사절이 직무가 정지되고 그의 임무가 어떤 방식으로 종료되든, 그는 여전히 본국으로 돌아갈 때까지 그의 공적 성격에 수반된 모든 특권을 누릴 권리가 있다.[38]

24 소환장

다음의 경우에는 외교사절의 본국 정부가 그에게 정식 소환장(formal letter of recall)을 보내야 한다.

1. 그의 임무의 목적이 달성되었거나 실패한 경우.
2. 그가 양국의 우호 관계에 영향을 미치지 않는 동기로 소환되는 경우.

이 두 경우 외교사절의 부임 때와 거의 같은 이임 절차가 진행된다. 그는 주재국의 외무장관에게 소환장 사본을 전달하고, 이임 목적으로 군주에 대한 알현을 요청한다. 알현에서 외교사절은 상황에 적합한 경의의 인사말(complimentary address)과 함께 군주에게 소환장 원본을 전달한다.

외교사절이 양국 정부 간의 오해로 인해 소환된다면, 사건의 특수한 상황에 의해 그에게 정식 소환장을 보내야 할지, 또는 그가 소환장을 기다리지 않고 주재국을 떠나야 할지가 결정된다. 마찬가지로 외교사절이 군주에 대한 이임 알현(audience of leave)을 요청해야 할지, 또는 군주가 그러한 알현을 받아들여야 할지가 결정된다.

사절(envoy)이 대사(ambassador)가 되거나, 대사가 대사로서 임무를 마치고 둘째 또는 셋째 등급의 외교사절로 계속 주재하고자 하는 경우처럼 외교사절의 등급이 오르거나 내려가는 경우, 소환장을 제출하고 이어 새로운 자격으로 신임장을 제정한다.

외교사절 본인의 사망으로 임무가 종료되는 경우, 그의 신체는 정중히 매장되거나 매장을 위해 본국으로 보내진다. 그러나 이 경우에 거행될 외부 종교의식은 현지의 법과 관행에 따른다. 그의 개인용품은 외교공관의 서기관이, 또는 그러한 서기관

---

38 Martens, Manuel Diplomatique, ch. 7, § 59; ch. 2, § 15. Précis, &c. liv. vii. ch. 9, § 239. (Martens의 외교 편람, 유럽의 현대 국제법 개요) Vattel, liv. iv. ch. 9, § 126. (Vattel의 국제법)

이 없으면 동맹국의 외교사절이 봉인하여야 하고, 필요한 경우가 아니면 현지 당국은 개입할 권리가 없다. 외교사절의 동산에 대한 유언 없는(*ab intestato*) 상속에 관한 모든 문제 또는 유언의 유효성은 그의 본국 법으로 결정된다. 그의 개인용품은 사망 외국인 재산 몰수권(*droit d'aubaine* or detraction)과 관련된 어떠한 납부도 하지 않고 본국으로 반출될 수 있다.

외교사절의 인적 특권이 엄밀하게는 그의 사망에 의한 임무의 종료와 함께 만료하지만, 사망한 외교사절의 부인과 가족(그들의 사용인과 함께)은 국가들의 관습(custom of nations)에 의해 외교사절의 생전에 그들이 누렸던 것과 같은 면제를 제한된 기간 계속 누릴 권리가 있다.

외교사절이 소환으로 귀임할 때나 다른 특별한 계기에 선물을 주는 것이 특정 궁정의 관행이다. 어떤 정부는 자신의 외교사절이 그러한 선물을 받는 것을 금지한다. 이전에 베네치아 공화국이 지켰던 규칙이 그랬으며, 현재 미합중국의 법이 그렇다.[39]

39 Martens, Précis, &c. liv. vii. ch. 10, §§ 240 – 245. Manuel Diplomatique, ch. 7, §§ 60 – 65. (Martens의 유럽의 현대 국제법 개요, 외교 편람)

Chapter 02

조약의 교섭 및 체결권

1 조약의 체결권은 어떻게 제한되거나 수정되는가

국가 간 조약의 교섭 및 체결권은 그 부분의 주권을 포기하지 않았거나 다른 국가와 약정으로 그 주권의 행사를 수정하기로 합의하지 않은 한 각 주권 국가에 온전히 존재한다.

반 주권국이나 종속국(semi-sovereign or dependent states)은 일반적으로 제한적인 조약 체결권만 가지며, 독립 주권국조차 다른 국가와 동맹조약이나 국가연합조약으로 조약 체결권을 자발적으로 제한하거나 수정할 수 있다. 따라서 미국 연방의 각 주(states)는 연방 의회의 동의 없이는 외국과 또는 서로 간에 조약 체결이 명시적으로 금지되어 있다. 한편 독일연합(Germanic Confederation)을 구성하는 주권 국가들은 연합의 기본법에 위배되지 않는 동맹조약과 통상조약의 체결권을 보유한다.[1]

외국과의 조약을 교섭하고 체결하는 권한이 누구에게 부여되는지는 각 개별 국가의 헌법이나 기본법이 결정한다. 절대 군주국 또는 입헌 군주국에서조차 이 권한은 대개 통치 군주에게 부여된다. 공화국에서는 이 주권의 행사가 최고 행정관(chief magistrate), 의회(senate), 또는 집행평의회(executive council)에 위임되어 있다.

1 See pt. i. ch. 2, §§ 9－14. (이 책 제1부 제2장 제9－14항을 보시오)

2 포로교환협정, 정전협정, 항복규약

국가 간에 체결되는 약정 중에는, 특별한 권한에 의하지 않고 공직에 부수적으로 특정 공직자(public agents)에게 맡겨진 일반적인 묵시적 권한의 행사로 체결되는 일정한 약정이 있다. 전시에 장군과 제독이 그의 육군 또는 해군 지휘권의 범위 내에서 특별 무역 허가증, 포로교환협정(cartels), 전투의 중지를 위한 정전협정(truces), 요새 · 도시 · 지방 등의 투항(surrender)을 위한 항복규약(capitulations)에 의해 적대행위의 행사를 중지하거나 제한하는 공적 약정이 그런 것이다. 이러한 약정은 그에 대한 비준(ratification)이 법 자체에 명시적으로 유보되어 있지 않는 한 일반적으로 국가의 최고 권력(supreme power)에 의한 비준이 필요하지 않다.[2]

3 권한 밖의 약정

그러한 약정이나 약속이 정당한 권한 없이, 또는 그 권한의 한계를 초과하여 이루어지면 소위 권한 밖의 약정(*sponsions*)이 된다. 이러한 약정이 유효하기 위해서는 명시적 또는 묵시적 비준(ratification)에 의해 추인되어야 한다. 명시적 비준은 긍정적인 표현과 통상적인 형식으로 주어지며, 묵시적 비준은 마치 그 약정의 규정에 구속되는 듯이 그에 따라 행동하는 사실에서 암시된다. 비준을 거부하는 측은 상대방이 자신의 합의 부분을 이행하지 않도록 신의칙(good faith)에 따라 그 결정을 통지할 것이 요구되지만, 단순한 침묵은 어느 쪽 당사자의 비준도 추론하기에 충분하지 않다. 하지만 상대국의 대리인(agent)이 정당하게 권한을 부여받은 것으로 추정하여 일방 당사국이 신의칙에 따라 그 합의를 전체적 또는 부분적으로 이행했다면, 그 당사국은 보상을 받거나 이전 상태를 회복할 권리가 있다.[3]

---

2 Grotius, de Jur. Bel. ac Pac. lib. iii. cap. 22, §§ 6–8. (Grotius의 전쟁과 평화의 법) Vattel, Droit des Gens, liv. ii. ch. 14, § 207. (Vattel의 국제법)

3 Grotius, de Jur. Bel. ac Pac. lib. ii. cap. 15, § 16; lib. iii. cap. 22, §§ 1–3. (Grotius의 전쟁과 평화의 법) Vattel, Droit des Gens, liv. ii. ch. 14, §§ 209–212. (Vattel의 국제법) Rutherforth's Inst. b. ii. ch. 9, § 21. (Rutherforth의 자연법 제도)

4 전권위임장과 비준

외교사절(public minister)이나 기타 외교관(diplomatic agent)이 주재국 정부와 조약문을 확정하고 서명할 수 있도록 하기 위해서는 그에게 전권위임장(*full power*)이 부여되어야 한다. 그렇게 교섭되고 서명된 조약은 마치 정당하게 권한을 부여받은 대리인(agent)이 체결한 계약이 민사 법학의 일반규칙에 따라 본인(principal)을 구속하는 것처럼 자연법(law of nature)에 의해 그 조약의 체결 당사국을 구속한다.

국가로부터 정당하게 권한을 부여받은 전권대표(plenipotentiaries)가 그 국가의 이름으로 서명한 조약의 유효성(validity)에 그 국가에 의한 비준(ratification)이 실정국제법(positive law of nations)상 어느 정도로 필수적인지의 문제는, 제도법학자들 사이에서 많은 의문과 논의의 대상이 되었다. 하지만 그러한 비준이 필요하다는 것이 정착된 국가 관행으로 보이며, 이 필요 조건은 대개 조약 자체에 명시적으로 규정되어 있다. 어떤 국제법학자들은, 비준이 전권위임장이나 조약 자체에 명시적으로 유보되어 있지 않는 한 조약의 유효성에 비준이 필수적이 아니라고 주장하는 한편, 이로부터 비준이 명시적으로 유보된 상황에서 비준이 없으면 조약의 유효성이 임의로 거부될 수 있다고 추론한다. 또 다른 국제법학자들은 외교사절이 훈령을 일탈한 경우와 같이 강력하고 실질적인 이유가 아닌 한 조약의 유효성이 타당하게 철회될 수 없다고 주장한다.[4]

5 조약의 비준권은 각국의 헌법에 달려 있다

외국과 교섭하여 체결된 조약이 국가에 의무적이 되도록 비준하는 권한이 누구에게 있는지는 각국의 헌법이 결정한다. 절대 군주제 국가에서, 군주가 자신이 권한을 위임한 전권대표(plenipotentiary)의 행위를 최종적인 승인으로 확인하는 것은 군

---

4 Wicquefort, de l'Ambassadeur, liv. ii. § 15. (Wicquefort의 대사론) Vattel, Droit des Gens, liv. ii. ch. 12, § 156; liv. iv. ch. 6, § 77. (Vattel의 국제법) Martens, Précis du Droit des Gens, &c. liv. ii. ch. 2, § 49. (Martens의 유럽의 현대 국제법 개요) Kluber, Droit des Gens Moderne de l'Europe, pt. ii. sect. 1, ch. 2, § 142. (Kluber의 유럽의 현대 국제법)

주 본인의 대권(prerogative)이다. 특정 제한적 또는 입헌 군주국에서, 일부 경우에 군주의 비준에 입법부의 동의가 필요하다. 미합중국의 경우에서처럼 일부 공화국에서, 국가원수가 이런 형식으로 국가의 신의를 서약할 수 있도록 하기 위해서는 상원의 조언과 동의(advice and consent)가 필수적이다. 결과적으로 이 모든 경우에 행정부가 체결한 조약이 국가의 기본법에 규정된 방식으로 비준을 받아야 한다는 것은 외국과의 조약 교섭에서 묵시적인 조건이다.

6 보조적인 입법 조치는 조약의 유효성에 어디까지 필요한가

이렇게 조약이 비준되면, 조약은 완전한 시행을 위해 어느 일방에 필요할 수도 있는 보조적인 입법 조치(auxiliary legislative measures)와 상관없이 체약 당사국에 대해 의무적이다. 국가의 기본법에 명시된 조약체결권에 관한 제한이나 헌법적 권한의 배분(distribution of constitutional authorities)으로부터 필연적으로 내재하는 그에 관한 제한(예를 들면 국가 영토의 할양의 금지와 같은)의 결과로 그러한 보조입법이 필요해지는 경우, 조약은 헌법상 요구되는 방식으로 국가의 동의가 주어지기 전에는 그 의무가 불완전하다고 볼 수 있다. 평화조약을 체결할 수 있는 일반적인 권한에는 필연적으로 평화조약의 체결 조건을 결정할 수 있는 권한이 포함되어 있다. 그리고 이 조건에는 공적인 영토 및 기타 재산뿐만 아니라 국가 주권에 부속된 수용권(eminent domain)의 대상이 되는 사유재산의 할양(cession)도 적절히 포함될 수 있다. 이 점에서 조약 체결권에 관해 국가의 기본법에 명시된 제한이나 헌법적 권한의 배분으로부터 필연적으로 내재하는 제한이 없는 한, 조약체결권은 필요하거나 적절하다고 판단되는 경우 필연적으로 공공재산과 사유재산의 할양(alienation)에까지 미친다.[5]

체약 당사국의 기존의 통상항행법을 변경하는 효과가 있는 통상조약은 그 시행을 위해 각국에서 입법부의 승인이 필요할 수 있다. 프랑스와 영국 간의 통상을 상호주의 기반에 놓게 될 위트레흐트(Utrecht) 통상조약은 결코 발효되지 못했는데, 영

5 Grotius, de Jur. Bel. ac Pac. lib. iii. cap. 20, § 7. (Grotius의 전쟁과 평화의 법) Vattel, Droit des Gens, liv. i. ch. 20, § 244; ch. 2, §§ 262－265. (Vattel의 국제법) Kents Comment. on Amer. Law, vol. i. p. 165. 2d Ed. (Kent의 미국법 주석)

국 의회가 기존 통상항행법을 조약 규정에 부합하게 개정하기 위해 상정된 법안을 거부했기 때문이다. 조약의 시행을 위해 자금의 지출이 필요한 조약에서 영국 정부의 통상적인 관행은, 국왕이 의회에 그 목적에 필요한 자금을 제공하도록 권고할 것이라고 규정하는 것이다. 미국의 헌법은 대통령이 헌법에 따라 체결하고 상원의 조언과 동의(advice and consent)를 얻어 비준한 조약은 "국가의 최고법"(the supreme law of the land)이라고 선언한다. 의회는 그렇게 약속한 국가적 신의를 지키고 조약의 이행에 필요한 법률을 통과시키는 데 구속된다는 것을 이해하는 것 같다.[6]

7 성질상 효력이 영속적인 일회성 자기완성적 조약

국가 간의 일반적인 약정(general compacts)은 소위 일회성 자기완성적 조약과 적절히 그 명칭으로 불리는 조약(*treaties* properly so termed)으로 구분될 수 있다. 일회성 자기완성적 조약은 그 본질상 영구적으로 일단 효력이 발생하면 체약 당사국의 주권이나 정부 형태의 변경과 상관없이 존속한다. 그리고 전쟁 중에 조약의 시행이 정지되는 경우도 있지만, 평화가 회복되면 명시적인 규정 없이 시행이 재개된다. 할양 조약, 국경 획정 조약, 영토 교환 조약, 또는 한 국가의 영토 내에 다른 국가를 위한 항구적인 지역권(permanent servitude)을 설정하는 조약이 그런 조약이다.[7] (역자 주: 저자는 일회성 자기완성적 조약의 의미로 "transitory convention"(이동성 협약)이라는 명칭을 사용하고 있으나, 저자가 인용한 Vattel의 책에는 "traités accomplis une fois pour toutes & conformés"(treaties accomplished once for all and perfected)로 표현되어 있다. 오늘날에는 처분적 조약(dispositive treaties)이라는 명칭이 사용된다.)

그래서 미국의 독립을 인정한 영국과 미국 간의 1783년 파리 평화조약은 장래의 재산 몰수를 금지했으며, 또한 이들 간의 1794년 조약(Treaty of Amity, Commerce, and Navigation)은 영국 신민의 미국 내 토지에 대한 권원(title)과 미국 시민의 영국 내 토지에 대한 권원을 확인하였다. 그렇게 하지 않으면 그 토지는 소유자의 외국인 신분(alienage)을 이유로 몰수될 수 있었다. 이 규정에 따라, 미국 대법원은 영국

---

6 Kent's Comment. vol. p. 286. 2d Ed. (Kent의 미국법 주석)

7 Vattel, Droit des Gens, liv. ii. ch. 12, § 192. (Vattel의 국제법) Martens, Précis, &c. liv. ii. ch. 2, § 58. (Martens의 유럽의 현대 국제법 개요)

의 신민이나 기업 모두 미국 내 토지에 대한 권원이 1783년 평화조약으로 보호되고 1794년 조약으로 확인되었으므로, 외국인 신분이라는 이유로 어떤 중간 입법행위나 다른 법적 절차에 의해 몰수될 수 없다고 결정했다. 심지어 이들 조약이 양국 간 1812년 전쟁으로 폐기되었다고 상정하더라도, 그 조약에 따라 이미 귀속된 소유권이 후발적 적대행위(supervening hostilities)로 박탈될 수 있게 되지 않는다. 국내법이 폐기되더라도 이미 그 규정에 따라 귀속된 소유권에 영향을 미치지 않는 것과 마찬가지로, 조약이 소멸하더라도 그 규정에 따라 획득되었거나 확보된 부동산의 권원을 소멸시키지 않는다. 그러나 모든 재산의 안전이 달려있는 이 논쟁의 여지가 없는 원칙과 상관없이, 법원은 평화가 회복될 때 조약이 명시적 또는 묵시적 갱신으로 되살아나지 않으면 양 체약 당사국 간의 전쟁 그 자체로(*ipso facto*) 조약이 소멸한다는 주의(doctrine)를 인정할 의향이 없었다. 초보적인 국제법학자들이 이 주제에 관해 일반적으로 다루면서 규정한 주의의 허용범위가 무엇이든지 간에, 주장된 그 주의가 보편적인 사실이 아니라고 인정되었다. 조약의 목적과 취지상, 전쟁으로 인해 필연적으로 종료되는 그러한 성격의 조약이 있을 수 있다. 그러나 조약이 영토와 기타 국가적 권리의 항구적 조정을 예정하거나 조약의 조건상 전쟁이 일어날 경우를 대비한 것이었던 경우, 전쟁으로 인해 그 조약이 소멸한다고 간주한다면 조약의 정당한 해석 원칙에 완전히 반할 것이다. 만약 법이 그렇다면, 1783년의 조약조차 미국의 국경선을 확정하고 독립을 승인한 데 관한 한 소멸했을 것이며, 미국은 그것들을 얻기 위해 원래의 혁명 원칙에 따라 다시 투쟁했어야 할 것이다. 그러한 해석은 절대 주장되지 않았으며, 만약 그렇게 주장한다면 모든 추론을 무색하게 할 정도로 기괴할 것이다. 따라서 법원은 다음과 같이 판단하였다. 즉 조약이 항구적 권리와 일반적 조정(permanent rights and general arrangements)에 관해 규정하고, 영속성을 목표로 하며, 평화뿐만 아니라 전쟁의 경우도 처리할 것을 공언하는 경우, 조약은 전쟁의 발발로 중단되지 않고(not cease) 전쟁 중에 일시적으로 정지될 뿐(only suspended)이며, 당사국들이 그것을 폐기하거나 그것과 상충하는 새로운 규정을 만들지 않는 한 평화가 돌아올 때 시행이 재개된다.[8]

---

8 Wheaton's Rep. vol. viii. p. 464. The Society for the Propagation of the Gospel in Foreign Parts, *v.* the Town of New Haven. (Wheaton의 미국 대법원 판례집)

8 특정한 경우에 시행이 중단되는 조약

적절히 그 명칭으로 불리는 조약(*treaties* or *fœdera*)은 우호·동맹조약, 통상항행조약 등과 같은 조약이며, 존속 기간이 영구적일지라도 다음의 경우에 당연히 효력이 종료된다.

첫째, 일방 체약 당사국이 독립 국가로서 존재를 상실하는 경우이다.

둘째, 일방 체약 당사국의 헌법이 조약의 체결에 고려되었던 원래의 사정과 너무 다르게 변경되어 조약이 적용될 수 없게 된 경우이다. 여기에서 제도법학자들이 내린 물적(*real*) 조약과 인적(*personal*) 조약 간의 구별이 중요해진다. 물적 조약은 해당 국가의 주권이나 통치자의 변경과 무관하게 체약 당사국을 구속한다. 인적 조약은 명시적으로 실제 통치자 또는 통치 군주의 신분을 고려하여 체결된 것과 같은 순수한 인적 동맹조약만 포함한다. 이러한 조약은 그가 생존하는 동안 국가를 구속하지만, 그의 생명이나 국가와의 공적 관계가 끝남과 동시에 그 효력이 종료된다.[9]

셋째, 체약 당사국 간에 전쟁이 발발한 경우인데, 다만 체약 당사국의 신민이 자신의 물건과 함께 퇴거하도록 허용되는 시간이나 일반적인 전쟁권에 대한 기타 제약과 같이 명시적으로 어떤 결렬에 대비하여 만들어진 규정이 없는 한 그렇다. 영국과 미국 간의 1794년 조약 제10조에 포함된 규정이 그러한 사태에 대비한 것인데, 이 조항은 개별 사인에 속하는 민간 채권과 지분, 공적 기금이나 공공·민간 은행 내 자금은 전쟁이 일어나는 경우 절대로 압류되거나 몰수되지 않는다고 규정하고 있다. 이 조항의 의무는 그것이 대비하고자 한 바로 그 사태인 후발적 전쟁으로 손상되지 않으며, 그 조항을 폐지하기로 서로 합의하기 전에는 완전한 효력을 유지해야 한다는 데 의문의 여지가 없다.[10]

---

9 Vide ante, pt. i. ch. 2, § 20.

10 Vattel, liv. iii. ch. 10, § 175. (Vattel의 국제법) Kent's Comment. on American Law, vol. i. p. 176, 2d Ed. (Kent의 미국법 주석)

9 평화의 회복과 함께 부활하고 확인되는 조약

대부분의 국제 약정, 특히 평화조약은 혼합적 성격을 지니며 두 종류 모두의 조항을 포함하고 있다. 이는 자주 성질상 영속적인 규정과 체약 당사국 간의 전쟁이나 일방의 존재에 영향을 미치는 사정 변경(changes of circumstances)으로 소멸하여 새로운 상황에 적용될 수 없게 된 규정을 서로 구별하는 것을 어렵게 한다. 이런 이유로 그리고 충분한 주의 차원에서 어떤 규정들이 평화조약에 빈번하게 들어가는데, 즉 체약 당사국 간에 이미 존재하는 조약으로서 성질상 영속적인 규정을 포함하는 조약을 명시적으로 소환하여 확인하는 규정이다. 또는 다른 방식으로, 그러한 선행조약의 의무가 어느 일방에 의해서든 철회될 수 있도록 의도되었다는 결론을 배제하는 규정을 포함하는 조약을 소환하기도 한다. 1648년 베스트팔렌 조약과 1713년 위트레흐트 조약을 이후 거의 모든 평화조약이나 통상조약에서 같은 당사국들이 반복적으로 확인하는 것이 일종의 성문 협약법규가 되었다. 이로써 유럽의 주요 국가들 간의 세력과 영토의 배분이 항구적으로 정착되어 폴란드의 분할과 프랑스 혁명 전쟁으로 격렬하게 교란되기 전까지 유지되었다. 옛날 유럽 협약법을 대체한 1815년 빈(Vienna) 조약에 의해 유럽의 영토와 정치 관계에 조정이 이루어졌다. 이는 의문의 여지 없이 유사한 항구적인 성격으로 의도되었지만, 최근 1830년 프랑스 혁명의 결과로 이미 중요한 변경을 겪었다. 이 혁명으로 열강 간의 동맹은 그 기원과 원칙이 상충하는 두 개의 국가 연합(confederacies)으로 갈라졌으며, 이러한 분열은 일반적인 묵인과 시간의 경과만이 줄 수 있는 그러한 견고성을 아직 얻지 못한 정착 상태를 끊임없이 위협하였다.

10 보장조약

보장협약(convention of guarantee)은 가장 통상적인 국제 약정 중 하나이다. 이는 한 국가가 제3국에 의해 자신의 평온한 권리 향유를 방해받거나 방해받을 우려가 있는 경우, 상대방 국가가 그 국가를 원조하기로 약속하는 관여(engagement)이다. 보장은 국가들 사이에 존재할 수 있는 모든 종류의 권리와 의무에 적용될 수 있다. 즉 영토의 보유와 국경선, 국가의 주권, 정부의 구성, 계승권 등에 적용될 수 있다.

그러나 가장 통상적으로는 평화조약에 적용된다. 보장은 별개의 단독 협약에 들어 있을 수도 있고, 보장하고자 하는 본 조약(principal treaty)에 부속된 조항들 중에 포함되어 있을 수도 있다. 보장이 부속조항에 포함되면 부대 의무(accessory obligation)가 된다.[11]

보장은 본 조약의 당사국이 아닌 제3국이, 또는 본 조약의 일방 체약 당사국이, 상대방 체약 당자국을 위해 또는 본 조약의 모든 당사국 간에 서로 제공하는 것으로 규정될 수도 있다. 그래서 1748년 엑스라샤펠(Aix la Chapelle)에서 체결된 평화조약(오스트리아 왕위 계승 전쟁 종결)에서 8개 체약 당사국은 조약의 모든 규정을 상호 보장하였다.

보장 당사국은 규정된 정도 이상으로 원조를 제공할 의무는 없다. 원조가 불충분한 것으로 판명되더라도, 원조를 약속받은 국가에 배상할 의무는 없다. 제3국의 정당한 권리를 침해하여, 또는 특정 경우에 보장이 적용될 수 없게 한 이전 조약을 위반하면서까지 개입할 의무도 없다. 보장은 그것이 규정될 당시에 존재하는 권리와 소유물(rights and possessions)에 대해서만 적용된다. 전에 프랑스 궁정이 신성로마제국 황제 카를 6세*Karl VI(1711-1740)*의 세습국가 계승에 관한 1713년 국사 조칙(Pragmatic Sanction, 역자 주: 합스부르크 가문에서 남자 상속인이 없는 경우 여자도 상속권을 가질 수 있도록 함)을 보장했음에도 1741년에 루이 15세*Louis XV(1715-1774)*가 카를 6세 황제의 상속녀 마리아 테레사*Maria Theresa*가 아니라 바이에른 선제후에 대한 지지를 선언한 것은 이러한 근거에서였다. 그리고 1778년 오스트리아의 바이에른에 대한 권리 주장과 관련하여 오스트리아와 러시아 간에 전쟁 위험이 있었을 때, 프랑스가 오스트리아와의 1756년 동맹조약의 이행을 거부한 것도 유사한 근거에서였다. 보장은 보장을 제공할 당시에 존재하는 권리와 소유물에 대해서만 적용된다는 이 원칙을 위의 사건들에 적용한 데 대해서는 의문이 제기될 수 있더라도, 원칙 그 자체에 대해서는 의문의 여지가 없다. 모든 국제법학자가 이 원칙을 인정하였다.[12]

이 국제법학자들은 보증(*Surety*)과 보장(*Guarantee*)을 구별한다. 그래서 Vattel은

---

11 Vattel, Droit des Gens, liv. ii. ch. 16, §§ 235－239. (Vattel의 국제법) Kluber, Droit des Gens Moderne de l'Europe, pt. ii. tit. 2, sect. 1, ch. 2, §§ 157, 158. (Kluber의 유럽의 현대 국제법)

12 Vattel, liv. ii. ch. 16, § 238. (Vattel의 국제법) Flassan, Histoire de la Diplomatie Française, tom. vii. p. 195. (Flassan의 프랑스 외교사)

일정 금액의 지급과 같이 사안이 원래 약속한 자뿐만 아니라 다른 자도 이행하거나 제공할 수 있는 성격이라면 보장(*guarantee*)보다 보증(*surety*)을 요구하는 것이 더 안전하다고 말한다. 보증은 본인(principal)이 약속을 이행하지 않는 경우 그 약속을 대신 이행할 의무를 부과하는 반면, 보장은 약속한 자로부터 그 이행을 끌어내기 위해 최선의 노력을 할 의무만 부과하기 때문이다.[13]

11 동맹조약

동맹조약(treaties of alliance)은 방위적 또는 공격적 동맹조약이 될 수 있다. 방위적 동맹조약의 경우, 동맹국의 관여는 실제로 그리고 진정으로 방위적인 전쟁, 즉 사실의 관점에서 상대방 체약 당사국에 대해 먼저 개시된 침략 전쟁에 대해서만 적용된다. 공격적 동맹조약의 경우, 동맹국은 상대방 당사국이 전쟁에 관여될 수 있는 특정 국가에 대해, 또는 어떤 국가에 대해서든 적대행위에서 협력할 것을 일반적으로 약속한다. 동맹은 공격과 방위 모두를 위한 것이 될 수도 있다.

12 일반적 동맹조약과 제한적 원조조약 간의 구별

일반적 동맹조약(general alliances)은 제한적 원조·부조 조약(treaties of limited succour and subsidy)과 구별되어야 한다. 한 국가가 일반적인 적대행위에 대한 궁극적인 관여를 상정한 어떤 약속도 하지 않고 상대국에 제한된 군대·군함·자금·식량을 제공하기로 명시하는 경우, 이러한 조약은 이 제한적 원조를 제공하는 당사국을 반드시 상대방 교전국의 적으로 만들지는 않는다. 그렇게 제공된 보조 병력(auxiliary forces)에 관해서만 적이 되며, 다른 모든 측면에서는 중립국으로 남는다. 예를 들면, 스위스의 연합 칸톤들(cantons)이 오랫동안 다른 유럽 국가들과 유지해 온 익숙한 관계가 이런 것이었다.[14]

---

13 Vattel, § 239. (Vattel의 국제법)

14 Vattel, Droit des Gens, liv. iii. ch. 6, §§ 79－82. (Vattel의 국제법)

13 방위동맹 조약의 발동 사유

흐로티위스와 그 밖의 국제법학자들은, 방위동맹 조약의 발동 사유(*casus fœderis*)는 명백히 정의롭지 않은(unjust) 전쟁, 즉 동맹의 이익을 주장하는 국가에 의한 침략 전쟁의 경우에는 적용되지 않는다고 주장한다. 그리고 평시에 체결된 전시 원조 제공을 규정한 조약의 모든 규정이 정의로운 전쟁(just war)에만 적용된다는 것은, 그러한 조약에 부속되는 묵시적 조건이라고까지 일컬어진다. 정의롭지 않은 전쟁에 원조를 약속한다면, 그것은 불의(injustice)를 행하기 위한 의무가 될 것이다. 그러한 어떤 약정도 유효하지 않다. 그러나 덧붙이기를, 일반적 동맹조약의 조건에서 이러한 묵시적 제약은 상대방 체약 당사국 측의 명백히 부당한 침략의 경우에만 적용될 수 있으며, 그러한 제약을 적극적이고 명확한 약속의 이행을 회피하기 위한 구실로 이용한다면 그 동맹국은 당연히 악의(bad faith)의 비난을 받을 것이라고 한다. 의심스러운 경우, 추정은 동맹국과 그의 다툼의 정당성에 유리하여야 한다.[15]

이러한 일반원칙은 해당 조약에 들어 있는 구체적인 보장의 성격과 조건에 따라 적용되어야 한다. 이는 구체적 사례를 통해 가장 잘 설명될 것이다.

13.1. 영국과 네덜란드 간의 동맹조약

프랑스와 영국 간의 1756년 전쟁 이전에, 네덜란드 정부는 영국과 3개의 서로 다른 보장 및 방위조약(guarantees and defensive treaties)을 맺고 있었다. 첫 번째 조약은 원래의 방위 동맹조약으로 1678년 영국 의회(Westminster)에서 체결되었으며, 그 후 양국 간 모든 후속 조약의 기초가 되었다. 이 조약의 서문에서 서로의 영토 보존이 조약체결의 명분으로 명시되었다. 그리고 조약은 그들이 이미 누리고 있는 모든 것, 또는 이후 평화조약으로 "오직 유럽에서" 획득할 수 있는 모든 것에 대한 상호보장을 규정했다. 더 나아가 그들은 당시 다른 국가와 이미 체결되어 있거나 이후 공동으로 그 국가와 체결될 수 있는 모든 조약에 대해서도 보장했다. 아울러 그들은 당시 어느 일방에 속하거나 장래 속하게 될 모든 마을이나 요새를 보유하는 데 있

---

15 Grotius, de Jur. Bel. ac Pac. lib. ii. cap. 15, § 13; cap. 25, § 4. (Grotius의 전쟁과 평화의 국제법) Bynkershoek, Quæst. Jur. Pub. lib. i. cap. 9. (Bynkershoek의 국제법의 문제들) Vattel, Droit des Gens, liv. ii. ch. 12, § 168. liv. iii. ch. 6, §§ 86–96. (Vattel의 국제법)

어 서로 방위하고 보호할 것을 규정했다. 그리고 일방 당사국이 공격을 받거나 괴롭힘을 당하면, 상대방 당사국은 즉시 일정 수의 군대와 군함으로 도와야 하며, 이미 전쟁 중인 일방이 상대방에 침략국과의 관계 단절을 요구하면 상대방은 그로부터 2개월 후 그 국가와 결별할 의무가 있었다. 그런 다음 그들은 공동의 적을 합리적인 타협으로 이끌기 위해 전력을 다해 공동으로 행동해야 했다.

영국과 네덜란드 간에 당시 존재하던 두 번째 방위동맹은 1709년과 1713년의 장벽 및 계승 조약(treaties of barrier and succession)에 의해 규정된 것이었는데, 한편으로 플랑드르 쪽에 있는 네덜란드의 장벽이 보장되고, 다른 한편으로 영국의 왕위에 대한 신교도의 계승이 보장되었다. 그리고 한 당사국이 공격받은 경우, 다른 당사국은 공격받은 당사국의 요구에 따라 구체적인 원조를 제공하기로 규정되었다. 그리고 더 큰 무력이 필요할 정도로 위험해지면, 상대방 동맹국은 원조를 늘릴 의무가 있으며 궁극적으로 침략자에 대한 전면전에서 전력을 다해 함께 싸우기로 규정되었다.

이들 간의 세 번째의 그리고 마지막 방위동맹은 1717년 헤이그에서 체결된 조약이었는데, 프랑스도 이 조약의 당사국이었다. 이 조약의 목적은 서로를 상호 보존하고 1713년 위트레흐트(Utrecht) 조약으로 확정된 대로 각자의 영토를 보유하는 것이라고 선언되었다. 체약 당사국들은 위트레흐트 조약의 모든 그리고 각각의 조항을, 그것이 제각기 체약 당사국들에 관련되거나, 특히 체약 당사국 각자에 관련되는 한 준수하기로 명시하였다. 그리고 그들은 조약 서명 시점에 각 당사국이 보유한 모든 왕국·속령·국가·권리·이익을 오직 유럽에 국한하여 보장하였다. 이 조약으로 규정된 원조의 내용은 앞에 언급된 것들과 유사했는데, 첫째 주선(good offices)의 제공, 이어 일정 수의 병력의 관여, 그리고 마지막으로 선전포고다. 이 조약은 1718년 4국 동맹과 1748년 엑스라샤펠(Aix la Chapelle) 조약에 의해 갱신되었다.

영국 궁정 측은 1713년 위트레흐트(Utrecht) 조약에 의해 영국이 확보한 유럽 내(*in Europe*) 영국 소유지 미노르카(Minorca) 섬이 프랑스의 공격을 받았는데도 네덜란드 정부가 이들 조약의 조건을 이행하기를 거부했다고 주장했다.

역자 주: 1756년 7년 전쟁 초기에 프랑스에 점령되었던 Minorca 섬은 이 전쟁을 종결지은 1763년 파리 조약으로 영국에 반환되었다. 오늘날 에스파냐의 영토로, 에스파냐 본토 동쪽 지중해에 위치한다.

규정된 원조에 대한 요구에 네덜란드 정부는 2개의 답변을 내놓았다.

첫째, 그 전쟁에서 영국이 침략자였으며, 영국이 먼저 프랑스의 공격을 받지 않았던 한 동맹조약의 발동 사유(*casus fœderis*)는 발생하지 않는다는 것이다.

둘째, 유럽에서 프랑스가 침략자였다고 인정하더라도, 그것은 단지 그에 앞서 아메리카에서 시작된 적대행위의 결과였을 뿐이며, 이는 조약의 보장 조건으로부터 명시적으로 제외되어 있다는 것이다.

첫 번째 이의에 대해, 아버지 리버풀 경*elder Lord Liverpool*이 참을 수 없다는 듯이 대응하였다. 즉 이러한 보장을 담고 있는 조약들이 방위조약(defensive treaties)으로 불리지만, 조약의 문언, 특히 여타 조약의 기초가 된 1678년 조약의 문언이, 양 당사국의 "모든 권리와 소유물"을 "모든 국왕 · 군주 · 공화국 · 국가"를 상대로 보장했기 때문에 방위조약이라는 점을 결코 그러한 거부 사유의 의미로 명확히 표현하지 않았다는 것이다. 그래서 어느 일방이 "적대행위나 공공연한 전쟁으로 공격을 받거나 괴롭힘을 당하면, 또는 자신의 국가 · 영토 · 권리 · 면제 그리고 통상의 자유를 보유하는 데서 다른 방식으로 방해받으면", 전쟁에 개입되지 않은 동맹국이 이러한 보장 대상을 방위하기 위해 할 일은 선언되어 있지만, 이 대상에 대한 공격이 최초의 손상이나 공격이어야 한다는 것이 필요하다고 어디에도 언급되지 않았다는 것이다. 리버풀 경은 계속해서 말하기를,

> "이러한 느슨한 표현 방식이 누락이나 부정확 때문이었던 것으로 보이지도 않는다. 이러한 보장(guarantees)을 고안한 자들은 확실히 더 이상의 설명 없이 이 문제를 주권국가 간의 모든 약정에 대해 궁극적으로 결정해야 할 신의칙(good faith)에 맡기는 쪽을 선택했다. 이로써 그들이 일방 동맹국의 이익이나 야심으로 촉발되었을 수도 있는 모든 폭력행위나 불의를 상대방 동맹국이 지원해야 한다는 것을 의미했다고 추정되지는 않지만, 다른 한편 조약의 보장 상황이 존재하지 않는다고 주장할 기회를 너무 자주 주어 동맹의 주된 의도를 피해

가게 되지 않을까 주의하였다. 이 두 가지 장애물은 똑같이 피해야 했으며, 현명하게도 그들은 전자에 못지않게 후자를 경계하는 것이 맞는다고 생각하였다. 이 보장의 고안자들은 문명국 간의 모든 전쟁에서, 각 교전국이 최초 도발과 침략의 오명과 죄책을 상대방에게 씌우려 애쓴다는 것을 알고 있었다. 그리고 최악의 이유도 변명의 여지가 없지는 않다는 것도 알고 있었다. 그들은 이것만으로도, 한 동맹국이 부정한 마음에서 트집 잡기와 논쟁을 이용하고 싶어질 때마다 필연적으로 충분한 기회가 주어질 것이라고 예견했다. 따라서 보장이 적용되는 경우를 더 상세한 설명과 더 엄격한 형식의 제약으로 제한했다면, 사물의 본질 자체로부터 이미 너무 의심스러웠던 점을 한층 더 큰 불확실성에 처하게 했을 것이다. 그들은 그러한 경우가 무한히 다양하리라는 것을, 자위(self-defence)의 동기가 정당할지라도 항상 분명하지는 않을 수 있다는 것을, 교활한 적은 가장 놀라운 대비책을 숨기고 있을 수 있다는 것을, 그리고 손상을 당한 국가는 그것을 초래한 위험이 공공연하게 되기 전에 예방적 적대행위(preventive hostility)조차 취하게 될 수 있다는 것을 알고 있었다. 이러한 고려에서, 현명하게도 이 조약의 교섭자들은 이 문제에 최대한 운신의 폭을 주고, 이 조약에 의해 자신의 이익이 영원히 통합되었다고 믿는 친구들로부터 기대될 수 있는 것과 같은 공정하고 자유로운 해석에 이 문제를 열어두는 것이 적절하다고 생각했다."[16]

두 번째 이의, 즉 프랑스가 유럽에서 시작한 적대행위는 그전에 아메리카에서 시작된 적대행위의 결과일 뿐이라는 데 대한 리버풀 경의 답변도 마찬가지로 만족스러워 보인다. 그의 답변은 이들 조약의 해석을 지배할 신의칙(good faith)에 대해 상세하게 설명해 준다.

"만약 네덜란드 측의 거부 사유가 근거하고 있는 추론이 인정된다면, 그것만으로도 충분히 모든 보장의 효과를 파괴하고, 각국이 방위동맹에 대한 믿음에서 서로에게 갖는 신뢰를 소멸시킬 것이다. 그것은 적에게 그런 동맹이 부과하는 불편을 피하기 위한 일정한 방법을 알려 주고, 어디에 공격을 시작해야 하는

16 Discourse on the Conduct of the Government of Great Britain in respect to Neutral Nations. By Charles, Earl of Liverpool. 1st Ed. 1757. (Liverpool 백작 Charles Jenkinson의 중립국에 대한 영국 정부의 행위에 관한 담론)

지를 보여준다. 적에게 첫 번째 공격만 조약의 보장에 포함되지 않는 어떤 장소에 행하게 하라, 그렇게만 하면, 적은 결과에 대한 어떠한 염려도 없이 자신의 진정한 대상에 대해 목적을 추구할 수 있다. 즉 프랑스가 먼저 아메리카에 있는 네덜란드의 어느 작은 지점을 공격하게 하라, 그러면 네덜란드의 국경은 더는 보장받지 못할 것이다. (역자 주: 네덜란드의 해석 방식에 따르면, 프랑스가 영국-네덜란드 조약의 보장에 포함되지 않는 아메리카 내 네덜란드의 어느 지점을 공격한 후 네덜란드 본토를 공격하더라도, 프랑스의 첫 번째 공격 지점이 유럽에 속하지 않으므로 영국은 조약의 보장이 적용되는 상황이 존재하지 않는다는 이유로 네덜란드에 대한 원조를 거부할 수 있다는 의미이다.) 이런 식의 주장은 가장 엄숙한 약속(solemn engagement), 즉 조약을 농락하는 것이다. 보장의 진정한 목적은 특정 국가를 다른 특정 국가로부터 보호하는 것이다. 위에 언급된 조약들은 각 당사국의 영토가 유럽에서 공격을 받거나 괴롭힘을 당할 때(*attacked or molested*)는 언제나 방위하기로 단적으로 그리고 절대적으로 약속했다. 만약 현재의 전쟁에서 최초의 공격이 유럽 밖에서 이루어졌다면 오래전에 유럽에서 공격이 있었음이 명백하고, 그것은 의문의 여지 없이 보장이 적용되는 상황이다.

하지만 이런 성격의 문제에 대해 네덜란드가 한때 어떤 의견을 가졌는지 알아보자. 잉글랜드와 네덜란드 간의 1678년 방어동맹 조약은 단지 1662년 네덜란드-프랑스 조약에서 처음 12개 조항을 따온 것으로 알려졌다. 네덜란드는 프랑스와 위 동맹조약을 체결한 후 곧 잉글랜드와 전쟁을 하게 되었다. 당시 공격은 이번 사건에서처럼 유럽 밖, 기니(Guinea) 연안에서 시작되었다. 그리고 전쟁의 원인도 똑같은 것이었다. 즉 유럽 경계 밖의 특정 소유물에 대한 권리 다툼인데, 그 소유물의 일부는 아프리카에 또 다른 일부는 동인도제도(East Indies)에 있었다. 이들 지역에서 적대행위가 상당 기간 계속된 후 유럽에서도 적대행위가 시작되었다. 이에 따라 즉시 네덜란드는 조약의 보장이 적용되는 상황이 존재한다고 선언하고 프랑스에 규정된 원조를 요구했다. 이를 증명하기 위해 내가 양국 장관들의 기억을 끌어낼 필요는 없다. 역사가 충분히 우리에게 알려주는데, 프랑스는 네덜란드의 주장을 인정하고 원조를 제공했으며, 동맹국을 지키기 위해 공공연한 전쟁에 돌입하기까지 하였다. 여기에서 우리는 지극히 유사한 사건에서 같은 조항에 대한 네덜란드의 의견을 본다. 프랑스의 행위도 같은 의견을 실증하는데, 프랑스는 이 점에서 양보함으로써 결과적으로 당시 젊은 프랑스 군주의 첫 번째 야망의 시도를 가로막았고, 에스파냐 땅에 대한 그의 진입을 수개월 지연시켰으며, 그에 대한 잉글랜드의 적개심을 불러일으켰다."[17]

13.2. 영국과 포르투갈 간의 동맹조약

방위동맹 조약과 보장조약에 의해 약정되는 의무의 성격과 범위는 영국과 포르투갈 간에 존속하는 조약의 사례에 의해 더욱 상세히 설명된다. 이들 조약은 전에 다른 목적으로 언급된 적이 있다.[18] 양국 간의 동맹조약은 원래 에스파냐에 대한 포르투갈인들의 봉기와 브라간사(Braganza) 가문의 왕조 성립 직후 1642년에 체결되었는데, 호국경 크롬웰*protector Cromwell*에 의해 1654년에 갱신되었다. 이 조약은 찰스 2세*Charles II(1660-1685)*와 브라간사 왕가의 카타리나*Catarina* 간의 혼인을 위해 알폰소 6세*Alfonzo VI(1656-1683)* 와 찰스 2세 간의 1661년 조약으로 재확인되었다. 마지막에 언급된 조약은 원조 내용을 확정하고, 영국은 "포르투갈이 공격받는 모든 경우" 포르투갈을 도울 것이라고 선언한다. 비밀 조항에서 찰스 2세는 탕헤르(Tangier)와 봄베이(Bombay)를 할양받는 대가로, "포르투갈의 식민지와 정복지를 현재나 장래의 모든 적으로부터 지켜주기로" 맹세한다. 1703년에 또 다른 영구적 방위동맹 조약이 영국과 네덜란드를 일방으로, 포르투갈 국왕을 또 다른 일방으로 하여 리스본에서 체결되었다. 이 조약의 보장 내용은 포르투갈과 프랑스 간의 1713년 위트레흐트 평화조약 및 포르투갈과 에스파냐 간의 1715년 같은 명칭의 조약으로 각각 확인되었다. 1807년 포르투갈 왕가가 브라질로 옮겨갈 때 영국과 포르투갈 간에 협약이 체결되었는데, 이 협약에 의해 포르투갈 왕국의 왕위는 브라간사 가문의 합법적 상속인에게 보장되며, 영국 정부는 다른 어떤 통치자도 절대로 인정하지 않는다고 약속한다. 양국 간에 1810년 리우데자네이루(Rio de Janeiro)에서 체결된 더 최근의 조약에 의해 다음과 같이 선언되었다. 즉 "양국은 그들 간의 기존 조약들과 부합하게, 모든 적대적 공격에 대한 방위와 상호보장을 위한 동맹에 합의하였다. 기존 조약의 조항들은 완전한 효력을 유지하며, 본 조약에 의해 최대한 광범위하고 포괄적인 해석으로 갱신된다."라는 것이다. 이 조약은 영국이 브라간사 가문의 상속

17 Liverpool's Discourse, p. 86. (Liverpool 백작 Charles Jenkinson의 담론)

18 Vide ante, pt. ii. ch. 1, § 9. (이 책 앞 제2부 제1장 제9항을 보시오)

인 외에는 누구도 포르투갈의 군주로 인정하지 않는다는 규정을 확인한다. 영국과 포르투갈 간의 1815년 1월 22일의 빈 조약은 다음 조항을 포함하고 있다.

> "1810년 2월 19일 리우데자네이루에서 체결된 동맹조약은 다행히 이제는 존재하지 않는 일시적인 사정에 기초하고 있었는데, 이로써 그 조약은 효력이 없는 것으로 선언된다. 하지만 매우 오래, 그리고 매우 만족스럽게 양국 국왕 간에 존속해 온 옛 동맹·우호·보장 조약들은 영향을 받지 않으며, 이로써 그 조약들은 고위 체약 당사자(high contracting parties)들에 의해 갱신되고 완전한 효력을 갖는 것으로 인정된다."

포르투갈의 내정에 대한 에스파냐의 간섭 때문에 영국 정부가 포르투갈을 에스파냐 궁정의 적대적 기도로부터 보호하기 위해 간섭하지 않을 수 없었던 당시, 영국과 포르투갈 간에 존속하던 동맹·보장 조약의 성격이 이런 것이었다. 이 대응 간섭을 정당화하기 위해 영국 의회에서 표명된 근거에 더하여, 동시에 포르투갈 문제에 관한 매우 훌륭한 논평이 에든버러 리뷰(Edinburgh Review)에 게재되었다. 이 논평은 일반적으로 방위·보장 동맹이 동맹국의 내분에 간섭할 의무를 부과하지도 간섭할 보장을 주지도 않지만, 이 사건의 특이한 상황이 문제의 조약들에 고려된 조약의 발동 사유(*casus fœderis*)를 확실히 구성한다고 주장하였다. 방위동맹은 다른 국가에 대한 상대방 동맹국의 방위 전쟁(또는 다른 말로, 정의로운 전쟁)에서 서로 돕기로 합의하는 국가 간 약정이다. 도덕적으로 말하자면, 방위동맹이 아닌 다른 어떤 종류의 동맹도 정의롭지 않다. 방위 전쟁이 아닌 다른 어떤 종류의 전쟁도 정의로울 수 없기 때문이다. 가장 단순한 방위 전쟁의 예는, 동맹국이 다른 국가에 정당한 전쟁의 원인을 제공하지 않았는데도 그 외국이 군사력으로 그 동맹국을 공공연히 침략한 경우이다. 예를 들면, 프랑스나 에스파냐가 포르투갈의 합헌 정부를 전복하기 위해 군대를 포르투갈 내로 진군시켰다면, 영국의 의무는 너무도 명백해서 그 의무에 대해 언급할 필요조차 없었을 것이다.

하지만 이것이 조약이 적용될 수 있는 유일한 경우는 아니었다. 만약 동맹국에 대한 명백한 침략 목적으로 군대가 집결되고 준비가 완료되었다면? 만약 동맹국의 신민이 반란을 일으키도록, 그리고 그 군대가 폭동을 일으키도록 선동하였다면? 만약 동맹국의 영토 내 반란자들에게 자금, 무기, 그리고 군수품을 제공하였다면? 그리고 동시에, 동맹국 정부에 적대행위를 선포한 자들이 가장 총애받는 외국인으로 받아들여지는 한편, 동맹국의 권위는 찬탈한 것으로 취급되고 다른 외국인들에게 부여된 모든 보호가 동맹국에 호의적인 신민에게는 주어지지 않는다면? 이와 같은 여러 상황이 결합하여 방위동맹이 예견했던 사건이 일어나리라는 것, 그리고 동맹조약이 규정한 일반적 또는 특정 원조를 동맹국이 요구할 권리를 갖게 되리라는 것은 의심의 여지가 없다. 마치 동맹국의 영토가 외국 군대에 의해 침략당한 것처럼 해악은 완전하고 위험은 클 수 있다. 동맹국의 적이 택한 방식은 공공연한 전쟁보다 더 실효적이고 더 확실히 파괴적일 수 있다. 동맹국에 가해진 공격이 공공연한 것이든 은밀한 것이든 간에, 그것이 똑같이 부당하고 동맹국을 똑같은 위험에 직면하게 한다면, 동맹국은 똑같이 원조를 요구할 권리가 있다.

국제법상 모든 약정은 약정에 명시적으로 규정된 경우와 명백히 그리고 확실히 유사한 각 경우에 미치는 것으로 해석된다. 재판소는 없으나 인류의 양심이 있는 국제법에는 약정의 회피와 위반 간에 어떤 차이도 없다. 국제법은 명백한 불의(injustice)에 못지않게 위장된 불의에 대해 원조를 제공할 것을 요구한다. 그리고 국제법은 위험은 더 큰데 원조의 의무는 덜하게 할 정도로 터무니없는 부조리에 빠지지 않는다. 방위동맹의 유일한 해석 규칙은, 일방 동맹국에 전쟁의 정당한 원인을 제공하는 각각의 모든 해악은 상대방 동맹국으로부터 원조를 받을 권리를 갖게 한다는 것으로 보인다. 원조를 받을 권리는 불의를 무력으로 물리치는 권리에 부수되는 2차적인 권리(secondary right)이다. 동맹국이 그러한 목적을 위해 도덕적으로 자신의 힘을 사용할 수 있는 경우에는 언제나, 상대방 동맹국의 보조적인 힘을 당연히 요구할 수 있다.[19]

기만(fraud)은 권리를 주지도 빼앗지도 않는다. 만약 1715년에 프랑스가 자국 항구에 함대를 그리고 연안에 군대를 집결시켰다면, 만약 프랑스가 영국 왕 조지 1세 *George I(1714-1727)*의 합법 정부에 반대하는 글을 쓰도록 부추기고 퍼트렸다면, 그리고 그의 군대로부터 탈영한 부대를 프랑스가 두 팔 벌려 맞이하고 마르 백작*earl*

---

19 Vattel's reasoning is still more conclusive in a case of guarantee: – "Si l'alliance défensive porte un garantie de toutes les terres que l'allié possède actuellement, le *casus fœderis* se deploie toutes les fois que ses terres sont envahiés *ou menaçées d'invasion*." – Liv. iii. ch. 6, § 91. (Vattel의 추론은 보장의 경우에 한층 더 확정적이다. "만약 방위동맹이 동맹국이 현재 보유하고 있는 모든 영토에 대한 보장을 제공한다면, 조약의 발동 사유는 그의 영토가 침략을 받았거나 받을 위협이 있을 때마다 발생한다.")

*of Mar*이 자신을 왕위 요구자(pretender)로 선포했을 때 그의 군대에 봉급과 무기를 제공했다면, 영국은 프랑스에 배상을 요구하고 거절당하면 전쟁을 선포할 완전한 권리가 있었을 것이다. 그리고 결과적으로, 영국은 네덜란드 정부가 하노버 가문의 영국 왕위 계승을 보장한 동맹·보장 조약에 따라 영국에 제공할 의무가 있던 원조에 대한 완전한 권원(title)이 있었을 것이다. 이는 제임스 3세 왕위 요구자(pretended king, James Ⅲ)가 프랑스 군대의 선봉에 서서 런던을 행군하고 있다면 영국이 네덜란드에 요구할 권리가 있을 원조와 같은 것이다. 전쟁이 일어난다면 영국 측에 똑같이 방위적이고, 네덜란드 측에 똑같이 원조를 제공할 의무가 있을 것이다.

원칙적으로(*in principles*) 방위적인 전쟁을 작전상(*in operations*) 방위적인 전쟁과 혼동한다면, 이해의 결함이 보통 이상임을 나타낼 것이다. 공격이 국가의 방위에 대비하는 최선의 방식인 경우, 작전은 공격적일지라도 전쟁은 원칙적으로 방위적이다. 전쟁이 안보를 위해 필요하지 않은 경우에도, 잘못을 저지른 자가 방위전(defensive warfare) 상황에 처하기 때문에 전쟁의 공격적인 성격은 변하지 않는다. 그래서 명백히 위험한 해악의 기도 대상이 된 국가가 먼저 최초의 일격을 가해 그 해악을 방지함으로써 원칙적으로 공격적인 전쟁을 하지 않을 수도 있다. 따라서 어느 국가에 가해진 모든 공격이 공격받는 국가에 방위동맹에 따른 원조에 대한 권리를 주지는 않는다. 그 국가가 침략국에 전쟁의 정당한 원인을 제공했다면, 전쟁은 원칙적으로 그 국가 측에 방위적이지 않을 것이기 때문이다.[20]

14 조약의 이행을 위한 인질

조약의 이행은 때로 일방 당사국이 상대방 당사국에 보내는 인질(*hostages*)에 의해 보장된다. 이 관행의 가장 최근의, 그리고 주목할 만한 사례가 1748년 엑스라샤펠(Aix-la-Chapelle) 평화조약에 나온다. 영국이 전쟁 중에 점령했던 북아메리카 케

20 "Dans une alliance défensive le *casus fœderis* n'existe pas tout de suite que notre allié est attaqué. Il faut voir s'il n'a point donné à son ennemie un juste sujet de lui faire la guerre. S'il est dans le tort, il faut l'engager à donner une satisfaction raisonable." (방위동맹에서 조약의 발동 사유는 동맹국이 공격을 받는 즉시 존재하지는 않는다. 동맹국이 적에게 전쟁할 정당한 명분을 주지 않았는지 보아야 한다. 만약 동맹국이 잘못을 저질렀다면, 적에게 합당한 만족을 주도록 관여해야 한다.) — Vattel, liv. iii. ch. 6, § 90. (Vattel의 국제법)

이프브레턴섬(Cape Breton)을 프랑스에 반환하는 것이 영국 귀족 몇 명을 파리에 인질로 보냄으로써 보장되었다.[21]

15 조약의 해석

조약은 국내법이나 사적 계약을 해석하는 것처럼 해석해야 한다. 인간의 모든 언어는 불가피하게 매우 불완전하고 모호해서, 어떤 글의 단어가 문자 그대로만 풀이되어서는 그 의미에 대한 설명이 매우 부족할 것이다. 그래서 의심스러운 경우에 국제 약정의 의미를 설명하기 위해 특정 기술적 해석 규칙이 윤리학자와 국제법학자들에 의해 채택되었다. 이들 규칙은 Grotius와 그의 논평가들에 의해 자세히 설명되었는데, 독자들은 이 중요한 주제에 대해 가장 완전한 견해를 포함하는 것으로, 특히 Vattel과 Rutherforth가 제시한 원칙을 참고할 수 있을 것이다.[22]

16 중개

교섭은 종종 제3국의 중개(mediation)에 따라 시행되는데, 제3국이 교섭을 위한 주선(good offices)을 자발적으로 제안하거나, 분쟁 중인 일방 또는 쌍방의 요청에 따라 제안하거나, 또는 그 목적으로 이전에 정해진 규정에 근거하여 제안한다. 자발적으로 제안된 중개는 어느 측이든 거부할 수 있다. 하지만 그것이 양측의 이전 합의에 따른 것이라면, 그러한 거부는 신의칙(good faith)에 반한다. 양측이 제안을 수락하면, 그들의 의견 차이를 조정할 목적으로 권고(advice)를 제시하는 것은 중개 국가의 권리이자 의무이다. 중개 국가는 이렇게 교섭의 당사국이 되지만, 자신의 의견을 채택하도록 어느 쪽도 강요할 권한이 없다. 중개 국가는 자신의 중개에 따라 체결된 조약의 이행을 보장할 의무는 없지만, 사실 자주 그렇게 하고 있다.[23]

---

21 Vattel, liv. ii. ch. 16, §§ 245－261. (Vattel의 국제법)

22 Grotius, de Jur. Bel. ac Pac. lib. ii. cap. 16. (Grotius의 전쟁과 평화의 법) Vattel, liv. ii. ch. 17. (Vattel의 국제법) Rutherforth' Inst. b, ii. ch. 7. (Rutherforth의 자연법 제도)

23 Kluber, Droit des Gens Moderne de l'Europe, pt. ii. tit. 2, § 1; ch. 2, § 160. (Kluber의

17 외교사

교섭의 기술은 그 본질상 궁극적으로 체계적인 과학이 될 수 없을 것 같다. 근본적으로 그것은 세상에 대한 지식 및 업무상 경험과 어우러진 개인적인 성격과 자질에 달려 있다. 이 재능의 부족이 단지 책으로부터 나오는 지식에 의해 채워질 수는 없지만, 역사, 특히 외교교섭의 역사를 공부함으로써 향상될 수 있을 것이다. 이런 종류의 아주 초기 서적 중 하나가 통상적으로 "완벽한 대사"(*Le Parfait Ambassadeur*)라는 책이다. 이 작품은 베네치아 주재 에스파냐 대사로 오래 근무한 후 1658년 사망한 안토니오 데 베라*Antonio de Vera*에 의해 원래 에스파냐어로 출판되었다. 나중에 이 책은 같은 저자에 의해 라틴어로 출간되었으며, 이탈리아어와 프랑스어로 여러 번역본이 나왔다. 1679년에 "대사와 그의 기능"(*L'Ambassadeur et ses Fonctions*)이라는 제목으로 출판된 비크포트*Wicquefort*의 책은 그 주목적이 사절권을 다루는 것이지만, 교섭의 기술에 관한 매우 가치 있는 정보를 포함하고 있다. Ryswick 조약의 교섭에 참여한 프랑스 전권대표 중 한 명이었던 깔리에르*Callières*는 1716년에 "군주들과의 교섭 방법론"(*De la Manière de Negocier avec les Souverains*)이라는 책을 출간했으며, 상당한 명성을 얻었다. 마블리*Abbé Mably* 또한 이 주제를 "교섭의 원칙"(*Principes des Negotiations*)이라는 논문에서 체계적으로 다루고자 하였으며, 이 논문은 보통 저자의 작품들의 다양한 판본에서 유럽의 국제법(*Droit Publique de l'Europe*)에 대한 소개 글로 붙어 있다. 개별 특정 교섭에 관한 역사서의 목록은 거의 끝이 없겠지만, 그중에 가치 있는 것은 거의 모두 플라산Flassan의 "프랑스 외교사"(*L'Histoire de la Diplomatie Française*)에 수록되어 있다. 세귀르*Count de Ségur*가 루이 15세의 이중외교에 고용된 핵심 비밀 요원 중 한 명인 파비에*Favier*의 기록으로부터 편찬한 "루이 15세와 16세 치세 중 모든 유럽 내각의 정치"(*Politique de tous les Cabinets de l'Europe pendant les Règnes de Louis XV et de Louis XVI*) 역시 프랑스 외교의 역사를 깊이 있게 조명한 작품이다. 유능하고 경험이 풍부한 편찬자 본인의 주석이 붙어 있다.

고대 라틴과 그리스의 저자들, 그리고 고대 기념물들로부터 수집된 아주 초기부터 샤를마뉴 대제*Charlemagne(800-814)* 시대까지의 조약의 역사서가 1739년에 바

유럽의 현대 국제법)

베이락*Barbeyrac*에 의해 출판되었다. 이에 앞서 샤를마뉴 대제 시대부터 18세기 초기까지의 유럽의 모든 조약을 포함하는 뒤몽*Dumont*의 엄청난 조약집이 출간되었다.[24] 더 현대의 가장 훌륭한 유럽의 조약집은 괴팅겐 대학의 마르텐스*Martens* 교수가 여러 시기에 출판한 것인데, 현재의 유럽 협약법이 기초하고 있는 가장 중요한 공적 약정들을 포함하고 있다. 여기에 코치Koch의 "베스트팔렌 평화 이래 평화조약 약사"(*Histoire abregée des Traités de Paix depuis la Paix de Westphalie*)가 추가될 수 있을 것이다. 이 작업은 숄*Schöll*에 의해 계속되었다. 빈 회의 전체 회의록도 클루버*Kluber*에 의해 독일어로 출판되었다.[25]

---

24 Corps Universel Diplomatique du Droit des Gens, contenant un Recueil des Traitez d'Alliance, de Paix, de Trève, de Neutralité, de Commerce, etc., qui ont été faits en Europe, depuis le règne de l'empreur Charlemagne jusques à présent, 8 tomes fol. Amsterd. 1726−1731. Supplement au Corps Universel Diplomatique, 5 tomes fol. 1739. (Dumont의 샤를마뉴 대제 치세 이래 현재까지 유럽에서 체결된 동맹·평화·정전·중립·통상 조약 등을 포함하는 세계 국제법 외교단)

25 Acten des Wiener Congresses in den Jahren, 1814 und 1815; von J. L. Kluber, Erlangen, 1815 und 1816; 6 Bde. 8vo. (Kluber의 1814−1815년 빈 회의 법)

P. A. R. T

04

적대적 관계에서 국가의 국제적 권리

국제법의 원리

Chapter 01

전쟁의 개시와 그 즉각적 효과

1 국가 간의 강제 수단에 의한 구제

국가라는 독립적인 인간사회는 특별 약정(special compact)으로 공통의 중재자나 재판관을 선정한 경우를 제외하고는 다른 누구도 그러한 존재로 인정하지 않는다. 국가들을 지배하는 법, 또는 국가들이 지배받을 것을 공언하는 법은 각 개별 사회의 국내법에 부속되는 그러한 실체적 제재 수단이 부족하다. 따라서 각국은, 개인이 시민사회의 법을 적용받지 않는다면 손상(injuries)에 대한 유일한 구제 수단으로서 힘에 의지할 권리가 있는 것과 마찬가지로, 다른 국가에 의한 손상에 대해 그러한 구제의 권리가 있다. 각국은 그러한 구제의 수단을 정당화할 손상의 성격과 정도를 스스로 판단할 권리도 있다.

국가 간의 분쟁을 실제 전쟁에는 이르지 않는 강제 수단으로 종결짓는 여러 방식 중에 다음과 같은 것들이 있다.

1. 손상을 입은 국가의 영토 내에서 발견된 가해국의 선박과 물품, 또는 기타 재산을 억류(embargo) 또는 압류(sequestration)함으로써다.
2. 논란이 된 대상을 무력으로 확보함으로써 강제 점유하여, 상대방 국가가 해당 권리를 누리지 못하게 함으로써다.
3. 징벌적 보복(vindictive retaliation, *rétorsion de fait*), 또는 우호적 보복(amicable retaliation, *rétorsion de droit*)의 권리를 행사함으로써다. 우호적 보복이란, 한 국가가 다른 국가와의 거래에서, 다른 국가가 유사한 상황에서 따를 것과 똑같은 행위규칙을 적용하는 것이다.

4. 손상에 대한 만족스러운 배상(reparation)이 이루어질 때까지 가해국에 속한 사람이나 물건에 대해 복구(reprisals) 조치를 함으로써다.[1]

2 복구

마지막 방식인 복구(reprisals)는 구제를 얻기 위한 강제적 수단으로 실제 전쟁에 이르지 않는 모든 종류의 수단에까지 미치는 것으로 보이며, 당연히 위에 열거된 다른 모든 수단을 포함한다. 어느 국가가 자신이 약정한 의무의 완전한 이행을 거부하거나 다른 국가가 주장하는 권리의 향유를 허용하지 않을 때는 복구가 소극적(*negative*) 성격이지만, 만족(satisfaction)을 얻기 위해 다른 국가에 속한 사람을 억류하거나 물건을 압류하는 때에는 적극적(*positive*) 성격이다.[2]

복구는 또한 일반적(*general*)이거나 특별한(*special*) 성격일 수 있다. 다른 국가로부터 손상을 입었거나 입었다고 생각하는 국가가, 자국의 관리나 신민에게 다른 국가에 속한 사람이나 재산을 어디에서든 획득할 권한을 부여할 때 복구는 일반적인 성격이다. 현재의 관행에 따르면, 그것은 보통 공적 전쟁(public war)이 시작될 때 취해지는 첫 단계 조치이며, 가해국이 만족을 주지 않으면 적대행위의 선언에 해당하는 것으로 간주될 수 있다. 특별 복구는 평화 시에 다른 국가의 정부나 신민으로부터 손상을 입은 특정 개인에게 포획면허장(letters of marque)이 부여되는 경우이다.[3]

복구는 명백히 그리고 공공연하게 정의가 부정되는 경우에만 부여되어야 한다. 복구를 부여하는 권리는 국가의 군주나 최고 권력(sovereign or supreme power)에 귀속되어 있으며, 예전에는 그 권리가 조약과 각국의 국내법으로 규제되었다. 그래서 영국에서는 법률(the statute 4 Hen. V. cap. 7)이 "평화 시기에 외국인에게 억압받은 신민이 있다면, 국왕은 고통을 받았다고 느낀 모든 자에게 정식의 포획면허장(marque in due form)을 부여할 것이다."라고 선언한다. 그 법률은 포획면허장의 형

---

1 Vattel, liv. ii. ch. 18. (Vattel의 국제법) Kluber, Droit des Gens Moderne de l'Europe, § 234. (Kluber의 유럽의 현대 국제법)

2 Kluber, § 234, Note (*c*.) (Kluber의 유럽의 현대 국제법)

3 Bynkershoek, Quæst. Jur. Pub. lib. i. Duponceau's Transl. p. 182, Note. (Bynkershoek의 국제법의 문제들)

식을 특별히 지정하고 그것을 준수하도록 지시하고 있다. 프랑스에서도 마찬가지로, 루이 14세*Louis XIV(1643-1715)*의 유명한 1681년 해사 칙령(marine ordinance)에 프랑스 신민이 타국 신민에 대한 특별 포획면허장(special letters of marque)을 받기 위해 지켜야 할 형식이 정해져 있다. 그러나 평화 시기에 행해지는 이 특별 복구는 거의 완전히 폐지되었다.[4]

3 복구의 효력

이러한 국가 간 복구 행위 또는 구제의 강제 수단에 대한 의존은, 가해국이 충분한 만족(satisfaction)을 주기를 거부하는 경우 전쟁의 성격을 띨 수도 있다. Vattel이 말하길,

> "복구 조치는 다른 방법으로 정의를 얻을 수 없을 때, 스스로 정의를 실현하기 위해 국가 간에 사용된다. 만약 한 국가가 다른 국가에 속한 것을 점유했다면, 채무를 상환하기를 거부한다면, 손상을 회복하거나 충분한 만족을 주기를 거부한다면, 피해국은 가해국에 속한 무언가를 압류하여 이자 및 손해 배상금과 함께 원금을 받을 때까지 자신에게 이익이 되도록 사용하거나, 충분한 만족을 얻을 때까지 그것을 질물(pledge)로 잡을 수 있다. 이렇게 압류한 물건은 만족이나 정의를 실현할 수 있는 희망이 있는 동안 보존된다. 그리고 그 희망이 사라지면 곧 그 물건은 몰수되고 복구는 완결된다. 만약 두 국가가 이러한 다툼으로 공공연한 파국에 이른다면, 전쟁이 선언되거나 적대행위가 시작되는 순간, 만족은 거부된 것으로 간주되고 압류된 물건 또한 몰수될 수 있다."[5]

---

4 Vattel, Droit des Gens, liv. ii. ch. 18, §§ 342－346. (Vattel의 국제법) Bynkershoek, Quæst. Jur. Pub. lib. i. cap. 24. ((Bynkershoek의 국제법의 문제들) Martens, Précis du Droit des Gens Moderne de l'Europe, liv. viii. ch. 2, § 260. (Martens의 유럽의 현대 국제법 개요)

5 Vattel, Droit des Gens, liv. ii. ch. 18, § 342. (Vattel의 국제법)

4 적대행위의 선포 이전의 억류조치

1803년에 영국과 프랑스 간의 아미앵의 평화(peace of Amiens)가 깨지면서 영국 정부가 네덜란드 측의 적대적인 침략을 구성하는 것으로 간주한 상황에서, 영국의 항구에 있던 네덜란드 재산에 대해 억류조치(embargo)가 내려졌다. 이 사건의 판결을 선고하면서 Scott 재판관은 다음과 같이 말했다.

역자 주: 당시 네덜란드는 프랑스혁명의 영향으로 봉기한 민중 세력이 프랑스 혁명군의 지원을 받아 네덜란드 7개 주 연합공화국을 무너뜨리고 바타비아 공화국(1795-1806)을 수립한 상태였다. 프랑스 혁명전쟁 기간 중 1801년 프랑스-오스트리아 간의 뤼네빌(Lunéville) 조약에 이어 1802년 프랑스-영국 간의 아미앵 조약으로 제2차 대프랑스 동맹이 무너지고 평화가 도래하였다. 영국은 프랑스에 대한 1803년 5월 17일 선전포고에 앞서, 영국 항구에 정박 중이거나 인근 해역을 항행하던 프랑스와 네덜란드의 선박을 나포하였다.

"처음에는 압류(seizure)가 모호했다. 그리고 다툼 사안이 화해로 종결되었다면, 압류는 단지 민사적 억류조치(civil embargo)로 전환되어 그렇게 종료되었을 것이다. 그것이 그 상황 전개의 소급효과였을 것이다. 반대로 처리 과정이 적대적으로 끝난다면 소급효과는 정확히 그 반대이다. 그것은 원래의 압류에 직접적인 적대적 성격을 각인시킨다. 그것은 억류조치(embargo)가 아니라고 선언된다. 그것은 더는 두 가지 해석이 가능한 모호한 행위가 아니다. 그렇게 한 의도(animus)의 선언이 있다. 그것은 적대적 의도(hostili animo)로 행해졌으며, 처음부터(ab initio), 손상의 잘못이 있는 자들이 그들의 조치를 우호적으로 변경하여 잘못을 바로잡기를 거부한 데 대한 적대적 조치로 여겨져야 한다. 적대행위가 정식으로 선포되기 전에 억류된 그러한 재산의 원상회복(restitution)을 위해 특정 약정이 개입되지 않는다면, 이것이 필연적인 전개 과정이다."[6]

---

6 Robinson's Adm. Rep. vol. v. p. 246. The Boedes Lust. (Robinson의 해사 판례집)

5 전쟁할 권리는 누구에게 귀속되는가

전쟁할 권리(right of making war)는 복구(reprisals)나 기타 징벌적 보복을 허가하는 권리와 마찬가지로 모든 문명국에서 국가의 최고 권력(supreme power)에 속한다. 이 권리의 행사는 각국의 기본법이나 헌법으로 규율되며, 원격지의 하위 당국에 위임될 수도 있는데, 심지어 국가의 권위 아래 외국에 대해 주권을 행사하는 영국 동인도회사(British East India Company)와 같은 상업회사에 위임될 수도 있다.[7]

6 공적 전쟁 또는 엄숙한 전쟁

독립 주권국가들 간의 무력 대결을 공적 전쟁(public war)이라고 부른다. 그것이 정식으로 선포되거나 정당하게 시작되면, 교전 당사국(belligerent parties) 양측에 서로에 대한 모든 전쟁권(rights of war)을 부여한다. 실정 국제법은 이 점에서 정의로운 전쟁(just war)과 정의롭지 않은 전쟁(unjust war)을 구별하지 않는다. 정식으로 선포되거나 정당하게 시작된 전쟁은 그 효과가 양측 모두에 정의로운 것으로 여겨진다. 전쟁법이 교전 당사국 일방에 허용한 것은 모두 상대방 교전 당사국에도 똑같이 허용된다.[8]

7 전면전 또는 제한전

전면전(*perfect war*)이란 일반 전쟁법으로 허용된 모든 경우와 모든 상황에서 한 국가 전체가 다른 국가와 전쟁을 하고 양국의 모든 구성원이 상대방 국가의 모든 구성원에 대해 적대행위를 할 권리가 주어지는 경우를 말한다. 제한전(*imperfect*

---

7 Vattel, liv. iii. ch. 1, § 4. (Vattel의 국제법) Martens, Précis, &c. liv. viii. ch. 2, §§ 260, 264. (Martens의 유럽의 현대 국제법 개요)

8 Vattel, Droit des Gens, liv. iii. ch. 12. (Vattel의 국제법) Rutherforth's Inst. b. ii. ch. 9, §15. (Rutherforth의 자연법 제도)

war)은 장소, 사람 그리고 사물에 관해 제한이 있다.[9]

같은 사회의 구성원들 간의 내전(civil war)은 흐로티위스가 혼합전(*mixed war*)이라고 부른 것이며, 그에 따르면 이는 기존 정부 측에는 공적(*public*) 전쟁이 되며, 그 정부의 권위에 대항하는 측에는 사적(*private*) 전쟁이 된다. 그러나 일반적인 국가 관행은 그러한 전쟁이 대결 당사자 양측에 서로에 대한 전쟁권을, 그리고 중립국에 대한 전쟁권조차 부여하는 것으로 여긴다.[10]

8 선전포고는 어디까지 필요한가

한때 국가 간 적대행위의 합법화를 위해 적에 대한 정식 선전포고가 필요하다고 여겨졌다. 고대 로마인들은 일관되게 선전포고를 실행했으며, 현대 유럽 국가는 약 17세기 중반까지 실행하였다. 가장 최근의 이러한 사례는 프랑스가 1635년에 브뤼셀에서 에스파냐에 대해, 중세에 준수된 형식에 따라 전령(heralds at arms)을 통해 실행한 선전포고였다.

현재의 관행은 적대행위의 존재와 그 시작 동기를 알리는 성명문(manifesto)을 전쟁을 선포하는 국가의 영토 내에서 발표하는 것이다. 이러한 발표는 그 교전국 신민에게 적과의 접촉에 관해, 그리고 실정 국제법이 정식 전쟁에 귀속시키는 일정한 효과에 관해 지도하는 데 필요할 수 있다. 그러한 선언이 없다면, 평화조약에서 전쟁의 합법적인 효과로 여겨져야 하는 행위를, 상대방의 명백한 잘못으로 간주하여 특정 상황에서 배상(reparation)을 요구할 수 있는 행위와 구별하기가 어려울 수도 있다.[11]

---

9 Such were the limited hostilities authorized by the United States against France in 1798. (1798년 미국이 프랑스를 상대로 승인한 제한적 적대행위가 바로 그런 것이었다.) Dallas' Rep. vol. ii. p. 21; vol. iv. p. 37. (Dallas의 판례집)

10 Vide ante, pt. i. ch. 2, § 19. (이 책 앞 제1부 제2장 제19항을 보시오)

11 Grotius, de Jur. Bel. ac Pac. lib. i. cap. 3, § 4. (Grotius의 전쟁과 평화의 법) Bynkershoek, Quæst. Jur. Pub. lib. i. cap. 2. (Bynkershoek의 국제법의 문제들) Rutherforth's Inst. b: ii. ch. 9, § 10. (Rutherforth의 자연법 제도) Vattel, Droit des Gens, liv. iv. ch. 4, § 56. (Vattel의 국제법) Kluber, Droit des Gens Moderne de l'Europe, §§ 238, 239. (Kluber의 유럽의 현대 국제법)

9 전쟁이 시작될 때 교전국 영토 내에서 발견된 적의 재산은 어디까지 몰수 대상인가

적대행위를 합법화하기 위해 적에게 전쟁의 존재를 선포하거나 달리 통지할 필요가 없고, 또한 적의 재산은 일반적으로 전시포획물(prize of war)로서 압류 및 몰수의 대상이므로, 전쟁이 시작될 때 교전국의 영토 내에서 발견된 적의 재산은 어디에든 있을 수 있는 적의 다른 재산과 똑같은 운명이 되는 것으로 보일 것이다. 그러나 이 문제에 관해 제도법학자들(institutional writers) 사이에 매우 다양한 의견이 있으며, 현대의 국가 관행은 그러한 재산을 전쟁행위(operations of war)로부터 면제하는 경향인 것으로 보인다.

적의 모든 재산을 포획(capture) 대상으로 삼는 일반규칙에 대한 예외 중 하나로 국제법학자들이 규정한 것이 중립국의 관할권 내에 있는 재산에 대한 존중이다. 그러나 이 면제는 중립국의 권리에서 나오는 것이지, 상황에 따라 적국 소유자가 얻는 특권이 아니다. 이성이나 승인된 국가 관행이 어떤 다른 예외를 시사하는가?

로마인들은 전쟁이 발발했을 때 자국 영토 내에서 발견된 적국 사람을 노예로 삼거나 심지어 죽이는 것조차 합법으로 여겼는데, 그들에게 똑같은 상황에서 발견된 적의 재산이 먼저 차지하는 자의 전리품(spoil)이 된다는 것은 매우 자연스러운 결과일 것이다. 1625년에 전쟁과 평화의 법에 관한 위대한 작품을 세상에 내놓은 흐로티위스는 이 문제에 관한 그의 의견의 기초로 로마법 규칙을 채택하지만, 그의 집필 당시 인류의 상호 관계에서 널리 퍼지기 시작한 더 인도적인 정서로 그 규칙들에 제한을 가한다. 사인에게 진 채무에 관하여, 그는 채무의 상환을 요구할 권리는 전쟁 중에 단지 정지될 뿐이고 평화가 회복되면 정지가 풀린다고 생각한다. 1737년 무렵에 책을 쓴 빈케르스후크*Bynkershoek*는 똑같은 규칙을 채택하고, 그 규칙의 모든 적용 결과까지 살펴본다. 그는 적에 대한 선전포고는 필요하지 않으므로 적이 적대행위의 발발 시 재산을 회수할 권리를 명시적 약정으로 유보해 놓지 않은 한, 적의 재산에 대한 포획을 합법화하기 위해 어떠한 통지도 필요하지 않다고 주장한다. 그는 이 규칙을 유체동산(things in possession)뿐만 아니라 채무와 같은 무체동산(things in action)에도 적용한다. 그는 이러한 주의에 대한 확인으로써 다양한 사례를 1556년부터 1657년까지 한 세기에 걸쳐 여러 국가의 행위로부터 제시한다.

그러나 그는 그러한 권리에 대해 특히 네덜란드 정부가 이의를 제기하였음을 인정하고, 그의 책이 출판되기 70년 전인 1667년 이후 그 권리가 행사된 어떠한 선례도 제시하지 않는다. 프랑스 혁명전쟁 이전 거의 한 세기 반의 후속 기간에 그가 인용한 옛 사례들과 상반되는 부정적인 관행(negative usage)이 있다. 이 전체 기간에 발견된 유일한 예외는 1753년의 실레시아 차관(Silesia loan) 사건이다. 그 사건에서 영국 군함의 프로이센 선박 포획을 이유로 프로이센 국왕이 행사한 복구(reprisals)에 대해 이의를 제기하는 영국 법률가들의 주장에 다음과 같이 진술되어 있다.

> "군주가 사인에게 진 채무에 대해 스스로 복구(reprisals)를 행사하는 것이 타당하다고 생각했던 사례를 찾기는 쉽지 않을 것입니다. 그렇게 하지 않을 것이라는 신뢰가 있습니다. 다른 사람과 달리 군주는 재판소에 의해 강제될 수 없으므로, 사인은 군주의 영예로운 약속을 믿고 그에게 돈을 빌려줍니다. 그래서 영국과 프랑스는 심지어 전쟁 중에도(1748년 엑스라샤펠 평화조약에 의해 종결된 오스트리아 왕위 계승 전쟁을 시사함) 이러한 대중의 신뢰(public faith)를 그처럼 철저하게 지켜, 공공채무(public debt)의 어느 부분이 적의 신민에게 갚아야 할 채무인지 수고스럽게 조사하지 않았습니다. 당시 많은 영국인이 프랑스의 기금(funds)에 자금을 가지고 있었고, 많은 프랑스인이 우리 영국의 기금에 자금이 있었던 것이 확실했지만 그렇게 하지 않았습니다."[12]

Vattel은 Bynkershoek보다 약 20년 후에 책을 썼는데, 적의 재산은 압류와 몰수의 대상이라는 일반원칙을 규정한 다음, 적의 신민이 교전국 내에 소유한 부동산을 예외로 함으로써 그 원칙을 완화한다. 그 부동산은 군주의 승인을 받아 취득한 것이므로 그의 신민의 재산과 똑같은 지위에 있는 것으로, 그리고 전쟁권(*jure belli*)에 의한 몰수 대상이 되지 않는 것으로 여겨져야 한다는 것이다. 그러나 지대와 수익(rents

---

12 Grotius, de Jur. Bel. ac Pac. lib. iii. cap. 20, § 16. (Grotius의 전쟁과 평화의 법) Bynkershoek, Quæst. Jur. Pub. lib. i. cap. 2, 7. (Bynkershoek의 국제법의 문제들) Letters of Camillus, by A. Hamilton, No. 20. (Alexander Hamilton의 20번째 카밀루스의 편지)
Vattel calls the Report of the English civilians "un excellent morceau de droit des gens," (liv. ii. ch. 7, § 34, Note *a;*) and Montesquieu terms it "une réponse sans replique." — Œuvres, tom. vi. p. 445. (Vattel은 영국 법률가들의 이 보고서를 "국제법의 탁월한 한 조각"이라 부르고, Montesquieu는 "둘도 없는 답변"이라고 한다.)

and profits)은 적에게 송금되는 것을 막기 위해 압류할 수 있다고 한다. 채무와 기타 무체동산(things in action)에 관해서는, 적에게 속하는 다른 재산에 대해 전쟁이 주는 권리와 똑같은 권리를 준다고 주장한다. 그런 다음 그는 Grotius가 들었던 같은 예를 인용한다. 즉 테베인들(Thebans)이 테살리아인들(Thessalians)에게 갚아야 할 100탈란톤(talanton, 역자 주: 고대 그리스의 화폐단위로 1탈란톤은 금 26kg에 해당한다.)의 빚이 있었는데, 알렉산드로스 대왕이 테베를 정복한 권리에 의해 그 100탈란톤의 주인이 되었지만, 그것을 호의 행위로 테살리아인들에게 보내주었다는 것이다.

그리고 Vattel이 계속해서 말하길,

"군주는 자신의 신민이 적에게 진 채무에 대해서도 당연히 똑같은 권리가 있다. 따라서 군주는 공교롭게 전쟁 중에 채무의 상환 기한이 도래하면, 그러한 성격의 채무를 몰수하거나 적어도 전쟁이 계속되는 동안 그 상환을 금지할 수 있다. 그러나 현재 통상의 이익과 안전이 유럽의 모든 군주에게 이 엄격함을 완화하게 하였다. 그리고 이 관습이 일반적으로 받아들여짐에 따라, 그에 반해서 행동한다면 대중의 신뢰(public faith)에 손상을 줄 것이다. 외국인은 오직 이 일반적 관행이 지켜지리라는 확고한 믿음에서 그 군주의 신민에게 돈을 맡겼기 때문이다. 국가는 적에게 갚아야 할 돈에는 손도 대지 않으며, 일반 대중이 신뢰하여 맡긴 돈은 전쟁이 일어나더라도 모든 곳에서 압류와 몰수로부터 면제된다."

Vattel은 다른 구절에서 이 면제의 이유를 설명한다.

"복구에서, 군주나 국가에 속하는 재산뿐만 아니라 그 신민의 재산도 압류된다. 국가에 속한 모든 것은, 그것이 대중이 신뢰하여 맡긴 자금이 아닌 한, 압류될 수 있는 즉시 복구(reprisals)의 대상이 된다. 이러한 대중의 자금은 우리의 선의(good faith)에 대한 그 소유자의 신뢰로 우리 수중에 들어온 것이므로, 공공연한 전쟁의 경우에도 존중되어야 한다. 이것이 외국인이 공적 기금에 맡긴 돈에 대한 프랑스, 영국, 그리고 기타 국가에서의 관행이다."

그가 다시 말하길,

"전쟁을 선포하는 군주는 그 선포 당시에 이미 자신의 영토 내에 있는 적의 신민을 억류할 수도, 그의 물건을 압류할 수도 없다. 그들은 그 군주가 대중의 신뢰를 저버리지 않으리라고 믿고 그의 국가에 들어왔다. 그 군주는 그들을 자신의 영토에 머물도록 허용했으므로 그들에게 자국으로 돌아갈 자유와 완전한 안전을 묵시적으로 약속했다. 따라서 그들이 자신의 물건을 가지고 돌아갈 수 있는 합리적인 시간을 허용해야 한다. 그리고 그들이 정해진 기한을 넘기고 남아 있다면 그들을 적으로 취급할 수 있지만, 단 무장이 해제된 적으로 취급하여야 한다."[13]

따라서 적대행위가 시작될 당시에 교전국의 영토 내에서 발견된 적의 재산, 또는 적의 정부나 개인에게 자신의 신민이 진 빚은 전시포획물(prize of war)로서 압류와 몰수의 대상이 되지 않는다는 것이 국제적 관행에 의해 확립된 규칙으로 보인다. 이 규칙은 빈번하게 조약의 규정을 통해 시행되는데, 그렇게 시행되지 않으면 그것이 비록 확립된 규칙일지라도 불변의 규칙으로 간주될 수 없다. 매우 훌륭하게 논평했듯이, "이 규칙은 도덕, 인류애, 심지어 지혜의 계율과 마찬가지로 군주의 심판을 받는다. 규칙은 군주가 자신의 마음대로 따르거나 버리는 길잡이 같은 것이다. 그리고 그가 오명을 쓰지 않고는 그 규칙을 무시할 수 없을지라도 여전히 무시될 수 있다. 그러한 규칙은 불변의 법칙이 아니며, 끊임없이 달라질 수 있는 정치적 고려사항에 의존한다."[14]

10 상호주의 규칙

이러한 정치적 고려사항 중에 적이 지켜서 시행하는 행위가 포함되어 있다. 만약 전쟁이 발발했을 때 적이 자신의 영토 내에서 발견된 우리 신민의 재산이나 우리 신민에게 갚아야 할 채무를 몰수한다면, 유사한 절차를 통해 적의 신민에게 똑같이 되돌려주는 것이 당연히 공정할 것이고, 어떤 상황에서는 현명한 일일 수도 있다. 이러한 상호주의(reciprocity) 원칙은 많은 국제법 사건에서 작용한다. Scott 재판관은, 전쟁이 발발했을 때 적이 영국의 재산을 몰수하면 영국은 전쟁이 일어나기 전

13 Vattel, Droit des Gens, liv. ii. ch. 18, § 344; liv. iii. ch. 4, § 63; ch. 5, §§ 73–77. (Vattel의 국제법)

14 Mr. Chief Justice Marshall in Brown *v.* the United States, Cranch's Rep. vol. viii. (Cranch의 미국 대법원 판례집)

에 압류해 놓은 적의 재산을 몰수하고, 적이 이를 반환하면 그것을 반환하는 것이 일관된 실행(practice)이라고 말한다. 그가 말하길,

> "그것은 잉글랜드 법의 위대한 기초인 마그나 카르타(Magna Charta) 자체에 의해 승인된 원칙이다. 마그나 카르타는 전쟁이 시작될 때 적의 상인은 우리 상인이 적국에서 억류되고 다루어지는 것처럼 억류되고 다루어진다고 규정하고 있다."[15]

그리고 영국의 법률가들이 실레시아 차관(Silesia loan)에 대해 프로이센 국왕이 정당하게 복구(reprisals)를 행사할 수 없다는 그들의 논거를 강화하기 위해 영국 국왕에게 제출한, 전에 언급한 바 있는 1753년 청원서에도 다음과 같이 진술되어 있다.

> "에스파냐 전쟁 후 그리고 프랑스 전쟁 전에 잘못 나포된 프랑스 선박과 물품은 프랑스와 전쟁이 한창이던 중이나 그 이후에 폐하의 법원의 판결로 프랑스의 소유자들에게 반환되었습니다. 프랑스와의 전쟁 중에 여기에서 그러한 어떤 선박이나 물품도 적의 재산으로 몰수하려고 한 적이 없었는데, 먼저 잘못이 행해지지 않았다면 이러한 물품들이 폐하의 영역 내에 있지 않았을 것이기 때문입니다." (역자 주: 에스파냐 전쟁은 1701-1713년의 에스파냐 왕위 계승 전쟁을, 프랑스 전쟁은 1740-1748년의 오스트리아 왕위 계승 전쟁을 의미하는 것으로 보인다.)

11 영국의 해군장관 권리

영국의 옛날 법은 관대함에서 이렇게 현대 영국의 관행을 능가했던 것으로 보인다. 영국에 의해 시작된 최근의 해양 전쟁들에서, 적대행위가 발발할 때 영국의 항구에서 발견된 적의 재산을 해군장관 권리(droits of Admiralty)로 압류하여 몰수하는 것이 일관된 관행이었다. 이 관행이 적의 그러한 상응하는 행위로부터 영향을 받은 것 같지는 않다. Scott 재판관의 네덜란드 선박 사건 판결에 대해 영국의 어느 작가가 의견을 개진했던 것처럼, "사실상의(virtual) 적대행위의 선포와 실제(actual) 적대행위의

15 Robinson's Adm. Rep. vol. i. p. 64. The Santa Cruz. (Robinson의 해사 판례집)

선포 간의 구별에는, 그리고 이전에 암시되었던 사실상의 선포의 결함을 덮기 위해 실제 선포에 소급효를 부여하는 장치에는 뭔가 미묘한 점이 있는 것 같다."[16]

12 적대행위가 시작되기 전에 발생한 적에 대한 채무

적대행위가 시작되기 전에 적에게 진 채무(debts)에 관해, 영국 법은 전쟁 발발 시 영국의 항구에서 발견되는 적의 재산에 관한 것보다 더 관대하거나 적어도 더 현명한 성격의 정책을 추구한다. 압도적으로 우세한 해군력을 보유한 해양 국가는 실제 선전포고에 앞서 압류한 적의 재산을 몰수할 권리를 행사하는 데 관심이 있을 수 있다. 그러나 자본의 규모로 보아 일반적으로 다른 모든 국가의 채권자일 것이 분명한 국가는, 적에게 갚아야 할 채무를 몰수하는 데 확실히 관심이 있을 수 없다. 거의 모든 경우에, 그의 적국이 훨씬 더 큰 손실을 주는 효과로 보복할 수 있기 때문이다. 따라서 왕이 이러한 채무를 몰수하여 자신에게 갚도록 강요하는 특권이 이론적으로는 여전히 존재할지라도, 실제로 행사된 적은 거의 또는 절대 없었다. 원래의 채권자가 자신이 준 빚을 회수하기 위해 소송을 제기할 권리는 소멸하지 않는다. 그 권리는 전쟁 중에 정지될 뿐이며, 평화가 회복되면 온전히 되돌아온다.[17]

미국의 법과 실행이 또한 그렇다. 혁명전쟁 전에 미국 시민이 영국 신민에게 지고 있던, 그리고 실제로 몰수되지 않았던 채무는 양국 간 평화의 회복과 동시에 회수를 위한 소송권과 함께 온전해진 것으로 사법적으로 판단되었다. 1783년 평화조약에 의해, 13개 주 연합(confederation)의 각 주 법 아래서 영국인의 채권 회수에 존재했던 장애물이 제거된다고 규정되었다. 그러나 이 규정이 채권자에게 완전한 보상(indemnification)을 주기에 실효적이지 않다고 밝혀졌으며, 이 문제에 관한 양국 간의 논쟁은 마침내 미국 정부가 영국 채권자들을 위한 일괄 총액(a sum *en bloc*)을 지급함으로써 해결되었다. 1794년 우호·통상조약 역시 사인 간의 계약이 국가 간의 분쟁으로 손상된다면 옳지도 현명하지도 않다는 명시적인 선언과 함께, "한 국

---

16 Chitty's Law of Nations, ch. 3, p. 80. (Chitty의 국제법)

17 Bosanquet and Puller's Rep. vol. iii. p. 191. Furtado *v.* Rogers. (Bosanquet와 Puller의 판례집) Vesey, Jun. Rep. vol. xiii. p. 71, *ex parte* Boussmaker. (Vesey의 판례집) Edward's Adm. Rep. p. 60. The Nuestra Señora de los Dolores. (Edward의 해사 판례집)

가의 개인이 다른 국가의 개인에게 진 빚이나, 공공 은행 또는 민간 은행에 가지고 있는 지분이나 자금은 국가 간 어떠한 전쟁이나 분쟁에 의해서도 절대 압류되거나 몰수되지 않는다."라고 규정하였다.[18]

1793년에 프랑스와 영국 간에 적대행위가 시작되었을 때, 프랑스는 적의 신민에게 지고 있던 채무와 기타 재산을 압류했는데, 영국 정부 측의 대항 조치로 보복당했다. 1814년 4월 파리에서 체결된 양국 간 평화조약의 추가 조항으로, 양측에서 압류가 해제되고, 프랑스 당국에 의해 부당하게 몰수된 영국 신민의 재산 가액에 대한 청구, 채권의 전체적 또는 부분적 손실에 대한 청구, 그리고 1792년 이후 부당하게 압류된 기타 재산에 대한 청구를 청산하기 위해 위원들(commissaries)이 임명되었다. 이렇게 프랑스를 강요하여 받아낸 약속은 공정한 정의의 조치라기보다는 패배한 적에 대한 정복권의 엄혹한 적용이라고 여겨질 수 있을 것이다. 영국이 적대행위를 예상하여 그 항구와 바다에서 압류해 해군장관 권리(droits of admiralty)로 몰수한 프랑스의 재산은, 양국 간 평화 회복으로 맺어진 이 조약에 의해 원소유자에게 반환된 것으로 보이지 않기 때문이다.[19]

그래서 또한 1807년 영국과 덴마크 간의 관계가 결렬되자, 영국은 적대행위를 실제로 선포하기 전에 영국의 항구와 공해에서 압류했던 덴마크의 선박과 기타 재산을 적대행위 선포의 소급효에 의해 해군 장관의 권리로 몰수하였다. 이에 덴마크 정부는 영국의 몰수에 보복하는 칙령을 제정하여, 덴마크 신민이 영국 신민에게 지고 있던 모든 채무를 압류하고 덴마크왕국 금고에 넣도록 하였다. 영국 왕좌법원(court of King's Bench)은 다음과 같은 이유로 덴마크의 칙령이 그 채무와 관련된 영국 내 소송에서 법적 항변(legal defence)이 되지 않는다고 결정했다. 즉 덴마크의 칙령은 국가 관행에 부합하지 않고, 국제법학자들은 덴마크의 실행을 비난했으며, 이전 한 세기 동안에 문제의 칙령을 제외하고는 이러한 권리가 행사된 어떤 사례도 없다는 것이다. 영국 왕좌법원 판결의 타당성은 충분히 의문시될 수 있다. 타당하게 지적된 바와 같이, 이성(reason)은 법을 신뢰하여 약정한 채무와 똑같은 법을 신뢰하여 획득한 재산을 구별하지 않는다. 그리고 적에게 지고 있는 채무를 몰수하는 군주의 권리는 전쟁이 발발했을 때 자국 내에서 발견된 적의 재산을 몰수하는 권리와

18 Dallas' Rep. vol. iii. pp. 4, 5, 199－285. (Dallas의 판례집)

19 Martens, Nouveau Recueil, tom. ii. p. 16. (Martens의 신 조약집)

정확히 같은 권리이다. 두 권리 모두 군주의 의지를 표시하는 특별한 행위를 필요로 하며, 두 권리 모두 어떤 불변의 국제법 규칙이 아니라 군주의 판단을 이끌 수 있는 정치적 고려사항에 의존한다.[20]

13 교전국 신민이 적과 거래하는 것은 위법이다

적대행위 개시의 즉각적인 효과 중 하나는 전쟁 중인 국가의 신민들 간의 모든 상거래는 그들 각 정부의 허가 없이는 금지된다는 것이다. Scott 재판관은 *Hoop*호 사건 판결에서, 이것이 보편법의 원칙(principle of universal law)이지 영국의 해상법학에 특유한 것은 아니라고 했다. 이는 Bynkershoek에 의해 법의 보편적인 원칙(universal principle of law)으로 표현되었다. Bynkershoek가 말하길,

> "전쟁 자체의 성격에 의해 모든 상거래가 적들 간에 중단된다는 것은 의문의 여지가 없다. 그러한 거래에 대한 특별한 금지조치가 없더라도, 단지 전쟁법의 효과에 의해 통상(commerce)이 금지된다. 선전포고 자체로 그것이 충분히 명백해지는데, 선전포고는 모든 신민에게 다른 군주의 신민을 공격하고, 그들의 물품을 탈취하고, 가능한 모든 해악을 그들에게 가하라고 명하기 때문이다. 하지만 상인의 유용성과 국가들의 상호 욕구는 통상에 관한 한 전쟁법을 거의 굴복시켰다. 그래서 통상은, 군주가 신민의 이익에 가장 도움이 된다고 생각하는 바에 따라, 전쟁 중 허용되기도 하고 금지되기도 한다. 상업 국가는 무역을 열망하며, 다른 국가의 물품에 대한 자신의 크고 작은 수요에 전쟁법을 적용시킨다. 따라서 양국 간 통상이 때로 일반적으로 허용되기도 하고, 때로는 다른 물품은 금지된 가운데 특정 물품에 대해서만 허용되기도 하고, 때로는 전면적으로 금지되기도 한다. 그러나 통상이 일반적으로든 특별히든 어떤 방식으로 허용되든지 간에, 지금까지 항상 전쟁법을 정지시키는 방식이었던 것 같다. 그리고 이 방식으로 양국 신민들 간에 부분적으로 평화가, 부분적으로 전쟁이 존재한다."[21]

---

20 Maule & Selwyn's Rep. vol. vi. p. 92. Wolff *v.* Oxholm. (Maule과 Selwyn의 판례집) Cranch's Rep. vol. viii. p. 110. Brown *v.* the United States. (Cranch의 미국 대법원 판례집)

21 Bynkershoek, Quæst. Jur. Pub. lib. i. cap. 3. (Bynkershoek의 국제법의 문제들)

이 구절들로 보아 그것은 네덜란드의 법이었던 것 같다. 발린*Valin*은, 무역을 계속 국적선으로 하려고 했든 중립국 선박으로 하려고 했든 그것이 프랑스의 법이었다고 말한다. 그리고 인용된 사건(*Hoop* 사건)에 따르면, 그것이 에스파냐의 법이었던 것 같다. 그리고 그것이 대다수 유럽 국가에서 법의 일반원칙이라고 단언해도 경솔하지 않을 것이다.[22]

13.1. 적과의 거래에 관한 영국 법원의 결정

Scott 재판관은 이런 종류의 접촉(communication)이 금지되는 두 가지 이유를 설명한다. 첫 번째 이유는 다음과 같다.

> "영국의 법과 헌법상, 군주만이 전쟁과 평화를 선포할 권한이 있다. 따라서 전쟁 상태를 완전히 해제할 권한이 있는 군주가 적절하다고 생각하면, 전쟁의 부분적 정지인 통상의 허용을 통해 전쟁 상태를 부분적으로 해제할 권한이 있다. 그러한 상거래가 고도로 시의적절한 때가 있을 수 있다. 그러나 이러한 경우의 적합성은, 개인이 통상에 관한 자신만의 생각과 일반적인 국익과 부합하지 않을 수도 있는 사적 이익을 근거로 결정할 일이 아니다. 더 광범위한 정책의 관점에서, 그리고 이러한 통상과 연관될 수도 있는 모든 상황의 관점에서, 통상이 언제 그리고 어떤 규제 아래 허용되어야 할지 국가만이 결정할 일이다. 어떤 원칙도, 통상이 국가의 직접 허가 이외의 다른 어떤 기반 위에 근거할 수 없다는 원칙보다 더 신성하게 여겨져서는 안 된다. 만약 전시에 모든 사람이 적과 상거래를 계속할 권리가 있다면, 그리고 이러한 구실 아래 그가 적절하다고 생각하는 다른 종류의 거래를 수행할 수단을 갖는다면, 뒤따를 수 있는 결과를 누가 감지할 수 없겠는가? 대중의 불편이 극심할 수 있다. 그리고 다른 한편, 그러한 양국의 상황에서 상인은 (필요하다면) 공공안전을 돌볼 책임이 있는 정부의 감시와 통제 아래 양국 간 무역을 계속해야 하는데, 그 불편은 어떻게 할 것인가?"

또 다른 법 원칙은 덜 정책적인 성격이지만 마찬가지로 일반적으로 받아들여지고 직접 적용되는데, 그런 종류의 접촉을 두 교전국 간에 존재하는 관계와 근본적

---

22 Valin, Commentaire sur l'Ordonn. de la Marine, liv. iii. tit. 6, art. 3. (Valin의 해사법 주석)

으로 양립할 수 없는 것으로 보아 금지한다. 즉 어느 한 국가의 신민 측이 상대방 국가의 재판소에 호소하여 계약을 집행할 수 있는 능력이 전혀 없다는 것이다. 거의 모든 국가의 법에서, 이방인 적(alien enemy)의 성격은 소송을 제기하거나 당할 수 있는 능력이 없는 소송 불능을 수반하는데, 법률가들의 언어로 재판 적격(*persona standi in judicio*)이 없다고 한다. 계약이 집행될 수 없는 국가는 합법적인 통상 국가가 될 수 없다. 계약을 맺는 당사자들이 계약의 이행을 강제할 권리가 없다면, 그리고 계약의 이행을 강제할 목적으로 법원에 출두할 권리조차 없다면, 그곳의 법이 그들의 계약체결 능력을 부인한다는 더 강력한 증거가 있을 수 있겠는가? 법은 그러한 거래를 절대 승인하지 않는다. 즉 그러한 거래는 법적으로 존재하지 않는다. 그리고 그러한 통상은 그 전체가 법의 보호 없이, 그리고 법의 권위에 반하여 시도되는 것이다. 이러한 주장에 대해 Bynkershoek는 자기 생각을 그의 책 제1권 제7장에서 강력히 표명하는데, 통상의 합법성과 재판소의 상호 이용은 불가분의 관계에 있다고 주장한다. 그는 이 점에서 통상 사건들이 다른 모든 종류의 사건들과 구별되기 어렵다고 하는데, "그러나 일단 적이 소송을 제기하도록 허용되면, 어떤 원인으로부터 소송이 일어날지 구별하기 어렵고, 나는 이러한 구별이 실행된 것을 인지할 수도 없었다."고 말한다.

그러고 나서 Scott 재판관은 영국 포획법원(court of prize)의 결정의 일정한 경향을 주목하는데, 정부의 허가 없이는 통상이 금지된다는 규칙이 엄격하게 집행되었다는 것이다. 즉 항행법(navigation law)과 기타 재정법을 완화하기 위해 여러 경우에 의회법이 제정된 사건에서, 그 규칙이 엄격하게 집행되었다. 정부가 의회법의 승인에 따라 적의 소유물의 수입 무역은 허가하였으나 적에 대한 수출 무역은 그것이 수입과 밀접하게 연결되어 있고 수입의 존재에 거의 필수적이지만 특별히 보호하지 않은 사건에서, 그 규칙이 엄격하게 집행되었다. 편의성뿐만 아니라 필요성에서 강력한 주장으로 개인에게 무역이 허용된 사건에서, 그 규칙이 엄격하게 집행되었다. 전쟁이 시작되기 전에 화물이 선적되었으나 당사자들이 적대행위를 인지하고 나서 항행을 취소하기 위해 가능한 모든 노력을 기울이지 않은 사건에서, 그 규칙이 엄격하게 집행되었다. 그리고 그 규칙은 전시에 동맹국들이 그것을 상대방 신민에게 서로 알리고 적용할 권리가 있다는 보편적인 원칙에 근거한다는 추정에서 영국 신민뿐만 아니라 전시 동맹국의 신민에 대해 적용된 사건에서, 엄격하게 집행되었다.

이 저명한 법률가에 따르면, 이것이 유럽의 국제법과 유럽 국가들의 국내법 모두가 적과의 모든 통상을 금지한 규칙의 일반적인 원칙이다. 따라서 이 규칙은 공법학과 사법학의 이중의 권위에 의해 승인되었다. 그리고 이 규칙은, 한편으로 군주나 국가의 허가에 의하지 않고는 적과의 모든 거래를 금지하는 건전하고 유익한 원칙에 근거를 두고, 또 다른 한편으로 재판 적격(*persona standi in judicio*)이 없고 계약을 집행하는 수단도 없는 적은 그러한 허가에 의하지 않고는 계약을 체결할 수 없다는 주의에 근거를 두고 있다.[23]

13.2. 적과의 거래에 관한 미국 법원의 결정

미국과 영국 간에 바로 지난번 1812년 전쟁이 발발했을 때, 똑같은 원칙이 미국 법원에 의해 미국 시민의 적과의 거래에 적용되었다. 적대행위가 선포되기 오래전에 한 미국 시민이 영국의 영토 내에서 일정량의 물품을 구매하여 미국과의 국경 근처의 섬에 보관해 놓았는데, 양국 간에 적대행위가 발발하자 그의 대리인이 선박 1척을 고용하여 그곳에 가서 그 물품을 싣고 돌아오던 중에 미국 군함에 의해 선박이 포획되었으며, 전시포획물 확인재판에서 화물과 함께 몰수되었다. 청구인의 변호인은 이것이 그 포획물에 대한 몰수 판결을 뒷받침하기 위해 인용된 사건들과 같은 의미의 거래가 아니라고 주장하였다. 또한, 전쟁이 발발하면 모든 시민은 전쟁이 일어나기 전에 구매한 것으로 적국 내에 있는 재산을 회수할 권리가 있고, 그 구성원에게 회수하도록 허용하는 것이 공동체의 이익이라고 주장하였다. 그러나 대법원은, 현대의 더 완화되고 관대한 관행으로 엄격한 전쟁권이 어떻게 완화되었을 수 있든지 간에, 이 문제에 관해서는 그러한 완화가 없다고 판단했다. 보편적인 국가 감정은 전쟁 중인 국가 간에 인적 교류를 허용함으로써 초래될 사기 저하 효과를 인정하였다. 온 국민이 한배에 탔으며, 하나의 공통 운명을 받아들여야 한다. 한 국가의 각 개인은 상대방 국가의 각 개인을 자신의 적으로 인정해야 한다. 그가 자기 나라의 적이기 때문이다. 이것이 시민의 의무인데, 그러한 의무 위반의 결과는 무엇이겠는가?

포획법은 국제법의 한 부분이다. 무역 활동을 하거나 관리하는 무역상의 성격과 상관없이, 포획법은 무역에 적대적인 성격(hostile character)을 부여한다. 포획자의 손을 들어주는 포획물 판결은 동시에 적의 재산의 운명이며, 중립을 위반한 무역에

---

23 Robinson's Adm. Rep. vol. i. p. 196. The Hoop. (Robinson의 해사 판례집)

관여된 재산의 운명이다. 그러나 자국 시민이나 동맹국 사람이 적과의 무역에 관여될 수 있고, 그로써 그가 추종한 대의의 소유자들의 운명에 자신의 재산을 연루시킬 수도 있다.

시민의 재산을 전시포획물로 몰수되게 하는 이 책임은 다른 고려사항에 의해서도 마찬가지로 설명될 수 있다. 적국으로부터 나오는 각각의 모든 것은 일단(*primâ facie*) 적의 재산이다. 그리고 그러한 명제에 대한 부정을 변호하는 일은 청구인의 몫이다. 그러나 청구인이 그 국가의 시민이거나 동맹국 사람이라면, 자신의 이익을 밝힘과 동시에 위법행위를 자백하는 것이 되며, 이는 잘 알려진 국내법 규칙에 따라 그가 청구를 추구할 권리를 박탈한다.

역자 주: '잘 알려진 국내법 규칙'이란 보통법 체계 국가에서 형평법상의 구제를 제한하는 '깨끗한 손의 원칙'(clean hands doctrine)을 의미하는 것으로 보인다. 이 형평법상의 원칙은 "형평법상의 구제를 추구하는 자는 깨끗한 손으로 나와야 한다."라는 원칙으로, 법원은 자신에게 잘못이 있거나 부당한 동기로 행동하는 청구인은 돕지 않는다는 의미이다.

적과의 거래는 위법이라는 이 독트린이 추상적인 추론에만 의존하지도 않았다. 그것은 가장 개명된 국가들의 실행으로 뒷받침되었으며, 아마도 모든 통상 국가의 실행으로 뒷받침되었다고 말할 수 있다. 이 사건을 판단하는 데 있어 대법원에 완전한 자신감을 준 것은, 혁명전쟁 중에 세워진 항소법원의 해상 포획물 사건 기록에 의존하여 이 독트린이 여러 사건에서 항소법원의 확립된 법리로 추론되었음을 발견한 것이었다. 분명히 그것이 미국 혁명 이전의 영국의 법이었고, 따라서 그것은 연방정부 헌법이 미국의 법원에 부여한 해사·해양 관할권의 일부가 된 것이 확실했다.

그 사건에서, 거래가 포획법의 관점에서 재산을 포획되고 몰수되게 하는 그런 거래였는지는 용어의 법적 효력에 달려 있었다. 만약 포획법에 존재하는 '거래'(*trading*)라는 용어가 협상이나 계약에 나오는 그러한 함의를 갖는다면, 이 사건은 확실히 교전국 신민의 적과의 거래는 위법이라는 규칙의 처벌을 받지 않을 것이다. (역자 주: 이 사건은 보관해 놓은 물건을 가져온 것이므로 협상이나 계약행위와 관련성이 없기 때문이다.) 그러나 그 규칙의 목적, 정책 및 정신은 교전국의 개인들 간의 모든 소통이나 이동에 의한 실제 접촉을 차단하려는 것이었다. 따라서 협상이나 계약이 위법행위와 필연적인 연관성은 없었다. 진정한 적대행위와 부합하지 않는 거래도 그 규칙이 대상으로 삼는 위법행위이다. 그리고, 이 '거래'라는 용어를 '적과의 거래'(*trading with the enemy*)로 대체해 봄으로써 이 논쟁에 대한 답이 나왔는데, 이 거래는 인용된 사건들의 의미에서의 거래는 아니지만, 전쟁이 발발했을 때 자신의 재산을 가지고 자국으로 돌아갈 권리가 있든 없든 간에 확실히 청구인은 그의 재산을 적국으로부터 가져오기 위해 자신의 국가를 떠날 권리가 없었다는 것이다. 선박을 돌려달라는 청구에 대해 어떠한 구실에도 근거가 없다고 판단되었다. 그 일을 행한 것이 완전히 자발적이고 용납될 수 없었기 때문이다.[24]

그래서 또한, 물품이 미국 시민의 영국 내 대리인에 의해 전쟁이 일어나기 얼마 전 구매되었으나 적대행위가 선포된 후 거의 1년이 될 때까지 운송되지 않은 경우, 그 물품은 몰수 대상으로 판결되었다. 외국과 전쟁이 일어났을 때, 자국 시민이 전쟁 전에 그 외국에서 구매한 재산을 회수할 권리가 있다고 하더라도(여기에 대해 법원은 아무런 의견을 주지 않았다), 이러한 권리는 상당한 주의를 기울여, 그리고 적대행위를 인지한 후 합리적인 기간 내에 행사되어야 한다. 전쟁이 시작되고 오랜 시간이 지난 후에, 전쟁 전에 구매한 물품이라는 구실로 적국으로부터 회수하려는 것을 허용한다면, 가장 해로운 결과를 초래하고 온갖 종류의 기만적이고 불법적인 적과의 거래를 유혹할 것이다. 권리가 이처럼 무제한으로 존재할 수는 없다.[25]

우리는 이 주제에 관한 국제법 규칙과 국내법 규칙이 무엇인지, 그리고 그 규칙을 보호하는 제재가 무엇인지 살펴보았다. 그 규칙의 시행에서 벗어나고 처벌을 면하기 위한 다양한 시도가 있었다. 그러나 그 규칙의 완고한 엄격성이 그러한 모든 시도를 물리쳤다. 그 규칙에 대한 명백한 예외는 규칙의 힘을 약화하기는커녕 오히려 그것을 확인하고 강화한다. 이들 예외는 모두 세 경우로 귀착되는데, 첫째 중립국과의 거래인 경우, 둘째 정부의 허가가 내포된 것으로 여겨지는 상황인 경우, 셋째 거래가 완결되기 전에 상대방이 적이기를 중단한 경우이다. 그 밖의 모든 경우에

---

24 Cranch's Rep. vol. viii. p.155. The Rapid. (Cranch의 미국 대법원 판례집)

25 Cranch's Rep. vol. viii. p. 434. The St. Lawrence. Vol. ix. p. 120, S. C. (Cranch의 미국 대법원 판례집)

적과의 상거래가 합법화되기 위해서는 정부의 명시적인 허가가 필요하다.[26]

14 동맹국 신민이 공동의 적과 거래하는 것은 위법이다

교전국 신민측의 그러한 적과의 거래는 금지되고 자국의 포획법원(prize courts)에서 몰수로 처벌될 뿐만 아니라, 공동의 전쟁 중에 동맹국의 신민이 공동의 적과 거래하면, 관여된 재산이 동맹국의 포획법원에서 몰수대상이 된다. 나중 규칙은 앞 규칙의 당연한 결과이며, 그러한 거래가 자국의 국내법, 보편적 국제법, 또는 동맹국 간에 존재하는 동맹조약의 명시적 · 묵시적 조건에 의해 공동 교전국(co-belligerent)의 신민 모두에게 금지된다는 원칙에 근거를 두고 있다. 그리고 전자의 규칙이 국가 주권의 허가에 의해서만 완화될 수 있듯이, 후자의 규칙은 동맹국들의 상호 합의로 허가된 경우에만 완화될 수 있다.

적대행위(hostilities)의 선포는 당연히 모든 상거래의 금지를 수반한다. 국가가 단독으로 전쟁 중인 경우, 이 금지는 다른 국가에 어떤 피해도 주지 않고 자국 신민에 대해 완화될 수 있다. 그러나 동맹국들이 공동의 적에 대해 공통의 대의를 추구하고 있을 때에는, 어느 공동 교전국도 공통의 목적을 저버리는 행위를 하지 않는다는, 명시적이지는 않을지라도 묵시적인 약정이 있다. 한 동맹국이 자신의 신민에게 적과 계속 거래하도록 허용한다면, 그 결과는 공통의 대의를 해칠 수 있는 원조와 편의를 적에게 제공하는 것이 된다. 따라서 이러한 거래를 상대방 동맹국이 그 자신의 신민에게 허가했다고 말하는 것은, 다른 동맹국의 포획법원을 만족시키기에 충분하지 않아 보인다. 아울러 그러한 행위가 공동의 작전을 방해할 수 없는 성격이라거나 상대방 동맹국의 승인을 받았다는 것이 증명되어야 한다.[27]

---

26 Robinson's Adm. Rep. vol. vi. p. 127. The Franklin. Vol. iv. p. 195. The Madonna delle Grazie. Vol. v. p. 141. The Juffrow Catharina. p. 251. The Alby. (Robinson의 해사 판례집) Wheaton's Rep. vol. ii. Appendix, Note I. p. 34. (Wheaton의 미국 대법원 판례집)

27 Bynkershoek, Quæst. Jur. Pub. lib. i. cap. 10. (Bynkershoek의 국제법의 문제들) Robinson's Adm. Rep. vol. iv. p. 251; vol. vi. p. 403. The Neptunus. (Robinson의 해사 판례집)

15 적과의 계약은 금지된다

공적(public enemy)과의 모든 상거래와 기타 평온한 교류를 금지하는 이 원칙의 당연한 결과로, 전쟁 중에 적이 교전국의 신민과 맺은 모든 종류의 사적 계약은 위법이다. 이렇게 추론된 규칙은 적의 재산과 무역에 대한 보험, 전쟁 중인 국가의 신민들 간 환어음의 발행과 네고(drawing and negotiating of bills of exchange, 역자 주: 은행을 통해 수출 대금을 받는 절차), 화폐나 수표로 적국에 보내는 송금, 그리고 선전포고 이후에 양국 신민들 간에 맺었거나 그 전부터 이미 존재한 상업적 제휴(commercial partnerships)에 적용될 수 있다. 상업적 제휴는 전쟁 그 자체의 힘과 행위로 해제되지만, 다른 계약에 대해서는 전쟁이 단지 그 구제(remedy)를 정지시킬 뿐이다.[28]

16 적국에 주소를 둔 자는 복구의 대상이다

Grotius는 국가가 다른 공동체에 가한 손상(injuries)에 대해 가해국 신민의 재산으로 책임을 지게 하는 문제를 다루는 그의 책 제3권 제2장에서 다음과 같이 규정한다.

> "원주민이든 다른 국가에서 이주해온 자든 영구적인 자격으로 가해국의 신민이 된 자는 모두 국제법에 따라 복구(reprisals)의 대상이 된다. 다만 가해국을 통과 중이거나 가해국에 잠시 체류하는 자는 그렇지 않다. 사실 복구는 공동체의 빚(debts of the public)을 갚기 위해 부과되는 일종의 부담금으로 도입되었으며, 단지 일시적으로 그 국가의 법을 적용받는 자들은 그러한 부담금으로부터 면제된다. 그러나 대사들(ambassadors)과 그들의 물건은 국제법에 따라 이러한 신민의 책임에서 제외되어 있다. 하지만 적국에 파견된 대사는 그렇지 않다."

---

28 Bynkershoek, Quæst. Jur. Pub. lib. i. cap. 21. Duponceau's Trans. p. 165, Note. (Bynkershoek의 국제법의 문제들) Kent's Commentaries on American Law, vol. i. p. 64. (Kent의 미국법 주석)

같은 책 네 번째 장에서 Grotius는 자신이 엄숙한 전쟁(*solemn war*)이라고 부르는 상황에서 적을 죽이거나 다른 신체적 해를 가하는 권리에 대해 다루고 있는데, 이 권리가 다음과 같이 미친다고 주장한다.

> "이 권리는 실제로 무기를 들거나 전쟁을 일으킨 국가의 신민인 자에 대해서뿐만 아니라, 적국의 영토 내에 있는 모든 자에 대해 미친다. 사실, 적의 영토 내에 있는 이방인들의 적대적 의도조차 우리가 두려워할 만한 이유가 있으므로, 우리가 논의하고 있는 권리를 일반 전쟁에서 그들에 대해서도 충분히 적용되게 한다. 그 점에서 전쟁과 복구(reprisals)가 구별되는 데, 복구는 이미 살펴본 바와 같이 국가의 빚을 갚기 위해 그 신민이 내는 일종의 기여금(contribution)이다."[29]

바베이락*Barbeyrac(1674-1744)*은 이 인용문을 분석하는 주석에서 다음과 같이 의견을 개진한다.

> "고 코케이우스*Cocceius(1644-1719)*는 내가 인용했던 그의 논문 '친구와 전쟁할 권리'*(De Jure Belli in Amicos)*에서 이러한 구별을 거부하며, 철수할 시간이 허용되지 않은 외국인조차 적에게 충성하는 것으로 여기고, 그런 이유로 당연히 적대행위의 대상이 되어야 한다고 주장한다. 그는 나중에 이 주장의 결함을 보완하기 위해, 그 국가에 남아 있는 외국인을 그 영토를 일시적으로 통과하던 중 질병이나 긴급히 필요한 사정으로 발이 묶인 외국인과 구별한다. 그러나 이것 하나만으로도 다른 여러 곳에서처럼 이 부분에서 코케이우스가 우리의 저자를 잘못 이해하고 비판했다는 것을 보이기에 충분하다. 흐로티위스는 이어지는 문단에서 자신이 방금 말한 외국인으로부터 적의 영구적 신민인 자를 분명히 구별한다. 그가 이해한 적국의 영구적 신민이란 박식한 그로노비우스*Gronovius(1611-1671)*가 이미 설명했듯이 의문의 여지 없이 그 국가에 주소를 둔(*domiciled*) 자이다. 우리의 저자 Grotius는 이 책 제2장에서 복구에 대해 말하는 중에 자신이 의미하는 바를 설명하는데, 이런 종류의 외국인에 대해 복구를 허용하는 한편, 단지 그 국가를 통과하거나 일시적으로 체류하는 자들에 대해서는 복구를 허용하지 않는다."[30]

---

29 De Jur. Bel. ac Pac. lib. iii. cap. 2, § 7; cap. 4, § 6. (Grotius의 전쟁과 평화의 법)

30 Grotius, par Barbeyrac, *in loc*. (Barbeyrac의 Grotius)

자국 태생의 신민에 대해 그 국가가 주장하는 자국에 대한 정치적 충성 의무(political allegiance)가 어느 정도이든지 간에, 평화 시에 그 신민이 통상(trade)의 목적으로 다른 국가의 시민이 될 수도 있고, 그가 획득한 주소(domicil)에 부수하는 모든 상업 특권(commercial privileges)을 가질 수 있다는 데 의문의 여지가 없다. 다른 한편, 그가 선택한 국가와 태어난 국가 간에 또는 다른 국가 간에 전쟁이 발발하면, 그의 재산은 적국에 영구적인 충성 의무가 있는 자들의 재산과 마찬가지로 복구(reprisals)의 대상이 된다.

17 주소를 형성하는 거주의 종류

어떤 종류의 거주(residence)가 당사자를 복구(reprisals)의 대상이 되게 할 주소(domicil)를 형성하는지에 관해, 국제법학자들은 정의와 세부 내용이 부족하다. 그들의 결함은 영국의 포획법원이 제공하는 판례에 의해 보완될 수 있다. 적국에 주소를 둔 자는 복구의 대상이 된다는 원칙을 포획법원이 중립국 신민의 경우에는 지나치게 엄격히 적용하지 않았지만, 적대행위가 시작될 때 적국에 거주하던 영국 신민에 대한 적용에서는 확실히 완화하지 않았다.

1785년 Camden 재판관은 로드니 제독*Admiral Rodney*의 St. Eustatius 섬(역자주: 카리브해상의 섬으로 오늘날 네덜란드 영토) 점령으로부터 발생한 포획물 사건에서, 의회 귀족원 재판소(lords of appeal)의 판결을 선고하면서 다음과 같이 말했다. “만약 어떤 사람이 외국에 방문차, 요양 여행을 위해, 또는 특정 업무의 처리 등을 위해 들어왔다면, 그의 물건을 압수하기는 어려울 것으로 생각한다. 그러나 이러한 상황이 수반되지 않은 경우의 거주는 영구거주(permanent residence)로 여겨져야 한다.” 또한, Camden 재판관은 St. Eustatius 거주 외국인(resident foreigners)에 대해 증거와 법을 적용하면서 다음과 같이 말했다. “모든 관점에서 그들은 거주 신민(resident subjects)으로 여겨져야 한다. 그들의 신체, 그들의 삶, 그들의 생업은 그들이 보호받으면서 살아온 국가의 이익을 위해 쓰여졌다. 그리고 전쟁이 일어났을 때, 그곳에 계속 거주하면서 자기 몫의 조세와 관세 등을 그곳에서 태어난 신민과 똑같이 냈다.

그들이 그곳에서 태어난 신민의 범주에 들어온다는 것은 의문의 여지가 없다."[31]

Scott 재판관이 말하길,

"시간이 주소(domicil)를 형성하는 데 가장 중요한 요소이다. 대다수의 경우, 시간이 불가피하게 결정적이다. 흔히 어떤 사람이 단지 특별한 목적(special purpose)으로 온다면 그 사실이 주소를 확립하지 않는다고 한다. 이는 무제한으로, 그리고 그 특별한 목적에 걸릴 수 있거나 마땅히 걸릴 시간에 대한 고려 없이 받아들여서는 안 된다. 어떤 목적이 사람을 장기간 묶어놓을 수 있거나 실제로 그러한 성격이라면, 특별한 목적에서 일반적인 거주(general residence)가 생겨날 수도 있기 때문이다. 특별한 목적이 그를 평생 묶어놓을 어떤 국가로 인도할 수도 있다. 그러한 장기 거주에 맞서 원래의 특별한 목적의 항변이 주장될 수 없다. 그런 경우는 다른 목적들이 그에게 강요되고, 그 목적들이 원래의 계획과 섞여 그가 거주하는 국가의 성격을 그에게 각인시켰다고 추론되어야 한다. 어떤 사람이 전쟁이 시작될 때 또는 그 전에 교전국에 들어왔다고 가정한다면, 자신을 그곳에서 획득된 성격(acquired character)에 너무 일찍 얽매지 않는 것이, 그리고 벗어날 수 있는 상당한 시간을 허락하는 것이 확실히 합리적이다. 그러나 만약 전쟁의 대부분 기간에 그곳에 계속 머물면서 세금을 내고 기타 방식으로 그 국력에 공헌했다면, 그는 적대행위의 권리(rights of hostility)에 대항하여 자신의 특별한 목적을 결코 유효하게 주장할 수 없다. 만약 그가 그렇게 할 수 있다면, 원래 위장되고 가장된 독특한 업무로 획득된 장기 거주의 사기와 남용에 대한 어떠한 충분한 방책도 없을 것이다. 그러한 항변을 멈춰 세울 시간이 있다. 어떠한 규칙도 그 시간의 길이를 선험적으로(*à priori*) 정할 수는 없으나, 그러한 규칙이 분명히 있다. 단지 시간의 효과를 증명하기 위해 말하자면, 일정량의 시간 내에서는 주소를 확립하지 못할 똑같은 양의 업무가 더 큰 시간적 공간에 분산되면 그러한 효과를 가져오리라고 말하는 것이 부당하지 않다. 이 문제는 시간 요소에 매우 큰 우위를 두고 시간과 업무의 복합비례로(in the compound ratio of the time and occupation) 다루어야 하는데, 무슨 업

---

31 Proceedings of the Commissioners under the Treaty of 1794, between Great Britain and the United States. Opinion of Mr. W. Pinkney in the case of the Betsey. (영국과 미국 간의 1794년 조약에 따른 위원회 회의록 중 Betsey 사건에서 Pinkney의 의견)

무가 될 수 있든지 간에 거의 예외 없이 시간의 길이만으로 주소가 형성되지 않는 일은 있을 수 없다."[32]

1800년에 판결이 내려진 *Indian Chief* 사건에서, 영국에 주소를 둔 미국 시민 존슨은 영국령 동인도제도(British East Indies)와 무역에 종사하고 있었다. 이 무역은 영국 신민에게는 금지되어 있었으나, 미국과 영국 간의 1794년 우호·통상 조약으로 미국 시민에게 허용되었다. 그의 배가 귀로에 영국 항구에 들어왔는데 불법 무역에 관여된 혐의로 압수되었다. 당시 이미 영국을 떠났던 존슨은 선박의 압수 당시에 영국 신민이 아닌 것으로 판명되어 선박의 원상회복(restitution), 즉 반환 결정이 내려졌다. Scott 재판관은 이 사건에 대한 판결을 내리면서 다음과 같이 말했다.

"영국의 상인으로서 존슨의 국민성은 오직 거주(residence)에 근거를 두었으며, 거주로 획득되었고 그 상황 하나에만 의존했다는 것이 명백하다. 따라서 그가 본국으로 돌아가기 위해 거주하던 국가에 등을 돌린 순간부터 원래의 성격을 되찾는 중이었다고 판단되어야 하며, 그는 미국인으로 여겨져야 한다. 거주로 획득된 성격은 비거주(non-residence)에 의해 멎는다. 거주의 성격은 우발적인 것이며, 어느 국가에 거주하던 자가 돌아올 의사 없이(*sine animo revertendi*) 그 국가에서 떠나기 위해 선의로(*bonâ fide*) 몸을 움직인 순간부터 더는 그에게 붙지 않는다."[33]

17.1. 태생적 성격은 쉽게 되돌아온다

태생적 성격(native character)은 쉽게 되돌아오며, 주소(domicil)를 형성하는 데 있어 태생 신민의 경우는, 원래 다른 국가 출신자에게 국민성을 각인시키는 것보다 적은 상황이 필요하다. 그래서 미국에서 거주해온, 아마도 미국 시민으로 귀화했던 프랑스인이 생 도멩그(St. Domingue, 역자 주: 오늘날 Haiti의 프랑스 식민지 시대 명칭)로 돌아가 그 섬의 산출물을 선적하여 프랑스로 보냈는데, 그것이 영국의 고등해사법원(High Court of Admiralty)에서 적국 프랑스인의 재산으로서 포획물 몰수

32 Robinson's Adm. Rep. vol. ii. p. 324. The Harmony. (Robinson의 해사 판례집)

33 Robinson's Adm. Rep. vol. iii. p. 12. The Indian Chief. (Robinson의 해사 판례집)

판결을 받았다.[34]

Indian Chief 사건에서, 청구인의 변호인이 *Mr. Dutilth* 사건을 언급했는데, 선박의 항행 중에 *Dutilth*가 적국에 거주하고 있었음에도 재산의 원상회복(restitution)을 받았다는 것이다. 그러나 Robinson 재판관이 1800년 의회 귀족원 재판소(lords of appeal)의 판결 내용을 언급한 바에 따르면, 선박이 포획된 당시에 그의 거주 상황에 따라 몰수 판결을 받았다고 한다. 그 결정은 1803년 7월 7일 귀족원 재판소의 *Harmony* 사건 심리에서 Nicholl 재판관에 의해 더욱 구체적으로 진술된다.

> "*Mr. Dutilth* 사건도 현재의 사건을 뒷받침한다. 그는 1793년 7월 말경 유럽에 왔는데, 무역 상황 때문에 그곳에 많은 우려가 있던 때였다. 그는 네덜란드로 갔으며, 당시 네덜란드는 프랑스와 우호 상태였을 뿐만 아니라 동맹 관계에 있었다. 그는 프랑스인들이 들어올 때까지 그곳에 머물렀다. 그가 거기에 머물던 전체 기간에 그는 고정 사업장이 없었다. 회계부서도 없었으며, 납품업자와 계약을 맺지도 거래를 하지도 않았다. 그는 자신의 상품을 팔아줄 상인을 수수료를 주고 고용했다. 그는 회수가 불확실한 외상 매출(mercantile credit) 상태 때문에 거기에 남아 있었는데(그것이 네덜란드와 미국에 있는 상회(house of trade)뿐만 아니라, 영국 내 모든 외상 매출을 관리하는 영국 상회에도 영향을 미쳤다), 프랑스인들이 네덜란드에 들어오자 그는 그 상황에서 무슨 할 일이 더 남아 있을지 알아보았다. 프랑스인들이 그곳에 들어온 1794년, 그는 네덜란드 주재 미국 외교사절 Adams 공사에게 조언을 구했고, Adams 공사는 통행증을 받을 때까지 머물러 있으라고 하였다. 그는 그해 말까지 그곳에 남아 있었으며, 업무가 정리되자 떠나버렸다. 그가 네덜란드에 들어가기 전에 그의 일부 재산이 압수되었는데, 그중 일부는 그에게 반환되었지만(the Fair American, Adm. 1796), 그가 네덜란드에 있던 동안에 압수된 재산은 몰수되었다. 그 이유는 그 재산의 압수 시점에 그가 네덜란드에 있었기 때문이다."- (The Hannibal and Pomona, Lords, 1800.)[35]

---

34 Robinson's Adm. Rep. vol. v. p. 99. La Virginie. (Robinson의 해사 판례집) The same rule is also adopted in the prize law of France, (Code des Prises, tom. i. pp. 92, 139, 303,) and by the American prize courts, (Wheaton's Rep. vol. ii. p. 76.) The Dos Hermanos. (같은 규칙이 프랑스의 포획법과 미국의 포획재판소에 의해 채택되고 있다.)

35 Wheaton's Rep. vol. ii. p. 56, Note. (Wheaton의 미국 대법원 판례집)

Scott 재판관이 1803년에 판결한 *Diana*호 사건 또한 이 주제에 관한 설명으로 가득 차 있다. 영국과 네덜란드 간에 1795년에 시작된 전쟁 기간에 네덜란드의 데메라라(Demerara, 역자 주: 오늘날 가이아나의 일부 지역) 식민지가 영국 군대에 항복하고 1802년 아미앵(Amiens) 조약으로 네덜란드에 반환되었다. 그 조약은 전쟁 전이나 전쟁 중에 획득한 재산을 처분할 수 있도록 국적과 무관하게 주민들에게 조약의 통보일부터 3년의 기간을 허용하는 조항을 포함하고 있었는데, 그 기간에는 재산권을 자유롭게 행사할 수 있었다. 1803년 영국의 네덜란드에 대한 선전포고에 앞서, 식민지의 생산물을 실은 *Diana* 호와 몇 척의 다른 선박이 데메라라에서 네덜란드로 항행 중에 포획되었다. 선전포고 바로 직후에 그리고 아미앵 조약의 통보일부터 3년의 기간이 만료되기 전에, 데메라라는 다시 영국에 항복했다. 원래 영국 신민이었던 데메라라 주민이 포획된 재산에 대한 반환 청구를 제기했는데, 그들 중 일부는 데메라라가 영국의 소유였을 때 정착했었고, 다른 일부는 그 전에 정착했었다. 그 소송에 대한 심리는 그 섬이 다시 영국의 식민지가 된 이후에 열렸다.

Scott 재판관은 데메라라가 영국의 소유였을 때 정착한 영국 신민들에 대해서는 원상회복(restitution)을 명령했지만, 그전에 정착한 자들의 재산에 대해서는 몰수 판결을 내렸다. 그는 첫 번째 부류의 주민들은 데메라라가 영국에 속했을 때 정착함으로써, 그 섬이 외국에 이전되는 경우 영국으로 돌아오려는 의도에 대한 추정을 제공했다고 판단했다. 조약에 의해 인정된 이 추정은 청구인이 그러한 의도를 증명해야 할 필요성에서 벗어나게 했다. Scott 재판관은 그들이 원상회복권(*jus postliminii*)을 인정받는 것이 타당하다고 생각했으며, 그들이 영국 신민으로서 보호받을 권리가 있다고 판단했다. 그러나 그는 분명히 다음과 같은 견해를 가지고 있었다.

> "그들이 그곳을 영구적인 거주지로 삼을 의도가 확정되었다면, 단지 최근에 정착했다는 사실은 소용이 없을 것이다. *Mr. Whitehill* 사건은 이 점을 충분히 증명했다. 그는 St. Eustatius(역자 주: 카리브해에 있는 섬으로 오늘날 네덜란드 영토)에 로드니 제독*Admiral Rodney*과 영국군이 나타나기 하루나 이틀 전에 도착했다. 그러나 그는 거기에 정착하기 위해 간 것이 증명되었으며, 그의 재산은 몰수 판결을 받았다. 따라서 여기서 그가 최근에 도착했다는 사실은 영구적으로 정착할 의도를 부정하기에 충분하지 않을 것이다."

그러나 데메라라 식민지가 영국의 소유가 되기 전에 정착했던 청구인들의 재산은 몰수 판결을 받았다. Scott 재판관이 말하길,

"그들은 영국의 소유에 대한 어떠한 믿음이 없이 정착했으므로, 영국의 소유가 중단되었다고 해서 거주를 단념했으리라고 추정될 수 없다. 그들은 무심하게 한 주권으로부터 다른 주권으로 지나갔으며, 그들이 영국과의 연관성을 다시 한번 살펴봤을 것으로 추정되지만, 그곳에 남으려는 의도에 전혀 영향을 미칠 것 같지 않은 상황으로 보았음이 분명했다. 그곳이 영국의 소유가 되기 전에 정착한 사람들의 사정에 대해, 나는 그들이 암스테르담 주민과 같은 견지에서 고려되어야 한다고 단언할 의무감을 느낀다. 하지만 만약 그들 중에 실제로 떠난 사람이 있다면, 그리고 그 사실이 적절히 확인된다면, 그들의 재산은 원상회복될 수 있다고 이해되어야 한다. 내가 말하려는 바는, 추정이 그들에게 유리하지 않으므로 떠날 의사에 대한 증명책임이 데메라라가 영국의 소유로 되기 전에 정착한 사람들 측에 있어야 한다는 것이다."[36]

17.2. 전쟁 발발 시에 적국으로부터 철수하는 자의 경우

1804년에 판결이 난 *Ocean* 호 사건은, 영국과 우호관계에 있을 때 외국에 정착했다가 영국과 전쟁이 발발하자 철수하기 위한 초기 조치를 하던 영국 신민들에 관한 청구였다. 청구인은 네덜란드에 있는 상회(house of trade)에 동업자로 정착했으나, 동업 관계를 해산하기 위한 준비를 마친 것으로 보였다. 그러나 영국과 전쟁이 발발하면서 네덜란드가 그 영토 내에 있던 모든 영국 신민들을 억류하자, 그는 오직 그 이유로 네덜란드에서 철수할 수 없었던 것으로 보였다. 이 사건에서 Scott 재판관은 다음과 같이 말했다.

"이 사람에 대해 그의 이전의 업무와 현재의 강요된 프랑스 내 거주로 결론짓고 철수를 위해 그가 사용한 방법이 후발적 적대행위(supervening hostilities)의 영향으로부터 그를 벗어나게 했음을 인정하지 않는다면, 법의 요구보다 더 멀리 나간다고 생각한다. 그의 재산이라는 증거가 충분히 제시된다면, 나는 그

---

36 Robinson's Adm. Rep. vol. v. p. 60. The Diana. (Robinson의 해사 판례집)

에게 재산을 돌려받을 권리를 부여할 의향이 있다."[37]

Robinson 재판관은 이 사건에 관한 주석에서, 전쟁이 일어나 적국으로부터 철수하려고 하지만 적대행위의 갑작스러운 발발로 재산의 원상회복(restitution)을 위한 조치를 본국 정부에 충분히 일찍 신청하지 못한 영국 신민들의 상황이 종종 포획법원에서 상당히 곤란한 사건이 되었다고 밝힌다. 그는 그러한 상황에 있는 사람들에게, 귀중한 재산을 단지 철수 의도의 효과에 맡기지 말고 실제로 철수할 때 영국 정부에 반출을 위한 특별 통행증(special pass)을 신청하라고 권고한다. 철수 의도는 종종 철수가 실행되지 못하게 하는 상황에 의해 의심스러워 보일 수 있기 때문이다. 그리고 스콧 재판관은 *Dree Gebroeders* 사건에서 다음과 같이 말한다.

"자금(funds)의 인출 의도는 항상 상당한 경계심을 가지고 주시해야 한다. 그러나 그 행위가 그러한 목적으로 선의(*bonâ fide*)로 행해진 것으로 보이고, 또한 단지 전쟁이라는 사건에 의해 교전국에 묶일 수도 있는 재산을 회수하려는 목적으로 보이는 경우, 이런 종류의 사건들은 어느 정도 관대하게 취급받을 자격이 있다."

하지만 Scott 재판관은 그 후 법원이 특정 상황에서 영국인의 재산 반출을 관대하게 처리한 사건에서, 적국에서 재산을 가지고 나올 때는 언제나 허가를 받아야 할 필요성이 이 특정 사건의 원상회복(restitution) 명령으로 조금이라도 완화된 것으로 이해되어서는 안 된다고 선언했다.[38]

17.3. 미국 법원의 결정

적국에서의 주소(domicil)나 상업적 거주지(commercial inhabitancy)의 효과에 관해, 똑같은 원칙이 영국과의 바로 직전 전쟁 중에 미국 포획재판소에 의해 채택되었다. 적국에 주소를 둔 자는 복구의 대상이 된다는 이 규칙은 선전포고 당시 영국에 거주한 미국 출생 시민의 사건에는 물론, 전쟁이 일어나기 훨씬 전에 미국으로 이주

37 Robinson's Adm. Rep. vol. v. p. 91. (Robinson의 해사 판례집)

38 Robinson's Adm. Rep. vol. iv. p. 234; vol. v. p. 141. The Juffrow Catharina. (Robinson의 해사 판례집)

하여 연방 법에 따라 미국의 귀화 시민이 된 영국 출생 신민의 사건에도 적용되었다. 문제의 귀화 시민들은 전쟁이 선포되기 오래전에 모국인 영국으로 돌아가 그곳에 주소를 두고 무역에 종사하고 있었는데, 그때 문제의 선적이 이루어졌다. 화물을 실은 배가 출항한 후에야 그들은 전쟁이 일어난 것을 알게 되었다. 그 배가 미국 군함에 의해 포획되었을 때, 청구인 중 한 명은 아직 적국에 있었는데, 포획 소식을 듣고 계속 미국으로 돌아가기를 희망했지만, 그의 선서 진술서(affidavit)의 기록상 여러 원인으로 귀국할 수 없었다. 다른 청구인은 포획된 지 얼마 후에 실제로 미국으로 돌아왔고, 세 번째 청구인은 여전히 적국인 영국에 있었다.

이 사건의 판결을 선고하면서, 대법원은 청구인들이 주소의 근거로 주장한 사실들에 대해서는 다툼이 없으므로 심리할 법률문제는 다음 두 가지라고 말했다. 첫째, 영구적인 충성 의무(permanent allegiance)가 부여하는 국민성이 아닌 다른 국민성은 어떤 수단에 의해 그리고 어느 정도로 사람에게 각인될 수 있는가? 그리고 둘째, 거주국과 출생국 또는 귀화국 간에 전쟁이 일어나는 경우, 이 획득된 국민적 성격에 의해 그가 처할 수 있는 법적 결과는 무엇인가?

17.3.1. 영구적인 충성 의무가 주는 국민성이 아닌 다른 국민성은 어떤 수단에 의해 그리고 어느 정도로 사람에게 각인될 수 있는가

첫 번째 문제에 관해, 이미 인용했던 국제법학자들의 의견과 영국 포획재판소의 결정이 언급되었다. 그러나 대법원은 어떤 자가 획득된 주소(acquired domicil)의 권리를 얻었는지 결정하는 데 있어 단지 초보적인 국제법학자들의 도움을 받아야 한다면 그리 많은 기대를 해서는 안 된다고 덧붙였다. 국제법학자들은 법의 일반적인 원칙만 정할 수 있으며, 그러한 원칙의 적절한 적용 규칙을 확립하는 것은 사법재판소의 임무이다. 주소의 권리에 의해 영향을 받는 사람이 외국에 영주하려는 의사를 충분히 밝혔는지의 문제는 사건의 모든 정황에 의존하여야 한다. 만약 그 문제에 관해 그가 명시적으로 어떤 말도 하지 않았는데 그의 은밀한 의도가 드러난다면, 그의 행위(*acts*)가 그의 의도에 대한 가장 만족스러운 증거를 제공하는 것으로 여겨져야 한다. 이런 이유로 영국 법원의 판단은, 외국으로 가서 정착하여 그 나라의 무역에 종사하는 사람의 경우, 그러한 행위가 그에게 거주국의 국민성을 각인시킬 정도로 그곳에 영구적으로 거주할 의도에 대한 증거를 제공한다는 것이었다. 이 주제에 관한 문제에서 고려해야 할 핵심 요소는 정착의 의도(*animus manendi*)이며, 법원은 그 의도의 사실을 확정할 수 있는 합리적인 증거 규칙을 고안해내야 한다. 외국으로 떠난 의도가 영구적 또는 무기한 정착하기 위해서라고 충분히 나타난다면 주소의 권리는 단 며칠 동안의 거주로써 획득된다. 이것이 영국 포획법원의 규칙 중 하나였는데, 완전히 합리적으로 보였다.

또 다른 규칙은 외국에 거주하는 것으로 발견된 중립국 또는 자국 신민은 정착의 의도(*animo manendi*)로 그곳에 있다고 추정된다는 것이다. 그리고 전쟁 상태로 인해 그의 국민성에 의문이 제기된다면, 그의 거주 상황을 설명하는 것은 그의 책임이다. 영국 포획법원의 일부 기타 규칙들, 특히 해석적 거주(constructive residence)나 그의 업무의 특수한 성격을 근거로 국민성을 확정하는 규칙에 관해 당시 미국 대법원은 의견을 내도록 요구되지 않았는데, 현재 사건에서 청구인이 영국과 미국 간 전쟁의 발발 당시 이미 영국에서 주소의 권리를 획득했다고 인정되었기 때문이다.

17.3.2. 거주국과 출생국이나 귀화국 간에 전쟁이 일어나는 경우, 획득된 국민적 성격에 의해 처할 수 있는 법적 결과

다음 문제는 거주하는 국가와 영구적 충성 의무를 지는 국가 간에 전쟁이 일어나는 경우, 이 획득된 주소(acquired domicil)가 그 주소의 권리를 갖는 자를 법적으로 어떤 결과에 처하게 할 수 있는지였다. 이러한 상황에서 거주국에 주소를 둔 중립국 신민이 상대방 교전국과 공공연한 적대행위(open hostilities)에 관여한다면, 그는 그 교전국에 의해 적으로 여겨지고 그렇게 취급될 것이다. 그러나 상대방 교전국 출신 거주 신민은 적으로 여겨질 수 없는데, 엄격히 말해서 그는 어떤 적대행위로도 자신의 영구적인 충성 의무에 반하여 자신을 적으로 만들 수 없기 때문이다. 그러나 그가 엄밀한 의미에서 적으로 여겨질 수 없을지라도, 그의 거주와 연결된 적의 무역(enemy's trade)과 관련된 재산의 포획에 관한 한 적으로 여겨진다. 그러한 무역은 적에 충성하는 것으로 여겨진다. 그가 모국에 대한 적대행위를 하지 않거나 귀국하라는 모국의 요구를 거절하지 않는다면, 그는 형사적으로는 아닐지라도 스스로 적에게 충성하는 것이다. 똑같은 이유로, 적의 통상에 관여된 재산에 관해 똑같은 규칙이 중립국 신민에게 적용된다. 즉 그가 중립국 신민일지라도 그의 거주와 연결된 적의 무역과 관련된 재산의 포획에 관한 한 적으로 여겨진다. 이 규칙의 역

(converse)은 필연적으로 중립국에 주소를 둔 교전국 신민에게 적용된다. 즉 그는 교전 적국 및 여타 세계 각국과 수행하는 무역에 관하여, 양 교전국 모두로부터 중립국 신민으로 여겨진다.

그러나 사람이 거주로 획득하는 이 국민성은 자신의 모국으로 돌아감으로써, 또는 심지어 다른 국가로 가기 위해 거주하던 국가에 등을 돌림으로써 마음대로 버려질 수 있다. 이 규칙의 타당성은 거의 논쟁의 여지가 없다. 그는 외국에서 거주로 일단 국민성을 획득했으므로, 그의 모국이나 귀화한 국가로 실제로 귀국하거나 다시 돌아올 의도 없이 선의(*bonâ fide*)의 철수를 시작함으로써 거주국의 국민성을 버리기 전까지는 그 국민성의 모든 결과에 구속되어야 한다. 실제 철수에 이르지 않는 행동이 거주로 획득된 국민성에 변화를 가져오는 것으로 인정된다면, 그렇지 않다는 선의(*bonâ fide*)의 의도에 대한 증거가 그 의도의 진정성에 의심의 여지를 남기지 않아야 한다는 것은 완전히 합리적인 것 같다. 단지 그러한 의도의 선언은, 국민성을 각인시킨 거주가 계속됨으로써 그 의도가 부정되거나 적어도 의심스러워지는 경우 결코 신뢰해서는 안 된다. 그 선언이 속임수로 행해졌을 수도 있고, 진정으로 행해졌더라도 절대 이행되지 않을 수도 있다. 그러한 의도를 선언한 당사자 자신조차 그것에 의해 구속되어서는 안 된다. 나중에 자신의 결심을 변경할 이유가 생길 수 있으며, 그렇게 하도록 허용되어야 하기 때문이다. 그러나 그가 그 선언과 함께, 착오를 일으킬 수 없는 말을 하고 실제 철수로 완결되지 않을 수 없는 행위를 할 때, 그러한 사건의 본질이 제공할 수 있는 가장 강력한 증거가 제시된다. 그리고 국민성이 문제가 될 때, 자신의 목적에 가장 적합한 어느 것이든 선택할 권한을 줄 정도로 모호한 국민성을 사용할 권리는 교전국의 법원이 누구에게든 거부하는 것이 타당하지 않은가? 적과의 무역 중에 재산이 포획되면, 그것을 적국으로부터 당시 중립국인 자국으로 운반하려고 했다고, 따라서 그 거래가 중립국 신민으로서 자신에게 합법이었다고 주장함으로써, 그 재산이 몰수로부터 보호되도록 해야 할 것인가? 자신의 거주국과 모국이 전쟁 중이고 자신의 재산이 어느 일방에 의해 포획되는 경우, 거주국에 의해 포획되면 거주국에 주소를 둔 신민이라고 말하고, 모국에 의해 포획되면 원래의 국민성을 회복할 의사를 표명했으므로 그 국가의 출생 신민(native subject)이라고 말하는 것을 다 들어주고, 그렇게 양국 모두의 교전권을 회피하는 것을 허용해야 할 것인가? 위에서 언급된 적국에 주소를 둔 자는 복구의 대상이 된다는 규칙이 채택된 것은, 그러한 모순적인 상황을 방지하고 그러한 주장이 용인되면 허용될 수 있는 부정을 막기 위해서였다. 전쟁이 발발했을 때, 어떤 합리적인 원칙에 따라, 교전국에 주소를 둔 중립국 신민과 그러한 상대방 교전국 신민 간에 구별이 이루어질 수 있을까? 그들이 선택한 국가의 통상에 관여된 각자의 재산은, 전쟁 전에는 그 주소를 계속 유지했던 한 그 국가의 신민 자격으로 그들 각자에게 속했다. 그리고 그들이 선택한 국가와 그 두 국가 중 어느 한 국가 간에 전쟁이 일어나면 그 두 교전국과 그들의 모든 신민은 서로 적이 된다. 따라서 한때 친구의 재산이었던 이 재산은 이제 그 재산과 관련하여 적이 된 그에게 속한다.

영국의 보통법(common law) 법원과 포획재판소의 이 주의(doctrine)는 첫 번째 표제하에서 언급된 바와 같이 국제법에 근거하고 있으며, 이성과 정의의 지지를 받고 있다고 믿어졌다. 그리고 이제 그 이유를 자신 있게 물을 수 있는데, 왜 적의 신민의 재산이 그 소유자가 적국에서 획득한 주소를 유지하는 한, 또는 흐로티위스의 말로는 적국에서 영구적으로 계속 거주하는 한, 그 거주국의 복구법과 전쟁법을 적용받지 않아야 하는가? 그들은 그러한 거주로 전쟁 이전이나 이후에 계속해서, 그 거주국의 국내법을 적용받고 그 국가에 제한적인 충성 의무(qualified allegiance)를 지며 자신이 구성원인 사회에 묶여 있었다. 그들은 그 국가가 제공하는 보호에 대한 대가로, 그리고 그 국가의 법이 신민의 자격으로 그들에게 부여하는 특권에 대한 대가로, (그의 모국과 관련된 그러한 문제를 제외하고는) 그 국가를 수호할 의무가 있다. 그러한 사람들의 재산은 출생 신민(native subjects)의 재산과 마찬가지로, 다른 국가에 대하여(*in regard to other states*) 그 국가의 재산으로 여겨져야 한다. 그 재산은 국가가 신민의 재화에 대해 갖는 권리에 의해 어느 정도 국가에 속하고, 신민의 재화는 전체 국부의 일부를 구성하며 국력을 증대시킨다. (*Vattel*, liv. i. ch. 14, § 182.) Vattel이 계속해서 말하길, "복구에서(in reprisals), 우리는 군주의 재산을 압류하는 것처럼 신민의 재산을 압류한다. 국가에 속하는 모든 것은 어디에서 압류될 수 있든지 간에 대중의 신뢰(public faith)에 맡겨진 자금을 제외하고는 복구의 대상이다." (Liv. ii. ch. 18, § 344.) 이제 영구 거주(permanent residence)로 정착한 국가의 신민이 되면, 그곳에 계속 거주하면서 자신의 재산을 그 국가의 재산의 일부로서 복구법을 적용받게 하는 한, 선택한 국가와 모국과의 전쟁이든 다른 국가와의 전쟁이든 공공연한 공적 전쟁의 경우에 같은 결과가 되지 않으리라고 주장하기는 어려워 보일 것이다.

따라서 실제 철수나 철수를 위한 선의(*bonâ fide*)의 시작만이 주소로 획득된 국민성을 변경할 수 있다면, 그리고 그 재산이 포획된 당시와 마찬가지로 항행을 시작한 당시에도 그 신민의 자격으로 그러한 주소를 가진 자에 속했다면, 포획 당시에 그가 교전 적국에 계속 거주하는데도 그의 재산을 모국의 군함에 의한 포획으로부터 면제해 준 또는 면제해 주어야 할 무엇이 있었는가?

어느 국가의 출생 신민이나 귀화 신민이 다른 국가에 주소를 두고 거주하고 있는데 경악스럽게도 그 거주국과 모국 간에 전쟁이 선포된 경우, 거주국에 계속 남을지 또는 영구적 충성 의무를 지는 국가로 떠나갈지 선택할 시간이 그에게 주어져야 한다고 주장되었다. 또한, 이러한 선택권이 행사되기 전에는, 그의 재산이 영구적 충성 의무가 있는 국가의 군함에 의한 포획으로부터 보호되어야 한다고 주장되었다. 이 주의(doctrine)는 명백히 법적으로 근거가 없는 것만큼이나 이성과 정의에 근거하지 않는 것으로 확신되었다. 우선 그것은 그 사람이 그렇게 선택할지 또는 선택하지 않을지 알 수 있기 전에 확실히 떠날 것이라는 추정에 근거하고 있었다. 전쟁의 소식을 접하는 즉시 모국으로 돌아가는 것이 그의 의무일 것이므로 그렇게 추정되어야 한다는 것이다. 이 입장은 거부되었다. 그의 모국에 대해 어떠한 적대행위도 하지 않는 것이, 그리고 모국을 돕도록 요구될 때 돕기 위해 돌아가는 것이 그가 할 일이었다. 그리고 이 온건한 국제법 원칙에 관해, 어떤 정의로운 국가도 그에게 모국에 맞서 무기를 들도록 강요하지 않을 것이며, 엄중한 시기에 그의 철수로 인해 공공안전이 위태로워질 수 있는 특수한 상황이 아닌 한, 그가 떠나고자 할 때 허가를 거부하지 않을 것이다. 협약 국제법은 이들 원칙과 부합했다. 조약에서 각 당사국의 신민이 자신의 재산을 가지고 떠나거나 괴롭힘을 당하지 않고 남는 것이 허용되어야 한다고 규정하는 것은 드물지 않다. 그러한 규정은 이들 신민에게 떠나거나 남을 것을 강요하지 않는다. 그들은 스스로 자유롭게 선택할 수 있다. 그리고 선택권을 행사했을 때, 조약에 따라 그것을 누릴 권리를 주장할 수 있다. 그러나 그들이 선택권을 행사하기 전에는 이전의 성격이 변하지 않고 계속된다. 이러한 선택권이 행사되기 전에는, 공해상에서 청구인(claimant)의 선박이 거주국의 통상에 종사하는 것이 발견되더라도, 상대방 교전국(청구인의 모국)의 군함은 그들이 전쟁 소식을 듣고 거주국에서 떠나기로 선택할 수도 있고 또한 안전하게 모국에 도착해야 한다는 생각에서 그 선박이 자유롭게 지나가도록 허용해야 한다. 그런데 그 선박의 소유자가 거주국에 남기로 선택하는 경우에는 어떻게 해야 하는가? 그 선박이 포획되어 즉시 재판에 넘겨진다면, 거주국에 남기로 하는 선택권이 아직 행사되지 않고 그 결과가 알려지기 전에는 이 주의에 따라 그 선박을 무죄로 풀어주어야 하기 때문이다. 결국 문제의 핵심은 이 주의의 이익을 주장하는 측이 모든 것을 얻고 아무것도 잃을 수 없는 경우에 효력 소급 주의(doctrine of relation)를 적용한다는 것이다. 선박이 포획된 후, 주소지 국가에 남는 것이 이익이라고 판명되면 그가 선택권을 행사하기 전에 선적된 그의 재산은 안전하며(역자 주: 이 주의에 의해 그 재산이 풀려날 것이므로), 모국으로 돌아가는 것이 최선으로 판명되면 그 재산은 당연히 안전하다(역자 주: 자신이 돌아갈 모국에 이미 그 재산이 있으므로). 그가 모국으로 돌아가든 주소지국에 남든 그의 재산은 안전하다. 그러한 모순된 결과를 낳는 주의는 어떤 권위자에 의해서도 옹호되지 않았을 뿐만 아니라, 영국의 포획법원에서 오랫동안 잘 확립된 원칙에 반한다. 그리고 그러한 영국 법원의 원칙은 미국에 적용될 수 없게 만드는 강력한 이유가 없는 한 미국 법원에 의해 무시되어서는 안 된다. 미국에서의 규칙은, 전쟁 중 재산의 성격은 포획된 후에 당사자의 어떤 행위로도 도중에(*in transitu*) 변경될 수 없다는 것이었다. 사실 그 규칙은 더 멀리 나아갔는데, 그 규칙의 타당성에 관해 당시에 어떠한 판단도 할 필요가 없었다. 그러나 포획된 후에, 특히 선주가 포획 사실을 인지한 후에는 선주와 화주의 선택으로 그러한 변경이 행해질 수도 없고 행해져서도 안 된다고 단언할 수 있을 것이다. 그 결과를 보라. 포획이 행해지고 그 사실이 알려졌다. 선주는 자신이 선택한 국가의 신민으로 남을지, 아니면 모국의 신민으로 되돌아갈지 생각하도록 허용된다. 선택한 국가에 포획되면 그 국가의 신민이 되기로 선택하고, 모국에 포획되면 모국의 신민으로 돌아가기로 선택한다는 것이다. 그런 특권적 상황이 어떤 교전국에 의해 용납될 수 있을까? 일방 교전국을 지원하고, 그 교전국을 떠나기로 선택할 때까지 그 국가의 부(wealth)를 키우는 데 공헌한 개인을 양 교전국 모두에 대해 중립국 신민의 특권을 누리는 비정상적인 상태에 두는 법체계가 타당할 수 있을까?

일방 교전국의 신민에게 각인된 이러한 일시적 중립상태의 개념, 그리고 그에 따라 그가 전쟁의 소식을 듣고 모국으로 떠날지에 대한 선택권을 행사할 때까지 그의 재산에 대한 포획이 어느 쪽으로부터든 면제된다는 것은 완전히 새로운 이론이었다. 그리고 논쟁 과정에서 그 개념은 그와 반대의 주의에 의해 그 신민이 겪을 것으로 추정되는 곤경에 그 기원이 있는 것으로 보였다. 그러나 이 주제에 사용된 추론이 옳다면 그러한 곤경은 존재할 수 없다. 선택권이 행사되기 전에 대양에 있는 그의 재산이 그가 떠나온 모국의 군함에 포획된다면, 그의 재산은 자신이 선택한 국가의 군함에 포획되지 않을 뿐만 아니라 모국 군함의 보호 아래 있기 때문이다. 특권은 불이익과 대등하여야 하며, 그럼으로써 공정하다. 주장된 이중의 특권은 너무 불합리해서 부여될 수 없을 것 같다."[39]

18 동방에 거주하는 상인

유럽과 아메리카에 거주하는 상인의 국민성은 그들이 거주하는 국가의 성격으로부터 나온다. 세계의 동쪽 지역에서 그곳에 세워진 사업장(factories)의 비호와 보호 아래 사업에 종사하는 유럽인들은 그들의 국민성을 그들이 함께 생활하며 사업을 영위하는 사회집단(association)으로부터 얻는다. 이러한 차이는 국가들의 성격과 관습으로부터 비롯된다. 세계의 서쪽 지역에서는, 이방인 상인들이 원주민 사회에 섞이고 진입과 혼합이 허용되며 거의 완전히 통합된다. 그러나 동방에서는 아주 오랜 옛날부터 섞이지 않는 성격이 계속되었다. 외국인은 그 국가의 일반 대중 속으로 받아들여지지 않는다. 외국인은 그들의 아버지와 할아버지처럼 계속 이방인이고 체류자이다. 그래서 튀르키예 내 사업장(establishments)과 관련하여, 영국 포획법원은 영국과 네덜란드 간의 전쟁 중에 스미르나(Smyrna, 역자 주: 오늘날 튀르키예의 Izmir)에서 네덜란드 영사의 보호 아래 사업을 영위해온 한 상인을 네덜란드인으로 보아야 한다고 결정하고, 그의 재산을 적에 속한 것으로서 몰수하였다. 따라서 중국에서, 그리고 일반적으로 동방 전역에서, 사업장에 채용된 사람들은 그들 각자의 특정 국민성으로 인식되지 않았다. 그리고 사업장 소재 국가의 국민성을 갖는 것이 허용되지 않았으므로, 그들은 그 사회집단이나 사업장의 특성으로만 고려되었다.

그러나 이들 원칙은 영국이 힌두스탄(Hindostan)에서 점령한 광대한 지역에는

39 Cranch's Rep. vol. viii. p. 253. (Cranch의 미국 대법원 판례집) See other cases of Domicil in the American Prize Courts, Wheaton's Rep. vol. ii. Appendix, Note I. p. 27. (Wheaton의 미국 대법원 판례집에 나오는 미국 포획법원에서의 주소에 관한 다른 사건들을 보시오)

적용되지 않는 것으로 여겨진다. 이는 스콧 재판관이 표명한 바와 같이 다음과 같은 이유에서다.

> "무굴제국(the Mogul)의 주권이 때때로 정책상의 목적으로 내세워지지만, 그 주권은 유령으로서가 아니고는 거의 존재하지 않는다. 그 주권은 결코 그들의 사업장을 규제하는 데 적용되지 않는다. 실제 주권의 가장 강력한 표시에 속하는 전쟁과 평화를 선언하는 권한은 영국이 행사한다. 그리고 이른바 정책상의 목적으로 무굴제국의 숭고한 주권이 때때로 구름으로부터 끌려 내려오지만, 영국과 그의 피조물인 동인도회사(East India Company)가 그곳에서 완전하게 행사하는 실질적인 권한을 전혀 방해하지 않는다. 그러므로 그곳에 거주하는 상인들은 영국 신민으로 여겨진다."[40]

19 적국에 설립된 상회

일반적으로 중립국 또는 적국 사람으로서 국민성은 그의 거주의 성격에 의해 결정된다. 그러나 사람의 재산은 직접적인 거주로부터 나오는 그의 국민성과 상관없이 적성(hostile character)을 얻을 수 있다. 그래서 적국에 설립된 상회의 재산은 전시포획물로서 포획과 몰수의 대상으로 간주된다. 이 규칙은 전쟁이 시작되기 전 평시에 적국에 직접 거주하지 않으면서 적국에서 일상적으로 사업에 종사해온 사람, 따라서 전쟁이 일어나면 그 사업으로부터 철수할 시간을 가질 권리가 있는 자의 경우에는 적용되지 않는다. 그러나 만약 어떤 사람이 전쟁 중에 적국에서 사업을 시작하거나 그러한 관계를 계속 유지한다면, 단순히 중립국에 거주하는 것만으로는 자신을 보호할 수 없다.[41]

---

40 Robinson's Adm. Rep. vol. iii. p. 12. The Indian Chief. (Robinson의 해사 판례집)

41 Robinson's Adm. Rep. vol. i. p. 1. The Vigilantia. Vol. ii. p. 255. The Susa. Vol. iii. p. 41. The Portland. Vol. v. pp. 2, 97. The Jonge Classina. (Robinson의 해사 판례집) Wheaton's Rep. vol. i. p. 159. The Antonia Johanna. Vol. iv. p. 105. The Friendschaft. (Wheaton의 미국 대법원 판례집)

20 규칙의 역

이러한 영국 포획법원의 규칙은 미국 법원에 의해서도 채택되었는데, 그 역(converse)은 적대국에 거주하면서 중립국에 있는 상회에 지분(share)을 가진 상인의 경우에 적용되지 않는다. 중립국에 거주하는 것이 적국에 설립된 상회에 있는 그의 지분을 보호하지 않을지라도, 적국에 거주하는 것이 중립국에 설립된 상회에 있는 그의 지분을 몰수되게 할 것이다. 이러한 호혜성(reciprocity)의 결여에서, 포획자의 이익을 향한 편파성의 강력한 흔적을 목격하지 않을 수 없다. 이는 아마도 포획법규(prize code)가 그 교전국에서 사법 입법(judicial legislation)의 방식으로 형성되고, 해군의 활약을 고무하기 위해 적응된 것과 불가분의 관계가 있을 것이다.[42]

21 선박의 국가성

그래서 또한 일반적으로, 그리고 특별한 사정이 없는 한, 선박의 성격도 주소(domicil)로 확정되는 선주의 국민성(national character)에 달려 있다. 그러나 어떤 선박이 외국의 국기(flag)와 통행증(pass)으로 항행하면, 그 국기의 국가성(national character)을 갖는 것으로 간주된다. 그 선박은 그 국가의 항행의 일부로, 그리고 모든 면에서 그 국가의 선박으로 여겨진다. 선박은 선박 서류의 특별한 성격에 의해 선박에 각인된 특수한 성격을 갖기 때문이다. 선박은 그렇게 선박에 부여된 성격을 항상 유지하며, 다른 국가의 거주자가 실제로 그 선박에 대해 가질 수 있는 어떤 이익의 주장도 배제한다. 그러나 평시에 화물이 선적되고 외국인 관세(alien duties)를 회피할 목적으로 선박과 같은 외국의 재산으로 서류가 작성된 경우, 선박이 외국 국기와 통행증으로 항행한다는 사실이 화물에 관해 결정적으로 되지 않는다. 선박과 화물은 서로 구별된다. 선박은 모든 선박 서류를 발급하는 정부의 권위로 선박에 각인된 성격에 구속되는 반면, 화물의 성격은 그와 같은 국가적 권위에 대한 의존성이 없다. 전시에는 더 엄격한 원칙이 필요할 수도 있지만, 거래가 평시에 행해지고 전

42 Mr. Chief Justice Marshall, Cranch's Rep. vol. viii. p. 253. The Venus. (Marshall 대법원장, Cranch의 미국 대법원 판례집)

쟁이 전혀 예상되지 않는 경우, 선박의 몰수 판결(condemnation)에 화물이 포함되어서는 안 된다. 이러한 상황에서 선박은 그 게양기와 통행증을 발급한 국가의 항행에 통합된 것으로 여겨지지만, 화물은 그렇지 않기 때문이다.[43]

22 적의 무역 허가증에 따른 항행

우리는 서로 전쟁 중인 국가의 신민 간에 어떤 상거래도 그들 각 정부의 특별 허가(special permission)에 의한 경우를 제외하고는, 합법적으로 행해질 수 없다는 것을 보았다. 그러한 거래는 각 교전국 정부가 발급한 허가증(license)에 의해서만 자국 신민에게 합법화될 수 있으므로, 적이 발급한 허가증을 사용하는 것은 자국 정부의 승인을 받지 않은 한 위법임이 명백하다. 전쟁의 통상적인 결과로부터 예외를 통제해야 하는 정책을 고려하여 행동할 수 있는 것은 국가의 주권뿐이기 때문이다. 그리고 이 원칙은 적과의 직접적인 상거래를 보호하는 허가증에 대해서뿐만 아니라, 적의 동맹국으로의 항행이나 심지어 중립국 항구로의 항행에도 적용된다. 적으로부터 허가증을 사거나 조달하는 바로 그 행위가 전쟁법으로 금지된 적과의 거래이기 때문이다. 그리고 그 허가증이 무상으로 발급되었다고 하더라도, 그것은 적이 전쟁 수행에 필요한 물자를 확보함으로써 자신의 이익을 증진하기 위한 특별한 목적을 위한 것임이 분명하다. 교전국 신민은 이러한 보호 문서를 근거로 항행함으로써 적이 그러한 물자를 확보하도록 원조를 제공할 어떠한 권리도 없다.[44]

43 Robinson's Adm. Rep. vol. i. p. 1. The Vigilantia. Vol. v. p. 161. The Vrow Anna Catharina. (Robinson의 해사 판례집) Dodson's Adm. Rep. vol. i. p. 131. The Success. (Dodson의 해사 판례집)

44 Cranch's Rep. vol. viii. p. 181. The Julia. p. 203. The Aurora. (Cranch의 미국 대법원 판례집) Wheaton's Rep. vol. ii. p. 143. The Ariadne. Vol. iv. p. 100. The Caledonia. (Wheaton의 미국 대법원 판례집)

Chapter 02

적국 간의 전쟁권

1 적에 대한 전쟁권

일반적으로 적에 대한 전쟁권(rights of war)은 전쟁의 목적에 의해 그 범위가 측정되어야 한다고 규정할 수 있다. 전쟁의 목적이 달성될 때까지, 교전국은 엄밀히 말해서 무기를 든 목적을 실현하기 위해 필요한 모든 수단을 사용할 권리가 있다. 우리는 고대 세계의 관행, 그리고 현대(역자 주: 저자의 시점에서)의 일부 국제법학자의 의견조차 이 목적으로 사용할 수 있는 수단에 관해 어떠한 구별도 하지 않았음을 이미 보았다. 18세기 초 유럽에서 가장 학식 있고 특히 문명화된 국가들에서 살았던 빈케르스후크*Bynkershoek(1673-1743)*와 볼프*Wolff(1679-1754)* 같은 제도법학자들(institutional writers)조차 적을 상대로 한 모든 행위는 합법이라는 광범위한 원칙을 주장한다. 적은 비무장 무방비 상태인 자라도 파괴할 수 있고, 적에게 기만이나 독극물조차 사용할 수 있으며, 승자가 적의 신체와 재산에 대해 무제한의 권리를 갖는다고 주장한다. 하지만 그러한 것이 그들이 책을 집필하던 당시에 계몽된 유럽의 정서와 관행은 아니었다. 오래전에 흐르티위스*Grotius*(1583-1645)가 더 관대하고 인도적인 원칙을 고취하였으며, 이어 바텔*Vattel*(1714-1767)이 그 원칙을 보완하여 더욱 정교하게 다듬고, 오늘날의 모든 국제법학자들이 그것을 만장일치로 채택하였다.[1]

---

1 Bynkershoek, Quæst. Jur. Pub. lib. i. cap. 1. (Bynkershoek의 국제법의 문제들) Wolfius, Jus Gent. § 878. (Wolff의 자연법과 국제법 제도) Grotius, de Jur. Bel. ac Pac. lib. iii. cap. 4, §§ 5−7. (Grotius의 전쟁과 평화의 법) Vattel, Droit des Gens, liv. iii. ch. 8. (Vattel의 국제법)

2 전쟁권의 한계

자연법은 상해의 기도로부터 자신을 방위하기 위해, 또는 가해자가 거부하는 배상을 받아내기 위해, 또는 범죄자를 처벌하기 위해 개인이 어디까지 무력을 사용하도록 허용되는지 정확하게 정하지 않았다. 우리는 자연법으로부터, 이러한 목적을 달성하는 데 필요한 만큼의 무력을 사용하는 것이 금지되지 않는다는 일반적인 규칙을 발견할 수 있을 뿐이다. 이 원칙이 서로에 대해 자연적 독립상태에 있는 주권국가의 행위에 적용된다. 필요한 만큼을 제외하고는 어떠한 무력의 사용도 합법적이지 않다. 따라서 교전 당사국은 다른 방법으로 제압할 수 있는 적국 신민의 목숨을 빼앗을 권리가 없다. 실제로 무기를 들고 계속 대항하는 자들은 합법적으로 살해할 수 있지만, 무기를 들지 않았거나 들었더라도 항복하고 투항한 적국의 주민은 죽여서는 안 된다. 전쟁의 정당한 목적을 달성하는 데 그들의 파괴가 필요하지 않기 때문이다. 전쟁의 목적은 무기를 든 자들을 포로로 삼거나 제한된 기간 또는 전쟁이 계속되는 동안 무기를 들지 않을 것을 보장하게 함으로써 달성될 수 있다. 포로의 살해는 포로 자신이나 포로를 구하러 온 상대방 측의 저항으로 포로를 관리하기가 불가능해진 극단적인 경우에만 정당화될 수 있다. 이성과 여론 모두 그러한 행위는 가장 강력한 필요성에 의해서만 정당화된다는 것을 일치하여 보여준다.[2]

3 전쟁포로의 교환

야만국이 아직도 시행하고 있는 전쟁법에 따르면, 전쟁에서 잡힌 포로는 죽임을 당한다. 더 문명화된 고대국가들 사이에서 이 관행은 점차 포로를 노예로 삼는 관행으로 바뀌었다. 다시 이 관행은 몸값을 받고(ransoming) 포로를 풀어주는 관행으로 대체되어 중세의 봉건 전쟁 내내 계속되었다. 포로를 교환하는 현재의 관행은 유럽에서 17세기 어느 시점에 이르러서야 확립되었다. 지금도 이 관행은 포로에 대한 몸값을 고집하거나 전쟁이 끝날 때까지 자국민을 적의 수중에 남겨 놓기로 선택하는 국가들 사이에서 의무적이지 않다. 전쟁포로의 상호 교환을 위한 협정(cartels)은 각

2 Rutherforth's Inst. b. ii. ch. 9, § 15. (Rutherforth의 자연법 제도)

교전국의 이해관계와 정책관에 따라 체결되는 특별 협약으로 규율된다. 때로 전쟁 포로는 항복규약(capitulation)을 통해, 전쟁이 계속되는 동안 또는 정식 포로 교환이 이루어질 때까지 다시는 군대에 복무하지 않는다는 조건으로 본국으로 귀환이 허용된다. 그리고 장교는 자주 같은 조건으로 석방 선서(parole)를 함으로써 풀려난다. 전쟁의 정당한 목적을 좌절시키지 않으면서 그 해악을 줄이기 위해 고안된 이러한 약정의 집행은 신의칙과 인류애(good faith and humanity)에 의해 지배되어야 한다. 현대의 국가 관행으로, 이를 위해 필요한 처리를 교섭하고 집행하기 위한 정부위원들(commissaries)이 각 교전국에 머물도록 허용된다. 이러한 과정에서 신의칙의 위반은 그 위반의 잘못이 있는 측에 포로교환 협정에 규정된 이익을 누리지 못하게 하는 것으로만 처벌될 수 있다. 또는 복구(reprisals)나 징벌적 보복(vindictive retaliation)이 정당화된다고 여겨질 수 있는 경우에는 그러한 수단으로 처벌될 수 있다.[3]

4 적대행위의 대상에서 제외되는 자

공적 전쟁(public war)에서 적국의 모든 구성원은 합법적으로 적으로 취급될 수 있다. 그러나 그렇다고 해서 이 모든 적이 합법적으로 똑같이 취급될 수 있다는 결과가 되지는 않는다. 그들의 일부를 합법적으로 파괴할 수 있을지라도, 그들 모두를 합법적으로 파괴할 수 있다는 결과가 되지는 않는다. 자연법으로부터 비롯된 일반규칙은 여전히 똑같기 때문인데, 전쟁의 목적 달성에 필요하지 않는 한 적에 대한 어떠한 무력의 사용도 적법하지 않다. 따라서 문명 국가의 관습은 이 원칙에 근거하여 군주와 그의 가족, 민간 정부의 구성원, 여성과 아동, 농부, 장인, 노동자, 상인, 과학자와 문학자, 그리고 통상적인 시민 생활을 영위하는 기타 공인 또는 사인의 신체를 군사 작전(military operations)의 직접적인 영향으로부터 면제하였다. 단 이들이 실제로 무기를 들거나 전쟁의 관행을 위반하는 부정행위로 면제권을 박탈당하

---

3 Grotius, de Jur. Bel. ac Pac. lib. iii. cap. 7, §§ 8, 9; cap. 11, §§ 9−13. (Grotius의 전쟁과 평화의 법) Vattel, Droit des Gens, liv. iii. ch. 8, § 153. (Vattel의 국제법) Robinson's Adm. Rep. vol. iii. Note, Appendix A. (Robinson의 해사 판례집) Correspondence between M. Otto, French Commissary of Prisoners in England, and the British Transport Board, 1801. (영국 주재 프랑스 포로 문제 담당 Otto 위원과 영국 교통성 간의 통신문) Annual Register, vol. xliv. p. 265. (State Papers.) (애뉴얼 레지스터)

지 않는 한 그렇다.[4]

5 적의 재산은 어디까지 포획 및 몰수 대상인가

적의 영토와 기타 재산에 대한 전쟁행위(operations of war) 또한, 전쟁의 목적 달성에 필요하지 않는 한 적에 대한 어떠한 무력 사용도 적법하지 않다는 똑같은 원칙의 적용으로 제한되고 제약되어 왔다. 일반적인 원칙으로, 국가는 다른 국가와 전쟁을 시작하는 순간부터 적의 모든 재산을 어떤 종류든 어디에 있든 빼앗을 권리가 있으며, 이렇게 획득한 재산을 자신의 사용에 충당하거나, 직접 빼앗은 자에게 사용하게 할 권리가 있다. 고대 국제법에 따르면, 이른바 신성한 것(*res sacrœ*)조차 포획과 몰수(capture and confiscation)로부터 면제되지 않았다. 키케로*Cicero(BC 106-43)*는 이 개념을 베레스*Verres*를 탄핵한 그의 4번째 연설에서 표현력이 풍부한 은유적 언어로 전달했는데, "승리는 시라쿠사인들의 모든 신성한(*sacred*) 것을 신성을 모독하는 것(*profane*)으로 만들었다."라고 말했다. 그러나 이제 법적 구속력을 얻은 현대의 국가 관행에 의해 종교 사원, 시민 전용의 공공 건축물, 예술적 기념물, 과학의 보고 등은 일반적인 전쟁행위로부터 면제된다. 육상의 사유재산 또한 몰수로부터 면제되지만, 전장이나 포위된 마을에서 적으로부터 획득한 경우와 같이 특별한 상황에서 전리품(booty)이 될 수 있는 것, 그리고 적의 영토 내 주민들에게 부과되는 군사헌금(military contributions)은 그러한 면제에서 제외된다. 이러한 전쟁행위로부터 면제는 적국을 절대적이고 조건 없이 정복한 경우에도 적용된다. 고대에는 피정복자의 동산이나 부동산 모두 정복자에게 넘어갔다. 자주 가차 없이 엄격하게 행사된 로마의 전쟁법이 그러했으며, 서로마제국의 쇠락기에 북방 야만족에게 굴복한 로마 속주(Roman provinces)의 운명이 그러했다. 정복된 속주의 주민에게 속한 토지의 3분의 1 에서 3분의 2에 달하는 큰 부분이 몰수되어 정복자들에게 분배되었다. 유럽에서 이러한 정복의 가장 최근의 예는 노르망디의 윌리엄*William of Normandy*에 의한 1066년 잉글랜드(England) 정복이었다. 그 시기 이후 기독교 문명국 사이에서, 정복

4 Rutherforth's Inst. b. ii. ch. 9, § 15. (Rutherforth의 자연법 제도) Vattel, Droit des Gens, liv. iii. ch. 8, §§ 145－147, 159. (Vattel의 국제법) Kluber, Droit des Gens Moderne de l'Europe, pt. ii. tit. 2, sect. 2, ch. 1, §§ 245－247. (Kluber의 유럽의 현대 국제법)

이 평화조약에 의해 확인되는 경우조차 그로 인한 토지와 그 부속물(landed property)의 일반적 또는 부분적 소유권 변동이 뒤따르지 않았다. 패전국 정부에 속한 재산은 승전국으로 넘어가고, 승전국은 사유지의 수용권(eminent domain)에 관해 이전 군주의 지위도 차지한다. 다른 면에서는, 정복으로 사권(private rights)이 영향을 받지 않는다.[5]

6 적국 영토의 유린 또는 황폐화가 합법인 경우

무력의 대결로 여겨지는 전쟁의 극단적인 권리에 대한 이러한 일반적인 완화조치에 예외가 있다. 이러한 예외들은 모두 적대행위의 목적을 확보하는 데 필요할 수 있는 정도의 폭력, 오직 그러한 폭력만을 적에게 사용하도록 허용하는 원래의 자연법의 똑같은 원칙에서 나온다. 적의 신체를 파괴하는 것이 어디까지 합법인지를 결정하는 똑같은 일반규칙이 적국을 어디까지 유린 또는 황폐화하는 것이 합법인지 판단하는 안내자 역할을 한다. 이러한 유린이나 황폐화가 전쟁의 정당한 목적을 달성하는 데 필요하다면 합법적으로 그렇게 할 수 있지만, 필요하지 않다면 그렇게 할 수 없다. 따라서 중간 지대를 황폐화하지 않고는 적의 진격을 저지할 수 없고 우리의 전선이 안전할 수도 없다면, 또는 공격하고자 하는 마을로 접근할 수 없다면, 그러한 극단적인 경우는 전쟁의 통상적인 목적이 보장하지 않는 조치에 대한 의존을 정당화할 수 있다. 만약 현대의 관행이 어떤 다른 예외를 승인했다면, 그것은 복구나 징벌적 보복(right of reprisals or vindictive retaliation)의 권리에서 발견될 것이다. 전체 국제법 규범은 호혜성(reciprocity)에 기초하고 있다. 국가는 국제법이 규정하는 규칙을 다른 국가들도 지킬 것이라는 믿음에서 지킨다. 따라서 적이 확립된 전쟁의 관행을 위반하고, 그러한 과도한 행위를 억제할 수 있는 다른 방법이 없는 경우, 고통받는 국가는 적에게 법을 지키도록 강제하기 위해 정당하게 보복(retaliation)에 의존할 수 있다.[6]

---

5 Vattel, Droit des Gens, liv. iii. ch. 9, 13. (Vattel의 국제법) Kluber, Droit des Gens Moderne de l'Europe, pt. ii. tit. 2, ch. 1, §§ 250-253. (Kluber의 유럽의 현대 국제법) Martens, Précis, &c. liv. viii. ch. 4, §§ 279-282. (Martens의 유럽의 현대 국제법 개요)

6 Vattel, liv. iii. ch. 8, § 142; ch. 9, §§ 166-173. (Vattel의 국제법) Martens, Précis du

7 육전과 해전에서 적의 사유재산 취급의 차이

문명의 발전은 극히 엄혹한 육상에서의 전쟁행위를 느리지만 끊임없이 완화하는 경향을 가져왔다. 그러나 해전(maritime warfare)에서는 여전히 그 엄혹성이 완화되지 않고 있는데, 해상에서 획득되거나 항구에 떠있는 적의 사유재산은 무차별적인 포획 및 몰수의 대상이다. 육전과 해전에서 전쟁법 시행의 이러한 차이는 적의 사유재산을 취급해온 관행이 서로 다르다는 주장에 의해 정당화되었다. 즉 육전의 경우, 기습적으로 점령한 도시에서 획득한 사유재산은 전리품(booty)으로 여겨지는 관행이 있고, 적군이 점령한 지역에서 주민의 사유재산을 일반적으로 몰수하는 대신 군사 헌금(contributions)을 부과한다는 것은 잘 알려진 사실이다. 육전의 목적은 상실한 영토의 등가물로서 교환될 다른 영토의 정복이나 획득이므로, 자신의 신민이 되었거나 될 사람들에 대한 승자의 배려로 이 특정 경우에 극단적인 권리 행사가 자연스럽게 제약된다. 반면에 해전의 목적은 적의 해군력의 원천이자 동력인 통상과 항행을 파괴하는 것이며, 이러한 목적은 오직 사유재산의 포획과 몰수(capture and confiscation)에 의해서만 달성될 수 있다.

8 적에 대해 적대행위를 할 권한이 있는 자

합법적으로 존재하는 것으로 선포된 전쟁 상태의 효과는 각 교전국의 모든 신민을 서로 적대 상태에 놓는 것이다. 이 준칙(maxims)은 국가 관행에 의해 수정되어, 국가의 명시적 또는 묵시적 명령으로 권한이 부여된 자들이 범한 적대행위만 합법화되었다. 그들은 국가의 정규 해군과 육군, 그리고 국가 방위를 위해 소집된 자들, 또는 긴급히 필요한 경우에 국가 방위를 위한 명시적 권한 없이 자발적으로 자신을 방어하는 자들이다.

키케로*Cicero*는 그의 책 의무론(*Offices*)에서, 누구도 로마의 페키알법(fecial law)에 의해 정식으로 군에 입대하여 군사선서(military oath)를 하지 않고는, 합법적으로

Droit des Gens Moderne de l'Europe, liv. viii. ch. 4, §§ 272－280. (Martens의 유럽의 현대 국제법 개요) Kluber, pt. ii. tit. 2, ch. 1, §§ 292－295. (Kluber의 유럽의 현대 국제법)

공적(public enemy)과 교전할 수 없다고 말한다. 이는 정책과 종교 모두에 의해 승인된 규정이었다. 만약 교전국의 모든 개인이 자신의 행위에 대한 책임을 전혀 지지 않으면서 적국 신민을 무차별적으로 약탈하고 죽이도록 허용된다면, 전쟁의 공포는 정말 극심할 것이다. 그러므로 육상전쟁에서 비정규 약탈자 무리는 문명국이 시행하는 완화된 전쟁 관행의 보호를 받지 못하는, 무법의 비적(lawless banditti)으로 취급된다는 것이다.[7]

9 국가로부터 권한을 부여받지 않은 포획자

국가로부터 권한을 부여받지 않은 민간 무장 선박(private armed vessels without a commission)이 자위에서뿐만 아니라 적을 공격하여 획득한 포획조차 합법으로 여겨지는데, 이는 그렇게 탈취한 적의 재산을 포획자에게 귀속시키기 위해서가 아니라 그 행위가 자국 정부나 상대방 교전국에 의해 해적 행위로 여겨지지 않도록 하기 위해서이다. 아마도 이는 해전과 해적 행위가 동의어였던 시대의 야만적인 관행의 잔재로 여겨져야 할 것이다. 그렇게 포획된 재산은 전시포획물(prize of war)로서 정부에 귀속되거나, 또는 이러한 포획물의 소위 기술적 용어인 영국 해군장관 권리(*Droits of Admiralty*)로서 마찬가지로 정부에 귀속된다. 이 원칙은 어느 한 국가에 대한 포획 권한을 부여받은 무장 선박이, 다른 국가와 전쟁이 발발하여 그 국가로부터 획득한 포획물에도 똑같이 적용된다. 즉 그 포획물은 포획자가 아니라 그의 정부에 귀속된다.[8]

---

7 Vattel, Droit des Gens, liv. iii. ch. 15, §§ 223–228. (Vattel의 국제법) Kluber, Droit des Gens Moderne de l'Europe, § 267. (Kluber의 유럽의 현대 국제법)

8 Brown's Civ. and Adm. Law, vol. ii. p. 526, Appendix. (Brown의 민사법 및 해사법) Robinson's Adm. Rep. vol. iv. p. 72. The Abigail. (Robinson의 해사 판례집) Dodson's Adm. Rep. p. 397. The Georgiana. (Dodson의 해사 판례집) Sparks's Diplomatic Correspondence, vol. i. p. 443. (Sparks의 외교문서) Wheaton's Rep. vol. ii. Appendix, Note I. p. 7. (Wheaton의 미국 대법원 판례집)

10 포획사선

국가로부터 권한을 부여받은 민간 무장 선박(private armed vessels commissioned by the state)으로 해양을 순찰하는 관행은 지금까지 적의 통상을 파괴하는 정당한 수단으로서 각 해양 국가의 국내법으로 승인되었다. 이 관행은 중대한 남용의 소지가 있고 무법의 약탈 정신을 조장하는 경향이 있는 것으로, 그리고 육전에서 행해지는 더 완화된 교전 방식과 극명하게 배치되는 것으로 정당하게 비난받았다. 이는 당시의 진보주의 정신에 부합하지 않는 것으로, 이를 저지하기 위해 인도적이고 개명된 개인들이 강력한 노력을 기울였다. 프랭클린*Benjamin Franklin(1706-1790)*이 1785년에 교섭한 미국과 프로이센 간의 조약은, 전쟁 시 어느 국가도 포획사선(privateers)에 상대국의 통상을 약탈할 권한을 부여하지 않는다고 규정했다. 이는 박수갈채를 받고 따라 할 만한 본보기이다. 그러나 이 규정은 1799년에 조약이 갱신될 때 살아남지 못했다. 사유재산의 해상 포획이 허용되는 한, 적의 통상에 대한 이 특이한 손상 방식이 계속 시행될 우려가 있다. 특히 그것이 우세한 적의 공식 해군력을 상쇄하는 수단을 제공하는 경우에 그러하다.[9]

11 전시포획물에 대한 권원

전쟁에서 합법적으로 획득한 재산에 대한 권원(title)은 일반원칙상 즉시 원소유자로부터 박탈되어 포획자에게 이전되는 것으로 여겨질 수 있다. 이 일반원칙은 인적 재산(동산)과 물적 재산(부동산) 모두에 대한 적용에서 실정 국제법으로 수정되었다. 동산에 대하여는, 일반적으로 적이 확고한 점유를 획득하는 즉시 그 권원이 원소유자에게서 상실된다고 여겨지는데, 일반적인 규칙으로 24시간이 지난 후에 상실이 일어난다고 본다. 해상에서 포획된 선박과 물품의 경우는, 해양 국가들의 확립된 관행으로 이러한 규칙의 시행으로부터 제외되었다. 일반적으로, 포획된 선박과 물품이 포획자의 항구 내로 옮겨져 권한 있는 포획재판소에서 정식으로 포획물 판

---

9 Vattel, liv. iii. ch. 15, § 229. (Vattel의 국제법) Franklin's Works, vol. ii. pp. 447, 530. (Benjamin Franklin의 작품집) Edinburgh Review, vol. viii. pp. 13－15. (에든버러 리뷰) North American Review, vol. ii. (N. S.) pp. 166－196. (북아메리카 리뷰)

결이 내려지기 전에는 원래의 권원이 완전히 박탈된 것으로 인정되지 않는다. 이러한 규칙을 인정하지 않는 국가에 대해서는 상호주의(reciprocity) 또는 우호적 보복(amicable retaliation)의 원칙이 적용된다. 즉 동맹국의 법이 적으로부터 탈환한 다른 동맹국의 재산을 돌려주게 하면 마찬가지로 해난 구조료(salvage)의 지급 조건으로 돌려주고, 포획물로 몰수하게 하면 마찬가지로 몰수함으로써다. 중립국의 구매자는 원소유자의 권리 주장에 대한 자신의 권원(title)의 증거로서 모든 경우에 정식 포획물 확인재판 판결문을 제시하여야 한다.[10]

12 해상 포획의 유효성은 포획자 본국의 재판소에서 결정된다

해상 포획의 유효성(validity)은 포획자 정부의 재판소에서 결정되어야 하는데, 그 재판소는 포획자 본국에 소재할 수도 있고 그의 동맹국에 소재할 수도 있다. 이 관할권 규칙은 포획된 재산이 포획자 본국의 항구로 옮겨지든, 그의 동맹국 항구로 옮겨지든, 또는 중립국의 항구로 옮겨지든 적용된다.

포획된 재산이 포획자 본국의 항구로 옮겨진 첫 번째의 경우, 포획자 본국의 재판소에 의해 포획물 확인재판(condemnation)이 행해진다는 것은 의문의 여지가 없다.

12.1. 동맹국의 항구로 옮겨진 재산에 대한 포획물 확인재판

포획된 재산이 동맹국의 항구로 옮겨진 두 번째의 경우, 동맹국 자신이 포획물 확인재판을 할 수는 없지만, 교전국의 최종적인 적대행위의 행사, 즉 한 교전국의 재산에 대한 다른 교전국의 포획물 확인재판을 허용하지 못하게 동맹국 정부를 막는 것은 아무것도 없다. 양국 정부 간에는 공통의 이익이 있으며, 그들은 공동의 전쟁 수행에 도움을 주는 어떠한 조치도 서로 허용하고 각자의 항구를 상호 이용할 수 있는 것으로 간주한다고 추정될 수 있다. 따라서 공동의 전쟁을 수행하는 과정에

---

10 Grotius, de Jur. Bel. ac Pac. lib. iii. cap. 6, § 3; cap. 9, § 14. (Grotius의 전쟁과 평화의 법) Kluber, Droit des Gens Moderne de l'Europe, § 254. (Kluber의 유럽의 현대 국제법) Robinson's Adm. Rep. vol. i. p. 50. The Santa Cruz. P. 139. The Flad Oyen. (Robinson의 해사 판례집) Wheaton's Rep. vol. ii. Appendix, Note I. pp. 40–49; vol. iii. p. 73. The Star. P. 93, Note (*a*.) (Wheaton의 미국 대법원 판례집)

서 획득된 재산에 대한 이러한 포획물 확인재판은 충분히 이루어질 수 있다.

12.2. 중립국의 항구로 옮겨진 재산

그러나 재산이 중립국의 항구로 옮겨진 경우, 포획자의 본국에 설치된 포획재판소에 의해 포획의 유효성이 결정될 수 있을지 원칙적으로 의심스러워 보일 수 있다. 그리고 *Henrick and Maria* 사건에서 Scott 재판관의 추론은 확실히 그러한 관행의 비정상성을 매우 설득력 있게 보여주는 경향이 있다. 하지만 그는 영국의 해사 재판소가 중립국 항구에 놓여 있는 선박에 대한 자신의 포획물 확인재판(condemnation)의 관행에서 너무 멀리 나아가, 이제 그 관행을 본래 원칙의 적정한 순수성으로 되돌릴 수 없게 되었다고 보았다. 그랜트*William Grant* 재판관 또한 같은 사건에 대한 항소법원의 판결을 선고하면서, 영국은 자신의 고질적인 관행으로 결론이 났으며 중립국 상인들은 영국 재판소의 끊임없는 포획물 판결로 그 구매가 충분히 보장된다고 단언했다. 이 규칙은 편의성의 원칙에서 교전국뿐만 아니라 중립국에도 정당화될 수 있는 것으로 미국 대법원에 의해 채택되었다. 그리고 포획물이 실제로 중립국의 관할권 내에 있을지라도 여전히 포획자의 통제 아래 있다고 여겨졌으며, 포획자의 점유는 그의 주권자의 점유로 여겨졌다.[11]

13 포획자 본국 재판소의 관할권은 어디까지 배타적인가

전쟁 중 정부의 권위 아래 행해진 포획의 유효성을 결정하기 위한 포획자 본국 재판소의 관할권은, 다음 두 경우를 제외하고는, 다른 모든 국가의 사법권을 배제한다. 첫째, 포획이 중립국의 영토 내에서 이루어진 경우이다. 둘째, 포획이 중립국의 영토 내에서 무장된 선박에 의해 이루어진 경우이다.[12]

---

11 Robinson's Adm. Rep. vol. iv. p. 43; vol. vi. p. 138, Note (*a*.) (Robinson의 해사 판례집) Bynkershoek, Quæst. Jur. Pub. lib. i. cap. 5. Duponceau's Transl. Note, p. 38. (Bynkershoek의 국제법의 문제들) Kent's Commentaries on American Law, vol. i. p. 103. (Kent의 미국법 주석)

12 Wheaton's Rep. vol. iv. p. 298. The Estrella. Vol. vii. p. 283. The Santissima Trinidad. (Wheaton의 미국법 주석)

어느 경우든 중립국의 재판소는 그렇게 행해진 포획의 유효성을 결정할 관할권을 가지며, 자국 신민이나 우호국 신민의 재산을 원소유자에게 돌려줌으로써 재판소의 중립성을 옹호할 관할권을 가진다. 포획자 본국 재판소의 배타적 관할권에 대한 이러한 예외는, 불법적으로 포획된 중립국 신민의 재산이 나중에 그 중립국의 항구로 끌려 온 모든 경우에, 일부 국가가 국내법 규정으로 이를 반환하는 데까지 확대되었다. 그리고 포획된 재산이 중립국 영토에 들어온 경우는 언제나 포획물(prize) 여부에 관한 관할권을 중립국 재판소가 갖게 되었다. 루이 14세*Louis XIV*의 1681년 해사 칙령(marine ordinance)에 이 규정이 들어 있으며, 발린*Valin*은 그것이 중립국 항구에서 포획자와 그의 포획물에 부여된 비호특권(privilege of asylum)에 대한 보상으로 행해진다는 근거로 그 정당성을 옹호하였다. 중립국이 포획물을 중립국의 항구로 끌고 올 수 있는 특권을 교전국에 주면서 명시적으로 그러한 조건을 달 수 있다는 데 의문의 여지가 없다. 그것이 교전국 모두에게 공평하게 시행되는 한 중립국은 마음대로 그러한 특권을 부여하거나 거부할 수 있기 때문이다.

그러나 그러한 조건이 중립국 항구의 입항에 대한 일반적인 허가에 내포되지는 않는다. 포획자가 그러한 일반적인 허가를 이용한다고 해서, 포획의 합법성을 결정할 배타적 관할권을 자국의 포획재판소에 부여하는 포획 재산에 대한 군사적 점유를 상실하지 않는다. 그러한 배타적 관할권은 포획된 재산이 중립국의 항구에 놓여 있는 중이나 그곳으로부터 재판소가 설치된 포획자 본국의 항구 내로 옮겨지는 때 행사될 수 있다. 어느 경우든 모든 중립국 소유자는, 심지어 포획된 선박이나 물품이 자국의 항구로 옮겨졌을 수도 있는 중립국 신민조차, 일반적으로 포획물 여부의 문제에 유일하게 관할권이 있는 교전국의 포획재판소에서 자신의 권리를 다투어야 한다.[13]

---

13 Valin, Commentaire sur l'ordonnance de la Marine, liv. iii. tit. 9. (Valin의 해사법 주석). Traite des Prises, art. 15, tom. ii. p. 274. (Valin의 포획론) Lampredi, Trattato del Commercio de' Popoli Neutrali in tempo di Guerra, p. 228. (Lampredi의 전시 중립국 통상론)

14 중립국에 개설된 영사 법정에 의한 포획물 확인재판

이 관할권은 중립국의 항구에 개설되고 포획자 본국의 지시에 좇아 행동하는 영사 법정(consular tribunal)과 같은 중립국에 소재한 위임받은 기관에 의해서는 행사될 수 없다. 이러한 전시포획물 문제에 관한 사법권은 중립국이 자국의 영토 내에 있는 교전국 대리인에게 양보할 수 없다. 중립국 정부 자신조차 자국의 중립 관할권과 주권이 포획으로 침해받은 경우를 제외하고는, 자국 내에서 그러한 관할권을 행사할 권리가 없다. 따라서 중립국 항구에 주재하는 교전국 영사에 의한 포획물 몰수 판결은 전시포획물로 포획되어 재판을 위해 중립국 항구로 옮겨진 선박이나 그 물품의 소유권을 이전하기에 불충분한 것으로 간주된다.[14]

15 자신의 군함과 재판소의 행위에 대한 포획자 본국 정부의 책임

포획국가 재판소의 관할권은 포획물의 소유권 문제에 관하여 확정적(conclusive)이다. 그 재판소의 판결은 포획의 유효성에 관한 논쟁을 청구인과 포획자 간에 더는 허용하지 않으며, 소송물에 관한 통상적인 모든 사법 조사를 종결짓는다. 포획자의 책임이 멎는 곳에서 국가의 책임이 시작된다. 국가는 자신의 위임을 받아 수행한 포획자의 행위가 전시포획의 유효성을 결정하기 위해 자신이 임명한 재판소의 최종 판결로 확인되는 순간, 포획자의 행위에 대해 다른 국가에 책임이 생긴다.

15.1. 외국 재판소의 불공정한 판결은 복구의 근거가 된다

흐로티위스*Grotius*는 의심의 여지가 없는 사건에서(*in re minime dubia*) 명백히 외국인의 권리를 침해한 불공정한 사법 판결은 그 외국인의 본국에 복구에 의한 배상(reparation by reprisals)을 구할 권리를 준다고 말한다.

> "외국인에 대해서는 재판관의 권위가 자국 신민에 대한 것과 같은 힘을 갖지 않기 때문이다. 다음과 같은 차이가 있다. 자국 신민은 재판관의 판결이 부당할

14 Robinson's Adm. Rep. vol. i. p. 135. The Flad Oyen. (Robinson의 해사 판례집)

지라도 자신의 생활을 지배하는 권위의 통제력 때문에 그 집행에 합법적으로 반대할 수도, 자신의 권리를 힘으로 회복할 수도 없을 정도로 그의 판결에 구속되고 결말이 난다. 그러나 외국인은 강제력(coercive power, 즉 저자인 흐로티위스가 다루고 있는 복구)을 가지고 있는데, 다만 해당 외국 재판소에서 통상적인 사법 절차로 자신의 권리를 실현할 수 있는 한 그것을 합법적으로 행사할 수 없다.[15]

그래서 빈케르스후크*Bynkershoek* 역시 같은 주제를 다루면서, 자국 신민에게 해를 끼친 재판소가 속한 국가에 대해 복구(reprisals)를 허용하는 문제에서, 불공정한 판결을 노골적인 폭력과 같은 위치에 놓는다. 그리고 바텔*Vattel*은 복구를 허용할 정도로 재판의 거부가 행해질 수 있는 여러 방식을 열거하면서, "명백히 불공정하고 편파적인 판결"을 언급한다. 그리고 그는, 부인할 수 없는 것은 재판소의 통상적인 판결이 경솔하거나 의심스러운 근거로 의문시되어서는 안 된다는 것이라고 말하지만, 그 판결에 외국인이 구제를 추구하는 것을 절대적으로 배제하는 신성을 귀속시키는 것과는 분명히 거리가 멀다.[16]

이 원칙은 복구 문제를 규율하고 재판의 거부(*denial of justice*) 상황에서만 복구가 부여되어야 한다고 선언하는 유럽 국가들의 수많은 조약의 권위에 의해 승인되고 있다. 단지 포획물 판결에 앞서 주어지는 변론 특권이 재판의 개념에 포함되는 모든 것이 아닌 한 불공정한 판결은 분명히 재판의 거부로 여겨져야 한다.

15.2. 국내 재판소와 포획재판소 간의 구별

국내 재판소의 부당한 판결이 복구의 근거가 되지 않는다고 상정하더라도, 결정 규칙으로서 국내법에 따라 소송을 진행하는 통상적인 국내 재판소와 국가의 권위로 임명되고 그 국가의 신민뿐만 아니라 외국인에 대해서도 국제법의 집행을 공언하는 포획재판소 간에는 분명히 큰 차이가 있다. 통상적인 국내 재판소는 외국인의 신체와 재산에 대한 관할권을 그들의 동의(consent), 즉 자발적인 소 제기에 의한 명

15 Grotius, de Jur. Bel. ac Pac. lib. iii. cap. 2, § 5. (Grotius의 전쟁과 평화의 법)

16 Bynkershoek, Quæst. Jur. Pub. (Bynkershoek의 국제법의 문제들) Vattel, Droit des Gens. (Vattel의 국제법)

시적(*expressed*) 동의, 또는 자신의 신체와 재산을 그 국가의 영토 안으로 들여온 사실에 의한 묵시적(*implied*) 동의로 획득한다. 그러나 해상에서 포획된 선박에 대해 포획재판소가 관할권을 행사할 때, 외국인의 재산은 해당 재판소가 설치된 국가의 영토 안으로 강제로 끌려온다. 자연법에 따르면, 포획자 본국의 재판소는 공해상에서 이루어진 중립국 선박의 전시포획에 대해, 그 중립국 재판소가 정당한 배타적 재판관이 아닌 것과 마찬가지로 그러한 재판관이 아니다. 국가의 평등 원칙상, 그렇게 무력과 폭력으로 획득되고 소송당사자 간에 공평할 수 없는 재판소(한 국가의 군주가 다른 국가를 심판하기 위해 설치하므로)에 의해 관리되는 관할권의 행사는 원칙적으로 금지된 것으로 보일 것이다. 하지만 실정 국제법이 전시포획물에 대한 배타적 관할권을 부여하는 재판소가 실제로 그렇게 설치된다. 그러나 실정 국제법의 불완전성으로 인해, 현재 상태에서는 그 법의 잘못된 시행으로 부당하게 재산을 빼앗긴 자국 신민을 위해 보상(indemnity)을 추구하는 중립국 정부의 주장이 실효적으로 차단되는 것을 막을 수 없다. 이러한 재판소 제도는 교전국의 군주를 그의 군함의 행위에 대한 책임으로부터 면제하거나 그러려는 의도와는 매우 거리가 멀고, 그러한 책임을 확실히 하고 확정하기 위해 고안되었다. 이들 군함은 그들에게 권한을 부여한 군주에 대해서만 책임이 있다. 포획이 명백히 정당한 혐의에 근거하여 통상적으로 이루어지고 일상적인 방식으로 신속한 재판이 뒤따르는 한, 중립국은 그 군주가 포획자의 행위를 자신이 임명한 포획재판소의 판결로 확인하기 전에는 불평할 근거가 없다. 중립국의 고통은 교전국이 갖는 포획권의 불가피한 결과이다. 그러나 마지막 의지처인 재판소의 결정이 내려지고 (그 결정이 사건의 사실관계 및 그에 적용되는 국제법으로 정당화되지 않는다는 가정하에) 마침내 재판이 거부되는 순간, 포획과 몰수는 국가의 행위가 되고, 군주는 그 행위에 대해 청구인의 정부에 책임이 발생한다.

군주가 국가 간의 관계에서 끊임없이 불만, 복구(reprisals), 심지어 전쟁의 근거가 된 자신의 행위보다 그의 재판소의 행위에 대해 외국에 책임이 있다고 주장하는 것보다 더 비정상적인 것은 없다. 포획재판소에 의한 판결의 확정성(conclusiveness)에 관한 가장 황당한 이론에 따르더라도, 정당하게 군주 자신의 행위에 귀속되는 신성함(sanctity)보다 더 큰 신성함이 포획재판소의 행위에 귀속될 수 없다. 그러나 그 행위가 군주 자신의 신민에 대해 아무리 구속력이 있더라도, 세상의 국제법과 부합하지 않으면 다른 국가의 신민에 대해 구속력이 있는 것으로 간주될 수 없다. 다른 국가의 신민에게 행해진 잘못은 군주 자신에게서 직접 나오든, 또는 재판소를 도구로 하여 가해지든, 그 신민의 정부 측에 똑같이 정당한 불만의 대상이 된다. 한 국가의 재판소는 그 국가 정부의 단지 한 부분이며, 종속적인 부분일 뿐이다. 그러나 전체 정부, 최고 권위에 의한 손상 행위에 대한 구제권(right of redress)은 이론의 여지 없이 그러한 행위로 자신의 신민이 고통받은 외국에 있다. 그러므로 이 권리는, 그러한 행위가 자신의 군주에 대해서는 책임이 있으나 외국 정부에 대해서는 그 군주에 대한 외국 정부의 행위에 의하지 않고는 책임이 없는 사람·당국 또는 재판소로부터 나올 때 훨씬 더 명확하게 존재해야 한다.

그 자체로 매우 합리적인 이들 원칙은 국제법 학자들의 권위와 역사적 사례에 의해서도 뒷받침된다.

러더포스*Rutherforth*는 다음과 같이 말한다.

> "포획자의 포획에 대해 그의 본국이 심판할 배타적인 권리는 별개의 다른 권리에 근거하고 있다. 즉 포획자의 행위를 조사할 수 있는 국가의 권리이다. 이는 포획자가 그 국가의 구성원이며, 그가 한 행위에 대해 그 국가가 다른 모든 국가에 책임이 있기 때문이다. 포획자가 전쟁 중에 한 행위는 국가의 일반적 또는 특별한 위임에 따른 것이므로 국가는 외국에 그러한 책임이 있다. 따라서 포획자의 신체에 대한 국가의 관할권으로 인해 포획자는 대양에서 포획한 선박이나 화물을 본국의 항구로 가져올 의무가 있으며, 그것이 합법적인 포획인지 여부를 국가가 결정하기 전에는 그것에 대한 소유권이 없다. 포획자의 국가가 이 문제를 결정할 권리는 너무도 배타적이어서, 그 국가가 이 문제를 철저히 심리하기 전에 다른 어떤 국가도 포획자의 행위를 심판하겠다고 주장할 수 없다. 이는 다른 어떤 국가도 그의 신체에 대해 관할권이 없고, 그가 한 일에 대해 책임이 없기 때문이다.
>
> 그러나 포획자가 속한 국가가 그렇게 자국 구성원의 행위를 조사하고 그들이 포획한 선박과 화물이 합법적으로 포획되었는지 아닌지 판단하는 한편, 포획자와 그 재산에 대한 권리를 주장하는 외국인 간의 문제를 결정하려고 하는데, 그 다툼이 그 국가 자신의 영토가 아니라 대양에서 발생하였다. 따라서 그 국가가 행사하는 권리는 국내 관할권이 아니며, 그 국가의 영토에 특유한 국내법은 그 국가가 소송을 진행하는 데 의존할 법이 아니다. 다툼이 일어난 장소도 다툼에 관련된 당사자도 그 법을 적용받지 않는다. 이 다툼을 결정할 수 있는 유일한

법은 시민사회의 집단에 적용되는 자연법, 즉 국제법이다. 다만, 포획자와 상대방 청구인이 속한 두 국가 간에 특정 조약이 체결되어, 그러한 국제법이 지지하였을 권리로부터 이탈하도록 양국을 상호 구속하는 경우에는 그렇지 않다. 이러한 조약이 체결된 경우, 그 조약은 그것이 적용되는 한도에서 양국의 법률이 되며, 양국 구성원의 상호 거래에서 그들 모두의 법률이 된다. 따라서 포획자의 본국은 무엇이 합법적인 포획이고 무엇이 합법적인 포획이 아닌지 결정할 때, 이들 특정 조약과 일반 국제법을 함께 고려하여 판단해야 한다. 포획자 본국의 이 배타적인 판단 권리는 완전한 관할권이 아니다. 국가는 자신의 구성원에 대해서는 완전한 관할권이 있으므로 그 구성원인 포획자는 잘못된 판결이더라도 그에 따라야 한다. 그러나 이 다툼의 상대방 당사자는 다른 국가의 구성원이므로 오직 이 판결이 일반 국제법이나 특정 조약에 부합하는 한 복종할 의무가 있다. 포획자의 본국이 그들에 대한 관할권, 즉 그들의 신체나 다툼의 대상인 물건에 대한 관할권이 없기 때문이다. 따라서 권리를 주장하는 외국인은 자신에게 정의가 행해지지 않으면 자국 정부에 구제(remedy)를 신청할 수 있으며, 그 국가는 국제법과 부합하게 정식 선포된 엄숙한 전쟁(solemn war)이나 복구(reprisals)로써 구제를 줄 수 있다.

정부에 구제를 신청할 권리가 언제 시작되는지 알기 위해서는, 다툼에 대한 상대방 국가의 배타적인 판단 권리가 언제 종료하는지 조사해야 한다. 이 배타적인 권리는 포획자의 본국이 그 구성원의 행위에 책임을 지기에 앞서 그것을 조사할 바로 그 권리이므로, 그들의 행위가 면밀하게 검토되기 전에는 종료될 수 없다. 이 목적으로 국가가 지정한 모든 방법에 따라 그의 행위가 조사되기 전에는, 자연적 형평(natural equity)에 의해 그 행위에 대한 국가의 책임이 인정되지 않는다. 따라서 합법적 포획인지 여부를 판단하기 위해 보통 해양 국가들이 하급 해사 재판소뿐만 아니라 그 재판소의 판결에 불만인 당사자들이 항소할 수 있는 상급재판소를 설치하므로, 중립국 신민은 상급재판소에 항소해서 판결이 확정되기 전에는 하급재판소의 잘못된 판결에 대해 자국 정부에 구제를 신청할 어떠한 권리도 없다. 복수의 상급재판소가 있는 경우에는 이들 모두에서 판결이 확정되어야 한다. 포획자 본국이 이들 재판소에 그들의 행위를 조사하도록 지정한 수단이 매우 많으므로, 이 모든 수단으로 그들의 행위에 대한 조사가 완료될 때까지 그 국가의 배타적 판단 권리는 계속된다. 하급재판소의 판결이 확정된 후 외국의 청구인이 부당하게 손상을 입었다고 생각하면 자국 정부에 구제를 신청할 수도 있으나, 실제로 그러한 손상을 입지 않은 한 국제법은 그들에게 구제의 권리를 주지 않을 것이다. 문제가 여기까지 왔다면, 양국 정부가 다툼의 당사자가 된다. 그리고 자연법은 개인에게 적용되든 시민사회에 적용되든 무력이 필요해지기 전에 그것을 사용하는 것을 혐오한다. 따라서 중립국의 최고 통치자는 엄숙한 전쟁이나 복구로 나아가기 전에, 상대국 최고 통치자가 상황을 제대로 알고 있는지 확인하기 위해, 그리고 동시에 논란이 더 점잖은 방식으로 해결될 수 있는지 타진하기 위해 그와 상의해야 한다."[17]

15.3. 영국의 포획에 대한 프로이센의 복구(reprisals) 사건

영국 군함이 프로이센 신민의 재산을 포획한 것을 이유로 프로이센 국왕이 승인한 복구(reprisals) 사건에 관하여, 유명한 청원서가 1753년 영국 정부에 제출되었다. 이 청원서는 국가의 취역 군함(commissioned cruisers)이 전쟁 중에 행한 포획에 대해 포획자 본국의 배타적인 관할권을 주장하며 다음과 같이 천명하고 있다.

"정의 · 형평 · 편의 그리고 사물의 이치에 근거하고 있는 국제법은 다음의 경우를 제외하고는 복구(reprisals)를 허용하지 않습니다. 첫째, 폭력적 손상이 국가의 지휘나 지원으로 일어난 경우입니다. 둘째, 의심의 여지가 없는 사건에서(*in re minime dubiâ*) 모든 재판소에 의해 정의가 절대적으로 거부되고(justice absolutely denied), 이어 군주에 의해 거부된 경우입니다."

즉 이 청원서를 작성한 저명인사들(eminent persons)의 의견으로는, 명백한 사건에서 모든 재판소에서 정의가 거부된 데 이어 군주에 의해 거부된다면, 그것이 취역 군함과 재판소를 통해 손상을 입힌 국가에 대한 합법적인 복구의 근거가 된다는 것을 분명히 보여준다. 바텔*Vattel*도 같은 의견이었다는 것이 자신의 주의를 뒷받침하기 위해 이 청원서를 인용한 방식으로부터 분명히 나타난다. 즉 재판소의 판결은 "뚜렷이 느껴지는 정의의 거부, 분명한 불의, 그리고 규칙과 형식의 명백한 위반의 경우 등을 제외하고는,"[18] 자신의 신민이 불리한 판결을 받은 국가에 의해 불만의

17 Rutherforth's Inst. vol. ii. b. ii. ch. 9, § 19. (Rutherforth의 자연법 제도)

18 Vattel, Droit des Gens, liv. ii. ch. 7, § 85. (Vattel의 국제법)

근거가 되어서는 안 된다고 하였다.

위에 언급된 사건에서, (당시 중립국이던) 프로이센의 국왕은 영국의 포획재판소에서 자신의 신민에게 불리하게 내려진 판결을 재검토하기 위해 국내 위원회의 설치에 착수했다. 이에 대해 영국 정부에 제출된 청원서의 작성자들은 "이전에 세계 어느 국가에서도 시도된 적이 없는" 기발한 조치로 여기고, "포획물 여부는 포획자가 속한 국가의 해사 재판소에 의해 결정되어야 한다."라고 주장했다. 그러나 청원서는 계속해서, "모든 우호국 군주는 포획국가의 재판소에서 국제법이나 특정 조약에 따라 자신의 신민에게 정의가 행해져야 한다고 요구할 권리가 있습니다. 만약 의심의 여지가 없는 사건에서(*in re minime dubiâ*) 재판소가 국제법이나 현행 조약과 정면으로 배치되는 근거에서 심리를 진행한다면 중립국은 그러한 결정에 불만을 표시할 권리가 있습니다."라고 말한다. 프로이센 국왕은 영국 재판소의 결정에 강력히 항의하고, 실레시아(Silesia)의 세수를 담보로 영국 신민들로부터 빌린 차관(loan)에 대한 이자 지급을 중단함으로써 복구를 행사했다. 이 복구는 프로이센 국왕이 부당하게 포획되어 몰수 판결을 받은 프로이센 선박에 대한 보상(indemnity)을 실제로 영국 정부로부터 받고 나서야 철회되었다. 영국 정부는 영국 재판소의 소송 절차가 전시포획의 유효성을 결정하는 유일한 합법적인 방법이라고 주장하였지만, 그것이 프로이센 정부 자신에 대한 프로이센의 보상 요구를 배제하는 것으로 간주하지는 않았다.

15.4. 영국의 포획에 대한 미국의 대응

그래서 또한 영국과 프랑스 간의 전쟁 중에 영국 군함이 미국 시민의 재산을 포획함으로써 발생한 미국 시민의 청구를 정의와 형평 그리고 국제법에 따라 결정하기 위해 1794년 미-영 조약에 따라 혼성위원회(mixed commission)가 임명되었다. 위원회의 심의 과정에서, 영국 의회 귀족원 재판소(lords of appeal)에 의해 포획물 몰수가 인용되었던 모든 판결에 대해 다시 청문하고 결정하려는 위원들에게 영국 정부 측이 이의를 제기하였다. 포획물 문제에 관한 권한 있는 최고 재판소가 일반 국제법에 따라 정의를 집행하였다고 추정되어야 하는 만큼, 귀족원 재판소의 최종 판결을 완전히 신뢰해야 한다는 이유에서였다. 그러나 위원회는 이미 언급한 바 있는 근거와 원칙에 따라 이러한 이의를 받아들이지 않았으며, 포획물 몰수 판결이 최종적으로 내려졌던 여러 사건에서 완전하고 만족스러운 보상(full and satisfactory indemnity) 판정이 내려졌다.

전시포획으로부터 발생한 중립국 신민의 청구를 청문하고 결정하기 위해 국가 간 혼성위원회가 임명된 다른 많은 사례를 들 수 있을 것이다. 이러한 혼성위원회는 포획재판소가 포획자와 피포획자 사이에서 선고한 판결을 변경하려는 것이 아니라, 통상적인 재판 과정에서 만족할 만한 보상을 받지 못한 경우에 국가와 국가 간에 충분한 보상을 제공하는 것을 목적으로 한다. 국제법 이론은 교전국에 의해 교전국 내에 설치된 포획재판소를 정확히 중립국에 의해 중립국 내에 설치된 포획재판소인 것처럼 취급할지라도(즉, 양측 모두에 공통적인 국제법에 부합하도록), 실제로는 교전국 재판소가 자기 군주의 포획법령과 지시를 최고의 규칙(paramount rule)과 양립하는지 조사하지 않고 재판소의 지침으로 채택한다는 사실이 잘 알려져 있다. 따라서 이들 재판소의 최종 판결이 본안(merits)에 대한 모든 조사를 배제할 정도로 절대적으로 확정적인 것으로 간주되어야 한다면, 명백한 결과는 중립국의 권리에 관한 입법권을 교전국에 부여하는 것이 될 것이며, 판결의 근거가 된 칙령과 지시가 외국인이 유일하게 구속되는 국제법에 반한다는 것을 중립국이 증명하지 못하게 막을 것이다.

15.5. 덴마크의 포획에 대한 미국의 대응

덴마크와 영국 간의 지난 전쟁 당시 덴마크 군함이 미국 선박과 화물을 포획하였는데, 이 문제에 관해 열린 미국과 덴마크 정부 간의 교섭에서 최근에 이 원칙들이 확인되었다. 이 교섭 과정에서, 덴마크의 대표는 포획의 유효성이 교전국의 권한 있는 포획재판소에서 최종적으로 결정되었으므로 다시 문제시될 수 없다고 이의를 제기하였다. 미국 정부 측은, 포획국가 재판소의 관할권이 포획물 확인재판으로 몰수된 물건의 소유권을 원소유자로부터 포획자 또는 포획자의 권리에 근거하여 권리를 주장하는 자에게 이전시킬 정도로 포획물 여부에 관해 배타적이고 완전하다는 것을 인정하였다. 미국 정부 측은 또한, 그 재판소의 최종 판결이 그것으로 시행된 소유권의 변경에 관해 확정적이며, 다른 재판소에서 다시 부수적으로 다투어질 수 없으며, 포획자와 피포획자 간의 모든 사적 논쟁을 영구히 종결짓는 효력을 가진다는 것을 인정하였다. 덴마크 정부에 대한 미국 정부의 요구는 덴마크 재판소의 판결을 변경하거나 번복하게 하려는 것이 아니라, 최후의 의지 수단인 덴마크 재판소에 의한 재판의 거부(denial of justice)와 자신의 군함과 재판소의 행위에 대해 덴마크 정부에 발생하는 책임의 결과로 미국 시민이 받을 권리가 있는 보상(indemnity)을 위한 것이었다. 덴마크 정부는 당연히 그러한 판결의 부당함을 해소하기 위해 적절하다고 생각하는 어떤 조치도 자유롭게 취할 수 있었다. 가장 자연스러운 조치 중 하나는 불만이 제기된 사건들에 대한 재검토와 논의일 것이며, 이는 양국 정부가 승인한 공평한 재판소에 의해 행해져야 할 것이다. 이는 되돌릴 수 없게 포획물 몰수 판결이 내려진 특정 재산의 권원(title) 문제를 교란하거나 영구적으로 종결된 포획자와 청구인 간의 다툼을 되살리려는 것이 아니라, 한 국가의 재판소에 의해 다른 국가의 시민에게 불의(injustice)가 가해졌는지 그리고 그 시민에게 어떤 보상이 주어져야 하는지를 정부와 정부 간에 결정하려는 것이다.

이러한 구별의 정확성이 덴마크의 대표들에 의해 묵시적으로 인정되었으며, 미국의 청구인들에게 만족스러운 보상을 제공하는 조약이 체결되었다.[19]

16 부동산에 대한 권원은 전쟁 중에 어떻게 이전하는가

우리는 확고한 점유나 권한 있는 법원의 판결이 전쟁에서 획득한 동산에 대한 포획자의 권원(title)을 확인하기에 충분하다는 것을 이미 보았다. 부동산에는 다른 규칙이 적용된다. 이런 종류의 재산의 원소유자는 원상회복의 이익(benefit of postliminy)이라는 권리가 있으며, 전시에 획득한 부동산에 대한 권원은 평화조약에 의해 확인되어야만 완전히 유효한 것으로 인정될 수 있다. 사유재산은 현대 국가의 일반적 관행으로 몰수에서 면제되므로, 순전한 사유재산의 경우에 이 규칙이 자주 적용될 수는 없다. 이 규칙이 실제로 중요해지는 것은, 오직 교전국이 상대방 교전국을 군사적으로 점령 중에 그 정부에 속한 부동산을 할양(alienation)함으로써 발생하는 문제에서다. 그러한 권원은 평화조약에 의해 명시적으로 확인되거나, 적이 행한 영토의 할양이 그러한 조약에서 일반적으로 시행됨으로써 명시적으로 확인되어야 한다. 그러한 확인 전에는, 원소유자의 원상회복권(*jus postliminii*)에 의해 그 권원

19 Martens, Nouveau Recueil, tom. viii. p. 350. (Martens의 신 조약집)

이 언제든지 박탈될 수 있다. 국가의 영역(national domain)을 어느 부분이든 구매하는 자는 원래의 주권적 소유자가 그의 영역을 회복할 때 쫓겨날 위험을 무릅쓰고 그것을 획득한다.[20]

17 적에 대한 신의칙

Grotius는 그의 위대한 작품의 1개 장 전체를 할애하여, 적에 대해 신의칙(good faith)이 지켜져야 한다는 것을 모든 시대와 국가가 동의하는 증언을 통해 증명하였다. 그리고 적에 대해 온갖 종류의 기만(fraud)을 사용해도 좋다고 주장하는 Bynkershoek조차 적과 맺은 약정이 적용되는 한 그 약정에 의해 적의 성격이 멈춘다는 이유로 상대방의 신뢰를 저버리는 배신(perfidy)을 금지한다. 그가 말하길,

> "나는 신뢰를 저버리는 배신만 제외하고는 어떤 종류의 속임수도 허용하는데, 적에게 행하면 위법인 어떤 행위가 있어서가 아니라, 적에게 우리에 대한 신뢰(faith)를 약속했다면 그 약속의 범위 내에서 그가 적이기를 멈추기 때문이다."

참으로, 이러한 완화가 없다면 전쟁의 공포는 그 정도가 무한정하고 끝이 없을 것이다. 따라서 문명국의 관행으로 적국 간에 일종의 전쟁을 완화하는 약정(*commercia belli*)이 도입되었으며, 전쟁의 목적 및 목표와 양립하는 한도에서 그 약정으로 전쟁의 폭력성이 완화되고 어느 정도 평온한 관계가 유지될 수 있으며, 이윽고 불화의 해소로, 그리고 궁극적으로 평화로 이어질 수 있다.[21]

---

20 Grotius, de Jur. Bel. as Pac. lib. iii. cap. 6, § 4; cap. 9, § 13. (Grotius의 전쟁과 평화의 법) Vattel, Droit des Gens, liv. iii. ch. 13, §§ 197－200, 210, 212. (Vattel의 국제법) Kluber, Droit des Gens Moderne de l'Europe, §§ 256－258. (Kluber의 유럽의 현대 국제법) Martens, Précis, &c. liv. viii. ch. 4, § 282, *a*. Where the case of conquest is complicated with that of civil revolution, and a change of internal government recognised by the nation itself and by foreign states, a modification of the rule may be required in its practical application. (Martens의 유럽의 현대 국제법 개요) 정복 사건이 시민혁명 사건과 뒤얽히고 정부의 변경이 그 국가 자신과 외국에 의해 인정되는 경우, 규칙의 실제 적용에서 그 수정이 필요할 수도 있다. Vide ante, pt. i. ch. 2. (이 책의 앞 제1부 제2장을 보시오.)

21 Bynkershoek, Quæst. Jur. Pub. lib. i. cap. 1. (Bynkershoek의 국제법의 문제들)

18 정전 또는 휴전

전쟁권(rights of war)의 극도의 엄격성이 각 교전 당사국의 의사에 따라 완화될 수 있는 다양한 방식이 있다. 그 중에 정전 또는 휴전(truce or armistice)에 의한 적대행위의 중지(suspension of hostilities) 방식이 있다. 이는 일반적(general)이거나 특정한(special) 것일 수 있다. 만약 정전이나 휴전이 모든 장소에서 모든 적대행위에 대해 일반적으로 적용되고 매우 장기간 또는 무기한 지속된다면, 전쟁의 기원에 대한 논란을 미정으로 남겨놓는 것을 제외하고는 사실상 잠정적인 평화에 해당한다. 전에 기독교 국가들과 튀르키예인들(Turks) 간의 정전(truces)이 그런 것이었다. 1609년 에스파냐와 네덜란드 반란 주 간에 체결된 휴전(armistice)도 그런 것이었다. 부분적 정전(partial truce)은 특정 장소에 한정되는데, 대치 중인 양측 군대 간에, 또는 포위된 요새와 포위한 군대 간에 일어날 수 있는 적대행위의 중지와 같은 것이다.[22]

(역자 주: 저자는 armistice(휴전)와 truce(정전)의 의미를 반드시 엄격하게 구별하지는 않고 사용한다. 그런데 관습법으로 존재하던 국제법 규칙을 나중에 성문화한 1907년 헤이그 협약(육전의 법과 관습에 관한 협약)에서는 교전 당사자 간의 상호 합의로 군사작전을 중지시키는 의미로 armistice만이 사용되고 있다. Armistice는 전면적(general)이거나 국지적(local)일 수 있는데, 전자는 교전국의 군사작전을 모든 곳에서 중지시키는 데 반해, 후자는 교전국의 특정 부대 간에 그리고 고정된 범위 내에서 중지시킨다고 규정한다. 한편, 우리나라에서는 일본의 경우처럼 전자의 의미로 '휴전(armistice)'을, 후자의 의미로 '정전(truce)'을 사용해 왔다. 다른 한편 중국과 북한 측은 "한국 군사 정전에 관한 협정(Agreement concerning a military armistice in Korea)"에서 영문 표기 armistice에 대응하는 용어로 각각 '停戰'과 '정전'을, truce에 해당하는 cease-fire에 대응하는 용어로는 '停火'와 '정화'를 사용하였다. 우리의 용어 개념에 따르면 이 협정은 성격상 휴전협정에 해당하는데, 우리 사회에서 통상적으로 협정문 명칭 그대로 정전협정으로 불림에 따라 이 협정이 정전협정인지 휴전협정인지 용어상의 혼란이 생기게 되었다. 하지만 두 용어 모두 군사작전의 전면적인 중지를 의미한다는 데 의문의 여지가 없다.)

Robinson's Adm. Rep. vol. iii. p. 139. The Daifje. (Robinson의 해사 판례집)

22 Vattel, Droit des Gens, liv. iii. ch. 16, §§ 235, 236. (Vattel의 국제법)

19 정전 또는 휴전 협정의 체결 권한

전면적인 휴전 또는 적대행위의 중지를 위한 협정(a universal armistice or suspension of hostilities)을 체결할 권한이 국가의 육군 또는 해군 총사령관인 장군이나 제독의 통상적인 공식 권한에 반드시 내포되어 있지는 않다. 그러한 일반적인 정전협정(general truce)을 체결하기 위해서는, 국가의 최고 권력(supreme power)에 의해 사전에 특별 권한이 부여되거나 사후에 추인되어야 한다.[23]

부분적인 정전 또는 적대행위의 제한적 중지를 위한 협정(a partial truce or limited suspension of hostilities)은 각 교전국의 육·해군 장교 간에 그 목적으로 특별 권한을 부여받지 않고 체결될 수도 있는데, 그들의 지휘권의 성격 및 범위로부터 필연적으로 그러한 권한이 그들의 직무 수행에 필수적인 것으로 내포되는 경우이다.[24]

20 정전 또는 휴전 협정의 시행 기간

적대행위의 중지는 체약 당사자와 그들의 직접 지시 아래 행동하는 모든 자를 협정이 체결된 시각부터 구속한다. 그러나 협정이 교전국의 여타 신민들에 대해 법적 구속력을 갖기 위해서는 정식으로 공포되어야 한다. 그들이 이러한 통지가 있기 전에 적대행위를 범했다면, 그 통지의 사실을 알지 못한 것이 그들 자신의 잘못이나 과실로 귀속될 수 없는 한 형사적으로 책임이 없다. 그러나 국가의 최고 권력(supreme power)은 자신이 직접 한 약속이나 자신의 명시적·묵시적 권위로 이루어진 약속의 이행에 구속되므로, 포획자의 본국 정부는 해상 적대행위가 중지된 경우에 협정을 위반하여 획득한 모든 포획물을 반환해야 한다. 이러한 문제들로부터 발생하는 분쟁과 애로를 방지하기 위해 평화조약에서처럼 해당 장소의 상황과 거리를 충분히 고려하여 예정된 적대행위의 중지 기간을 협정에 명시하는 것이 일반적이다.[25]

---

23 Grotius, de Jur. Bel. as Pac. lib. iii. cap. 22, § 8. Barbeyrac's Note. (Grotius의 전쟁과 평화의 법, Barbeyrac의 주석) Vattel, Droit des Gens, liv. iii. ch. 16, §§ 233-238. (Vattel의 국제법)

24 Vide ante, pt. iii. ch. 2 - Of Negotiations and Treaties. (이 책의 앞 제3부 제2장을 보시오.)

25 Grotius, de Jur. Bel. ac Pac. lib. iii. cap. 21, § 5. (Grotius의 전쟁과 평화의 법) Vattel,

21 정전 또는 휴전 협정의 해석 규칙

모든 국제 약정의 해석에 적용되는 일반준칙(general maxims) 외에, 특별히 적대행위의 중지를 위한 협정의 해석에 적용되는 몇 가지 규칙이 있다. 첫 번째 규칙은, Vattel이 규정한 바대로, 각 당사국은 자신의 영토 내에서, 또는 휴전협정(armistice)에 규정된 범위 내에서 평화 시에 할 수 있는 모든 일을 할 수 있다는 것이다. 따라서 어느 교전 당사국이든 군대를 징집하고 훈련하며, 식량과 그 밖의 군수품을 모으고, 동맹국으로부터 군비를 보강받고, 실제로 포위되지 않았던 곳의 요새를 수리할 수 있다.

두 번째 규칙은, 어느 당사국도 자신의 위험을 무릅쓰지 않고는, 적대행위가 계속되었다면 할 수 없었을 일을 정전(truce)을 이용하여 실행할 수 없다는 것이다. 그러한 행위는 휴전협정(armistice)을 기만하는 위반이 된다. 예를 들면 요새 마을의 사령관과 포위 적군 간 정전(truce)의 경우, 양측 모두 마음대로 공격 또는 방어용으로 시작된 건설 작업을 계속하거나 그러한 목적으로 새로운 요새를 세울 수 없다. 수비대는 정전(truce)을 이용하여, 휴전협정(armistice)에 의해 적대행위가 정지되지 않았다면 포위 적군이 방해하고 막았을 수 있는 통로나 기타 방법을 통해 식량이나 물자를 들여올 수도 없다.

바텔이 말한 세 번째 규칙은 별도의 적용이 가능한 별개의 원칙이 아니라, 앞의 규칙들로부터 나오는 당연한 결과이다. 즉 정전은 전쟁을 종결시키지 않고 단지 적대행위를 중지시키므로, 모든 것은 해당 장소에 이전의 상태로 남아 있어야 하며, 특히 휴전협정(armistice)의 체결 당시에 점유 쟁탈전이 벌어졌던 그 자리에 이전의 상태로 남아 있어야 한다.

체약 당사자가 명시적인 약정으로 이들 일반적인 조건으로부터 부분적 또는 전면적으로 벗어날 수 있다는 것은 명백하다.

Droit des Gens, liv. iii. ch. 16, § 239. (Vattel의 국제법)

22 정전 또는 휴전 기간의 만료에 따른 적대행위의 재개

정전협정(truce)에 규정된 기간이 만료하는 때에 새로운 선전포고 없이 당연히 적대행위가 재개된다. 그러나 정전협정이 무기한 또는 매우 장기간으로 체결되었다면 적이 정전협정을 평화조약에 해당하는 것으로 당연시할 수도 있으므로, 신의칙(good faith)과 인류애에 따라 정전협정의 종료 의사를 사전에 통지할 필요가 있다. 로마가 베이(Veii) 사람들과 맺은 장기간의 정전협정이 만료할 당시, 로마의 페키알법 사제단(fecial college)에 의해 로마인들에게 고취되어 있던 의무감이 그런 것이었다. 베이 사람들은 정전협정에 규정된 기간이 만료하기 전에 적대행위를 재개하였다. 그러나 로마인들은 전쟁을 재개하기 전에 전령을 보내 전쟁을 피할 수 있는 만족(satisfaction)을 요구할 필요가 있다고 생각했다.[26]

23 군대와 요새의 투항을 위한 항복규약

군대와 요새, 그리고 특정 지역의 투항을 위한 항복규약(capitulations for the surrender)을 맺을 권한은 당연히 육군·해군 지휘관에게 위임된 일반적 권한의 범위 내에 들어온다. 포위된 장소의 총독과 포위한 군대를 지휘하는 장군이나 제독 간의 약정이 필연적으로 투항과 관련된 규정이라면, 그들 각 군주의 추인(subsequent sanctions)은 필요하지 않다. 투항과 관련된 규정이란 주민의 종교와 특권의 보장을 위한 통상적인 규정, 제한된 기간에 수비대가 점령자에 대하여 무기를 들지 않는다는 규정, 그리고 그러한 거래의 특수한 성격에 타당하게 부수되는 기타 유사한 규정들을 말한다. 그러나 만약 요새 마을의 사령관이 그곳의 영구적인 할양(perpetual cession)을 규정하려고 하거나, 그의 묵시적 권한 범위 내에 속하지 않는 다른 약속을 하려고 한다면, 그의 약속은 단지 권한 밖의 행위(*sponsion*)에 해당할 것이다.[27]

로마의 집정관들(consuls)이 삼니움 사람들(Samnites)과 카우딘 포크스(Caudine Folks, 역자 주: BC 321년 로마군이 제2차 삼니움 전쟁에서 항복한 장소)에서 맺은 그 유

26 Livy, History, lib. iv. cap. 30. (Livius의 로마사)

27 Vide ante, pt. iii. ch. 2, § 3. (이 책의 앞 제3부 제2장 제3항을 보시오.)

명한 협약이 이러한 성격이었다. 흐로티위스와 바텔은 이 굴욕적인 협약을 인정하기를 거부한 로마 원로원의 행위를 옹호한다. 이 법학자들은 로마 집정관이 그러한 협약을 맺을 권한이 전혀 없다는 것을 삼니움 사람들이 알았던 것이 분명하므로 그들이 현상 유지(*statu quo*)를 누릴 권리가 없었다고 주장한다. 두 법학자의 이러한 고려는 로마인들이 이때 그들의 일관된 비타협 정책에 따라 행동한 것을 충분히 정당화하는 것으로 보이는데, 그들은 조약 체결자들을 삼니움 사람들에게 넘기고 끈기 있게 전쟁을 수행하여 마침내 그 가공할 적을 굴복시켰다.[28]

7년 전쟁 중 클로스터제벤(Klosterzeven)에서 하노버(Hanover) 주둔 영국군 사령관 컴벌랜드 공작*Duke of Cumberland*과 프랑스군 사령관 리슐리외 원수*Marshal Richelieu* 간에 체결된 독일 북부에서 전쟁을 중단하기 위한 협정은 현대 역사에 기록된 가장 주목할 만한 이런 종류의 조약 중 하나이다. 당시 양국 정부 간의 논의로 보아 그러한 거래에 적용되는 진정한 국제법 원칙에 관해 서로 의견 차이가 있었던 것 같지는 않다. 양 당사국의 문언은 아니더라도 행위는, 이 협정이 단순한 군사적 항복(military capitulations)에 관한 군지휘관의 통상적인 권한을 초과하는 것으로서 비준(ratification)이 필요한 성격이라고 상호 인정했음을 암시한다.

똑같은 언급이 프랑스 군대의 이집트로부터 철수를 위해 1800년 이집트의 엘 아리시(El Arish)에서 서명된 협정에도 적용될 수 있다. 다만 Klosterzeven 협정에서의 양국 정부 입장이 이 협약에서 뒤바뀌었다. 영국 정부는 처음에는 스미스 사령관*Sir Sidney Smith*의 권한의 결함을 이유로 El Arish 협정의 집행을 허용하기를 거부했으며, 헬리오폴리스(Heliopolis) 전투 후에 상황이 바뀌고 협정의 집행이 더는 프랑스의 정책과 이익에 부합하지 않게 되자, 프랑스가 협정을 이행해야 한다고 주장했다. 그 조약으로 인해 열린 영국 의회의 토론에서 장관들이 강력히 주장한 바와 같이, 이 경우 영국 정부의 행위가 선의(good faith)로 간주될 수도 있다. 그러나 적어도 프랑스의 이집트 원정군 사령관 클레베르 장군*General Kléber* 측에 어떠한 배신(perfidy)의 증거도 없다. 클레베르 장군의 행위는 기존의 상황에 맞는 협정을 체결한 데서 Klosterzeven에서 컴벌랜드 공작의 행위와 비교될 수 있는데, 협정이 서명되었을 때 그것을 이행하고 나중에 그 상황이 중대하게 변경되었을 때 준수하기를

---

28 See the account given by Livy of this remarkable transaction.(이 놀라운 거래에 관한 리비우스의 설명을 보시오.)

거부하는 것이 명백히 그의 이익이었다. 이 협정들에서 시간이 중요한데, 정말 그것이 바로 약정의 핵심이라고 말할 수도 있다. 협정의 즉각적인 이행을 불가능하게 하는 어떤 일이 일어나면 협정은 효력이 없게 되거나, 적어도 새로운 교섭을 통해 변경될 수 있다.[29]

24 통행증, 안전보장증서, 무역 허가증

통행증(passports), 안전보장증서(safe-conducts), 그리고 무역 허가증(licenses)은 전쟁 중에 사람과 재산을 적대행위의 일반적인 시행으로부터 보호하기 위해 부여되는 증서이다. 이들 증서를 발행할 수 있는 권능은 이미 언급한 바 있는 일반원칙에 달려 있다. 이 주권적 권한은 육군과 해군 지휘관 또는 특정 문민 관리에게, 명시적으로 또는 그들에 대한 일반적인 신임의 성격과 범위로부터 나오는 필연적인 함의에 의해 부여될 수 있다. 이들 증서는 다른 주권 행위의 해석에 적용되는 것과 똑같은 관용과 신의칙(rules of liberality and good faith)에 따라 해석되어야 한다.[30]

25 적과의 무역 허가증

따라서 교전국이 전쟁으로 금지된 무역을 자국이나 적국의 신민에게 수행하도록 권한을 부여하는 허가증(license)은 그 조건이 정당하게 미치는 것으로 해석될 수 있는 한, 전쟁법의 적용에 대한 면제로 작용한다. 적국인 교전 당사국은 그러한 보호 증서 자체(*per se*)를 포획과 포획물 판결의 정당한 근거로 간주할 수 있다. 그러나 무역 허가증을 발급한 국가의 해사 재판소는 그것을 통상적인 전쟁 상태의 합법적인 완화로 여기지 않으면 안 된다. 무역의 허가는 전쟁의 통상적인 결과로부터 예외를 통제해야 하는 국가의 주권적 권한으로부터 나오는 행위로, 국가만이 모

---

29 Flassan, Histoire de la Diplomatie Française, tom. vi. pp. 97－107. (Flassan의 프랑스 외교사) Annual Register, vol. i. pp. 209－213, 228－234; vol. xlii, p. [219,] pp. 223－233. (애뉴얼 레지스터) State Papers, vol. xliii. pp. [28－34.] (국가문서)

30 Grotius, de Jur. Bel. ac Pac. lib. iii. cap. 21, § 14. (Grotius의 전쟁과 평화의 법) Vattel, Droit des Gens, liv. iii. ch. 17, §§ 265－277. (Vattel의 국제법)

든 정치적·통상적 필요성을 고려하여 결정할 수 있다. 고도의 주권 행위(high act of sovereignty)인 무역 허가증은 필연적으로 엄격한 법률(*stricti juris*)이며, 그것을 부여하는 당국자의 의도가 미칠 수 있는 한도를 초과하여 제공되어서는 안 된다. 무역 허가증을 현학적인 정확성으로 해석하거나 모든 소소한 일탈이 무역 허가증의 정당한 효력을 약화한다고 여겨서도 안 된다. 허가된 물품의 수량을 초과하는 것은 어느 정도까지는 유해하다고 여겨지지 않을 수 있지만, 품질이나 내용에서의 차이는 더 중대할 수도 있다. 특정 물품을 수입하기 위한 허가증으로 다른 물품을 수입할 수 있다고 마음대로 여기는 것은 매우 위험한 결과로 이어질 수도 있기 때문이다. 무역 허가증에 명시된 시간·사람·장소에 관한 제한도 매우 중요하다. 이들 경우에 대원칙은, 정부의 특별 허가 없이는 신민들이 적과 거래해서는 안 되며 적국의 신민도 교전국과 거래해서는 안 된다는 것이다. 그리고 그러한 무역에 대해 정부가 행사하는 통제의 주목적은, 통상적인 전쟁법으로부터 면제가 부여될 수 있는 사람의 적합성, 그리고 어떤 시간적·장소적 제한 하에서 면제가 부여될 수 있는지를 판단하는 것이다. 이런 것들이 허가증의 해석을 위해 스콧*Scott* 재판관이 제시한 일반원칙이다.

그러나 흐로티위스는 이러한 허가증의 한 종류인 안전보장증서(safe-conducts)는 관대하게 해석되어야 한다는 일반규칙을 제시하는데, 엄격하기보다는 느슨한 해석이 허용되어야 한다(*laxa quam stricta interpretatio admittenda est*)고 말한다. 그리고 마침내 최근의 전쟁 중에 영국의 포획재판소에서 안전보장증서가 매우 관대하게 해석되었다.[31]

26 적과의 무역 허가증을 부여할 수 있는 권한

이들 증서를 발급한 자의 권한의 성격과 범위 문제로, 그 증서들이 영국의 포획으로부터 어디까지 보호할 수 있는지에 대한 의문이 영국 재판소의 몇몇 사건에서 제기되었다. 이 주제에 관한 핵심 사건은 *Hope* 호 사건이다. 미국 선박인 이 배가

31 Chitty's Law of Nations, ch. 7. (Chitty의 국제법) Kent's Comment on American Law, vol. i. p. 164, Note *a*. 2nd Edit. (Kent의 미국법 주석)

옥수수와 밀가루를 싣고 미국에서 당시 영국군이 점령하고 있던 이베리아반도(the Peninsula)의 항구로 항행하던 중 영국군에 의해 포획되었다. 그러자 *Hope* 호는 보스턴 주재 영국 영사(consul)가 발급한 증서를 제시하며 보호받는 선박이라고 주장하였다. 이 증서에 핼리팩스(Halifax) 주둔 영국 해군기지의 제독 명의 인증 서한이 첨부되어 있었다. Scott 재판관은 이 사건의 판결을 선고하면서, 보호 증서가 유효하기 위해서는 그러한 보호를 부여할 권한이 있는 당국자에 의해 발급되어야 하는데 문제의 증서는 그러한 권한이 부여되지 않은 자에게서 나왔다고 지적했다.

적의 재산을 적대행위의 영향으로부터 면제하는 것은 고도의 주권 행위이다. 그 면제권이 하위 부서의 자에게 위임되는 때는 언제나, 그 특정 업무를 위해 특별 위임(special commission)을 받은 자(법률 용어로 소위 수임자(mandatories))에 의해, 또는 그러한 권한이 부수되는 것으로 간주될 수 있는 상황으로 인해 그 권한이 부여된 자에 의해 행사되어야 한다. 어느 국가에 있는 어떤 영사도, 특히 적국에 있는 영사는 그의 지위에 그러한 권한이 부여되지 않았다는 것이 명백했다. 그에게 그러한 권한이 의도되지 않았다. 따라서 그 증서에 관한 그 영사의 행위는 구속력이 없다. 해군 제독도 어느 기지에 있든 그러한 권한을 가지고 있지 않다. 그는 실제로 자신의 직접 지휘 아래 있는 선박에 대해서만 권한을 가지며, 그 선박들이 적대행위를 하지 못하게 할 수 있다. 하지만 그 너머로 갈 수 없다. 즉 그는 이런 종류의 보호장치를 자신의 기지 밖으로 부여할 수 없다. 따라서 이들 증서에 설정된 보호 조치는 그것을 부여한 자들의 상황에 부수적인 권한으로부터 나오지 않았다. 그리고 그러한 권한이 이 특정 경우를 위해 그들에게 특별히 위임된 것으로 주장되지도 않았다. 만약 청구인들이 의존했던 증서가 단지 발급자들의 독단적인 행위로 여겨져야 한다면, 그 증서들은 모든 관점에서 완전히 무효이다.

그러나 문제는 영국 정부가 이 행위를 비준(ratify)하기 위해 나중에 어떤 조치를 했는지, 따라서 유효한 국가 행위로 전환되었는지였다. 전권(full power)을 갖지 않은 자가 법적으로 소위 권한 없는 행위(*sponsiones*)를 하거나, 외교 언어로 소위 조건부 조약(treaties *sub sperati*)을 맺은 후, 본국 정부가 추인(subsequent ratification)으로 유효성을 부여할 수도 있기 때문이다. 추인은 명령과 같다(*ratihabitatio mandato œquiparatur*). 이 유식한 재판관은 계속해서 영국 정부가 1813년 10월 26일의 추밀원 명령(order in council)으로 이들 관리의 행위를 승인하고 그 재산의 반환을 명령했다고 밝힌다. 의회 귀족원 재판소(lords of appeal)의 *Reward* 호 사건에서 이 판결의 원칙이 실질적으로 확인되었다.

그러나 *Charles* 호 사건과 기타 유사한 사건에서, 영국의 Sawyer 제독과 미국 주재 에스파냐 공사가 서명한 같은 종류의 확인증이나 통행증(certificates or passports)이 미국에서 에스파냐의 서인도제도로 항행하던 선박에 사용되었는데, 귀족원 재판소는 이들 증서가 추밀원 확인 명령(confirmatory order in council)의 조건 내에 들어오지 않으므로 보호를 부여하지 않는다고 판결했다. 식량을 적재한 미국 선박들의 세인트 바르톨로뮤 섬(island of St. Bartholomew's)으로의 항행에 대해 미국 주재 영국 공사가 통행증(passports)을 부여했으나 추밀원 명령에 의해 확인되지 않은 경우의 사건들에서, 귀족원 재판소는 이전에 그 공사가 발급했던 허가증(licenses)의 특정 기술내용을 승인했던 추밀원 명령의 조건 내에 명백히 들어오지 않는 경우, 모두 포획물 몰수 판결을 내렸다.[32]

27 포획된 재산의 몸값

해상에서 포획된 적의 재산에 대한 몸값(ransom) 계약은 일반적으로 포획자가 발급한 안전보장증서(safe-conduct)에 의해 집행된다. 안전보장증서는 포획된 선박과 화물이 지정된 항구에 제한된 시간 내에 도착하도록 항행을 허가한다. 포획자의 국내법이 금지하지 않는 한, 이 안전보장증서는 그 조건에 정해진 기간과 지리적 범위 내에서 포획자 본국이나 동맹국의 군함에 다시 포획되지 않을 완전한 법적 보호를 제공한다. 이러한 보호는 교전국이 자국의 군함에 부여한 포획에 관한 일반적인 권한에서 나오는데, 그렇게 하는 것이 유리하다고 판단되면 포획한 재산에 대해 몸값을 요구할 수 있는 권한(power to ransom)이 포함되어 있다. 몸값이 붙은 선박이 항구에 도착하기 전에 해난(perils of the sea)으로 사라지더라도 몸값으로 정해진 금액을 지급할 의무가 소멸하지 않는다. 포획자는 포획된 선박이 항로를 방해받지 않도록, 또는 자국이나 동맹국의 다른 군함에 다시 포획되지 않도록 보장하지만, 해난에 의한 손실로부터 배를 지켜주지는 않는다. 해난으로 인해 선박을 잃으면 몸값의

32 Dodson's Admiralty Reports, vol. i. p. 226. The Hope. Ib. Appendix (D.) (Dodson의 해사 판례집) Stewart's Vice-Admiralty Reports, p. 367. (Stewart의 식민지 해사 판례집)

지급에서 벗어난다고 명시적으로 합의된 경우조차, 이 조항은 공해상의 전손(total loss on the high seas)의 경우로 한정되며 선박의 난파나 좌초에는 적용되지 않는다. 이는 몸값의 지급을 회피하기 위해 선장이 부정하게 화물의 가장 귀중한 부분만 구하고 배를 버리고 싶은 유혹에 빠지지 않도록 하기 위해서이다.

몸값이 붙은 선박이 몸값 청구서(ransom-bill)에 정해진 시간을 넘기거나 지정된 항로를 이탈한 후 다시 포획된 경우, 몸값의 채무자는 지급 의무에서 해제되고 원래의 몸값은 재차 포획된 선박에 병합된다. 포획된 선박을 처분한 순 수익금으로부터 몸값의 금액이 공제되어 첫 번째 포획자에게 지급되고, 남은 금액이 두 번째 포획자에게 지급된다. 만약 적의 선박을 몸값으로 잡은 포획자 자신이 그 선박에 대한 몸값 청구서와 함께 적에 의해 포획되면, 몸값 청구서는 적에 의한 포획의 한 부분이 되며, 채무자였던 적국 신민은 몸값의 지급 의무에서 벗어난다. 포획된 측에 의한 계약의 성실한 이행을 위해 잡아놓은 인질이 사망하더라도 몸값 계약이 해제되지 않는다. 포획자는 그 인질을 부대 담보물(collateral security)로만 신뢰하며, 그것을 잃으면 주 담보물(original security)도 잃는다는 명시적인 합의가 없는 한 주 담보물을 잃지 않기 때문이다.[33]

Hoop 호 사건에서 스콧 재판관은, 전쟁권으로부터(*ex jure belli*) 비롯되는 계약이자 그런 계약으로 허용되는 몸값(ransoms)에 대해, 영국 신민이 적의 재산을 몸값으로 잡는 것이 법률(statute 22 Geo. III. cap. 25)로 금지되기 이전에도 적은 자신의 그 신분으로 몸값을 지급받기 위한 소송을 영국 법원에 제기하는 것이 허용되지 않았다고 말한다. 몸값의 지급은 억류된 인질이 자신의 자유를 회복하기 위해 자국 법원에 제기한 소송에 의해 집행되었다. 그러나 몸값 계약은 교전국 간에 합법적으로 체결될 수 있는 다른 모든 계약과 마찬가지로, 몸값 청구서의 당사자들 간에 관한 한 적의 성격을 정지시키는 효과가 있다. 그리고 그 결과 당사자적격(*persona standi in judicio*)이 없다는 기술적인 항변은 원칙적으로 포획자가 몸값 청구서를 근거로 직접 소송을 제기하는 것을 저지할 수 없다. 이는 유럽 대륙의 해사 재판소에서 관행으로 보인다.[34]

---

33 Pothier, Traité du Droit de Domaine de Propriété, Nos. 134－137. (Pothier의 재산권론). Valin, Commentaire sur l'ordonnance de la marine, liv. iii. tit. 9; des Prises, art. 19. (Valin의 해사법 주석). Traité des Prises, ch. 11, Nos. 1－3. (Valin의 포획론).

34 Robinson's Admiralty Reports. vol. i. p. 201. The Hoop. (Robinson의 해사 판례집) See

Chapter 03

교전국의 중립국에 대한 전쟁권

1 중립의 권리와 의무

각 독립 국가는 다른 국가들의 전쟁 중에 평화롭게 남아 있을 권리가 있다. 이는 논란의 여지가 없는 주권의 속성이다. 그러나 중립국이 친숙하게 우호·통상 관계를 유지해온 국가들이 서로 전쟁을 하면, 그로부터 중립국이 전혀 영향을 받지 않기는 명백히 불가능하다. 중립의 권리는 그에 상응하는 의무를 수반한다. 이러한 의무 중에 교전 당사국 사이에서 공평성(impartiality)을 유지할 의무가 있다. 중립국은 양 교전 당사국의 공통의 친구이므로 마음대로 어느 한 당사국을 우대하여 다른 당사국에 해가 되게 할 수 없다.[1]

2 교전 당사국 일방과의 제한적 동맹으로 수정된 중립성

하지만 중립국이 교전 당사국 일방에 구속될 수 있는 선행 약속으로부터 나오는 매우 중요한 예외가 하나 있다. 중립국은 전쟁이 일어나기 전에 맺은 조약에 구속될 수 있다. 즉 교전 당사국 일방에 자금·군대·선박·군수품을 제한적으로 원조하거나, 동맹국의 무장 선박이 포획물(prizes)을 이끌고 자신의 항구에 들어올 수

Lord Mansfield's Judgment in the case of Ricord *v*. Bettenham, Burrow's Rep. p. 1734. (Mansfield 경의 사건 판결문을 보시오)

1 Bynkershoek, Quæst. Jur. Pub. lib. i. cap. 9. (Bynkershoek의 국제법의 문제들) Vattel, Droit des Gens, liv. iii. ch. 7, §§ 103－110. (Vattel의 국제법)

있도록 항구를 개방하는 조약이다. 이러한 의무의 이행이 반드시 중립성을 박탈하지는 않으며, 중립국을 그 상대방 교전국의 적으로 만들지도 않는다. 그러한 조약을 이행한다고 해서 중립국이 적의 전면적인 동료(general associate)가 되지는 않기 때문이다.[2]

그렇게 완화된 중립성이 상대방 교전국에 의해 어디까지 용인될 수 있는지는, 엄격한 권리에 대한 고려보다 정치적 고려에 더 의존한다. 그래서 1788년 러시아의 대 스웨덴 전쟁 당시, 덴마크가 러시아와의 이전의 방위 동맹조약에 따라 예카테리나 2세*(1762-1796)* 여제에게 선박과 군대로 제한적인 원조를 제공했을 때, 스웨덴과 그의 중개 동맹국들(allied mediating powers)은 규정된 원조로 여겨지는 만큼을 제외하고는 중립을 유지할 덴마크 궁정의 추상적인 권리에 대해 거의 다투지 않았다. 그러나 전쟁이 계속되었다면, 이 거래의 역사로 보아 덴마크가 조약에 규정된 원조의 제공을 보류하지 않았거나 러시아가 덴마크의 조약 이행을 면제하기로 동의하지 않았다면, 분명히 이 국가들이 덴마크의 중립성을 용인하지 않았을 것이다.[3]

3 선행조약의 규정에 따라 일방 교전국의 무장 선박과 그 포획물의 입항을 허용하는 한편 상대방 교전국 선박의 입항을 배제하는 완화된 중립성

적대행위가 시작되기 전에 체결된 조약 규정에서 나오는 완화된 중립성의 또 다른 경우는, 중립국이 일방 교전 당사국의 군함에 대해 포획물(prizes)과 함께 자신의 항구에 입항하도록 허용하면서 다른 교전 당사국에 대해서는 입항을 완전히 배제하거나 제한과 제약하에서만 입항을 허용하도록 구속되는 경우이다. 그렇게 프랑스는 미국과의 1778년 우호·통상 조약으로 미국의 항구에서 두 가지 특권을 확보했다. 첫째 특권은 적에게는 거부된 가운데 배타적으로 프랑스의 포획사선(privateers, 역자 주: 전시에 적선을 포획할 권한을 자국의 정부로부터 부여받은 무장 민간선박)이 나포

---

2 Vide ante, pt. iii. ch. 2, § 13. (이 책의 앞 제3부 제2장 제13항을 보시오)

3 Annual Register, vol. xxx. pp. 181, 182. (애뉴얼 레지스터) State Papers, p. 292. (국가문서집) Eggers, Leben von Bernstorf, 2 abtheli. pp. 118－195. (Eggers의 베른스토프의 생애)

한 선박을 끌고 미국 항구에 입항하도록 허용하였다. 둘째 특권은 긴급히 필요한 경우에 공식 군함(public ships of war)의 휴식, 식품 조달, 수리 등을 위한 입항을 허용하였는데, 프랑스와 전쟁 중인 다른 국가들에 대해 배타적이지 않았다. 이러한 규정에 따라 미국은 프랑스의 적국에 속하는 공공선박(public ships)의 입항을 배제할 명시적인 의무가 없었으며, 프랑스와 전쟁 중인 영국 및 기타 국가의 공공선박에 비호(asylum)를 제공했다. 그래도 영국과 네덜란드는 여전히 프랑스의 포획사선과 그 포획물에 허용된 배타적 특권에 대해 불만을 표시했다. 다른 한편, 프랑스 자신은 적의 공공선박이 미국의 항구에 입항하도록 허용하는 조약의 해석에 만족하지 않았다.

전자에 대한 미국 정부의 응답은, 영국과 네덜란드가 오직 프랑스의 포획사선과 그 포획물의 배타적 입항에 의해서만 제한을 받고, 그 외는 완전히 동등한 대우를 누린다는 것이었다. 그리고 이러한 프랑스의 배타적인 입항은 미국이 오래전에 프랑스로부터 가치 있는 대가(valuable considerations)를 받고 맺은 조약의 효력이라는 것이었다. 아울러 그 조약은 나중에 프랑스 혁명전쟁에서 발생한 것과 같은 상황을 염두에 둔 것도 아니고, 어떤 특정 국가가 아니라 일반적으로 모든 국가에 대한 것이므로 어떤 국가에도 정당한 불만의 권리를 주지 않고 이행될 수 있다는 것이었다.[4]

다른 한편, 프랑스 공사는 중립국 미국의 영토 내에서 프랑스가 군함을 무장하고, 장비를 장착하며, 군인을 모집할 권리가 있다고 주장하였다. 미국 정부는 이 문제를 국제법과 인류의 일반적 관행에 따라 검토한 후, 중립국은 전쟁과 관련하여 교전 당사국들에 대해 엄격한 공평성(impartiality)을 유지해야 한다는, 이 주제에 가장 정통하고 인정받는 국제법학자들로부터 나온 증거를 제시하였다. 즉 일방 교전국을 우대함으로써 상대방 교전국에 해를 끼친다면 어느 국가도 속지 않을 기만적인 중립이 되리라는 것이다. 조약으로 규정되어 있지 않는 한 어느 쪽에도 병력·무기 또는 전쟁에 직접 쓰이는 어떤 것도 원조하지 않아야 한다는 것이다. 군대를 징집할 권리는 주권의 권리 중 하나이므로 해당 국가에 배타적으로 속하고, 따라서 그 국가의 승낙 없이는 어떤 외국도 그 국가의 영토 내에서 군인을 모집할 수 없다는 것이다. 그리고 최종적으로, 조약이 금지에 관해서는 명시적으로 규정하지만 허가에 관

---

4 Mr. Jefferson's Letter to Mr. Hammond and Mr. Van Berckel, Sept. 9, 1793. Waite's State Papers, vol. i. pp. 169, 172. (Waite의 국가문서, 미국 국무장관 Jefferson의 영국 외교사절 Hammond 공사 및 네덜란드 외교사절 Van Berckel 공사 앞 서한)

해서는 침묵하고 있으므로, 프랑스의 적들이 미국에서 무장하는 것을 위법으로 규정한 1778년 조약이, 프랑스인들에게 미국의 항구에서 무장하는 것을 허가하는 것으로 긍정적으로 해석될 수 없다는 것이다.[5]

4 중립국 영토 내에서의 적대행위

전쟁권(rights of war)은 오직 교전국의 영토 내, 공해상, 또는 어느 국가에도 속하지 않는 영토에서만 행사될 수 있다. 이런 이유로 적대행위(hostilities)는 양 교전 당사국의 공통의 친구인 중립국의 영토관할권 내에서 합법적으로 행사될 수 없다.[6]

5 중립국 영토의 통과

이러한 중립국 영토의 전쟁권으로부터의 면제(exemption)는 중립국의 영토관할권 내를 통과하는 외국 군대나 함대의 통행(또는 통항)에 대해서도 적용된다. 이러한 통행(통항)은 한 국가가 다른 국가에 요구할 권리가 있는 무해 통행이나 통항(innocent passage)으로 여겨질 수 없다. 그리고 설령 그것이 그러한 무해 통행(통항)이라고 할지라도, 그것은 일종의 불완전한(*imperfect*) 권리이다. 그 권리의 행사는 해당 지역(또는 수역)이 속한 국가의 동의에 달려 있고, 그 동의는 그 국가의 의사에 반하여 강요될 수 없다. 그것은 중립국의 재량에 따라 부여될 수도 있고 보류될 수도 있다. 그러나 그 특권을 어느 일방 교전국에 부여하더라도, 똑같은 특권을 상대방 교전국에 부여하지 않을 충분한 이유가 없는 한 부여한다면, 상대방 교전국의 불만의 근거가 되지 않는다.[7]

---

5 Mr. Jefferson's Letter to Mr. G. Morris, Aug. 16, 1793. Waite's State Papers, vol. i. p. 140. (Waite의 국가문서, 미국 국무장관 Jefferson의 프랑스 외교사절 Morris 공사 앞 서한)

6 Bynkershoek, Quæst. Jur. Pub. lib. i. cap. 8. (Bynkershoek의 국제법의 문제들) Martens, des Prises et Reprises, ch. 2, § 18. (Martens의 포획론)

7 Vide ante, pt. ii. ch. 4. Rights of Property. (이 책의 앞 제2부 제4장을 보시오.) Vattel, Droit des Gens, liv. iii. ch. 7, §§ 119－131. (Vattel의 국제법) Grotius, de Jur. Bel. ac Pac. lib. ii. cap. 2, § 13. (Grotius의 전쟁과 평화의 법) Sir. W. Scott, Robinson's Adm.

바다와 접하는 각국의 해양 영토관할권(maritime territorial jurisdiction)의 범위에 관해서는 이미 설명한 바 있다.[8]

6 중립국의 해양 영토관할권 내에서의 포획, 또는 그 해양 영토관할권 내에 정박 중이거나 그 연안을 선회하는 선박에 의한 포획

이러한 관할권의 범위 내에서 교전국의 군함이 행한 모든 포획은 절대적으로 위법이고 무효일 뿐만 아니라, 전쟁권을 행사할 목적으로 중립국의 만(bay)이나 강에 또는 강어귀나 항구에 주둔한 무장 선박이 그곳으로부터 행한 포획 또한 무효이다. 그래서 영국의 한 포획사선(privateer)이 미국의 중립 영토에 있는 미시시피강 내에 주둔하여 전쟁권을 행사할 목적으로 강을 오르내리며, 발리즈(Balize)에서 정보를 수집하고, 강 아래로 내려가는 선박들을 조사하고, 강어귀에 형성된 충적 섬으로부터 3 영국 마일(English mile) 내에서 문제의 포획행위를 한 사건에서, 스콧*Scott* 재판관은 포획한 선박을 반환하도록 원상회복(restitution)을 명령했다. 그래서 또한 중립국 영토 내에 있는 교전국 선박이 그 보트로 중립국 영토 밖에서 포획한 행위도 무효로 판단하였다. 적대적 무력이 중립국 영토 밖에 있는 선박에 가해졌을지라도, 전쟁의 목적으로 그렇게 중립국 영토를 사용하는 것이 허용되어서는 안 되기 때문이다. 이러한 금지가 국제법이 보편적으로 용인하는 식량 및 식품 조달과 같은, 전쟁행위와 거리가 먼(*remote*) 사용에까지 적용되어서는 안 된다. 그러나 전쟁행위에 근접한(*proximate*) 어떠한 행위도 어떤 방식으로든 중립국 영토에서 시작되게 허용되어서는 안 된다.[9]

Rep. vol. iii. p. 353. (Robinson의 해사 판례집)

8 Vide ante, pt. ii. ch. 4. Rights of Property. (이 책의 앞 제2부 제4장을 보시오.)

9 The Anna, Nov. 1805. Robinson's Adm. Rep. vol. v. p. 373. The Twee Gebroeders, July, 1800. Vol. iii. p. 162. (Robinson의 해사 판례집)

7 중립국 영토 내로 추격되어 그곳에서 포획된 선박

중립국 영토는 일반적으로 어떠한 적대행위의 행사로부터도 면제가 인정되지만 하나의 예외를 제기하려는 시도가 있었는데, 공해상에서 조우하여 추적이 시작된 적대국 선박의 경우이다. 이러한 선박은, 그 추적 중에(in the pursuit), 중립국 영토의 범위 내로 추격될 수 있다고 한다. 이 이례적인 원칙을 주장한 권위 있는 국제법학자는 유일하게 빈케르스후크*Bynkershoek*이다. 그는 그것이 어느 국제법학자의 책이나 네덜란드 이외의 어느 유럽 국가에서도 언급된 것을 본 적이 전혀 없다고 인정한다. 따라서 그는 비록 그 자체로는 합리적일 수 있을지라도, 그 행사가 결코 권위에 근거하지 않았고, 일반적인 관행에 의해 승인되지도 않았다는 추정을 열어두고 있다. 그가 교전국에 이러한 추적을 허용하는 데 극도로 주의를 기울이지만, 그것이 추적의 실제 행사와 조화를 이루기는 거의 불가능하다. 어떻게 우호국의 관할권 내에서 그 신민과 재산에 대한 직접적인 손상 위험 없이 적대적으로 적을 추적할 수 있겠는가? 필사적으로 도주하는 적에 대한 고조된 흥분과 열기 속에서 중립국에 초래될 결과를 거의 고려할 수 없으리라고 추정될 이유가 너무도 많다. 따라서 적대적 목적으로 중립국 영토 내로 자발적으로 진입하는 것은 절대적으로 위법이라는 규칙에 예외가 없다. 스콧 재판관은, "그 사실이 증명되면, 그것은 다른 모든 고려사항을 압도한다. 포획은 취소되며, 그 재산이 실제로 적에 속한다고 할지라도 원상회복되어야 한다."라고 말한다.[10]

8 중립국 영토의 침해를 이유로 한 청구는 해당 중립국의 승인을 얻어야 한다

그렇게 중립국의 영토관할권 내에서 포획한 재산을 반환하는 것은 포획자 본국의 의무이지만, 그러한 경우에 영토를 침해당한 중립국 정부의 신청에 따라서만 개별 청구인에게 반환하는 것이 포획재판소의 기술적인 규칙이다. 이 규칙은 포획으로 인해 중립국만이 손상을 입었으며, 적대국의 청구인은 포획의 무효를 주장하기

10 Robinson's Adm. Rep. vol. v. p. 15. The Vrow Anna Catharina. (Robinson의 해사 판례집)

위해 상대방 적대국의 법정에 설 수 있는 어떠한 권리도 없다는 원칙에 근거를 두고 있다.[11]

9 중립국의 관할권 내에서 포획되었거나 그 중립성을 달리 침해하여 포획된 재산의 원소유자에 대한 중립국의 반환

적의 재산에 대한 포획이 중립국의 영토 내에서 이루어졌거나, 그 영토 내에서 위법적으로 장착된 무장을 통해 이루어진 경우, 그렇게 포획된 재산을 입수한 중립국은 원소유자에게 그것을 반환하는 것이 권리일 뿐만 아니라 의무이다. 이 원상회복(restitution)은 일반적으로 해사·해양 관할 재판소의 작용으로 이루어진다.

9.1. 영국의 '왕의 바다'로 불리는 장소 내에서의 포획사건

그러한 관할권 행사의 흔적이 매우 일찍이 젱킨스*Leoline Jenkins* 재판관의 글에서 발견되는데, 그는 찰스 2세*Charles II(1660-1685)*와 제임스 2세*James II(1685-1688)* 당시 영국 고등해사법원(high court of admiralty)의 재판관이었다. 프랑스의 포획사선이 그 포획물(함부르크 선적의 런던행 선박)과 함께 해리취(Harwich)에서 영국에 의해 압수되었다. 젱킨스 재판관은 그 사건에서 발생하는 몇 가지 문제점에 관해, 1675년 10월 11일 자 추밀원 왕(king in council, 역자 주: 추밀원의 조언에 따라 집행권을 행사하는 영국 왕을 일컫는 용어) 앞 서한에서 자신의 의견을 진술하는데, 다음이 그중 하나다.

> "이 함부르크 선적의 선박은 폐하의 한 항구를 목적지로 항행하던 중 폐하의 바다(your Majesty's chambers, 역자 주: 영국의 연안을 따라 바다로 돌출된 곶들을 가상의 직선으로 연결했을 때 나누어지는 육지 쪽의 바다) 내에서 프랑스의 포획사선에 의해 포획되었습니다. 이 선박이 폐하의 바다 바깥의 공해상에서 포획되었다면, 그 포획사선의 합법적인 포획물이 되었을 것입니다. 문제는 이 함부르크 선박을 폐하의 권한으로 석방해서는 안 되는지에 관한 것입니

11 Robinson's Adm. Rep. vol. iii. Note. Case of the Etrusco. (Robinson의 해사 판례집)

다. 첫 번째 변론서에서 이 선박은 포획될 당시 Harwich 전방 8리그(league, 역자 주: 1리그는 3해리에 해당) 해상에 있었다고 진술하는데, 저는 이 선박이 당시 '왕의 바다'(king's chambers) 내에 있었음이 충분히 그리고 명백히 증명되므로 석방해야 한다고 생각합니다. (축복받은 기억력의) 국왕 제임스 1세 *James I(1603-1625)*는 1604년 3월 2일 자 포고령으로, 바다와 육지에 있는 모든 관리와 신민은 수출입 무역에 방해될 정도로 가까이 연안으로 밀려올 위험에 빠진 상인 등을 구조하고 돕도록 지시하였습니다. 그리고 모든 외국 선박은 '왕의 바다' 내에 있을 때 그러한 명령이 의도한 장소 내에 있다고 이해되므로, 그곳에서 안전하고 손상을 입지 않아야 합니다. 그리고 포획된 경우에는 원상회복되어야 합니다. 그렇지 않으면 그 선박들은 폐하의 명성과 그러한 장소의 옛 명성에 합당한 보호를 받는 것이 아닙니다. 그러나 이는 (제가 알기로는 바로 그 '왕의 바다'가 그 이름으로 문제가 되었던 경우에) 어떤 결정으로도 지금까지 해결되지 않은 문제로, 폐하께서 추밀원 명령으로 이러한 왕권을 선언하고 강력히 주장해야 할 만큼 중요합니다. 지금 폐하의 바다 연안은 많은 외국 군함들(men of war)이 출몰하고 있으므로 그 결정을 자주 이용하게 될 것입니다."[12]

이렇게 중립국이 면제(immunity)를 누릴 권리가 있다고 주장된 영토관할권의 범위에 관해서는 어떤 의문이 들 수 있든지 간에(역자 주: 8리그, 즉 24해리가 너무 먼 거리라는 뉘앙스를 주고 있다), 중립국의 영토가 침해된 경우에 그 군주가 갖는 원상회복의 권리와 의무에 관해 이 저명한 법률가가 고려한 감각에 대해서는 의문의 여지가 없다.

9.2. 바다의 연안을 따라, 그리고 만과 강 내에서 중립국 관할권의 범위

1793년 유럽에서 해양 전쟁이 시작되었을 때, 중립을 지킬 것을 결심한 미국 정부는 중립의 권리와 의무의 행사를 위해 미국이 연안(coasts)에서 주장하는 영토 보호선의 범위를 확정할 필요가 있다고 생각했다. 당시 중립국이 교전국의 적대행위 행사를 금지할 권리를 정당하게 주장할 수 있는 연안으로부터 거리에 관해, 각국 정

---

12 Life and Works of Sir L. Jenkins, vol. ii. p. 727. (Jenkins 재판관의 생애와 작품)

부와 국제법학자들 간에 다양한 의견이 있었다고 한다. 미국의 연안의 성격은 연안의 상당 부분에서 대형 선박이 해안(shore)에 근접하여 지나가지 못하게 하는 것으로 두드러졌으며, 당연히 그것이 미국에 어떤 국가에 못지않게 넓은 보호받는 항행범위를 제공할 것으로 생각되었다. 하지만 미국 정부는 궁극적으로 보호권을 주장할 거리를 그 시점에서, 그리고 항행에 관심 있는 외국과 우호적인 소통 없이 확정할 의사가 없었다. 워싱턴 대통령*Washington(1789-1797)*은 행정부 관리들에게 당분간 그 거리가 해안으로부터 1 해양리그(sea league) 또는 3 지리 마일(geographical mile, 역자 주: 오늘날 해리에 해당)로 제한된 것으로 여기도록 지시하였다. 이 거리는 미국이 통상 관계로 연결된 여러 국가 중 일부와 맺은 조약으로 인정되어 있었으며, 어느 상대방 통상국이 자국 연안에서 주장하는 거리보다 더 멀지 않으므로 어떠한 반대도 없을 것으로 생각되었다. 만(bays)과 강은 모두 이전 식민정부의 법과 현재의 연방 법으로 항상 영토의 한 부분으로 여겨졌으며, 일반 국제법과 국가 관행 모두에 의해 교전국의 군사행위(belligerent operations)로부터 면제가 인정되었다. 영국과 미국 간의 1794년 우호통상항해조약 제25조는 다음과 같이 규정하였다.

> "어느 당사국도 상대방 당사국의 시민이나 신민에 속하는 선박과 물품이 자국의 연안(coast)으로부터 대포의 착탄거리 내에서(within cannon shot), 또는 자국의 만·항구 또는 강 어디에서든, 어떤 군주·공화국·국가로부터든 그 군함이나 권한을 위임받은 기타 선박에 의해 포획되는 것을 허용하지 않는다. 그러나 그러한 포획이 발생한 경우, 자신의 영토권을 그와 같이 침해당한 당사국은 그렇게 포획된 선박이 군함이든 상선이든 상관없이 그 선박을 위한 완전하고 충분한 만족을 가해국으로부터 받아내기 위해 최대한 노력한다."

영국과의 이 조약에 앞서 미국은 3개 교전국(프랑스, 프로이센, 네덜란드)과 조약을 맺었는데, 그들의 선박과 물품을 미국의 항구나 수역 또는 해안에 가까운 바다에서 "미국이 할 수 있는 모든 수단을 다하여*(by all the means in their power)*" 보호하고 방어하기로, 그리고 그것들이 포획된 때에는 탈환하여 정당한 소유자에게 반환하기로 구속되어 있었다. 하지만 "미국이 할 수 있는 모든 수단"이 동원되었다면, 실패하더라도 보상할 의무는 없었다. 전쟁이 시작되었을 때, 미국이 영국과는 이와 유사한 어떤 조약도 없었지만, 미국 대통령의 의견은 위 3국을 규율하게 되어 있는 이 조항과 똑같은 규칙을 영국에 적용한다는 것이었다. 그리고 미국 항구 내에서 무장이 갖춰진 선박에 의해 포획되었다면, 공해상에서 포획되어 미국의 항구로 끌려온 선박의 경우에도 똑같은 규칙을 적용한다는 것이었다. 처음에는 연방정부 기관들의 헌법적 권한의 배분에서, 관련 임무의 수행이 행정부에 속하는지 사법부에 속하는지 의문이 제기되었다. 즉 중립 영토에서 이루어진 포획에 대한 조사, 포획이 원래 무장된 선박에 의한 것인지 또는 중립 영토에서 무력이 증강된 선박에 의한 것인지에 대한 조사, 그리고 피해 당사국에 대한 배상 등의 임무가 어느 기관에 속하는지의 문제다. 그러나 이제는 이러한 임무가 적절하게 해사·해양 관할 법원의 역할을 하는 연방법원에 속한다고 확립된 지 오래다.[13]

10 위법적 포획의 경우 중립국의 회복 관할권의 제한

중립국에 대한 전쟁권의 면제(neutral immunity)를 위반하여 행해진 포획의 유효성을 조사하기 위한 이 특별 관할권은, 중립국의 영토 내로 자발적으로 들어온 특정 재산을 회복할 목적으로만 행사되며, 일반적인 해상 손상(maritime injury)의 경우에서와 같은 징벌적 손해 배상금(vindictive damages)의 부과에는 미치지 않는다고 사법적으로 결정되었다. 그리고 그 재산이 일단 포획자 본국의 항구 내로 옮겨지고, 그곳에서 권한 있는 포획재판소에 의해 정상적으로 포획물 몰수 판결을 받았다면 이 관할권이 행사될 것 같지 않다. 하지만 이는 그 재산이 포획의 위법성을 알지 못하고 취득한 선의의(*bonâ fide*) 구매자의 수중에 들어간 경우에 그렇다. 그 재산이 포획물 확인 판결에 따라 권리를 주장하는 포획자 본인의 수중에서 발견된 경우에는, 중립국의 해사법원이 그것을 원소유자에게 반환할 것이라고 결정되었다. 그러나 중립국에서 장비가 불법 장착된 선박이 포획을 위한 해상 순찰을 완전히 종료한 후 새로 시작한 순찰 중에 선박을 포획한 경우에는 그 불법 장착이 포획의 유효성에 영향을

---

13 Mr. Jefferson's Letter to M. Genet, Nov. 8, 1793. Waite's State Papers, vol. vi. p. 195. (Waite의 국가문서, 미국 Jefferson 국무장관의 프랑스 외교사절 Genet 공사 앞 서한) Opinion of the Attorney-General on the capture of the British ship Grange, May 14, 1793. (영국 선박 Grange 호 포획에 관한 미국 법무장관의 의견) Ibid. vol. i. p. 75. (위의 책) Mr. Jefferson's Letter to Mr. Hammond, Sept. 5, 1793. Waite's State Papers, vol. i. p. 165. (Waite의 국가 문서집, 미국 Jefferson 국무장관의 영국 외교사절 Hammond 공사 앞 서한) Wheaton's Reports, vol. iv. p. 65, Note *a*. (Wheaton의 미국 대법원 판례집)

미치지 않는다.[14]

11 중립국의 동의에 의존하는 중립국 항구 내 비호권

일부 국제법 학자들은 교전국의 군함(belligerent cruisers)이 중립국의 항구에서 비호와 환대(asylum and hospitality)를 구할 권리가 있을 뿐만 아니라, 포획물(prize)을 중립국 항구로 운반하여 매각할 권리가 있다는 의견을 표명하였다. 그러나 중립국이 모든 교전국에 대해 공평하게 이러한 특권을 행사하지 못하게 하는 것을 막거나, 전쟁 이전에 존재한 조약에 의해 이러한 특권을 어떤 국가에는 부여하고 또 어떤 국가에는 거부하는 것을 막을 수 있는 어떤 확립된 국제법 원칙도 없는 것으로 보인다. 국가들의 관행은 그들의 해양 법령에서 증명되는 바와 같이, 그러한 제한이 자국 항구의 치안을 규제하고 영토 내 공공안녕을 유지하기 위해 모든 국가가 갖는 주권의 정당한 행사임을 보여준다. 그러나 적극적인 금지의 부재는 이 목적으로 중립국의 항구에 진입하는 것을 허용함을 암시한다.[15]

12 중립국의 공평성을 구성하는 요소

바텔*Vattel*은 중립국이 교전국 사이에서 지켜야 할 공평성(impartiality)은 두 가지로 구성된다고 말한다. 첫째, 원조를 제공할 사전 약정이 없는 경우에는 어떤 원조도 하지 않으며, 군대 · 무기 · 탄약 또는 전쟁에 직접 사용될 수 있는 어떤 것도 자발적으로 제공하지 않는다는 것이다.

> "나는 원조를 동등하게 제공하라는 것이 아니라, 어떠한 원조도 제공하지 말라고 말하는 것이다. 한 국가가 동시에 두 적대국을 지원한다는 것은 어이없는 일

---

14 Wheaton's Rep. vol. v. p. 385. The Amistad de Rues, vol. viii. p. 108, vol. ix. p. 658; vol. vii. p. 519. The Santissima Trinidad. (Wheaton의 미국 대법원 판례집)

15 Bynkershoek, Quæst. Jur. Pub. lib. i. cap. 15. (Bynkershoek의 국제법의 문제들) Vattel, liv. iii. ch. 7, § 132. (Vattel의 국제법) Valin, Commentaire sur l'Ordonnance de la Marine, tom. ii. p. 272. (Valin의 해사법 주석)

이 될 것이기 때문이다. 게다가 원조를 동등하게 제공하기는 불가능할 것이다. 서로 다른 상황에 있는 양측에 제공되는 똑같은 물건, 같은 수의 군대, 같은 양의 무기와 탄약 등은 결코 동등한 원조가 되지 않는다.

둘째, 전쟁과 관련이 없는 모든 일에서, 한 교전국이 다른 교전국과 전쟁 중이라는 이유만으로, 한 교전국에 부여하는 것을 다른 교전국에 부여하기를 거부하지 않는 것이다."[16]

13 중립국의 영토 내에서 교전국에 의한 선박의 무장과 장비의 장착, 그리고 모병 행위의 위법성

1793년 유럽 전쟁이 시작되면서 교전국들이 서로 상대국 선박을 포획하기 위해 미국의 항구 내에서 선박을 무장하고 장비를 장착하며 병사를 모집함으로써 미국의 중립성을 침해하려 하자, 미국 정부는 이 원칙들에 호소하였다. 중립국이 자신의 중립성과 일치하게 전쟁에서 도움이 되도록 어느 쪽에도 병사를 제공하지 않는다면, 어느 쪽도 중립국 영토에서 병사를 거의 모집할 수 없다는 것이 밝혀졌다. 미국은 볼프*Wolfius*와 바텔*Vattel*의 권위에 호소하여, 징병(levying of troops)은 주권의 배타적 특권이며 어느 외국도 다른 국가의 영토 내에서 그 국가의 명시적 허가 없이 합법적으로 행사할 수 없는 권리임을 밝혔다. 국제법과 국가 관행에 관한 이들 두 학자와 기타 국제법학자들의 증언은, 미국이 교전국 모두에게 미국의 항구 내에서 군함의 무장·장비장착·인원배치 등을 금지한 것이 자신의 권리와 의무를 정의롭게 그리고 절제하여 행사했음을 보이기에 충분했다. 미국은 몇몇 교전국들과 국법(law of the land)의 한 부분을 구성하는 조약을 체결함으로써 그들과 평화 상태를 수립하였다.

그러나 미국은 조약에 호소하지 않고도 이미 그들 모두와 평화 상태가 수립되어 있었다. 미국은 조약에 호소하지 않고도 자연법에 의해 그들 모두와 평화롭게 지내고 있었다. 인간은 자연법에 따라 다른 인간과 평화롭게 지내며, 어떤 공격이 행해지면 바로 그 자연법이 그 공격자를 적으로 파괴할 권리를 주기 때문이다. 그래서 미국 정

16 Droit des Gens, liv. iii. ch. 7, § 104. (Vattel의 국제법)

부에게는, 미국 시민이 단독으로나 공동으로 다른 국가의 구성원을 살해·약탈하는 것이 자국 시민을 단독으로나 공동으로 살해·강탈하는 것만큼이나 국법의 위반으로 보였다. 미국 정부에게는 또한, 미국 시민의 그러한 범행이 미국의 영토관할권 내에서 행해졌거나 미국이 인적 관할권(즉 자국 시민에게만 미치는 관할권)을 갖는 공해상에서 행해졌다면, 똑같은 처벌이 필요해 보였다. 이 공해상에서의 권리는 각 국가가 공통의 관할권(common jurisdiction)을 갖는 요소에 대한 각국의 적절한 몫이다.[17]

14 중립국의 국내법으로 집행되는 선박의 무장 등 위법행위의 금지

이 원칙들은 나중에 1794년 통과된 의회법의 형태로 제정되었는데, 1818년에 개정되고 다시 제정되었다. 이 법은 미국의 관할권 내에 있는 자가 미국과 평화 관계에 있는 국가와 전쟁 중인 타국의 무장 선박의 무력을 증강하는 것은 경범죄(misdemeanor)를 구성한다고 선언하였다. 미국과 평화 관계에 있는 외국의 영토에 대한 군사 원정을 준비하는 일, 외국의 육군이나 해군에 복무하기 위한 군인이나 선원을 고용·모병하는 일, 미국과 평화 관계에 있는 국가에 대한 해양 순찰(cruise) 또는 적대행위에 사용될 타국 선박의 의장 작업(fitting out)에 종사하는 일도 경범죄로 선언되었다. 그리고 마지막 경우의 선박은 몰수되었다. 대통령은 또한 국제법이나 조약에 의해 미국 내에 머물러서는 안 되는 외국 선박을 강제로 퇴거시키기 위해 무력을 사용할 권한, 그리고 법으로 규정된 중립의 의무를 집행하는 데 공권력을 일반적으로 사용할 권한이 부여되었다.[18]

미국의 사례는 곧 영국의 의회 제정법 "59 Geo. III. ch. 69"에 의해 뒤따라졌는데, 법률 명칭은 "폐하의 허가 없이, 폐하의 신민이 외국 군대 복무를 위해 입대하거나 관여하는 것을 방지하고, 폐하의 영역에서 전쟁 목적의 선박의 의장 또는 장비의 장착 행위를 방지하기 위한 법률(An Act to prevent the Enlisting or Engagement of His Majesty's Subjects to serve in Foreign Service, and the Fitting Out or Equipping in

17 Mr. Jefferson's Letter to Mr. Genet, June 17, 1793. American State Papers, vol. i. p. 155. (미국 국무장관 Jefferson의 프랑스 외교사절 Genet 공사 앞 서한)

18 Kent's Commentary on American Law, vol. i. p. 123. 2d Ed. (Kent의 미국법 주석)

His Majesty's Dominions Vessels for Warlike Purposes, without His Majesty's License)"이다. 이전 법률 "9 Geo. II." 및 "29 Geo. II."는 자코바이트(Jacobite) 군대가 프랑스와 에스파냐에서 결성되는 것을 방지하기 위해 제정되었는데, 외국 군대에 입대하는 위법행위에 대해 다른 중죄에 대한 것처럼 사형을 부과하였다. (역자 주: Jacobite는 1688년의 명예혁명으로 인해 프랑스에 망명한 스튜어트 가문의 국왕 James II와 그 자손을 정통의 영국 군주로 지지한 영국의 정치세력을 말한다. James의 라틴어명 Jacobus에서 유래하였다.) "59 Geo. III. ch. 69"는 보통 외국 군대 입대 금지법(Foreign Enlistment Act)으로 불리는데, 덜 가혹한 처벌을 규정하고, 또한 승인된 국가뿐만 아니라 미승인 국가에 복무하는 자의 경우를 포괄하기 위해 "국왕, 군주, 국가, 또는 통치자" 다음에 "정부의 권한을 행사하는 식민지 또는 지역"을 도입함으로써 이전 법률의 미비점을 보완했다. 이 법률은 또한 이전 법률이 전적으로 침묵했던 무장 선박의 의장(fitting out) 또는 무장 선박에 대한 전쟁 물자 공급 등의 위반행위를 방지하고 처벌하는 규정을 두었다.

마지막에 언급된 법률의 제정에 관한 1819년 의회 토론 및 그 법률의 폐기를 위한 동의(motion)에 관한 1823년 의회 토론에서, 그 법안에 반대한 매킨토시 *Mack-intosh(1765-1832)* 의원과 기타 의원들은, 자국 신민이 다른 국가의 전쟁에 관여함으로써 자국의 평화가 위협받거나 정치적·통상적 이익이 영향을 받을 수 있는 경우, 각국의 주권이 자국 신민의 그러한 전쟁에 대한 관여를 방지하기 위해 개입할 수 있다는 것을 부인하지 않았다. 하지만 그들은, 중립의 원칙이 영국의 입법부에 기존 법률을 그대로 유지할 것을 요구할 뿐이지, 법률의 변경 특히 교전 당사국 일방의 명백한 이익이 되도록 기존 법률의 변경을 명령할 수 없다고 주장하였다. 반란 국가를 지원한 자들은 그들이 관여한 대의명분이 아무리 훌륭하더라도 승인된 정부를 지원하는 자들보다 훨씬 불리한 상황에 있었는데, 그들은 전쟁 포로로서의 권리를 합법적으로 주장할 수 없고 소위 반란에 가담했으므로 반란자로 취급될 수 있기 때문이다. 새로운 법안이 통과된다면 그 상대적 위험성을 변경하고 교전 당사국 일방에 유리한 법으로 작용하리라는 것이다.

이 주장에 대해 캐닝 의원*George Canning*이 응답했는데(역자 주: 캐닝 의원은 1822-1827년 기간 외무장관이었다), 1814년에 영국과 에스파냐 간에 평화조약이 체결되었을 당시 에스파냐의 반란 식민지로 명명된 곳에는 영국이 어떤 원조도 제공하지 않기로 약속하는 조항이 도입되었다고 한다. 그런데 시간이 지나면서 이들 식민지가 더욱 강해지자, 한편으로 식민지의 에스파냐와의 법적(*de jure*) 관계를, 또 다른 한편으로 식민지의 사실상의(*de facto*) 독립을 충분히 고려하여 결정해야 할 매우 어려운 성격의 문제가 제기되었다. 식민지의 모국에 대한 충성 의무(allegiance)로부터 완전한 독립으로의 전환과 같은 매우 특이한 상황에서, 외국이 추구해야 할 진로에 관해 국제법은 정확한 규칙을 제공하지 않았다. 그러한 상태에 있는 식민지에 외국의 제정법이나 보통법이 어디까지 적용되는지 알기가 어려웠다. 따라서 1819년 법률에서 그 식민지를 실제로 에스파냐에서 독립한 것으로 대우하고, 지금까지 한쪽에 대해서만 금지되었던 지원을 에스파냐와 그 식민지 양측에 대해 금지하며, 영국과 에스파냐 간에 상호 금지하는 것이 필요해졌다. 금지가 양국 간에 상호적(mutual)이어야 한다고 의회법이 선언한 것은, 무기와 탄약의 수출을 에스파냐의 식민지에 대해서는 금지했으나 에스파냐에 대해서는 금지하지 않았던 조약 규정에 완전하고 공평한 효력을 주기 위해서였다. 하지만 베로나 회의(congress of Verona, 1822년)의 진행 상황으로 보아 프랑스와 에스파냐 간에 전쟁이 일어날 가능성이 커지자 이러한 관계를 재검토할 필요성이 생겼다. 실제로 전쟁이 일어나는 경우 영국 정부가 양국을 동등한 위치에 놓으려면, 이미 에스파냐에 대해 존재하는 금지를 프랑스에 확대하거나 에스파냐가 적용받는 금지를 해제해야 한다는 것이 명백했다. 무기와 탄약의 수출에 관한 한, 교전 당사국 간의 불평등을 제거하는 일은 국왕의 권한 내에 있었으며 단지 추밀원 명령(order in council)으로 가능했다. 그러한 명령이 내려졌고, 에스파냐에 대한 무기와 탄약의 수출 금지가 해제되었다.

이 조치로 영국 정부는 그들의 선의(*bonâ fide*)의 중립성에 대한 보장을 제공했다. 에스파냐에 대한 금지를 제거하는 대신 프랑스에 금지를 확대함으로써 중립의 외관이 유지될 수도 있었다. 그러나 그렇게 했다면, 프랑스에 대해서는 사실상의 금지가 아닌 말로만 금지였을 것이다. 프랑스에 바로 인접한 벨기에 항구의 존재가 프랑스에 대한 직접 수출의 금지를 완전히 공허하게 만들었을 것이기 때문이다. 에스파냐에 대한 무기와 탄약의 수출을 금지한 1819년 법률의 폐기는 프랑스에 대한 무기와 탄약의 수출을 금지하는 추밀원 명령으로 발생했을 효과와 똑같지는 않으나 그에 상응하는 효과를 낳을 것이다. 그 법률의 폐기는 프랑스에 대해서는 말로만 폐기가 될 것이지만, 에스파냐에 대해서는 실제 폐기로 에스파냐에 유리한 작용의 불평등(inequality of operation)을 초래하여 공평한 중립에 부합하지 않을 것이다.

미국 정부의 사례는 중립국 신민이 교전국 군대에 복무하는 것을 방지하고 그 군항에서 교전국을 지원하는 장비의 장착을 금지하는, 정의와 정책을 옹호하는 것으로 일컬어졌다. 워싱턴 대통령과 제퍼슨 국무장관 아래에서 미국 정부의 행위가 그런 것이었다. 더 최근으로는 1818년에 중립법을 개정한 미국 입법부의 행위가 그런 것이었는데, 원래의 1794년 법률에 규정되어 있지 않았던 에스파냐의 남미 식민지와 같은 미승인 국가의 경우에까지 그 법의 규정이 미치게 하였다.[19]

15 중립국 영토의 적대행위로부터의 면제는 공해상의 중립국 선박에 대해 어디까지 미치는가

중립국의 영토관할권 내에서 이루어진 교전국에 의한 포획의 위법성은 원칙과 관행 그리고 권위에 근거하여 다툼의 여지 없이 확립되어 있다. 이러한 중립국 영토의 적대행위 행사로부터의 면제가 공해상에 있는, 그리고 다른 모든 국가의 관할권 밖에 있는 중립국 선박에까지 미치는가?

우리는 각 독립 국가의 공공선박과 민간선박(public and private vessels) 모두 공해상이나 다른 모든 국가의 영토 범위 밖에서 그 선박이 속한 국가의 국내 관할권을 적용받는다는 것을 이미 보았다.[20] 국내 관할권은 선박이 그 소속 국가의 국내법을 위반한 행위에 대해서만 다른 국가에 배타적으로 행사될 수 있다. 국내 관할권은 자국의 국내법에 따른 범죄에 대해 다른 모든 국가의 관할권 행사를 배제하지만, 해적 행위 등과 같은 국제법에 따른 범죄에 대해서는 다른 국가의 관할권 행사를 배제하지 않는다. 이러한 국제법상의 범죄에 대해서는 모든 국가가 동등한 재판권과 처벌권을 갖기 때문이다. 그렇다면 적의 재산을 포획하는 교전국의 권리 행사가 국내 관할권에 의해 배제되는가?

이 포획권은 명백히 교전국의 영토 내, 적의 영토 내, 또는 어느 국가에도 속하지 않는 장소에서 그 행사가 허용되는 권리이다. 간단히 말하면, 포획권은 중립국의

---

19 Annual Register, vol. lxi. p. 71. Canning's Speeches, vol. iv. p. 150; vol. v. p. 34. (애뉴얼 레지스터, Canning 영국 외무장관의 의회 연설문)

20 Vide ante, pt. ii. ch. 2, § 11. (이 책의 앞 제2부 제2장 제11항을 보시오.)

영토를 제외한 어떤 장소에서든 행사될 수 있다. 공해상에 있는 중립국 선박이 포획권이 행사될 수 없는 그러한 장소인가?

15.1. 공공선박과 민간선박 간의 구별

여기에서 국가의 공공선박과 민간선박 간에 구별이 이루어졌다. 공공선박에 대해서는, 공해상에서 임검권(right of visitation and search)이나 포획권(right of capture), 또는 다른 어떤 교전권도 행사될 수 없다는 것이 보편적으로 인정된다. 독립적인 군주에 속하는 공공선박은 모든 종류의 임검으로부터 면제되며, 심지어 다른 국가의 영토관할권 내에서조차 면제된다. 하물며(*à fortiori*), 어느 한 국가에 배타적으로 속하지 않는 대양에서 공공선박이 교전권의 행사로부터 면제된다는 것은 당연하지 않겠는가?[21]

민간선박에 대해서는 경우가 다르다고 한다. 이 선박들은 중립국 영토의 어떤 부분도 구성하지 않으며, 다른 국가의 영토 내에 있을 때 그 국가의 관할권으로부터 면제되지 않는다. 이 선박들이 일시적으로 점유하는 대양의 해당 부분은 중립국 영토의 어떤 부분도 구성하지 않으며, 사인의 동산(moveable thing) 재산인 선박 자체도 그 소유자 신민이 속한 국가 영토의 어떤 부분도 구성하지 않는다. 국가가 공해상에 있는 선박에 대해 합법적으로 행사할 수 있는 관할권은 그 시민의 신체와 재산에 대한 관할권이다. 즉 그것은 영토관할권이 아니다. 그 선박은 대양(ocean)에 있으므로, 그곳은 어느 특정 국가도 관할권을 갖지 않는 장소이며, 따라서 모든 국가가 자신의 국제적 권리를 동등하게 행사할 수 있는 장소이다.[22]

---

21 Ibid. (위의 책)

22 Rutherforth's Inst. vol. ii. b. ii. ch. 9, § 19. (Rutherforth의 자연법 제도) Azuni, Diritto Marittimo, pt. ii. ch. 3, art. 2. (Azuni의 해사법) Letter of American Envoys at Paris to M. de Talleyrand, Jan. 17, 1798. Waite's American State Papers, vol. iv. p. 34. (Waite의 미국 국가문서, 프랑스 주재 미국 외교사절의 프랑스 외무장관 Talleyrand 앞 서한)

16 중립국 선박에서 적의 물품을 포획하는 국가 관행

이 문제에 관한 자연법의 원래의 진정한 추상적 원칙이 무엇이든지 간에, 중립국 선박에서 적의 물품을 포획하고 전시포획물로 몰수하는 것(capture and condemnation as prize of war)은 옛날부터 교전국의 일관된 관행이자 실행(usage and practice)이었다는 것을 부인할 수 없다. 이 일정하고 보편적인 관행은 당사국 간의 협약법을 형성하는 조약 규정에 의해서만 일시적으로 중단되곤 했다.[23]

17 적의 물품을 적재한 중립국 선박은 일부 국가의 국내법으로 몰수 대상이다

일부 해양 국가의 규정과 실행은 여러 시기에 친구의 선박에 적재된 적의 물품을 포획 대상으로 여겼을 뿐만 아니라, 적의 물품이 적재된 중립국 선박을 몰수되게 하였다. 그들은 이러한 실행을 금지된 물품 자체에 대해 내려진 몰수에 그 물품의 운반 수단을 포함했던 로마법의 해당 규정에 유추하여 정당화하려고 했다.[24]

따라서 1681년 프랑스 국왕 루이 14세*Louis XIV(1643-1715)*의 해사 칙령(marine ordinance)에서 적의 화물을 적재한 모든 선박은 합법적인 전시포획물(prize of war)로 선언되었다. 프랑스의 이전 포획법령에서는 이와 반대의 규칙이 채택되었다. 그리고 그러한 반대의 규칙이 1744년 법령으로 부활하였다. "폐하의 적에 속하는 어떤 국가의 물품이든지 간에 중립국 선박에서 발견되는 경우 훌륭한 포획물이 되지만, 그 선박은 반환한다."라고 규정되었다. 발린*Valin*은 루이 14세의 칙령에 관한 논평에서, 1681년부터 1744년까지 프랑스의 포획재판소에서 계속 통용되었던 더

---

23 Consolato del Mare, cap. 273. (콘솔라토델마레) Albericus Gentilis, Hisp. Advoc. lib. i. cap. 27. (Gentilis의 에스파냐 변호론) Grotius, de Jur. Bel. ac Pac. lib. iii. cap. 6, §§ 6, 26; cap. 1, § 5, Note 6. (Grotius의 전쟁과 평화의 법) Bynkershoek, Quæst. Jur. Pub. lib. i. cap. 14. (Bynkershoek의 국제법의 문제들) Vattel, Droit des Gens, liv. iii. ch. 7, § 115. (Vattel의 국제법) Heineccius, de Nav. ob. vect. cap. 2, § 9. (Heineccius의 해사법) Loccenius, de Jure del Marit. lib. ii. cap. 4. § 12. (Loccenius의 해사법론) Azuni, Diritto Marittimo, pt. ii. ch. 3, art. 1, 2. (Azuni의 해사법)

24 Barbeyrac, Note to Grotius, lib. iii. cap. 6, § 6, Note 1. (Barbeyrac의 Grotius 주석)

엄격한 규칙은 프랑스와 에스파냐의 법학에 특유한 것이었으며, 다른 국가의 관행은 단지 적의 물품을 몰수하는 것이었다고 인정한다.[25]

18 적의 선박에 적재된 친구의 물품은 일부 국가의 포획법으로 몰수 대상이다

친구의 선박에서 발견된 적의 물품은 조약의 규정과 상관없이 일반적인 국가 관행에 의해 포획과 몰수의 대상이지만(liable to capture and condemnation), 적의 선박에 실린 친구의 물품을 몰수하는 그 역의 규칙은 명백히 이성과 정의에 반한다. 흐로티위스가 말한 바와 같이, 적의 선박에 실린 친구의 물품이 정말로 적의 재산이라는 추정을 줄 수도 있으나, 반대의 증거에 쉽게 굴복할 그러한 추정이다. 그것은 로마법 법률가들이 법적 추정(*presumptiones juris et de jure*)이라고 부른, 당사자에 대해 확정적인 그런 종류의 추정이 아니다.

그러나 이 준칙(maxim)이 아무리 비합리적이고 부당할 수 있을지라도 일부 국가의 포획법에 통합되어 다양한 시기에 집행되었다. 프랑스의 1538년, 1543년, 1584년 칙령으로 적의 선박에 적재된 친구의 물품은 유효하고 합법적인 포획물이라고 선언되었다. 그 후 1650년 선언으로 그와 반대로 규정되었지만, 1681년 루이 14세의 해사 칙령으로 다시 이전 규칙으로 되돌아갔다.

발린*Valin*과 포티에*Pothier*는 프랑스 해사 칙령의 이 규칙을 옹호하는 이보다 더 훌륭한 논거를 발견할 수 없었는데, 즉 적의 선박에 물품을 실은 자들은 그로써 적의 통상을 이롭게 하고 법적으로 그 선박의 운명에 자신을 맡겼다는 것이다. 그리고 Valin은 "적의 선박에서 발견된 자국 신민의 물품조차 몰수 대상인데, 적의 선박에서 발견된 친구와 동맹국의 물품이 어떻게 몰수 대상이 아니라는 말인가?"라고 묻는다. 이에 대해 Pothier 자신이 적절한 답을 내놓는다. 즉 왕의 신민들은 그들의 재산인 물품을 적의 선박에 실음으로써 그들에게 적과의 모든 상거래를 금지한 법을 위반하며, 그 법의 위반으로 그들의 물품을 잃을 만하다는 것이다.[26]

---

25 Valin, Comm. liv. iii. tit. 9. (Valin의 해사법 주석). Des Prises, art. 7. (Valin의 포획론)

26 Valin, Comm. liv. iii. tit. 9. (Valin의 해사법 주석). Des Prises, art. 7. (Valin의 포획론).

이 해사 칙령의 규칙을 옹호하려는 논거의 오류는, 적의 선박에 자신의 물품을 실음으로써 중립국 신민이 그 선박의 운명에 따르기로 자신을 맡겼다는 것이 증명되어야 하는데 이를 당연시한 데 있다. 그 물품은 그 사실로부터 포획과 몰수의 대상이 된다고 주장될 수 없는데, 중립국 재산이라는 물품의 성격이 그 물품을 이러한 책임으로부터 면제시키기 때문이다. 먼저 그 물품을 적국의 선박에 싣는 행위가 국제법의 위반이라고 증명되지 않는 한, 중립국 신민이 위법행위에 대한 책임이 있다고 증명될 수도 없다. 따라서 Bynkershoek가 단지 교전국의 포획법으로 제정된 이 규칙이 확고한 원칙에 근거하여 옹호될 수 없다고 결론을 내린 것은 타당하다. 사실 그것(적의 선박에 적재된 친구의 물품은 몰수된다는 주의)이 특별 약정을 통해 그 역의 준칙에 해당하는 '자유 선박, 자유 물품'(*free ships make free goods,* 역자 주: 중립국 선박에 적재된 물품은 모두 친구의 물품으로 간주된다는 주의)이 될 경우, 이러한 교전국 주장의 완화(역자 주: 중립국 선박에 적재된 적의 물품을 포획할 수 없으므로)는 '적의 선박, 적의 물품'(*enemy ships should make enemy goods,* 역자 주: 적의 선박에 적재된 물품은 모두 적의 물품으로 간주된다는 주의)이라는 중립국의 상응하는 양보(역자 주: 적의 선박에 적재된 자신의 물품을 포획당하므로)와 공정하게 결합할 수 있다. 사실 이 두 준칙은, 선박과 화물의 소유권에 관한 사법적 조사를 단순히 선박의 국가성 문제로 해결하기 위해 통상적으로 여러 조약에서 그렇게 결합하였다.

19 "자유 선박 자유 물품, 적의 선박 적의 물품"의 준칙이 반드시 연계되지는 않는다

하지만 이 두 준칙이 서로 분리될 수 없는 것은 아니다. 원시법(primitive law)은 국제적 약정과 무관하게 단순한 원칙에 의존하는데, 전쟁은 적의 물품을 포획할 권리를 주지만 친구의 물품을 포획할 어떤 권리도 주지 않는다는 원칙이다. 적의 재산을 포획할 권리는 그 물품이 발견되는 장소의 제한을 제외하고는 어떤 한계도 없다. 만약 그 장소가 중립국이라면, 그 물품은 포획으로부터 보호될 것이다. 우리는 이미 공해상에 있는 중립국 선박은 포획으로부터 보호되는 그러한 장소가 아님을 보

Pothier, Traité du Droit de Domaine de Propriété, No. 96. (Pothier의 재산권론)

았다. 중립국 재산의 포획으로부터 면제에 대한 예외는 전시금제품의 운반, 봉쇄의 위반, 그리고 교전국에 그의 재산을 적의 재산으로 취급할 권리를 주는 기타 유사한 경우뿐이다. 선박이 중립국의 국기를 달았다고 해서 그것이 적재된 적의 재산에 어떠한 보호도 주지 않으며, 교전국의 국기를 달았다고 해서 그것이 적재된 중립국 재산에 어떠한 적대적 성격도 전달하지 않는다. 국가들은 상호 약정을 통해, 이 단순하고 자연스러운 국제법 원칙을 자신에게 이익이 된다고 믿는 대로 전체적 또는 부분적으로 변경하였다. 그러나 '자유 선박, 자유 물품'(*free ships make free goods*)의 준칙이 '적의 선박, 적의 물품'(*enemy ships make enemy goods*)이라는 역의 명제를 반드시 내포하지는 않는다. '중립국 선박, 중립국 물품'이라는 규정은 교전국이 중립국에 한 양보이며(역자 주: 중립국 선박에 적재된 적의 물품을 포획할 수 없게 되므로), 원시 국제법이 중립국의 국기에 주지 않는 지위를 준다. 다른 한편, 적의 선박에서 발견된 중립국의 물품을 전시포획물로 몰수되게 하는 규정은 중립국이 교전국에 한 양보이며(역자 주: 보호받던 물품을 포획당하게 되므로), 중립국이 기존의 국제법 아래 보유했던 특권을 빼앗는다. 그러나 이성으로나 관행으로 두 양보가 서로 분리될 수 없지는 않으므로, 한쪽의 양보가 다른 쪽의 양보 없이 존재할 수 없는 것은 아니다.

이러한 근거에서 미국 대법원은, '자유 선박, 자유 물품'을 규정한 미국과 에스파냐 간의 1795년 조약이 '적의 선박, 적의 물품'이라는 역의 명제를 반드시 내포하지는 않는다고 결정하였는데, 조약은 이 역의 명제에 대해 침묵하고 있었다. 그리고 결과적으로 미국의 적의 선박에서 발견된 에스파냐 신민의 물품은 전시포획물로 미국에 의한 몰수 대상이 아니었다. 그리고 에스파냐의 적의 선박에서 미국 시민의 재산이 발견되면 에스파냐의 포획법이 이를 포획물로 몰수할 것이라는 주장이 있었지만, 대법원은 에스파냐에 대한 보복 의사를 미국 정부가 명확히 밝히지 않았으므로 상호주의(reciprocity) 원칙을 조건으로 미국의 적의 선박에서 발견된 에스파냐인의 재산에 대한 몰수를 거부하였다. 그리고 그러한 의사가 입법행위로 나타나기 전에는, 대법원이 미국 국법의 한 부분을 구성하는 일반 국제법에 구속되기 때문이다.[27]

27 Cranch's Rep. vol. ix. p. 388. The Nereide. (Cranch의 미국 대법원 판례집)

20 "자유 선박, 자유 물품"에 관한 협약법

지금 문제의 규칙과 관련된 협약법(conventional law)은 여러 시기에 유럽 해양 국가들의 정책 변화와 이해관계에 따라 변동해 왔다. 그것은 관습법(consuetudinary law)보다 훨씬 더 유연하였다. 그러나 현대 조약은 '자유 선박, 자유 물품'(*free ships, free goods*)의 준칙에 대한 선호가 압도적으로 우세한데, 항상 그렇지는 않지만 때로 상관관계에 있는 준칙인 '적의 선박, 적의 물품'(*enemy ships, enemy goods*)과 결합하였다. 따라서 지난 두 세기 동안 조약에 의해 선박의 중립성이 적의 화물조차도 포획과 몰수로부터 면제해야 한다는 원칙을 확립하려는 지속적인 경향이 있다고 말할 수 있다. 이러한 규정의 아주 초기 사례 중에 오스만제국이 1604년에 프랑스 국왕 앙리 4세*Henri IV(1589-1610)*에게 부여한 카피툴레이션(capitulation)에 포함된 규정이 있다. (역자 주: 카피툴레이션은 오스만제국이 유럽 국가들에게 일방적으로 부여한 그들의 거류민에 대한 관할권 및 통상 특혜 등에 관한 약정이다.) 이 규정은 이후 기독교 국가들과 튀르키예 및 바르바리 국가(Barbary States, 역자 주: 북아프리카 지중해 연안의 이슬람 국가들을 당시 서양에서 부르던 명칭)와 같은 이슬람 국가 간의 모든 협약에 포함되었다. 이들 조약하에서 선박의 국기와 통행증이 선박과 화물 모두의 국가성을 결정하게 되었다.[28]

'자유 선박, 자유 물품'의 준칙은 위대한 통상항행 국가인 네덜란드에 일찍이 관심의 대상이 되었다. 네덜란드의 항구적인 정책은 근본적으로 평화적이며 이전에 해전에서 준수되었던 엄격한 규칙을 완화하는 것이었다. 프랑스의 1538년 칙령 규정에 항상 불만이었던 네덜란드 7개 주 연합공화국 정부(States-General)는 1646년에 프랑스와 통상조약을 체결하였으며, 이로써 적의 재산의 운송을 이유로 한 중립국 선박의 포획 및 몰수에 관한 한 프랑스 칙령의 적용이 중단되었다. 그러나 중립국 선박에 적재된 적 재산의 포획 규칙에 대한 완화를 성취하기는 불가능하였다. 파리에 파견된 네덜란드 교섭 대표는 대 펜셔너리(grand pensionary, 역자 주: 네덜란드 7개 주 연합공화국(1588-1795) 당시 최고 행정관) 드 비트*De Witt*에게 보낸 통신문에서 이렇게 말한다.

---

28 Flassan, Histoire de la Diplomatie Française, tom. ii. p. 226. (Flassan의 프랑스 외교사) Azuni, Diritto Marittimo, pt. ii. ch. 3, art. 1, § 8. (Azuni의 해사법)

"적의 옷이 친구의 옷을 몰수하는(*que robe d'ennemi confisque celle d'ami*), 법을 가장한 프랑스 법의 폐지를 이루어냈습니다. 앞으로는 네덜란드의 자유 선박에서 프랑스의 적에 속하는 물품이 발견되는 경우, 그 물품만 몰수되고 선박은 다른 물품과 함께 반환될 것입니다. 자유 선박은 적에 속한 화물도 자유 화물로 만들어야 한다는 훈령 제24조를 관철하기는 불가능한 것으로 밝혀졌습니다."

역자 주: '적의 옷'은 네덜란드 선박에 실린 프랑스의 적의 물품을, '친구의 옷'은 적의 물품을 실은 프랑스의 친구 네덜란드의 선박을 의미한다.

당시 얻지 못한 후자의 양보는 네덜란드 연합공화국이 1662년 프랑스와 맺은 동맹조약, 그리고 1678년 네이메헌(Nijmegen) 평화조약(역자 주: 1672-1678 프랑스-네덜란드 전쟁 종결)과 동시에 서명된 프랑스와의 통상조약을 통해 확보되었으며, 1697년 라이스윅(Rijswijk) 조약(역자 주: 프랑스-영국/네덜란드/스페인/신성로마제국 동맹국 간 9년 전쟁 종결)으로 확인되었다. 이들 조약에서 '자유 선박, 자유 물품'(*free ships, free goods*)의 규칙은 상관관계에 있는 준칙인 '적의 선박, 적의 물품'(*enemy ships, enemy goods*)과 결합하였다. 네덜란드는 루이 14세의 야심 찬 속셈에 맞선 영국과의 동맹의 대가로 영국으로부터 1668년 및 1674년에 똑같은 양보를 얻어냈다. 이들 조약은 프랑스와 영국 간에 1756년 시작된 전쟁에서, 영국 정부와 네덜란드 정부 간에 매우 주목할 만한 논쟁을 불러일으켰다. 한쪽은 영국이 중립통상권(rights of neutral commerce)을 위반했다고 주장하고, 다른 쪽은 네덜란드 정부가 기존 국제법을 무시하여 중립국 국기에 주어진 양허에 대한 등가물인 보장(guarantee)을 이행하지 않았다고 주장하였다.[29]

---

29 Dumont, Corps Universel Diplomatique du Droit des Gens, tom. vi. pt. i. p.342. (Dumont의 세계의 국제법 외교단). Flassan, Histoire de la Diplomatie Française, tom. iii. p. 451. (Flassan의 프랑스 외교사) A pamphlet was published on the occasion of this controversy between the British and Dutch governments, by the elder Lord Liverpool, (then Mr. Jenkinson,) entitled, "A Discourse on the Conduct of Great Britain in respect to Neutral Nations during the present War," which contains a very full and instructive discussion of the question of neutral navigation, both as resting on the primitive law of nations and on treaties. London, 8vo. 1757. 2nd Ed. 1794; 3rd Ed. 1801. (영국과 네덜

선박의 성격이 화물의 성격을 결정해야 한다는 원칙이 1713년 위트레흐트(Utrecht) 조약(역자 주: 에스파냐 왕위 계승 전쟁 종결)으로 채택되었으며, 영국과 에스파냐 간의 1721년 및 1739년 조약으로 확인되고, 1748년 엑스라샤펠(Aix-la-Chapelle) 조약(역자 주: 오스트리아 왕위 계승 전쟁 종결), 그리고 1763년 영국·프랑스·에스파냐 간의 파리(Paris) 조약(역자 주: 7년 전쟁 종결)으로 확인되었다.

20.1. 1780년의 무장 중립

이것이 북아메리카 영국 식민지들의 독립 선언으로 인해 프랑스와 영국 사이에 해상 전쟁이 벌어진 당시, 기독교 유럽 해양 국가 간, 그리고 이들 국가와 이슬람교 국가 간의 지배적인 관습법과 협약법의 상태였다. 이 전쟁에 중립으로 남은 국가들을 회유할 목적으로, 프랑스 내각은 1778년 7월 26일 중립국 선박이 적의 사용을 위한 금제품(contraband articles)을 전체적 또는 부분적으로 적재하지 않은 한 적의 항구를 출입하더라도 포획하지 말도록 자국 군함에 지시하였다. 아울러 적이 6개월 이내에 상호주의 조치를 채택하지 않으면 이 양보를 철회할 권리를 유보했다.

영국 정부는 그러한 조치를 채택하기는커녕, 1780년 3월 영국과 네덜란드 연합공화국 간의 1674년 동맹조약에 포함된 중립국의 통상과 항행에 관한 특별 규정을 정지시키는 추밀원 명령(order in council)을 공포하였다. 영국이 내세운 이유는 네덜란드 연합공화국 정부가 조약의 상호 조건을 이행하기를 거부했다는 것이었다.

영국의 추밀원 명령이 공포된 직후, 1780년 러시아의 예카테리나 2세 여제는 그 유명한 중립 선언(declaration of neutrality)을 교전국과 중립국들에 제시하였다. 이 선언의 원칙에 교전국인 프랑스·에스파냐·미국, 그리고 중립국인 덴마크·스웨덴·프로이센·네덜란드·독일 황제·포르투갈·나폴리왕국이 동의하였다. 이 선언으로 '자유 선박, 자유 물품'의 규칙이 채택되었는데, 이전에 연계되었던 '적의 선박, 적의 물품'의 준칙과 연계되지 않았다. 이 선언은 나중에 발트해 국가들의 무장 중립의 기초가 되었다.

란드 정부 간의 이 논쟁에 관한 소책자가 아버지 리버풀 경(Charles Jenkinson)에 의해, "현 전쟁 중 중립국에 대한 영국의 행위에 관한 담론"이라는 제목으로 출판되었다. 이 책자는 원시 국제법과 조약 모두에 의존하여 중립국의 항행 문제에 관한 매우 포괄적이고 유익한 논의를 담고 있다.)

영국 궁정은 "국가 간에 어떤 조약도 존재하지 않을 때 그들 간의 유일한 법, 즉 일반적으로 국제법으로 인정된 원칙"에 호소함으로써 이 선언에 대응하였다. 또한 "영국이 각국과 서로의 의사와 편의에 따라 상호 규정으로 원시법(primitive law)을 변경한 경우, 그러한 개별 약속의 취지"에 호소함으로써 대응하였다. 제반 상황이 영국 정부가 러시아와 기타 북방 국가들에 대한 분노를 숨기는 것을 용이하게 하였으며, 영국과 프랑스 간의 이 전쟁은 영국과 여타 무장 중립 구성국들 간의 분쟁이 정식으로 해결되지 않은 가운데 종결되었다.[30]

1783년 베르사유(Versailles)에서 영국 · 프랑스 · 에스파냐 간에 체결된 평화조약에 의해, 선박의 성격이 화물의 성격을 결정해야 한다는 원칙을 채택한 1713년 위트레흐트 조약이 다시 한번 갱신되고 확인되었다. 이 확인은 프랑스와 영국 간의 1786년 통상조약에서 재확인되었는데, 두 준칙이 다시 한번 결합하였다. 1797년 릴(Lille)에서의 교섭에서, 영국의 맘스베리*Malmesbury* 전권대표는 위트레흐트 조약을 확인하는 양국 간 모든 이전 조약을 갱신할 것을 제안하였다. 이 제안은 본 주제와 무관한 몇 가지 이유로 프랑스의 전권대표에 의해 거부되었다. 이에 대해 영국 측은 이들 조약이 국제법이 되었으며, 갱신되지 않으면 무한한 혼란이 일어날 것이라고 대응하였다. 하지만 아마도 그는 이 조약들에 포함된 통상에 관한 규정보다는 영토적 조정을 다루기를 원했던 것으로 보인다. 여하튼, 사실은 이 조약들이 1802년 아미앵(Amiens) 조약이나 1814년 파리 조약으로 갱신되지 않았다는 것이다.

장기전이 된 프랑스혁명 전쟁 중에 모든 교전국은 실질적으로 무장 중립의 원칙뿐만 아니라 이전에 전시 통상에 관한 중립국의 권리를 규율해온 일반적으로 승인된 국제법 준칙조차 폐기하기 시작하였다.

폰 마르텐스*Von Martens(1756-1821)*가 말하길,

> "러시아는 덴마크와 스웨덴이 프랑스와 모든 거래를 단념하도록, 특히 그들의 물품이 프랑스로 운송되는 것을 금지하도록 유도하기 위해 영국 및 프로이센과 공통의 명분을 만들었다. 러시아의 이러한 처세와 자신이 1780년 수립한 무장 중립 원칙 간의 양립 불가성은 혁명 국가 프랑스를 상대로 한 전쟁과 같은 경우

---

30 Flassan, Histoire de la Diplomatie Française, tom. vii. pp. 183, 273. (Flassan의 프랑스 외교사) Annual Register, vol. xxiii. p. 205. (애뉴얼 레지스터) State Papers, pp. 345-356; vol. xxiv. p. 300. State Papers. (Waite의 국가 문서집)

에는 중립의 권리가 문제 되지 않는다는 구실로 가려졌다."

프랑스로서는 중립국 선박에서 발견된 적의 물품에 대해서뿐만 아니라, 영국의 생육·생산·제조품을 적재한 선박 자체에 대해서조차 포획 및 몰수를 선포함으로써 옛날 포획법의 엄격성을 되살렸다.

20.2. 1800년의 무장 중립

그러나 전쟁이 진전됨에 따라, 1780년 북방 국가의 무장 중립의 기초를 형성했던 원칙들이 1800년 구성된 러시아·덴마크·스웨덴 간의 새로운 해양연맹(maritime confederacy)으로 되살아났다. 여기에 나중에 프로이센이 가입하였다. 이 해양연맹은 영국의 강력한 해군력과 러시아의 파벨 1세 황제*(1796-1801)*의 사망으로 곧 해체되었다. 그리고 지금 문제의 원칙들은 1801년 상트페테르부르크(St. Petersburgh)에서 러시아와 영국 정부 간에 서명된 협약으로 러시아에 의해 명시적으로 포기되었다. 곧이어 이 협약에 덴마크와 스웨덴이 가입하였다.

1807년 러시아와 프랑스 간의 틸지트(Tilsit) 조약에 포함된 규정에 따라 러시아 궁정이 발표한 선언문에서 무장 중립의 원칙이 다시 선포되었으며, 1801년 협약은 러시아의 알렉산드르 1세*(1801-1825)* 황제에 의해 무효가 되었다. 1812년에 영국과 러시아 간에 대프랑스 동맹조약이 서명되었지만, 그 이후 양국 간에 중립국의 통상과 항행의 자유에 관한 어떠한 협약도 체결되지 않았다.

20.3. 미국에 의해 채택되고 조약으로 수정된 유럽 국제법

유럽 해양 국가들의 관계를 그토록 오래 규율해온 옛 국제법이 서반구에 갑자기 생겨난 새로운 공동체들에 대해 어느 정도로 구속력을 갖는지는, 그러한 추상적인 문제를 직접 다루는 대신 미국이 자신의 혁명전쟁 동안에 확실히 그것을 의무적으로 여겼음을 보는 것만으로 충분할 수 있다. 그 전쟁 동안, 미국 포획법원은 일반적으로 수용된 유럽 국제법의 원칙에 따라 행동했다. 즉 적의 선박에 있는 중립국 재산은 몰수에서 면제되지만, 중립국 선박에 있는 적의 재산은 몰수된다는 것이다. 포획법원은 그 원칙을 의회가 1780년의 무장 중립 준칙을 승인하는 법령을 공포하기 전까지, 다른 교전국들이 호혜적으로 인정해야 한다는 조건 아래 적용하였다. 유럽의 궁정들을 상대하기 위해 임명된 외교사절에 대한 의회의 1784년 훈령에, 같은 원칙이 미국의 독립을 승인받기 위한 교섭의 기초로 명시되었다. (역자 주: 당시 미국은 1789년 헌법이 제정되기 전으로, 13개 주로 구성된 국가연합(confederation) 체제였다. 당시 헌법에 해당하는 연합규약(Articles of Confederation) 하에서 연합 의회(Congress of Confederation)가 중앙정부의 기능을 수행하였다.)

프랑스 혁명전쟁 동안, 중립국이던 미국은 관습법과 확립된 국가 관행에 근거한 원칙으로서 미국 선박에 대한 면제가 적의 재산을 보호하는 데까지 미치지는 않는다는 것을 인정했다. 하지만 미국은 그 원칙을 협약에 의한 조정 방식으로 '자유 선박, 자유 물품'(*free ships, free goods*)이라는 반대의 준칙으로 대체하기 위해, 그러한 법의 수정을 채택할 의향이 있는 국가들과 모든 방법을 모색했다. 프랑스 공화국의 외교사절과 미국 정부 간에 이루어진 소통 과정에서, 미국 정부는 일반 국제법으로 적의 선박에서 발견된 친구의 화물은 포획되지 않고(free) 친구의 선박에서 발견된 적의 화물은 합법적인 포획물(lawful prize)이라는 데 의심의 여지가 없다고 확인했다. 사실 몇몇 국가는 적의 화물을 싣고 있다는 구실로 자신의 선박이 해상에서 정지당해 조사받고 항구로 끌려가 억류되는 불편을 피하고자 많은 경우에 '적의 선박, 적의 화물', '친구의 선박, 친구의 화물'이라는 원칙을 특별 조약으로 도입하였다. 이는 통상에 훨씬 덜 당혹스럽고 득실의 관점에서 모든 당사국에 평등한 원칙이지만, 특별한 경우에 국제법의 일반원칙을 제약하는, 따라서 그렇게 제약하기로 동의한 국가들 사이에서만 효력이 있는 전적으로 특정 조약의 효과였다. 영국은 일반적으로 엄격한 원칙을 고수한다는 방침이었는데, 내가 기억하는 한 프랑스와의 한 조약을 제외하고는 물품의 속성이 선박의 속성을 따르도록 하는 수정(modification)에 동의한 적이 없었다.

20.3.1. 미국- 프랑스 간의 '자유 선박, 자유 물품' 조약

미국은 프랑스, 네덜란드 연합공화국, 그리고 프로이센과 각각의 조약에서 이러한 수정(역자 주: 자유 선박, 자유 물품/적의 선박, 적의 물품)을 채택했다. 따라서 미국 선박들은 이들 국가의 적의 물품을 보호했으며, 미국은 자신의 물품이 이들 국가의 적의 선박에 적재된 때에 이들에게 그 물품을 잃었다. 미국은 당시 영국·에스파냐·포르투갈·오스트리아와는 그러한 조약이 없었으므로, 이들이 친구의 선박에서 발견된 적의 물품은 합법적인 포획물이라는 일반 국제법에 따라 행동하더라도 반대할 어떤 근거도 없었다. 프랑스는 미국 선박에 실린 자신의 물품을 영국 · 에스파냐 · 포르투갈 또는 오스트리아 군함이 발견하는 경우 그것을 잃을지라도, 미국의 물품이 영국 · 에스파냐 · 포르투갈 · 오스트리아 · 네덜란드 연합공화국 또는 프로이센 선박에서 발견되는 경우 그것을 얻기 때문에 전체적으로 프랑스가 손해를 볼 수 있다고 인식되지 않았다. 그리고 프랑스보다 미국이 이들 6개국의 선박에 더 많은 물품을 싣고 있었으므로, 미국과 프랑스 간의 조약의 원칙에 따라 프랑스가 승자였고 미국이 패자였다. 실제로 미국이 이 원칙의 모든 방향에서 패자였다. 미국에 유리하게 작용할 때는 그의 친구의 화물을 구하였으며, 미국에 불리하게 작용할 때는 자신의 화물을 잃었다. 이 원칙이 부분적으로 수립되는 한, 미국이 계속해서 잃게 되어 있었다. 미국이 이 원칙을 모든 국가와 수립한 때에는 잃지도 않고 얻지도 않는 상태에 있을 것이나, 해상에서 성가신 수색에 덜 노출될 것이었다. 미국은 이러한 상태로 나아가기 위해 노력하고 있지만 다른 국가들의 의사에 달려 있으므로, 미국은 다른 국가들이 이에 동의할 준비가 될 때야 비로소 그 상태를 얻을 수 있을 것이다.[31]

20.3.2. 미국-영국 간의 1794년 조약

미국과 영국 간의 1794년 조약 제17조에 의해, 적의 재산이나 전시금제품을 실은 혐의로 포획된 선박은 가장 가까운 항구로 옮겨져 재판을 받아야 하며, 적의 재산을 구성하는 화물이나 적의 사용을 위한 금제품만 포획물(prize)이 되고, 선박은 나머지 화물과 함께 자유롭게 계속 항행하도록 허용해야 한다고 규정되었다. 프랑스와 미국 간의 1778년 조약에는 '자유 선박, 자유 물품'(*free ships free goods*)의 규칙이 규정되어 있었으며, 우리가 이미 본 바와 같이, 프랑스는 자신의 물품이 미국의 저항 없이 미국 선박으로부터 포획되었다고 불만을 표시했다. 즉 미국이 프랑스에 무장 중립의 원칙을 인정한 선행 약속을 영국과의 조약으로 포기했다는 주장이었다.

---

31 Mr. Jefferson's Letter to M. Genet, July 24, 1793. Waite's State Papers, vol. i. p. 134. (Waite의 국가 문서집, 미국 Jefferson 국무장관의 영국 외교사절 Genet 공사 앞 서한) See also President Jefferson's Letter to Mr. R. R. Livingston, American Minister at Paris, Sep. 9, 1801. Jefferson's Memoirs, vol. iii. p. 489. (Jefferson 대통령의 프랑스 주재 미국 외교사절 Livingston 공사 앞 서한도 보시오.)(Jefferson의 회고록)

이러한 불만에 대해 미국 정부는, 프랑스와 1778년 조약이 체결되었을 때 무장 중립은 형성되어 있지 않았으므로, 그 조약이 시행되던 당시 상황은 무장 중립의 원칙과는 무관하게 기존의 국제법으로 규율되고 있었다고 답변하였다. 즉 그러한 기존 국제법으로는, 자유 선박이 자유 물품을 만들지 않았으며, 적의 선박이 적의 물품을 만들지도 않았다. 따라서 1778년 조약의 규정은 일반규칙에 대한 예외를 형성했으며, 일반규칙은 이 조약으로 변경된 것을 제외하고는 다른 모든 경우에 의무적인 것으로 남아 있었다. 미국과 영국 간의 1794년 조약이 체결되지 않았다거나 그 조약에서 이 주제에 관한 모든 규정이 빠졌더라도, 교전국의 권리(belligerent right)는 여전히 존재했을 것이다. 1778년 조약은 새로운 권리를 준 것이 아니라, 이미 존재하는 것으로 인정된 권리의 실제 행사를 완화했을 뿐이다.

'중립국 선박, 중립국 물품' 원칙을 보편적으로 수립하려는 욕망을 미국보다 더 강하게 느낀 국가는 없다. 그것은 미국이 명심하고 자신의 판단이 명하는 수단에 의해 추구할 그러한 목표였다. 그러나 원칙을 수립하려는 소망은 이미 원칙이 수립되어 있다는 가정과 근본적으로 달랐다. 미국은 이 원칙에 대한 유럽 해양 강대국의 일부 또는 전체의 양보를 얻기 위한 모든 적절한 수단을 모색하기 위해 아무리 애쓸지라도, 무력으로 그들의 동의를 얻을 생각은 해 본 적이 없었다. 미국은 오직 자신의 권리를 지키기 위해 무장할 것이다. 미국의 정책도, 미국의 이익도 미국이 다른 국가에 권리의 포기를 강요하기 위해 무장하는 것을 허용하지 않았다.[32]

20.3.3. 미국-프로이센 간의 '자유 선박, 자유 물품' 조약

미국과 프로이센 간의 1785년 조약에 의해 '자유 선박, 자유 물품'(*free ships free goods*)의 원칙이 규정되었다. 1799년에 이 조약의 유효 기간이 만료되면서 새로운 조약의 교섭이 이루어졌는데, 다음 조항이 포함되었다.

> "자유 선박은 자유 물품을 만든다는 1785년 조약 제12조에 채택된 원칙은 지난 두 차례의 전쟁 중에, 특히 여전히 진행 중인 전쟁에서 충분히 존중되지 않았다는 것이 경험으로 증명되었다. 따라서 양 체약 당사국은 전반적인 평화가

---

32 Letter of the American envoys at Paris, Messrs. Marshall, Pinkney, and Geary, to M. de Talleyrand, Jan. 17, 1798. Waite's State Papers, vol. iv. pp. 38–47. (Waite의 국가 문서집, 프랑스 주재 미국 공사들의 Talleyrand 프랑스 외무장관 앞 서한)

도래한 후에, 그들 간에 따로 또는 같은 관심을 가진 다른 국가들과 공동으로, 미래의 전쟁에서 중립국의 항행과 통상의 자유와 안전을 공고히 할 수 있는 장치와 항구적인 원칙들에 관해 유럽의 해양 열강들(great maritime powers)과 합의를 모색할 것을 제안한다. 그리고 그사이에 일방 체약 당사국이 교전국이 되고 다른 체약 당사국은 중립을 지키게 되면, 그 교전국의 군함과 포획사선은 일반적으로 인정된 국제법 원칙과 규칙을 준수하면서 전쟁 상황이 허용하는 한 중립국 선박에 대해 호의적으로 행동해야 한다."

1812년 미국과 영국 간에 시작된 전쟁 중에 미국의 포획법원은 일관되게 일반적으로 인정된 국제법 규칙, 즉 중립국 선박에 있는 적의 물품은 포획되고 몰수된다는 규칙을 집행하고, 다만 미국 정부가 기존 조약으로 그 국제법 규칙의 역의 규칙, 즉 '자유 선박, 자유 물품'의 규칙을 규정한 국가에 대해서는 그렇게 하지 않았다.

20.3.4. 미국-콜롬비아 간의 '자유 선박, 자유 물품' 조약

미국은 신생 남아메리카 공화국들과의 최근 교섭에서, 북남아메리카 모든 국가 간에 '자유 선박, 자유 물품'의 원칙을 수립할 것을 제안하였다. 친구의 선박에 있는 적의 물품은 포획된다는 국제법 규칙은 자연권에 어떤 근거도 없으며, 그것이 확립된 국가 관행이라 할지라도 완전히 무력의 남용에 의존한다고 선언하였다. 어떤 중립국도 그러한 관행에 구속되지 않으며, 중립국이 한때 그 관행을 따랐더라도 다른 때 중립국 국기를 단 선박의 안전을 힘으로 옹호할 권리가 영구히 희생된 것은 아니라고 말했다. 그러나 적의 재산을 보호해야 한다는 중립국의 주장은 다음 요건의 적용을 받는 것으로 양보되었다. 즉 교전국은 상대방 교전 적국에 의해서도 이 원칙의 혜택이 같은 중립국 선박의 보호에 인정되지 않는 한 정당하게 그 중립국 선박에 이 원칙의 혜택을 거부할 수 있다는 것이다. 따라서 미국과 콜롬비아공화국 간의 조약에, '자유 선박, 자유 물품'의 규칙은 다음과 같이 이해되어야 한다고 규정되었다. 즉 "이 규칙은 이 원칙을 인정하는 국가들에 대해서만 적용된다. 그러나 두 체약 당사국 중 한 당사국이 제3국과 전쟁을 하고 다른 당사국은 중립을 지킨다면, 중립인 당사국의 선박은 이 원칙을 인정하는 그 제3국 적의 물품은 보호하지만, 이 원칙을 인정하지 않는 그 제3국 적의 물품은 보호하지 않는다."라는 것이다. (역자 주 : 중립국인 체약 당사국의 선박이 이 원칙을 인정하지 않는 그 제3국 적의 물품을 싣고 있다면 교전국인 체약 당사국이 그 물품을 포획할 수 있다는 의미이다.) 이에 앞서 1819년 미국과 에스파냐 간에 체결된 조약에도 그 규칙에 대한 똑같은 제약이 들어 있었다.[33]

21 전시금제품

중립국이 갖는 각 교전국과의 일반적인 통상의 자유에는 몇몇 예외가 있다. 이들 예외 중에 소위 전시금제품(contraband of war)이라는 특정 물품의 교역이 있다. 국제법학자, 포획법령 그리고 조약에 의한 거의 만장일치의 권위에 의해, 모든 전쟁 도구와 성질상 전쟁에 사용되기에 적합한 물자(materials)가 이들 전시금제품으로 열거된다. 하지만, 국제법학자들의 견해, 변동하는 국가 관행, 그리고 국가 관행에 실정법의 고정 형태를 부여하기 위한 여러 협약문으로부터 비롯되는 상충하는 권위를 조화시키는 데 상당한 어려움이 있다.

흐로티위스*Grotius*는 이 문제를 검토하면서, 물품을 오직 전쟁 목적으로만 유용한 것, 전쟁 목적으로 유용하지 않은 것, 그리고 전시와 평시에 무차별적 사용이 가능한 것으로 구별한다. 그는 중립국과 적 간의 무역과 관련하여, 첫째 유형의 물품은 금지하고, 둘째 유형의 물품은 허용하는데, 여타 국제법학자들도 이와 의견을 같이한다. 화폐 · 식량 · 선박 그리고 수지류 선박용품(naval stores, 역자 주: 선박의 건조 및 유지에 사용되는 타르 · 피치 · 수지 등)과 같은 셋째 유형에 대해서는, 전쟁 상황에 따라 금지하기도 하고 허용하기도 한다.

바텔*Vattel*은 흐로티위스와 다소 유사한 구별을 하지만, 전쟁 목적으로 특히 유용하고 항상 포획 대상이 되는 물품에 목재와 수지류 선박용품을 포함한다. 그리고 식량은 특정 상황에서만, 즉 "적을 굶겨 굴복시킬 수 있는 가망성이 있을 때" 금제

---

33 Mr. Secretary Adams's Letter to Mr. Anderson, American minister to the republic of Columbia, 27th of May, 1823. (Adams 국무장관의 콜롬비아공화국 주재 미국 외교사절 Anderson 공사 앞 서한) For the practice of the prize court, as to the allowance or refusal of freight on enemies' goods taken on board neutral ships, and on neutral goods found on board an enemy's ship, see Wheaton's Rep. vol. ii. Appendix, Note I. pp. 54–56. (중립국 선박에 실린 적의 물품, 또는 적의 선박에서 발견된 중립국 물품에 대한 운임의 허용 또는 거부에 관한 포획법원의 실행에 관해서는 Wheaton의 미국 대법원 판례집을 보시오.)

품으로 여긴다.

빈케르스후크*Bynkershoek*는 평시와 전시의 구별 없이 사용되는 물품을 금제품 목록에 넣는 데 격렬하게 반대한다. 그는 흐로티위스가 그러한 물품을 가로챌 권리를 긴급한 필요성이 있는 경우로 한정하고 원상회복(restitution) 또는 보상(indemnification)의 의무 아래 둠으로써 그 권리에 제한을 부과할지라도, 그것이 그 권리 자체의 행사를 정당화하기에 충분하지 않다고 여긴다. 그는 금제품이 만들어질 수 있는 물자 그 자체가 금제품은 아니라고 결론을 내린다. 적어도 전쟁에 적합한 무언가를 만들 수 없는 종류의 물자란 거의 없으므로, 전쟁에 적합한 무언가를 만들 수 있는 모든 물자가 금지된다면 금제품 목록은 거의 끝이 없을 것이기 때문이라고 한다. 그렇게 많은 물품의 금지는 통상의 전면적 금지에 해당할 것이며, 그렇게 표현하는 것이 좋을 것이라고 한다. 그는 선박 건조용 자재는 "적이 그것을 몹시 필요로 하고 그것 없이는 전쟁을 잘 수행할 수 없다면," 때로 금지되는 일이 생길 수 있다고 말함으로써 이 일반적인 입장에 제한을 가한다. 이러한 근거에서 그는 네덜란드 정부의 포르투갈 신민에 대한 1657년 포고령과 영국 신민에 대한 1652년 포고령을, 선박 건조용 자재는 금제품이 아니라는 일반규칙에 대한 예외로 정당화한다. 그는 또한 "적이 우리의 친구에 의해 포위되어 있거나, 달리 굶주림으로 압박받고 있을 때," 중립국 통상의 일반적인 자유로부터 "식량은 자주 제외된다."라고 말한다.[34]

발린*Valin*과 포티에*Pothier* 모두, 식량(*munitions de bouche, 입의 탄약*)은 포위되거나 봉쇄된 장소로 향하는 단 하나의 경우가 아닌 한 프랑스의 포획법 또는 국가들에 공통적인 국제법으로 금제품이 아니라고 단언한다.[35]

21.1. 수지류 선박용품은 어디까지 금제품인가

수지류 선박용품(naval stores)에 관해, 스콧*W. Scott* 재판관은 현대 국제법상 그

---

34 Grotius, de Jur. Bel. ac Pac. lib. iii. cap. 1, § 5. (Grotius의 전쟁과 평화의 법) Rutherforth's Inst. b. ii. ch. 9, § 19. (Rutherforth의 자연법 제도) Vattel, liv. iii. ch. 7, § 112. (Vattel의 국제법) Bynkershoek, Quæst. Jur. Pub. lib. i. cap. 9, 10. (Bynkershoek의 국제법의 문제들)

35 Valin, Comm. sur l'Ordonn. liv. iii. tit. 9; des Prises, art. 11. (Valin의 해사법 주석) Pothier, Traité du Droit de Domaine de Propriété, No. 104. (Pothier의 재산권론)

것이 적의 사용에 들어갈 때 그 자체의 성질상 금제품으로서 포획 대상이라는 주의를 규정하면서, 전에 유럽에서 적대행위가 덜 해전의 방식이었을 때는 이러한 수지류 선박용품이 금제품의 성격을 갖는지 논란의 소지가 있었다고 말한다. 그는 아마도 1661년 잉글랜드와 스웨덴 간에 조약이 체결된 당시까지, 또는 적어도 그 조약의 기초가 된 1656년 조약이 체결된 당시까지 계속 그러했다고 말한다. 그리고 발린*Valin*은 무기류 군수품(munitions of war)만을 금제품으로 선언한 루이 14세의 해사 칙령에 대한 논평에서 다음과 같이 말한다.

> "1700년 대북방전쟁에서 피치(pitch)와 타르(tar)가 금제품 목록에 포함되어 있었는데, 이는 스웨덴이 자국에서 자라고 산출되는 이 물품이 스웨덴 선박에서 발견되는 경우를 제외하고는 금제품으로 다루었기 때문이다. 프랑스가 덴마크 국왕과 1742년 8월 23일 체결한 통상조약에서도 피치와 타르가 수지(resin), 돛천(sail-cloth), 대마와 밧줄(hemp and cordage), 돛대(masts), 선박용 목재와 함께 금제품으로 선언되었다. 그러므로 특정 조약에 반하는 경우를 제외하고는, 이 문제에 관한 영국인들의 행위에서 어떠한 잘못도 발견되지 않는다. 이들 물품은 이제 법적으로 금제품인데, 금세기가 시작된 이래 그래 왔기 때문이다. 전에는 그렇지 않았는데, 옛 조약 특히 프랑스가 1677년 잉글랜드와 체결한 생제르맹(St. Germain) 조약에서는 그렇지 않았다. 이 조약 제4조는, 이 모든 물품의 거래는 인간의 영양 공급에 필요한 모든 물품과 함께, 포위되거나 봉쇄된 장소를 제외하고는 계속 자유라고 명시적으로 규정하고 있다."[36]

영국과 프랑스 간의 1713년 위트레흐트(Utrecht) 통상항해조약에 의해 금제품 목록은 무기류 군수품으로 엄격하게 한정되었으며, 타르 · 피치 · 수지 등 선박용품, 식량 그리고 육전 또는 해전용 도구나 장비의 형태로 가공되지 않은 여타 모든 재화는 명시적으로 그 목록에서 제외되었다. 이 조약은 1748년 엑스라샤펠조약, 1763년 파리 조약, 1783년 베르사유 조약, 그리고 1786년 프랑스와 영국 간의 통상조약으로 갱신되고 확인되었다. 수지류 선박용품의 금제품 성격에 관한 문제는 영국과 발트해 국가들 간에 18세기 전체 기간에 걸쳐 계속 골치 아픈 문제였다. 이 문제에 관한 교전국의 극단적인 주장에 대한 다양한 완화 조치들이 발트해 국가들에서 자라

36 Valin, Comm. sur l'Ordonn. liv. iii. tit. 9; des Prises, art. 11. (Valin의 해사법 주석)

고 생산되는 이 독특한 산물의 교역을 위해 허용되었다. 즉 그 물품들이 적의 항구로 자유롭게 운송되도록 허용하거나, 포획되면 원래의 몰수 처벌을 적에게 운반되지 못하게 하는 더 온건한 권리로 완화하거나, 교전국이 중립국 소유자에게 금전적 보상을 할 때 그 물품을 사용하게 함으로써다. 이 논란은 마침내 영국과 러시아 간에 1801년 체결된 협약으로 종식되었으며, 나중에 덴마크와 스웨덴이 이 협약에 가입하였다. 이 조약 제3조는 1780년 및 1800년 무장 중립 조약들로부터 문언 그대로 따온 것인데, 금제품 목록을 무기류 군수품으로 한정하고 수지류 선박용품을 제외하였다. 또한 이 조항의 어떤 규정도 어느 일방 당사자가 다른 국가들과 유사한 물품을 금지 또는 허용하기로 하는 특정 규정을 침해하지 않는다고 합의되었다.

이 협약의 목적은 그 전문(preamble)에 선언되어 있는데, 무장 중립으로부터 비롯된 체약 당사국들 간의 불화를 "각 군주국에 적용되는 중립권에 관한 원칙의 불변의 결정을 통해" 해결하는 것이라고 한다. 이 목적은 영국이 금제품·봉쇄 그리고 연안 무역 및 식민지 무역에 관한 북방 국가들의 주장을 들어 주고, 북방 국가들은 '자유 선박, 자유 물품'(*free ships free goods*)의 규칙을 받아들임으로써 달성되었다.[37]

21.2. 식량과 수지류 선박용품은 언제 금제품이 되는가

조약의 특별 규정과 상관없이 식량과 수지류 선박용품을 금제품으로 간주하는 영국 포획법원의 주의가, 스콧 재판관에 의해 *Jonge Margaretha* 사건에서 명확하

---

37 See a pamphlet, entitled "Substance of the Speech delivered by Lord Grenville in the House of Lords, Nov. 13, 1801," in which his lordship reasoned to show that the convention abandoned the maritime rights, previously asserted by Great Britain against the armed neutrality; that it not only formed a new conventional law between the contracting parties, but contained a recognition of universal and pre-existing rights which could not justly be refused by them to other states. For the very lame and unsuccessful replies made by the able speakers who entered the lists against him, see Annual Register for 1802, ch. 4. ("Grenville 경의 1801년 11월 13일 자 의회 귀족원 연설 내용" 제목의 소책자를 보시오. 여기에서 Grenville 경은, 이전에 영국이 무장 중립에 반대하여 주장했던 해양 권리가 이 협약으로 포기되었음을 추론으로 보여주었다. 즉 그 협약이 체약 당사국 간의 새로운 협약법을 형성했을 뿐만 아니라, 그들이 다른 국가에 정당하게 거부할 수 없는 보편적이고 이미 존재하는 권리에 대한 승인을 포함하고 있다는 것이다. 그의 반대쪽에선 유능한 연사들의 매우 어설프고 성공적이지 못한 답변은 1802년 '애뉴얼 레지스터' 제4장을 보시오.)

게 확립되었다. 그는 금제품의 품목에 많은 변동이 있었으며, 때로는 특정 상황으로 인해 그 변동의 이유를 확정하기가 어려울 정도라면서, 이는 그러한 상황의 이력에 금제품 결정의 이력이 수반되지 않았기 때문이라고 말한다. 1673년에 금제품에 관해 정부 당국이 정당성을 인정하기 어려운 많은 규칙을 정했을 때, 관련 지식과 경험이 풍부한 한 영국 해군성 인사는 옥수수·포도주·식용유가 해군성 관행상 금제품으로 판단될 수 있다고 분명하게 주장하였다. 훨씬 나중에 버터, 소금에 절인 생선, 그리고 쌀과 같은 여러 종류의 식량이 금제품으로 몰수 판결을 받았다. 현대의 확립된 규칙은, 일반적으로 이것들이 금제품은 아니지만 전쟁의 특수한 상황이나 전쟁 당사국의 상태로부터 비롯되는 사정으로 인해 금제품이 될 수도 있다는 것이었다. 식량이 금제품으로 잘 취급되지 않게 하는 원인 중 하나는 식량이 그 수출국에서 재배된 생산물이라는 점이다. 국가들의 실행으로 어느 정도의 관대함이 보이는 또 다른 상황은 물품이 본래의 미가공 상태로 있을 때이다. 그래서 무쇠로 제작된 닻이나 다른 도구들은 단적으로 금제품이지만, 무쇠 자체는 관대하게 취급된다. 대마(hemp)는 그것으로 만든 밧줄보다 더 관대하게 여겨지며, 밀 자체는 인간의 식용을 위한 최종 가공품만큼 유해한 품목으로 여겨지지 않는다.

그러나 가장 중요한 구별은 그 물품이 일반 생활용인지 아니면 군사용인지다. 물품이 향하고 있는 항구의 성격과 특성은 그러한 구별이 행해질 사실문제에 관한 척도이다. 만약 그 항구가 일반적인 상업항이라면, 가끔 그곳에서 프리깃함(frigate)이나 다른 군함이 건조될 수 있다고 하더라도, 그 항구에 들어오는 물품은 민간용으로 이해된다. 반대로 만약 항구의 압도적인 성격이 해군 군항이라면, 비록 상선이 그 항구에 드나들고 그 물품이 민간 소비에 사용되었을 수 있을지라도, 그 물품은 군사용으로 의도된다. 이중 용도(*ancipitis usus*) 물품의 최종 용도를 단정하기는 불가능하므로, "바로 도착할 목적지로부터 최종 용도를 양쪽으로 추론하는 것이 해로운 규칙은 아니다. 그리고 군항이라는 목적지에 근거한 물품의 적대적 용도에 대한 추정은 그 물품이 오고 있을 때 그 항구에서 상당한 군비가 공공연히 준비되고 있었고 거기에 그 물품의 공급이 명백히 유용할 것이라면 더욱 강력해진다."[38]

38 Robinson's Adm. Rep. vol. i. p. 192. (Robinson의 해사 판례집)

21.3. 해군 군항을 목적지로 한 경우에 금제품이 되는 무차별적 용도의 물품

무차별적 용도(promiscuous use)의 물품이 해군 군항을 목적지로 할 때 금제품으로 간주하는 구별 방식은 곧이어 스콧 재판관에 의해 포기되었던 것으로 보인다. *Charlotte* 사건에서 스콧 재판관은 다음과 같이 말한다.

> "수지류 선박용품이 금제품으로 간주되어야 한다면 항구의 성격과 무관하게 금제품이므로 항구의 성격은 중요하지 않으며, 마찬가지로 단지 상업항을 목적지로 하는지 또는 군항을 목적지로 하는지도 중요하지 않다. 공급의 결과는 어느 경우나 거의 같을 수 있다. 상업항으로 보내지더라도 거기에서 즉시 포획사선(privateers)의 장비를 갖추는 데 사용될 수도 있고, 또는 그 상업항에서 군항으로 옮겨져 처음부터 그곳으로 갔었더라면 사용되었을 수 있는 모든 목적으로 사용될 수도 있다."[39]

21.4. 전쟁의 특정 상황에서 금제품이 되는 식량

전쟁의 일정한 상황 하에서 식량이 금제품이 되는 데 관한 영국 해사법원의 주의가 영국 정부에 의해 채택되었다. 영국 정부는 1793년 6월 8일 자국 군함에 지시하여, 옥수수 · 밀가루 또는 으깬 곡물을 전체적으로든 부분적으로든 싣고 프랑스의 항구로 향하는 모든 선박을 정지시켜 영국의 항구로 보내도록 하였다. 그러면 영국 정부가 그 식량을 매입하거나, 그 배의 선장이 그 식량을 영국의 우호국 내 항구에서 처분할 것을 보장하면 풀어준다는 것이었다. 영국 정부는 이 명령을, 현대 국제법상 모든 식량은 적에게서 그것을 빼앗는 것이 적을 굴복시키기 위한 수단 중 하나로 채용된 경우에는 언제나 금제품으로 간주되며 따라서 몰수된다는 이유로 정당화하였다. 프랑스의 실제 상황은 전쟁에 참여한 여러 강대국들이 공동작전으로 프랑스에 고통을 주는 방식을 채용하게 할 정도로 악명이 높았다. 그리고 국제법학자들이 이러한 종류의 모든 사건에 적용하는 추론은 적 자신이 채용한 특이한 전쟁방식으로부터 고통이 비롯된 현재의 사건에 더욱 적용 가능하다. 프랑스는 거의 모든 유럽 정부에 대해 적대행위를 시작하고 지원할 목적으로 프랑스 국민의 거의 전

---

39 Robinson's Adm. Rep. vol. v. p. 305. (Robinson의 해사 판례집)

체 노동계층을 무장시켰다. 그러나 이 추론은 무엇보다도 무역에 적용될 수 있었는데, 당시 무역은 대부분 프랑스의 실제 지배자들에 의해 수행되었으며, 더는 개인의 상업적 투기가 아니라 영국에 대해 전쟁을 선포하고 수행하던 바로 그들의 직접적인 작전(operation)으로 여겨져야 했다.[40]

영국의 이러한 추론은 중립국인 스웨덴, 덴마크, 그리고 특히 미국에 의해 거부되었다. 미국 정부는, 두 국가가 전쟁에 들어가면, 평화로이 남기로 선택한 다른 국가들은 자신의 농업·제조업 그리고 기타 통상적인 생업을 계속 추구하고 평소처럼 그들의 생산물을 교전국이든 중립국이든 모든 국가와 거래하기 위해 운송하고, 손상이나 괴롭힘을 당하지 않고 자유롭게 왕래하는 자연권(natural right)을 계속 갖는다고 강력히 주장했다. 간단히 말해서 중립국에 대해서는, 무엇보다도 전쟁이 존재하지 않는 것 같아야 한다는 것이었다. 이러한 일반적인 통상의 자유에서 평화 상태에 있는 국가들이 겪는 유일한 제약은 교전국 어느 쪽에도 순전한 전쟁의 도구를 제공하지 않으며, 적이 봉쇄한 곳에는 어떤 것도 공급하지 않는다는 것이었다. 이러한 전쟁의 도구는 당시 조약에서 너무도 자주 금제품이라는 명칭 아래 나열되었으므로 그것에 대해 거의 의문을 남기지 않았다. 옥수수와 밀가루 그리고 으깬 곡물은 금제품의 종류가 아니었고, 결과적으로 자유로운 통상 품목으로 남았다고 말하기에 충분했다. 당시 영국과 프랑스 간의 전쟁 상태는 그 교전국 어느 쪽에도 미국의 농업을 방해하거나, 모든 국가와의 평온한 미국의 농산물 거래를 방해할 어떤 합법적인 권리도 부여하지 않았다. 만약 어떤 국가든 미국의 생산물이 들어오지 못하게 자국과 그 우호국의 항구를 제외한 지구상의 모든 항구를 닫을 권리가 있다면, 그 국가는 남은 항구들도 마저 닫아서 그 생산물의 수출을 완전히 막을 수도 있을 것이다.[41]

곧이어 영국과 미국 간에 1794년 11월 19일 체결된 우호통상항해조약에서, 금제품의 항목 아래 전쟁의 목적으로 사용되는 모든 무기와 도구, "그리고 또한 선박 건조용 목재, 타르, 송진 가루, 구리판, 돛, 대마, 밧줄, 그리고 일반적으로 선박 장비

---

40 Mr. Hammond's Letter to Mr. Jefferson, 12th Sept. 1793. (영국 외교사절 Hammond 공사의 Jefferson 미국 국무장관 앞 서한)

41 Mr. Jefferson's Letter to Mr. T. Pinkney, 7th Sept. 1793. (Jefferson 국무장관의 영국 주재 미국 외교사절 T. Pinkney 공사 앞 서한)

에 직접 사용될 수 있는 모든 것(단, 가공하지 않은 철과 전나무 판자를 제외)"이 포함된다고 규정되었다(제18조). 제18조는 계속하여 다음과 같이 규정한다.

> "일반적으로 금제품이 아닌 식량이나 그 밖의 물품이 금제품으로 여겨질 수 있는 정확한 경우에 대해 합의를 이루기는 어려우므로, 그로부터 발생할 수 있는 불편과 오해를 방지하기 위해 다음과 같이 규정하는 것이 적절하다고 합의되었다. 즉 이러한 물품들이 기존 국제법에 따라 금제품이 되고 그 이유로 포획되는 경우에는 언제나 절대로 몰수되지 않으며, 그 물품의 소유자는 신속하고 완전하게 손실에 대한 보상을 받는다. 포획자 또는 그의 불이행 시에는 포획 권한을 위임한 정부가 그 선박의 선장이나 선주에게 그러한 모든 물품의 시장가액에 합리적인 상업이윤, 운임, 선박의 억류에 부수된 초과 정박료를 더하여 지급한다."

21.5. 식량에 관한 영국의 1795년 4월 추밀원 명령

1793년 6월의 지시는 이 조약이 서명되기 전에 취소되었다. 그러나 영국 정부는 이 조약을 비준하기 전인 1795년 4월 추밀원 명령으로 영국 군함에 지시하여, 프랑스의 항구로 향하는 옥수수·밀가루·으깬 곡물 및 기타 식량을 전체적으로나 부분적으로 적재한 모든 선박을 멈춰 세우고 억류해서 영국 정부를 위해 그 물품이 구매될 수 있는 가장 편리한 항구로 보내도록 하였다.

이 마지막 추밀원 명령은 곧 철회되었으며, 그 명령의 적법성 문제가 미국 시민들의 청구를 판정하기 위해 조약에 따라 구성된 양국 간 혼성위원회(mixed commission)의 논의 주제가 되었다. 미국 시민들의 청구 이유는 영국 정부의 권위 아래 행해진 그들의 선박과 기타 재산에 대한 포획 및 몰수 판결이 부정하거나 위법이었다는 것이다.

영국 측은 추밀원 명령이 두 가지 근거로 정당화된다고 주장하였다.

첫째, 추밀원 명령은 적을 굶겨 굴복시킬 가망성이 있는 상황에서 내려졌으며, 그러한 상황에서 적의 항구를 목적지로 한 식량은 운임과 선박의 초과 정박료 및 적정한 상업이윤과 함께 송장 가격 지급 조건으로 영국의 포획을 정당화할 정도로 금제품이 되었다는 것이다.

둘째, 당시 영국 신민은 포획의 대상이 된 물품의 부족으로 위협받고 있었기 때문에 추밀원 명령은 긴급한 필요성(*necessity*)에 의해 정당화되었다는 것이다.

21.5.1. 식량의 금제품 여부 판단

첫 번째 입장은 일반 국제법뿐만 아니라 위에 인용된 영국과 미국 간 조약의 조항에 근거하고 있었다.

이 소위 국제법으로부터 제시된 증거는 주로 다음과 같은 바텔*Vattel*의 느슨한 글이었다.

> "전쟁에서 특히 유용한 물품으로 적에게 운반하는 것이 금지된 것은 금제품(contraband goods)으로 불린다. 무기, 탄약, 선박 건조용 목재, 모든 종류의 수지류 선박용품(naval stores), 말, 그리고 적을 굶겨 굴복시킬 가망성이 있는 특정 국면에서는 식량조차 그런 것이다."[42]

미국은 이 권위자의 글에 대한 응답으로, "적을 굶겨 굴복시킬 가망성이 있다."라고 주장될 수 있는 국면이 무엇인지 명시하지 않았기 때문에 그것은 기껏해야 모호하고 불확실하다고 말해도 족할 것이라고 주장했다. 미국은 또한, 이러한 가망성은 이 고약한 전쟁 방식으로 적의 굴복을 실현할 수 있는 명백하고 확실한 가능성 위에 세워져야 하며, 그러한 가능성은 특정 장소의 실제 포위·봉쇄·공격과 같은 정의된 특정한 경우를 제외하고는 국제법에 의해 존재하는 것으로 인정되지 않는다고 단언하는 것이 국제법에 전적으로 부합한다고 말해도 족할 것이라고 주장했다. 이 응답은 위 바텔의 인용문을 다른 훌륭한 국제법학자들의 더 정교한 의견과 비교함으로써 한층 더 만족스러워질 것이며, 이를 통해 바텔*Vattel*이 설명하기를 공언하지 않은 것, 즉 그의 원칙이 적용될 수 있거나 적용이 의도된 상황의 조합이 발견될 수도 있을 것이다.

그러나 Vattel 자신이 그의 모호한 텍스트에 관해 상당히 정확한 해설을 제공할 것이므로, 전적으로 미국의 이 응답에 의존할 필요는 없었다. 바텔이 자신의 일반원칙의 범위 안에 들어오는 것으로 제시한 유일한 사례는 흐로티위스가 플루타르코

42 Droit des Gens, liv. iii. ch. 7, § 112. (Vattel의 국제법)

스*Plutarch(AD 46-120 추정)*로부터 가져온 것이었다. 흐로티위스가 말했듯이 "마케도니아의 왕 데메트리오스*Demetrius I(BC294-288)*는 아티카(Attica)를 무력으로 점령했다. 그는 아테네를 굶주림에 빠뜨릴 요량으로 람누스(Rhamnus) 마을을 탈취하여 목적을 달성하기 직전에 있었는데, 이때 식량을 실은 배 한 척이 아테네를 구하려고 왔다." 바텔은 이것이 식량이 금제품이었던 경우라고 말한다(17항). 그리고 그가 위에서 인용했던 느슨한 글을 더 구체화할 목적으로 이 사례를 사용하지는 않지만, 그렇다고 이 사례가 관련될 수 있는 다른 어떤 경우도 언급하지 않는다. 따라서 이는 그가 특별 금제품 주의(doctrine of special contraband)를 그 사례가 정당화하는 것 이상으로 내세울 의도가 없었음을 보여주는 강력한 증거이다.

Vattel이 113항에서 모든 금제품은(당연히 그가 112항의 끝부분에서 말하고 있던 국면의 이유로 금제품이 되는 것들을 포함하여) 몰수되어야 한다고 명시적으로 말한다는 것도 주목되어야 했다. 그러나 누구도 영국이 1795년 추밀원 명령에 따라 포획한 화물을 정당하게 몰수할 수 있었다고 주장하지 않았다. 그래도 만약 추밀원 명령에 따라 이루어진 포획이 바텔이 표명한 의견 내에 들어온다면, 포획된 화물의 몰수가 정당화되었을 것이다. 모든 금제품은 물품 자체의 성질상 금제품이든 기존 상황에 의해 금제품이 되든 몰수 대상이라고 오래전에 국제법으로 확립되었다. 그리고 이 규칙이 그렇게 잘 확립되지 않은 초기에도, 몰수로부터 면제를 추구했던 국가들은 절대로 특정 금제품에 특유한 이유로 면제를 주장하지 않고 모든 금제품의 경우를 포괄하는 일반적인 이유로 면제를 주장했음이 발견된다. 따라서 문제의 화물이 금제품으로서 몰수 대상이 아니라고 인정되었으므로, 추밀원 명령을 낳은 국면은 바텔이 염두에 둔 그런 국면이었을 수 없다는 것이 명백했다. 달리 말하면, 그 화물은 바텔의 원칙의 진정한 의미 내에서나 일반 국제법에 알려진 어떤 원칙 내에서도 전혀 금제품이 되지 않는 것이 명백했다.

미국은 이 입장을 지지하는 것으로서 흐로티위스*Grotius*의 권위도 제시하였다.

흐로티위스는 물품을 세 가지 유형으로 구분하는데, 첫 번째 유형은 명백히 금제품이고 두 번째 유형은 명백히 금제품이 아니라고 선언한다. 세 번째 유형에 관해서는 다음과 같이 말한다.

"세 번째 유형의 이중 용도의 물품에 관해서는 전쟁의 상태를 살펴보아야 할 것이다. 만약 적에게 보내는 물품을 가로채지 않고서는 나 자신을 보호할 수 없다면 다른 곳에서 설명했듯이 필요성에 의해 그 물품을 가로챌 권리가 주어질 것이지만, 또 다른 이유가 나타나지 않는 한 그것을 반환해야 할 부담이 따를 것이기 때문이다." (In tertio illo genere usus anticipitis, distinguendus erit belli status. Nam si tueri me non possum nisi quæ mittuntur intercipiam, necessitas, ut alibi exposuimus, jus dabit, sed sub onere restitutionis, nisi causa alia accedat.)

그는 나중에 "또 다른 이유(causa alia)"를 예를 들어 설명하는데, 즉 "만약 내가 어떤 마을을 포위하고 항구를 봉쇄하여 항복이나 평화가 예상된다면(ut si oppidum obsessum tenebam, si portus clausos, et jam deditio aut pax expectabitur)"이라고 한다.

세 번째 유형의 물품에 관한 흐로티위스의 이러한 의견은 금제품의 개념에서가 아니라, 포획하는 교전국 측의 순전한 필요성(necessity)의 개념에서 나온 것으로 보였다. 그는 포획권을 적의 굴복을 실현하는 수단이 아니라, 자신의 불가결한 방위 수단으로 본다. 그는 포위되거나 봉쇄된 항구를 목적지로 하지 않은(*not bound to a port besieged or blockaded*) 세 번째 유형의 물품(여기에 식량이 포함된다)을 운반하려는 중립국 신민의 위법행위 혐의로 그것을 포획하는 것이 단지 적을 괴롭히거나 굴복시킬 목적으로 이루어지면 합법적이라고 말하는 것이 아니라, 그러한 포획이 오직 절박하고 명백한 필요성의 압박 아래서 자신의 보호나 방위를 위해 이루어진 경우에만 합법이라고 말하는 것이다. 그러한 절박하고 명백한 필요성은 재산의 구별을 허물고, 특정한 조건 아래서 그 물건이 두 가지 용도 모두인 것처럼 사용할 원래의 권리를 되살린다.

흐로티위스는 이 필요성에 관해 그의 책 제2권에서(cap. ii. sec. 6,) 상세히 설명하는데, 방금 인용된 텍스트에서 명시적으로 그 설명에 대해 언급하고 있다. 그는 7·8·9 항에서 이 필요성의 권리(right of necessity)에 붙는 조건들을 규정한다. 첫째, 이 권리는 가능한 모든 방법을 다 사용하기 전에 행사되어서는 안 된다. 둘째, 진정한 소유자가 똑같이 그러한 필요성 아래 있다면 이 권리가 행사되어서는 안 된다. 셋째, 물품의 반환 또는 배상(restitution)은 실행 가능한 즉시 이루어져야 한다.

그의 책 제3권에서(cap. xvii. sec. 1,) 흐로티위스는 이 주제에 관해 전에 했던 말을 요약하면서, 이 필요성 주의(doctrine of necessity)를 한층 더 설명하고, 위에 인용된 텍스트에 주어진 해석을 더할나위 없이 명확하게 확인한다.

그리고 러더포스*Rutherforth*도 흐로티위스에 관한 논평에서(lib. iii. cap. 1, sec. 5,), 흐로티위스가 그의 책에서 필요성을 근거로 식량을 포획할 권리에 관해 말한 바를 설명하고, 흐로티위스가 의미한 바는 "사안의 급박성이 그 식량 없이는 살 수 없는 정도가 아닌 한" 포획이 정당화되지 않으리라는 것이었다고 추론한다.[43]

빈케르스후크도 일반적으로 전시금제품이 아닌 물품(그중에 식량이 있다)을 압수할 수 있는 권리를 위에 언급된 경우로 한정하고 있다.[44]

따라서 1795년 영국의 추밀원 명령은, 국제법 학자들의 권위가 그 문제에 영향을 미칠 수 있는 한 금제품의 어떤 정당한 개념에도 근거를 두지 않은 것으로 보였다. 그리고 그러한 관점에서 그 명령은 사물의 이치나 승인된 국가 관행에 의해 정당화될 수 없는 것으로 보였다.

포위되지도 봉쇄되지도 않은 항구로 향하는 중립국의 식량(일반 물품과 마찬가지로 그 자체로 더 이상 금제품이 아니다) 교역을 가로챔으로써 적을 괴롭히거나 굴복시킬 가망성이 아무리 훌륭한 근거가 있어 보일지라도, 단지 그 가망성만으로 그러한 방해가 승인된다면 교전국은 포위나 봉쇄를 실제로 행하지 않고 언제든지 적과의 어떤 거래든 모두 막을 수도 있다는 결과가 될 것이다. 자신의 해운(shipping)이 거의 또는 전혀 없는 국가는 다른 모든 국가가 자국과 거래하지 못하게 됨으로써 너무도 중대하게 고통을 받아 이러한 차단이 자국을 굴복시키는 강력한 도구가 될 수 있다고 믿을 만한 이유가 항상 있기 때문이다. 원칙은 그 성격이 너무 광범위해서 원칙에 어떤 한계를 설정하기는 불가능하다. 이러한 원칙의 관점에서 식량과 천 가지의 다른 물품 사이에 명확한 차이가 없다. 인간은 음식을 먹어야 하는 것처럼 옷도 입어야 하고, 생활 편의품의 결핍조차도 습관적으로 그것이 필요해진 사람에게는 가혹하게 느껴진다. 국가는 다른 국가들과 익숙하게 해온 상거래가 차단되는 정도에 비례해서 약해지고 피폐해진다. 그리고 교전국이 적을 괴롭히거나 굴복시킬 기대로, 그리고 그 물품이 적의 항구에 도달하지 못하게 막을 기대로 그 자체로 금제품이 아닌 어떤 한 물품에 대해 중립국의 통상의 자유(freedom of neutral commerce)를 침해하는 것이 허용될 수 있다면, 왜 똑같이 괴롭힐 기대로 포획을 통

43 Rutherforth's Inst. vol. ii. b. ii. ch. 9, § 19. (Rutherforth의 자연법 제도)

44 Bynkershoek, Quæst. Jur. Pub. lib. i. cap. 9. (Bynkershoek의 국제법의 문제들)

해 가능한 한 적과의 모든 거래를 차단함으로써 당장 적의 힘과 자원을 효과적으로 타격하지 않겠는가?

미국과 영국 간의 1794년 조약 제18조로 말하면, 그 조항은 명백히 문제를 있는 그대로 남겨두고자 했다. 양 체약 당사국은 일반적으로 금제품이 아닌 식량과 기타 물품이 금제품으로 여겨질 수 있는 경우에 대한 정의에 합의할 수 없었다. 영국 정부는 적을 굶겨 굴복시킬 수 있는 모든 경우로 확대해야 한다고 주장했던 반면, 미국 정부는 실제로 포위되거나 봉쇄된 또는 공격받는 장소로 향하는 경우로 한정할 것을 주장했다. 그래서 양국은 "기존 국제법에 따라 금제품이 되는 그러한 물품들이 그 이유로 포획된 경우에는 항상 몰수되지 않으며," 그 소유자는 이 조항에 규정된 대로 완전한 보상이 주어져야 한다고 규정하는 것으로 합의하였다. 사건이 발생할 당시 존재하는 국제법이 그 물품을 금제품으로 선언하고 있다면 그 이유로 포획될 수 있지만, 그렇지 않다면 포획이 허용되지 않는다. 따라서 각 당사국은 국제법이 특정 사건에서 그 물품을 금제품으로 선언했는지 안 했는지를 상대방과 마찬가지로 자유롭게 결정할 수 있으며, 어느 쪽도 상대방의 의견에 구속될 의무가 없다. 만약 한 당사국이 국제법상 권한을 부여받았다는 거짓 구실로 포획했다면, 다른 당사국은 그것을 다투고 국제법에 호소하며, 합당하다고 생각하면 복구(reprisals)와 전쟁에 의지할 완전한 자유가 있다.

21.5.2. 식량의 긴급한 필요성 판단

추밀원 명령의 정당화 사유로 제시된 두 번째 근거인 긴급한 필요성(*necessity*)에 관해, 영국은 추밀원 명령 당시 포획하려 한 물품의 부족으로 위협을 받고 있었기 때문에 극도의 필요성에 의해 그러한 조치의 정당성이 부인되지 않는다고 주장했다. 따라서 그때 그 필요성이 존재했는지, 그리고 그 필요성이 전해준 권리가 어떤 조건에서 행사될 수 있는지를 확정하는 것만이 중요했다.

이 주제에 관해, 흐로티위스와 여타 국제법학자들은 필요성이 현실적이고 시급해야만 하며, 그때에도 다른 모든 실행 가능한 구제 수단을 시도하여 불충분한 것으로 판명되기 전에는 그 필요성이 다른 국가의 물품을 탈취할 권리를 부여하지 않는다는 데 의견이 일치하였다. 영국이 우려한 재앙을 피할 수 있는 다른 실행 가능한 수단이 있다는 것은 의심의 여지가 없었다. 영국의 여러 항구들이 제공하는 유리한 시장은 다른 국가의 생산품을 그 항구로 끌어들이는 명백한 수단이었다. 상인에게 수익이 나는 상업활동을 강요할 필요는 없다. 상인은 이익이 부르는 곳으로 화물을 보낼 것이다. 그리고 이러한 유인이 제때 상인에게 제시된다면, 그것은 항상 의도된 효과를 낼 것이다. 그러나 영국이 생필품에 대한 상인의 수익을 영국의 적으로부터 얻을 수 있는 것보다 적게 제시하는 한, 중립국 선박이 영국의 항구를 지나쳐 적의 항구로 찾아갈 것이 예상될 수 없겠는가? 단지 부족할 수 있다는 우려에서(실제 경험에서가 아니라), 영국이 다른 국가의 권리와 부합하고 긴급사태와 양립할 수 있는 공급 수단을 시도하지도 않고, 중립국에 속한 식량을 탈취하는 강제 수단에 의지할 권리가 있다고 할 수 있는가? 영국 정부는 이전에 했었어야 할 일을, 추밀원 명령이 내려지고 집행된 후에야 했다. 영국 정부는 자신이 필요로 하는 물품의 수입에 대해 장려금(bounty)을 걸었다. 결과는 시장에 재고가 넘쳐날 때까지 중립국 상인들이 그 물품을 가져왔다는 것이다. 이와 같은 조치가 더 일찍이 행해졌다면 1795년 추밀원 명령은 완전히 필요 없었을 것이다.

이러한 이유로 혼성위원회 위원들은 1794년 조약 제7조에 따라, 추밀원 명령으로 포획된 선박과 화물의 소유자들에게 시장의 상실에 대해서는 물론 선박과 화물의 억류로 초래된 결과에 대해 완전한 보상(full indemnification)을 인정하였다.[45]

22 적의 군인 및 긴급 공문서의 수송

적의 군인이나 긴급 공문서(despatches)를 수송하는 일은 금제품을 운반하는 것과 똑같은 성격을 갖는다.

적군의 수송 수단으로 사용되는 중립국 선박은 상대방 교전국에 포획되면 몰수된다. 선박이 폭력적으로 적에 징발된(impressed) 사실도 그 선박을 몰수로부터 면제시키지 않는다. 선장은 자신이 비자발적 대리인이었음을 피할 수 없다. 이처럼 교전국이 중립국의 선박이나 신민에 대해 무력행위를 했다는 이유로 주지의 중립 의

---

45 Proceedings of the Board of Commissioners under the seventh article of the treaty of 1794. (1794년 조약 제7조에 따른 혼성위원회 회의록). MS. Opinion of Mr. W. Pinkney, case of the Neptune. (Neptune 호 사건에서 W. Pinkney의 의견)

무 위반행위가 정당화되는 것으로 간주되어야 한다면, 금제품의 운반 등 적대행위에 대한 국제법의 금지는 종말을 맞이할 것이다. 그러한 복무 중에 손실을 입었다면, 그 요구에 굴복한 중립국 신민은 그 제약을 부과한 정부에 구제(redress)를 구해야 한다.[46] 선박을 몰수되게 하기에 필요한 군인의 수에 관해서는 확정하기가 어려운데, 높은 역량과 자질을 가진 소수가 그보다 낮은 조건을 가진 다수보다 훨씬 더 큰 중요성을 가질 수도 있기 때문이다. 어떤 상황에서는 한 명의 베테랑 장군의 수송이 적에게는 한 개의 연대 전체의 수송보다 훨씬 더 해로울 수도 있다. 그러한 지원으로 초래되는 결과는 더 중대하므로, 교전국은 그것을 방지하고 처벌할 더욱 정당한 권리를 가진다. 포획법원의 판결에서, 선장이 자신이 관여한 업무의 성격을 몰랐는지도 중요하지 않다. 선박이 고용된 것으로 밝혀지고, 그 사실로부터 교전국에 손상(injury)이 발생했다면 충분하다고 간주된다. 부괴된 일이 실행되면 무력으로 작용한다. 누군가에게 구제를 구해야 한다면, 강요나 속임수로 그 재산을 위험에 빠뜨린 자에게 구해야 한다. 그렇게 하지 않으면 그러한 수송의 기회가 끊임없이 이용될 것이며, 그런 경우가 매우 많아지면 직접적 위반자 관계(privity of the immediate offender)를 증명하기가 거의 불가능할 것이다.[47]

적의 긴급 공문서를 기만적으로 운반하는 행위도 그것을 운반하는 중립국의 선박을 포획되고 몰수되게 한다. 그러한 복무의 결과는 무한정이며 운반될 수 있는 어떤 금제품의 효과도 무한히 넘어선다. 스콧 *W. Scott* 재판관이 말하길,

> "군용품(military stores) 화물을 두세 차례 운반하는 일은 필연적으로 제한된 성격의 지원이다. 그러나 긴급 공문서의 운반으로 세상 그 지역에서 상대방 교전국의 모든 계획을 좌절시킬 수 있는 군사 작전의 전체 계획이 전달될 수도 있다. 전에 말했던 것처럼, 한 발의 총알이 스웨덴의 칼 12세 국왕*Karl XII(1697-1718)*과 같은 중요한 인사를 제거하여 군사 작전에서 최고로 재앙적인 효과를 낳을 수 있다는 것도 사실이다. (역자 주: 대북방 전쟁Great Northern War(1700-1721) 중 스웨덴 국왕 칼 12세가 1718년 11월 30일 노르웨이 Fredriksten 공성전에서 총알 1발을 맞고 사망한 사건을 말한다.) 그러나 그것은 너무도 희박하고 우

---

46 Robinson's Adm. Rep, vol. iv. p. 256. The Carolina. (Robinson의 해사 판례집)

47 Robinson's Adm. Rep. vol. vi. p. 430. The Orozembo. (Robinson의 해사 판례집)

연한 결과여서 인간사에 대한 고찰에서 전혀 고려되지 않는 지극히 미미한 수량이다. 따라서 금제품의 위반행위는 금제품이 상당한 수량으로 존재하는 경우에만 성립한다는 것이 관행이 되었다. 긴급 공문서의 경우는 매우 다른데, 문서를 가장 중요한 결과를 낳을 수 없을 정도로 작은 크기로 제한하는 것은 불가능하다. 따라서 긴급 공문서의 운반은 문서가 어떤 정도로 존재하든지 간에 한 가지 성격, 즉 가장 적대적인 성격의 행위로만 간주될 수 있는 업무이다. 그러므로 적에 봉사하는 긴급 공문서를 기만적으로 운반하는 위반행위는 어떤 상황에서 금제품을 운반하는 위반행위보다 더 중대하므로, 금제품 사건에 가해지는 처벌이 아닌 다른 처벌에 의존하는 것이 절대적으로 필요할 뿐만 아니라 공정하게 된다. 선박과 화물이 동일인에게 속하지 않는 경우에 금제품 위반행위에 대한 처벌인 해당 금제품의 몰수가 긴급 공문서에 적용된다면 터무니없을 것이다. 화물 운송을 긴급 공문서의 운반에만 의존하는 일은 없을 것이므로 이러한 처벌은 사물의 본질상 적용될 수 없다. 따라서 그것을 운반한 운송 수단이 몰수되어야 한다."[48]

그러나 중립국에 주재하는 적국 외교사절의 긴급 공문서를 운반하는 일은 위의 일반규칙이 의존하는 추론에서 제외된다.

"그것은 국제법이 독특한 방식으로 총애하는 보호 대상자들이 보내는 긴급 공문서이다. 그들은 중립국과 본국 정부 간의 우호 관계의 유지를 위해 중립국에 주재한다. 이러한 이유로, 운송을 제공할 권리와 관련하여 매우 중대한 차이가 발생한다. 중립국은 적과의 관계를 유지할 권리가 있다. 그리고 그들이 어떤 소통을 하든지 간에, 그로써 다른 교전국에 대한 적대행위의 성격이 어느 정도로든 공유될 수 있다고 자의적으로 단정해서는 안 된다. 국제법학자들이 대사에 대한 전쟁행위(operation of war)에 지정한 한계는, 적대행위의 성격이 존재하는 곳이면 어디에서든 교전국이 그들에 대해 전쟁권을 행사할 수 있다는 것이다. 즉 교전국은 적국의 대사가 자국을 통과하는 중에 그를 정지시킬 수 있다. 하지만 그가 중립국에 도착하여 대사의 직무를 맡고 대표성이 인정되면, 그는 모든 국가가 어느 정도는 이해관계를 갖는 우호·평화 관계의 유지를 위해

48 Robinson's Adm. Rep. vol. vi. p. 440. The Atalanta. (Robinson의 해사 판례집)

별도로 마련된 독특한 특권을 갖는 일종의 중개인(*middle man*)이 된다. 대사는 섞이지 않는 순수한 국민성을 유지하며 주거조차 그의 본국에 있는 것으로 여겨진다고 주장한다면, 이는 단지 대사의 추가적인 보호를 위해 고안된 법의 의제(fiction of law)이며, 그러한 의제로서 그것이 의존하는 추론 너머로 확장되어서는 안 된다고 응답할 것이다. 그것은 특권(privilege)으로 의도되었으며, 따라서 대사에게 불리하게 주장될 수 없다. 그러한 원칙에서, 중립국 영토 내에서 대사에게 무슨 전쟁권이 적용된다고 말할 수 있겠는가? 확실히 아니다. 그는 본래 자국의 이익을 위해 평화·우호 관계를 유지할 목적으로 그곳에 있지만, 동시에 그러한 관계가 유지되는 가운데 중립국도 갖는 이익의 증진과 보호를 위해 그곳에 있다. 이 문제와 관련하여 무엇이 중립국의 편의가 될 것인지도 고려되어야 한다. 중립국의 이익은 적국과의 소통이 완전히 차단되어서는 안 된다는 것일 수도 있기 때문이다. 만약 적국의 대사가 그의 본국과의 유일한 소통 수단으로부터 차단되어야 한다면, 그것은 거의 적국의 대사가 중립국에 주재하지 않아야 한다는 선언으로 볼 수도 있다. 그러한 통신의 기회도 없이 어떤 유용한 목적으로 그곳에 주재할 수 있겠는가? 중립국과 적국 간의 모든 업무를 적국에 주재하는 중립국의 외교사절이 처리해야 한다고 말하는 것은 너무 과하다. 국가 관행은 중립국이 교전국의 외교사절을 접수하고, 그들과 직접 교섭하는 특권을 허용했다."[49]

23 금제품의 운송에 대한 처벌

선박과 화물이 동일인에게 속하지 않는 경우, 일반적으로 금제품(contraband articles)만 몰수되고, 선주는 적의 재산으로 몰수 판결을 받은 무고한 물품(innocent articles)에 대해 원래 받을 권리가 있는 운임을 받지 못한다. 그러나 선박과 무고한 물품 모두 금제품의 주인에게 속하는 경우, 모두 금제품과 똑같은 처벌을 받는다. 그리고 선박과 화물이 동일인에게 속하지 않는 경우라도, 허위 서류와 허위 목적지로 기만적인 상황에서 금제품을 운송하면 선박과 화물 모두 몰수당하게 된다. 포획

49 Sir W. Scott, Robinson's Adm. Rep. vol. vi. p. 461. The Carolina. (Robinson의 해사 판례집 중 Scott 재판관의 Carolina 호 사건)

국가와 자국 간의 기존 조약의 명시적 의무로 적에게 금제품 운송을 삼갈 의무가 있는 자가 자신의 선박으로 금제품을 운송한 경우, 똑같은 효과가 발생하는 것으로 판단되었다. 그러한 경우, 그 선박은 중립 성격을 벗어던지고 즉시 적의 선박으로 취급받게 되며, 그 선박이 속한 국가의 엄숙한 조약을 위반한 자로 취급된다고 한다.[50]

금제품에 관한 일반규칙은 스콧*William Scott(1745-1836)* 재판관이 규정한 바와 같이, 실제로 적의 항구로 항행하는 위반행위의 실행 중에(*in delicto*) 물품이 획득되어야 한다는 것이다.

> "국제법에 대한 현재의 이해에 따르면, 일반적으로 선박의 귀환 항행 중에 금제품의 수익금(proceeds)을 획득할 수는 없다. 위반행위는 적대국의 목적지를 향해 항구를 떠나는 순간 완성되며, 물품이 실제로 적의 항구에 들어오려고 할 때까지 기다릴 필요가 없다. 하지만 그 위반행위의 실행 중에, 그리고 항행이 실제로 진행되는 중에 물품이 획득되지 않으면, 이제 일반적으로 처벌이 따르지 않는 것으로 판단된다."[51]

그러나 이 유식한 재판관은 다른 금제품 사건들에서는 다른 규칙을 적용했다. 그 금제품은 항행의 진정한 목적을 숨길 의도로 허위 문서와 허위 목적지를 사용하여 유럽에서 동인도제도로 운송되었으며, 그 화물의 수익금으로 선적한 물품이 유럽으로 돌아오는 항행 중에 포획되어 포획물 확인재판으로 몰수되었다.[52]

---

50 Robinson's Adm. Rep. vol. i. p. 91. The Ringende Jacob. P. 244. The Sarah Christina. P. 288. The Mercurius. Vol. iii. p. 217. The Franklin. Vol. iv. p. 69. The Edward. Vol. vi. p. 125. The Ranger. Vol. iii. p. 295. The Neutralitet. (Robinson의 해사 판례집)
As to how far the ship-owner is liable for the act of the master in cases of contraband, see Wheaton's Rep. vol. ii. Appendix, Note I. pp. 37, 38. (전시금제품 사건에서 선장의 행위에 대해 선주가 어디까지 책임이 있는지에 관해서는 Wheaton의 미국 대법원 판례집을 보시오.)

51 Robinson's Adm. Rep. vol. iii. p. 168. The Ionina. (Robinson의 해사 판례집)

52 Ibid. vol. ii. p. 343. (위의 책) The Rosalie and Betty. Vol. iii. p. 122. The Nancy. The soundness of these last decisions may be well questioned; for in order to sustain the penalty, there must be, on principle, a *delictum* at the moment of seizure. To subject the property to confiscation whilst the offence no longer continues, would be to extend it indefinitely, not only to the return voyage, but to all future cargoes of the vessel, which would thus never be purified from the contagion communicated by the contraband articles. (이 마지막 결정들의 건전성은 충분히 의문이 제기될 수 있다. 처벌을

23.1. 미국의 사례

외교교섭에서 미국 정부의 일반적인 정책은 금제품 목록을 제한하는 것을 목표로 삼았는데, 금제품을 엄격히 무기류 군수품(munitions of war)으로 한정하고 모든 이중 용도 물품을 제외함으로써다. 하지만 영국과 미국 간의 최근 전쟁 중에 미국 대법원이 특정 상황에서 금제품이 되는 식량에 대한 스콧 재판관의 모든 원칙을 채택할 의향이 있었던 것으로 보이는 주목할 만한 사건이 있었다. 그러나 그 사건은 전시금제품으로서 포획 및 몰수 대상이 되는(supposed to be liable to capture and confiscation) 중립국 재산인 화물 사건이 아니라, 명백히 전시포획물 확인재판에 의한 몰수 대상인(clearly liable to condemnation) 적의 해군과 육군에 보급하기 위한 적의 재산인 화물 사건이었다. 따라서 문제는 중립국의 해운선사가 적의 재산인 무고한 물품(innocent articles)을 운송하는 다른 경우에서처럼 운임을 받을 권리가 있는지였다. 그리고 이중 용도의(*anticipitis usus*) 물품이 어떤 상황에서 금제품이 되는지에 관한 검토는 그 사건의 결정에 필수적이지 않았지만, 그것이 법정에서 실제로 문제가 되었다면 통상적인 전쟁의 경우에 미국 재판관들 사이에 의견이 다르지 않았을 것으로 보인다. 즉 그들 모두, 적국의 해군이나 육군을 위한 보급품을 운반하는 중립국 운송인은 국제법의 가장 관대한 해석으로도 운임을 잃는다는 원칙에 동의했을 것이다. 그러나 그 사건은 에스파냐 반도에 있는 대프랑스 동맹군에 보급하기 위한 보리와 귀리로 구성된 영국의 재산인 화물을 스웨덴 선박이 운송하던 중에 미국 군함에 포획된 사건이었다. 그리고 당시 미국은 영국과는 전쟁 중이었지만, 스웨덴 그리고 영국 이외의 다른 대프랑스 동맹국들과는 평화 관계에 있었다. 이런 상황에서, 미국 대법원 재판관의 과반수는, 스웨덴 선박의 항행은 위법이며 그 중립국 선박은 전시포획물 확인재판에서 적의 재산으로 몰수된 화물의 운임을 받을 권리가 없다는 의견이었다.

미국 대법원 판결문에 영국 포획법원의 사건들이 명시되었는데, 적의 운송업무에 종사하거나 적에 고용된 군인을 수송하거나 적의 긴급 공문서를 운반하는 일은,

---

받으려면 원칙적으로 포획 순간에 위법행위가 있어야 하기 때문이다. 위법행위가 더는 계속되지 않는 중에 재산을 몰수되게 한다면, 그 선박의 귀환 항행뿐만 아니라 장래의 모든 화물에 대해 몰수를 무기한 연장하는 것으로 된다. 이는 전시금제품에 의해 전달된 오염이 절대로 정화되지 않을 것임을 의미한다.)

그 수단인 재산을 몰수되게 하는 적대행위로 엄중하게 심판받았다는 것이다. 이들 영국 포획법원의 사건에서, 항행이 중립국 항구를 목적지로 한 사실이 그 행위의 성격을 바꾸는 것으로 여겨지지 않았다. 영국 법원에 의한 결정의 원칙이 주장하는 바는, 해당 당사자가 스스로 적국에 복무하고, 적국에 대한 전쟁의 압박을 차단하고 적국의 공격 프로젝트를 유리하게 하는 데 도움을 준 것으로 여겨져야 한다는 것이었다. 이제 이들 영국 법원의 사건들은 미국 대법원 앞에 놓인 사건과 원칙적으로 차이가 있을 수 없다. 여기 대법원 사건에서, 화물은 적군을 위한 보급용이라는 공공연한 목적으로 적국으로부터 수출된 식량 화물이었다. 만약 그러한 목적이 없었다면 수출은 아예 허가되지 않았을 것이다.

항행의 직접적인 효과가 영국의 미국에 대한 적대행위를 지원하는 것이 아니라는 주장은 소용없었다. 그것은 적이 미국에 대한 적대 활동을 간접적으로 더욱 힘차고 민첩하게 할 수 있게 하고, 적의 처분 가능 무력을 증가시킬 수 있다. 그러나 법이 고려하는 것은 특정 행위의 효과가 아니라, 적의 군사 작전을 돕고 엄격한 중립을 회피하려는 그러한 일의 일반적인 경향이다. 목적지가 중립국의 항구라는 사실이 이 규칙의 적용을 다르게 할 수 없다. 그 선박은 직접적으로 금지된 것을 간접적으로 실행하고 있을 뿐이었다. 영국의 함대가 프랑스의 보르도(Bordeaux)에 집결하여 미국에 대한 원정을 준비하는 동안에 중립국 선박이 그들을 위한 식량을 합법적으로 운송할 수 있다고 주장할 것인가? (역자 주: 보르도는 1814년에 영국 군대에 점령되었으며, 1812년 시작된 미-영 전쟁은 아직 끝나지 않은 상태였다.) 아메리카 대륙 연안에 정박해 있는 영국 함대에 중립국이 합법적으로 물품을 공급할 수 있다고 주장할 것인가?

영국의 대프랑스 전쟁은 영국의 대미국 전쟁과는 별개의 전쟁이라는 근거로, 그리고 그 스웨덴 신민은 영국의 대미국 전쟁에 대해서와는 달리 대프랑스 전쟁에 대해서는 영국의 군대를 지원할 완전한 권리가 있다는 근거로, 이 사건을 적의 운송업무에 종사하는 통상적인 사건들로부터 구별하려는 시도가 있었다. 그러나 미국 대법원은, 자신의 권위에 따라 행동하는 스웨덴의 군주가 어떤 권리를 가질 수 있든지 간에, 스웨덴 선박이 실제로 영국을 위한 업무에 종사하고 있거나 전적으로 영국 군대용 보급품 운반에 종사하고 있다면, 그 선박은 모든 의도와 목적에서 영국의 운송 수단으로 여겨져야 한다고 판단했다. 그 당시 영국 군대가 어떤 특정 군사 업무에 관여할지는 전혀 중요하지 않은데, 똑같은 중요한 혜택이 미국의 적에게 주어졌고, 그로써 그 적은 미국을 상대로 투입할 수 있는 더 많은 가처분 무력을 획득하였기 때문이다.

스콧 재판관은 *Friendship* 호 사건(6 *Rob*. 420,)에서 이 주제에 관해 말하면서 다음과 같이 단언했다.

> "그렇게 수송된 병력이 즉각적으로 원정에 투입되든 투입되지 않든 그것은 아무런 의미가 없다. 단순히 병력을 각 부대로 이동시키거나, 물자를 한 장소에서 다른 장소로 운반하는 것은 수송선의 통상적인 업무이며, 이런저런 경우가 적을 위한 즉각적이고 적극적인 복무와 연결될 수 있는지 없는지 구별하는 것은 전적으로 중요하지 않다. 먼 곳에 있는 부대를 이동시키는 데 어떤 즉각적인 행동의 의도가 없을 수도 있다. 그러나 군대를 현재나 장래의 사용을 위해 집결시키기에 편리한 장소로 이동시키는 일은 여전히 일반적으로 중요하므로 여기에 수송선의 목적과 쓰임새가 있다."

이 유식한 재판관은 물자의 목적지가 어디인지는 중요하지 않다고 판단했음이 분명했다. 그리고 적군의 즉각적인 용도가 무엇인지도 마찬가지로 중요하지 않았음이 분명하다. 영국 군대는 어디에 있든 항상 미국에 적대적이었다. 영국 군대는 오늘은 프랑스에 적대적일 수 있고, 내일은 미국에 적대적일 수 있다. 그리고 영국의 급양 부대(commissary department)가 더 잘 공급받을수록 더 많은 생기와 활동이 영국 군대의 모든 움직임에 전달되었다. 따라서 미국의 적이 관여된 별개의 다른 전쟁이 있는지 없는지는 중요하지 않았다. 영국 군대는 어디에서든 미국의 적이라는 것으로, 그리고 영국 군대에 제공된 모든 지원은 직간접적으로 미국에 손상으로 작용한다는 것으로 충분했다.

따라서 미국 대법원은 스웨덴 선박의 항행은 위법이고 중립의 의무와 양립하지 않으며, 처벌을 단지 운임을 받지 못하는 데 한정하는 것은 너무 느슨한 사법 운용이라는 의견이었다.[53]

53 Wheaton's Rep. vol. i. p. 382. The Commercen. (Wheaton의 미국 대법원 판례집)

24 1756년 전쟁 규칙

위 스웨덴 선박 사건의 변론에서 다음과 같은 주장이 제기되었다. 즉 아일랜드(Ireland)로부터 곡물 수출이 일반적으로 금지되어 있으므로 중립국은 평시에 일반적으로 개방되지 않는 무역인 적의 식민지 및 연안과의 무역에 적용되는 소위 "1756년 전쟁 규칙"(Rule of the War 1756)의 원칙에 따라, 전쟁 중에 그 곡물 무역에 합법적으로 종사할 수 없다는 것이다. 미국 대법원은 영국의 포획법원이 그 규칙의 근거로 삼은 원칙들이 자신의 재판 사건에 적용되지 않는 것으로 보아 그것을 고려할 필요가 없다고 판단했다. 그러나 미국 정부는 그 규칙 자체의 합법성에 대해 항상 다투었으며, 원래 그 규칙은 더 최근에 그것을 옹호하기 위해 제시된 원칙과는 매우 다른 원칙에 근거를 두었던 것으로 보인다.

1756년 시작된 7년 전쟁 중에 프랑스 정부는 그 식민지와의 무역이 영국의 해양패권으로 거의 전부 차단되자, 식민지 무역의 독점을 완화하여 당시 중립국이던 네덜란드에 프랑스와 그 식민지 간의 무역에 종사하도록 허용하고, 동시에 다른 모든 중립국을 배제했다. 이를 위해 프랑스는 그 특정 목적으로 특별 허가증 또는 통행증(special licenses or passes)을 발급했다. 그렇게 고용된 많은 네덜란드 선박이 영국의 군함에 포획되고, 영국 법원의 포획물 확인재판에서 화물과 함께 몰수 판결을 받았다. 네덜란드 선박은 그렇게 고용됨으로써, 적의 통상과 성격을 채용하고 자신을 적의 이익 및 목적과 동일시하여 프랑스의 항행에 통합되었다는 원칙에 따른 것이었다. 영국 법원의 판결에서 네덜란드의 선박들은 적을 위해 복무하는 운송 수단으로 여겨졌고, 따라서 적의 군대와 긴급 공문서 수송을 이유로 몰수된 재산에 적용되는 것과 똑같은 원칙에 따라 포획되고 포획물 확인재판으로 몰수되었다. 이들 사건에서 네덜란드 선박은 적대적 성격을 획득할 정도로 자신을 프랑스의 이익과 완전히 동일시했으므로 그 재산은 이 특별한 경우에 적의 재산으로 여겨졌다. 따라서 전시와 평시에 자국의 신민에게만 배타적으로 허용되고 다른 모든 자에게 금지된, 그리고 어느 때도 외국인의 이름으로 공공연히 수행될 수 없는 그러한 무역에 중립국 신민이 종사하는 경우, 그의 무역은 전적으로 그 국가의 무역으로 간주되므로 그 국가의 적대적인 상황을 따라야 한다.[54]

---

54 Robinson's Adm. Rep. vol. ii. p. 52. The Princessa. Vol. iv. p. 118. The Anna

이 원칙과 더 현대의 주의(doctrine), 즉 평시에 중립국에 개방되지 않은 모든 무역을 전쟁 중에 중립국에 대해 금지하는 주의 간에는 큰 차이가 있다. 즉 적이 정책상의 이유로 상대방 교전국 신민에게 허용한 특정 무역에서 그들의 재산을 포획으로부터 보호하는 특별 허가증(special licenses)을 부여하는 것과, 그러한 무역을 포획으로부터 일반적으로 면제하는 것 간의 차이다. 전자는 명백히 몰수(confiscation)의 원인이지만, 후자는 그러한 효과를 갖는 것으로 여겨진 적이 절대 없었다. 1756년 전쟁 규칙은 원래 전자의 원칙에 근거를 두고 있었다. 그것은 미국 혁명전쟁 중 휴면상태에 들어갔다가 1793년 유럽 동맹국의 대프랑스 전쟁의 시작으로 다시 작동하여 다양한 완화와 수정을 거치면서 적의 연안 및 그 식민지와의 모든 중립국 무역을 금지하는 데 적용되었다. 이 전쟁 규칙의 원칙은 스콧 재판관의 탁월한 고등해사법원(the High Court of Admiralty) 판결, 그리고 학식과 역량이 뛰어난 영국 법학자들의 글에서 그 정당성이 빈번히 옹호되었다. 그러나 그들의 추론의 확정성은 미국과 기타 국가의 학자들에 의해 훌륭하게 반박되었으며, 중립국에 의한 적의 식민지와의 무역을 금지하는 데서 중립국의 묵인을 획득하지 못했다. 이 문제는 전쟁 말기에 중립국들이 영국의 동맹국이나 적국이 될 때까지 계속, 영국과 중립국들 사이에 풍성한 논쟁의 원천이 되었다. 하지만 앞으로 그 규칙의 실질적인 중요성은 이후 유럽의 식민지 체제에서 일어난 혁명으로 많이 감소할 것이다.[55]

25 봉쇄의 위반

전시에 중립국 통상의 일반적인 자유에 대한 또 다른 예외는 일방 교전국에 의해 포위되거나 봉쇄된 항구나 장소로의 무역에서 발견될 수 있다.

옛날의 국제법 학자들은 모두, 포위되거나 봉쇄된 항구나 장소와의 중립국의 상거래가 위법이 되기 위해서는 포위나 봉쇄(siege or blockade)가 포고로 선포되기만 해서는 안 되며, 실제로 존재하고 충분한 무력으로 유지될 것을 요구한다. 그래서

Catharina. P. 121. The Rendesborg. Vol. v. p. 150. The Vrow Anna Catharina. (Robinson의 해사 판례집) Wheaton's Rep. vol. ii. Appendix, p. 29. (Wheaton의 미국 대법원 판례집)

55 Wheaton's Rep. vol. i. Appendix, Note iii. (Wheaton의 미국 대법원 판례집)

흐로티위스*Grotius*는, “실제로 군대가 투입된 도시나 촘촘히 봉쇄된 항구의 경우에서처럼, 그리고 투항이나 평화가 일어날 것이 이미 예상되는 때에, 포위되거나 봉쇄된 곳으로 어떤 물자를 들여오는 것이 교전국의 합법적인 계획의 실행을 방해할 수 있고 운반자가 그러한 포위나 봉쇄의 사실을 알았을 수 있다면,” 포위되거나 봉쇄된 곳으로 어떤 물건의 운반도 금지한다.[56]

그리고 빈케르스후크*Bynkershoek*는 이 문구에 대한 논평에서 다음과 같이 주장한다.

> “금제품이든 아니든 어떤 물건을 그러한 상황에 처한 곳으로 운반하는 것은 위법이다. 그 내부에 있는 사람들이 직접적인 무력의 작용에 의해서뿐만 아니라 식량과 기타 생필품의 부족으로 투항하지 않을 수 없게 될 수도 있기 때문이다. 따라서 그들이 필요로 하는 물품을 그들에게 운반하는 것이 합법이라면, 상대방 교전국은 그로 인해 포위나 봉쇄를 풀지 않을 수 없으며, 이는 그 교전국에 손상(injury)을 주므로 불공평하다. 그리고 포위되거나 봉쇄된 자들이 무슨 물건을 원하는지 알 수 없으므로, 법은 일반적인 용어로 어떤 물건이든(*any thing*) 그들에게 운반하는 것을 금지한다. 그렇게 하지 않으면, 분쟁과 논쟁이 끝없이 일어날 것이다.”[57]

빈케르스후크는 흐로티위스가 엄격한 봉쇄에 필수적인 요소로 평화나 투항의 가망성(expectation)을 요구하려 했다고 추정함으로써, 위에 인용된 흐로티위스의 문구의 진정한 의미를 잘못 이해한 것으로 보인다. 사실 흐로티위스는 자신의 주장을 가장 강력하게 만들기 위한 방편으로 그것을 언급할 뿐이다. 그러나 빈케르스후크는 실제로 도시에 군대가 투입되거나 항구가 군함으로 촘촘히 봉쇄되는(*oppidum obsessum, portus clausos,*) 엄격하고 실제적인 포위나 봉쇄를 요구함으로써 흐로티위스의 의견에 동의했다. 이는 당시 실제로 포위되지 않은 에스파냐의 군사 기지에

---

56 “*Si juris mei executionem rerum subvectio impedieret, idque scire potuerit qui advexit, ut si* OPPIDUM OBSESSUM TENEBAM, si PORTUS CLAUSOS, *et jam deditio aut pax – expectabitur,*” &c. Grotius, de Jur. Bel. ac Pac. lib. iii. cap. 1. sec. 5, Note 3. (Grotius의 전쟁과 평화의 법)

57 Bynkershoek, Quæst. Jur. Pub. lib. i. cap. 11. Duponceau’s Transl. p. 82. (Bynkershoek의 국제법의 문제들)

무언가를 운반하려는 자들에 대한 네덜란드 정부의 포고령에 관한 같은 장(chapter) 내 후속 언급에서 분명히 나타난다. 빈케르스후크는 그 포고령이 적의 기지로 전시금제품의 운반을 금지했던 한 완전히 정당하지만, "다른 물품에 대해서는, 합법적인 금지인지 여부가 전적으로 포위되었거나 그렇지 않은 장소의 사정에 달려 있다."라고 주장한다. 마찬가지로, 그는 플랑드르 지방 항구들의 봉쇄를 선언한 1630년 6월 26일 의회 포고령에 대해 논평하면서, 이 포고령이 한동안 충분한 해군력의 실제 주둔에 의해 시행되지 않았음에도 그 기간에 이들 항구와 거래한 중립국 선박이 네덜란드 군함에 의해 포획되었으며, 포획된 화물 중 금제품인 화물만 포획물 확인재판으로 몰수되고 나머지 화물은 선박과 함께 풀려났다고 말한다. 그가 말하길,

> "그러한 상황에서 금제품이 어떤 법에 따라 포획물 확인재판으로 몰수되었는지 의문이 제기되었으며, 그 몰수 판결의 합법성을 부인하는 사람들도 있다. 그 연안이 느슨하거나 부주의하게 지켜지는 한편, 봉쇄된 항구를 드나드는 모든 중립국 물품을 합법적으로 포획할 수 있게 하는 봉쇄법이 완화되었을 수 있다는 것도 분명하지만, 적의 항구가 봉쇄되지 않았더라도 그곳으로 금제품이 운반되는 경우에 몰수되게 하는 일반 전쟁법은 완화되지 않았을 수도 있다."

25.1. 봉쇄의 위반이 되려면 어떤 것들이 증명되어야 하는가

스콧 재판관에 의하면, "봉쇄의 위반을 구성하기 위해서는 세 가지가 증명되어야 한다. 첫째, 실제 봉쇄의 존재, 둘째, 봉쇄를 위반했다고 여겨지는 당사자의 봉쇄 사실의 인지, 셋째, 봉쇄가 시작된 후에 선적된 화물과 함께 항구를 출입하는 봉쇄를 위반하는 행위다."[58]

25.2. 봉쇄 무력의 실제 존재

합법적인 해상 봉쇄는 항구의 교통(communication)을 차단하기에 충분히 가까이 그 입구에 배치된 충분한 무력의 실제 존재를 요구한다는 정의가 국제법학자들에 의해 제시되었고, 수많은 현대 조약 특히 영국과 러시아 간의 1800년 협약의 권위에 의해 확인되었다. 이 협약은 1780년과 1800년의 무장 중립(armed neutrality)을 초

58 Robinson's Adm. Rep. vol. i. p. 92. The Betsey. (Robinson의 해사 판례집)

래한 해사법의 쟁점들에 대한 최종 조정으로 의도되었다.[59]

합법적인 봉쇄의 구성 요건으로 적절한 무력의 실제 존재를 요구하는 일반적인 규칙에 대한 유일한 예외는, 폭풍우의 경우처럼 사고로 인한 봉쇄 함대의 우발적인 일시적 부재 상황에서 발생하며, 이는 봉쇄의 법적 시행을 중단시키지 않는다. 법은 이러한 사고로 인한 우발적 철수를 이용하려는 행위를 봉쇄를 깨뜨리기 위한 기만적인 시도로 간주한다.[60]

25.3. 봉쇄의 존재에 대한 당사자의 인지

포고(proclamation)나 일반적인 공고(general public notification)는 그 자체로는 법적 봉쇄를 형성하기에 충분하지 않으므로, 그러한 봉쇄의 존재에 대한 인지(knowl-edge) 또한 단지 그러한 포고나 공고의 결과로 당사자에게 귀속될 수 없다. 봉쇄가 위반되었음을 밝히기 위해서는, 실제 봉쇄가 존재해야 할 뿐만 아니라, 실제 봉쇄에 대한 인지가 당사자에게 있어야 한다.[61] 한편으로 사실에 의해 뒷받침되지 않는 봉쇄의 선포는 봉쇄의 법적 존재로 여겨질 수 없는 것처럼, 다른 한편으로 현장에서 당사자에게 정식으로 통보된 봉쇄의 사실은 그 자체로 당사자에게 봉쇄의 인지를 주기에 충분하다. 정부 간의 공적 통고는 단지 개인들에게 봉쇄 사실을 알리기 위한 것일 수 있기 때문이다. 개인이 직접 봉쇄 사실을 알게 되었다면, 그 목적은 공식 선포에 의한 것보다 더 잘 달성되었다.[62] 선박이 봉쇄 상황, 즉 봉쇄의 계속이나 완화에 대한 정보를 끊임없이 얻을 수 있을 정도로 봉쇄된 항구 가까이 있는 국가로부터 항행을 시작할 경우, 봉쇄가 계속되든 완화되었든 어떤 특별한 통지도 필요하지 않다. 이 경우 공식 선포는, 선박이 출항하는 항구에서 그 선포를 접수하기에 충분

---

59 The 3rd art. sect. 4, of this convention, declares, "That in order to determine what characterizes a blockaded port, that denomination is given only where there is, by the disposition of the power which attacks it with ships stationary, or sufficiently near, an evident danger in entering." (이 협약 제3조 제4항은 다음과 같이 선언한다. 즉 "봉쇄된 항구를 특징짓는 것이 무엇인지 결정할 목적으로, 봉쇄된 항구라는 명칭은 항구에 주둔하거나 충분히 가까이에 있는 선박으로 항구를 공격하는 무력을 배치함으로써, 항구의 진입에 명백한 위험이 있는 경우에만 부여된다.")

60 Robinson's Adm. Rep. vol. i. p. 154. The Columbia. (Robinson의 해사 판례집)

61 Ibid. p. 93. The Betsey. (위의 책)

62 Robinson's Adm. Rep. p. 83. The Mercurdus. (Robinson의 해사 판례집)

한 시간이 지난 후에야 당사자에게 통지되는 것을 의미하기 때문이다.[63] 그러나 이러한 정보를 끊임없이 받을 수 없을 정도로 멀리 떨어져 있는 국가의 경우, 그 주민은 봉쇄가 상당 기간 존속한 후에 풀렸으리라는 기대하에 추측하여 합법적으로 선박을 보낼 수 있다. 이 경우, 당사자는 봉쇄의 결정 여부를 문의할 성당한 권리를 가지며, 그러한 문의에 대해 봉쇄가 존재한다는 통지를 받지 않는 한, 봉쇄의 위반에 따르는 처벌에 연루될 수 없다.[64]

스콧 재판관이 말하길,

> "두 가지 종류의 봉쇄가 있다. 하나는 단지 단순한 사실(*simple fact*)에 의한 봉쇄이며, 또 다른 하나는 봉쇄의 사실에 동반된 통고(notification)에 의한 봉쇄이다. 전자의 경우, 그 사실이 사고나 풍향의 변동 이외의 다른 사유로 중단되면 봉쇄는 즉시 종료된다. 그러나 봉쇄 사실이 교전국 정부의 중립국 정부에 대한 통고에 동반된 경우라면, 봉쇄는 일단(*primâ facie*) 공식적으로 해제될 때까지 존재하는 것으로 여겨져야 한다고 이해된다. 봉쇄가 중단되면 봉쇄를 통고했던 것과 똑같은 방식으로 즉시 그 중단을 통고하는 것이, 봉쇄를 통고했던 교전국의 명백한 의무이다. 만약 봉쇄가 중단된 사실을 통고하지 않고 있다가 먼 후에 다시 봉쇄를 통고한다면, 이는 중립국에 대한 기만이며, 어떤 국가도 그렇게 할 것으로 생각되지 않을 행위일 것이다. 나는 이러한 종류의 봉쇄가 어떤 경우에도 사실상(*de facto*) 종료되지 않을 수 있다고 말하는 것이 아니라, 그러한 행위가 어떤 국가에 대해서도 성급하게 추정되어서는 안 된다고 말하는 것이다. 따라서 나는 그러한 경우가 명확해지기 전에는, 통고에 의한 봉쇄는 일단(*frimâ facie*) 그 통고가 취소될 때까지 계속되는 것으로 추정된다고 주장할 것이다."[65]

그리고 다른 사건에서 스콧 재판관은 다음과 같이 말한다.

> "외국 정부에 대한 봉쇄 통고의 효과는 명백히 해당 국가의 모든 개인에 대한 통고를 포함한다. 만약 통고를 알지 못했다는 항변이 개인에게 허용된다면, 통

---

63 Ibid. vol. ii. p. 131. The Jonge Petronella. P. 298. The Calypso. (위의 책)

64 Ibid. vol. i. p. 332. The Betsey. (위의 책)

65 Robinson's Adm. Rep. vol. i. p. 171. The Neptunus. (Robinson의 해사 판례집)

고는 효용성이 없을 것이다. 그 정보를 자기 신민에게 전달하는 것은 그들의 이익을 보호할 의무가 있는 그 외국 정부의 책임이다. 따라서 나는 봉쇄의 통고에 대해, 중립국 선장이 그것을 알지 못했다고 증언하는 것이 절대로 받아들여질 수 없다고 주장할 것이다. 그가 실제로 그 사실을 몰랐다면, 그것은 자국 정부에 대한 항의의 문제일 수 있고 그 정부에 보상(compensation)을 청구할 수도 있을 것이지만, 교전국 법원에서 항변이 될 수는 없다. 단지 사실상(*de facto*) 봉쇄의 경우는 그렇지 않을 수도 있지만, 지금 다루고 있는 것은 통고에 의한 봉쇄의 경우다. 통고에 의한 봉쇄와 단지 사실상의 봉쇄 간의 또 다른 차이는, 전자의 경우 봉쇄된 장소를 향해 항행하는 행위만으로 봉쇄의 위반을 형성하기에 충분하다는 것이다. 봉쇄의 통고(notification)는 정식으로 취소될 것이며 그에 합당한 취소의 통지(notice)가 있으리라고 추정되어야 한다. 그렇게 되기 전에는 항구가 폐쇄된 것으로 여겨져야 하며, 그러한 목적지로 항행하기 위해 항구를 떠나는 순간 봉쇄의 위반행위는 완성되고, 거기에 관여된 재산은 몰수 대상이 된다. 사실상(*de facto*)으로만 존재하는 봉쇄에서는 다를 수 있다. 즉 거기에서는 봉쇄의 지속에 대한 어떠한 추정도 생기지 않으며, 봉쇄 사실에 대한 당사자의 무지가 분명치 않은 잠정적인 목적지로의 항행에 대한 변명으로 인정될 수도 있다."[66]

시행 중인 봉쇄의 통고에 관한 보다 명확한 규칙이 해양 국가들 간의 협약 규정에 의해 빈번하게 제공되었다. 영국과 미국 간의 1794년 조약 제18조에 의해 다음과 같이 선언되었다.

"적에 속하는 항구나 장소가 포위 또는 봉쇄되거나 군대가 투입된 사실을 알지 못하고 선박이 그곳으로 항행하는 일이 종종 일어나므로, 그러한 상황에 놓인 선박은 모두 그 항구나 장소로부터 돌려보내기로 합의되었다. 그러한 선박은 억류되지 않으며, 화물도 금제품이 아니면 봉쇄 사실을 통지받은 선박이 재진입을 시도하지 않는 한 몰수되지 않는다. 그 선박은 자신이 적절하다고 생각하는 다른 항구나 장소로 가도록 허용된다."

이 규정은 영국과 발트해 국가들 간의 이전 조약들에 포함된 것과 똑같은 규정

66 Ibid. vol. ii. p. 112. The Neptunus, Hempel. (위의 책)

인데, 이 규정이 서인도제도에 있는 영국의 해군 당국과 포획법원에 의해 무시당하자, 미국 정부는 공식 통로로 이 문제에 대한 영국 정부의 관심을 촉구하였다. 그 결과, 영국 해군성(Board of Admiralty)은 1804년에 해군 지휘관들과 식민지해사법원(vice-admiralty courts, 역자 주: 영국의 해외영토에서 해사 관할권을 가진 법원)의 재판관들에게 지시를 내렸다. 즉 실제로 군대가 투입된 특정 항구가 아닌 한, 프랑스의 서인도제도에 대해 어떠한 봉쇄도 존재하지 않는 것으로 여기고, 그러한 특정 항구를 목적지로 하는 선박은 그 항구에 들어가지 말라는 사전 경고를 받지 않았던 한 포획하지 말라는 것이었다. 이 지시에 의해 집행하려고 한 조약 규정은 국제법의 올바른 천명으로 보이며, 체약 당사국들에 의해 그렇게 인정되거나, 그들 간에 국제법을 대신하는 규칙으로 인정되고 있다.

어떤 사실과 연결되지 않고 봉쇄된 항구에 들어가려는 단순한 의도만을 이유로 중립국 선박을 포획물 확인재판으로 몰수하는 것(condemnation)은 일반 국제법도 조약도 인정하지 않는다. 위에 인용된 사건에서, 항행의 사실이 그 의도와 결합하였다. 따라서 포획물 확인재판은 봉쇄의 실제 위반 혐의에 근거를 두었다. 항구가 봉쇄되었다는 것을 알고서 그곳으로 항행하는 것은 그 항구에 입항하려는 시도로 해석되었으며, 따라서 선박의 출발 시점부터 봉쇄 위반으로 판단되었다. 그러나 봉쇄된 항구를 향해 출발하는 사실은 봉쇄에 대한 인지가 수반되지 않으면 그 자체로는 무고하다. 선박을 적으로 취급할 권리는, 바텔*Vattel*에 의해, 입항하려는 시도(*attempt*)에 근거해야 한다고 선언되었다(liv. iii. sect. 177). 그리고 물론 이 시도는 봉쇄 사실을 알고 있는 자에 의해 이루어져야 한다. 이 조약의 취지는, 그리고 이 조약에 근거하여 나온 지시의 취지는 선박이 들어오지 말라는 경고를 받기 전에는 봉쇄의 통지를 받은 상태에 놓일 수 없다는 것이다. 그 지시는 그 선박이 이전에 경고할 권한이 있는 군함으로부터 이 경고를 받지 않았었는지, 그리고 결과적으로 다른 곳에서 그러한 문의를 할 필요가 없어졌는지 봉쇄 함대에 문의할 권리를 주었다. 따라서 중립국 선박은 항구가 봉쇄된 사실을 알면서도 합법적으로 그 항구를 향해 항행할 수 있다. 그리고 그런 항구를 향해 항행하는 것이 발견되더라도, 실제로 들어오지 말라는 경고를 받지 않은 한, 봉쇄를 깨려는 시도를 구성하지 않는다.[67]

---

67 Cranch's Rep. vol. iv. p. 185. Fitzsimmons v. the Newport Insurance Company. (Cranch의 미국 대법원 판례집) Mr. Merry's Letter to Mr. Secretary Madison, 12th April, 1804.

통고(notification)에 의해 적의 항구가 봉쇄상태에 있다고 선포되고 그 통고가 나옴과 동시에, 봉쇄 중이던 함대가 적의 우세한 힘으로 쫓겨났다는 소식이 도착한 경우, 포획법원은 봉쇄가 그 법적 시행에 근본적으로 필요한 조건에서 처음부터 무효이고 흠결이 있다고(null and defective) 판단했다. 그리고 통고의 효력이 무력화된 상황에서, 중립국 선박에 그러한 통고를 준수하게 하는 것은 부당하다고 판단했다. 따라서 이 경우는 다른 경우에 통고로부터 나오는 추정과 무관하다고 여겨졌다. 통고가 무력화되었으므로, 선박이 항구 바깥에 도착했을 때 봉쇄가 실제로 존재했다면 봉쇄가 재개된 것으로 보였음이 분명했고, 그 배는 경고받을 권리가 있었을 것이다. 당시 실제로 봉쇄의 존재가 의심스러운 상태에서, 단지 항구를 향해 항행한 행위만으로 선박에 봉쇄 위반에 대한 처벌을 확정하기가 불충분하다고 여겨졌다.[68]

위 사건에서, 그 통고가 여전히 작동하는 것이 아닌지 의문이 제기되었지만, 법원은 작동하는 것으로 볼 수 없다는 의견이었다. 그리고 그런 상황에서 중립국은 봉쇄가 계속되는 것으로 추정할 의무도 없고, 다른 권한 있는 세력에 의해 봉쇄가 재개되리라는 추측 아래 행동할 의무도 없다는 의견이었다. 그러나 봉쇄 함대가 봉쇄를 재개하기 위해 실제로 항구 밖 이전 주둔 기지로 돌아왔다고 시사된 후속 사건에서, 봉쇄의 존재를 당사자들에게 인지시켰다고 여겨져야 하는 시간의 작용이나 기타 사정으로부터 나오는 봉쇄 사실의 공연성(notoriety of the fact)이 있었는지 의문이 제기되었다. 이 문제를 해결하는 여러 방법 중에서 지배적인 고려사항은 그 선박이 항행을 시작한 국가로부터의 거리에 비례한 시간의 길이였을 것이다. (역자 주: 그 시간의 길이가 짧은 데 비례하여 봉쇄의 재개 의도가 더 강하게 추정된다는 의미이다.) 그러나 어느 날 함대가 항구 바깥에 나타났다는 사실 외에 더 이상의 증거는 나오지 않았으므로, 그 사실이 그처럼 실효적으로 해제된 봉쇄를 되살리지는 못할 것이지만, 외국이 그것을 준수할 의무로 영향을 받기 전에 통고함으로써 봉쇄가 다시 갱신되어야만 한다고 주장되었다. 그 함대는 다른 의도로 항구 바깥에 돌아왔을 수도 있다. 그 함대는 그곳에 단지 관측함대로서, 또는 단지 제한적 봉쇄를 위해 왔을 수도 있다. 또 다른 한편, 함대 사령관이 두 개의 봉쇄를 서로 연결하려고 시도할 수도 있지만, 이는

(Mr. Merry의 Madison 미국 국무장관 앞 서한) Wheaton's Rep. vol. iii. Appendix, p. 11. (Wheaton의 미국 대법원 판례집)

68 Robinson's Adm. Rep. vol. vi. p. 65. The Triheten. (Robinson의 해사 판례집)

성사될 수 없는 일이며, 이전의 봉쇄를 되살리기 위해서는 원래의 봉쇄를 수립하는 데 필요한 동일한 형식의 소통이 새로이(*de novo*) 준수되었어야 한다.[69]

25.4. 봉쇄를 위반하는 행위

봉쇄의 위반에는, 당사자의 인지 외에도 봉쇄가 시작된 후에 선적된 화물을 가지고 항구를 출입하는 어떤 위반행위가 필수적인 요소이다.[70]

그래서 네덜란드 정부는 플랑드르 지역 항구의 봉쇄에 관한 1630년 포고령으로, 다음 경우에 중립국의 선박과 물품을 몰수하도록 명령을 내렸다. 즉 중립국의 선박과 물품이 이들 항구를 출입하는 것이 발견되거나, 명백히 입항하려는 것으로 보일 정도로 항구 근처에서 발견되는 경우, 또는 항구에서 멀리 떨어진 곳에서 발견되더라도 선적 서류상 그 항구가 목적지인 것으로 나타난 경우, 네덜란드 군함의 시야에 들어오거나 추격당하기 전에, 그리고 아직 아무 일도 일어나지 않은 사이에 자발적으로 의도를 바꿔 항로를 변경하지 않는 한 몰수된다는 것이다.

Bynkershoek는 포고령의 이 부분에 관해 논평하면서, "의심의 여지 없이 입항하려는 것으로 보일 정도로 봉쇄된 항구 가까이에서 발견된(*found so near to the blockaded ports as to show beyond a doubt that they were endeavouring to run into them*)" 선박에 영향을 미치는 규정의 합리성을 법적 추정(legal presumption)을 근거로 옹호하며, 극히 잘 증명된 긴급한 필요성이 있는 경우만 예외로 인정한다. 한층 더 합리적인 것은 선상에서 발견된 서류에 의해 그 의도가 명시적으로 증명되는 때에 몰수 처벌을 부과한다는 것이다. 이 포고령 제3조는 또한, 악천후로 어쩔 수 없이 봉쇄된 항구로 들어갔던 것이 아닌 선박과 화물이 그 항구에서 나와 멀리 떨어진 곳에서 포획되더라도 몰수되게 하였다. 다만 그렇게 적의 항구를 떠난 후 자국이나 다른 중립국의 항구 또는 자유항으로 항행을 완료한 선박은 몰수되지 않으며, 중립국의 항구나 자유항에서 포획물 확인재판에 의한 몰수(condemnation)로부터 면제된다. 그러나 그렇게 플랑드르의 항구에서 나오면서 네덜란드 군함의 추적을 받아 자국의 항구나 목적지 항구 등 다른 항구로 쫓겨 들어갔다가, 그곳에서 나와 공해상에서 발견된 선박은 포획되고 포획물 확인재판으로 몰수될 수 있다. Bynkershoek

---

69 Ibid. vol. vi. p. 112. The Hoffnung. (위의 책)

70 Robinson's Adm. Rep. vol. i. p. 93. The Betsey. (Robinson의 해사 판례집)

는 이 조항이 봉쇄를 깬 후 자발적으로 목적지 항구로 진입함으로써 항행을 종료한 선박의 경우와 쫓겨서 어쩔 수 없이 피신한 선박의 경우를 구별하고 있다고 본다. 후자의 경우는 선박이 피신했던 항구를 떠난 후에도 포획될 수 있다. 그리고 이러한 원칙에 따르는 것이 더 현대적인 법과 실행이다.[71]

화물을 가지고 나옴으로써 봉쇄를 위반하는 것과 관련하여, 그 화물의 선적 시각이 매우 중요하다. 봉쇄가 시작되기 전에 선적이 완료된 화물을 가지고 나올 중립국의 자유를 부인하기는 어려울 수 있지만, 그리고 그 선적 행위로써 이미 그것이 중립국의 재산이 되었을 수도 있지만, 봉쇄가 시작된 후에는 중립국이 적 재산의 수출을 돕기 위해 어떤 방식으로도 개입하는 것이 허용될 수 없기 때문이다.[72] 출항하는 중립국 선박은 선의로(*bonâ fide*) 구매한 그리고 봉쇄가 시작되기 전에 인도받은 화물만 가지고 나올 수 있다. 만약 봉쇄가 시작된 후에 화물을 싣는다면 봉쇄를 위반하는 것이다. 그러나 봉쇄된 항구에서 중립국 선박이 그러한 화물을 다른 중립국 선박에 양도한 후 빈 배로 출항한 경우, 그 선박은 봉쇄를 위반하지 않았다고 결정되었다.[73] 따라서 항구의 봉쇄가 시작되기 전에 물품이 항구에 도착했으나 봉쇄 기간 중 판매할 수 없을 것으로 판명됨에 따라 중립국 화주의 지시로 재선적하여 반송한 경우, 그 물품은 원소유주가 반환받을 권리가 있다고 결정되었다. 봉쇄된 항구로부터 자신의 선박을 끌고 나오도록 중립국에 허용하는 똑같은 규칙이, 항구가 봉쇄되기 전에 보내졌다가 중립국 화주가 선의로(*bonâ fide*) 회수하는 물품에도 공평하게 적용되기 때문이다.[74]

봉쇄가 시작된 이후, 중립국 신민은 그 봉쇄된 항구에서 더는 어떤 구매도 자유롭게 할 수 없다. 따라서 중립국 신민이 봉쇄된 항구에서 적으로부터 구매한 선박이 그 중립국으로 항행하던 중 악천후로 교전국 항구로 떠밀려가 그곳에서 압수된 경우, 그 선박은 일반규칙에 따라 포획물 확인재판에 의한 몰수 대상으로 판단되었다.

---

71 Bynkershoek, Quæst. Jur. Pub. lib. i. cap. 11. (Bynkershoek의 국제법의 문제들) Robinson's Adm. Rep. vol. ii. p. 128. The Welvaart van Pillaw. Vol. iii. p. 147. The Juffrow Maria Schroeder. (Robinson의 해사 판례집)

72 Robinson's Adm. Rep. vol. i. p. 93. The Betsey. (Robinson의 해사 판례집)

73 Ibid. vol. i. p. 150. The Vrouw Judith. (위의 책)

74 Ibid. vol. iv. p. 89. The Potsdam. (위의 책) Wheaton's Rep. vol. iii. p. 183. Olivera *v.* Union Insurance Company. (Wheaton의 미국 대법원 판례집)

그 선박이 다른 선박의 화물에서 나온 수익금으로 구매되었다는 사실은 봉쇄 문제에서 소용없는 사정으로 여겨졌다. 만약 봉쇄된 항구에서 선박을 샀다면, 그것만으로 위법행위이며, 어떤 자금으로 구매가 이루어졌는지는 전혀 중요하지 않다. 논쟁에서 또 다른 구별이 제기되었는데, 선박이 항행을 종료했으며, 따라서 더는 처벌이 붙지 않는다는 것이었다. 그러나 이러한 예외 또한 거부되었는데, 그 선박이 떠밀려간 항구가 원래 목적지의 어떤 부분도 아닌 것으로 드러났기 때문이었다. 따라서 이 사고를 항행의 중단으로 간주하거나, 또는 초래된 처벌의 소멸조건(defeasance)으로 간주하기는 불가능했다.

내륙 운하의 항행이나 육로 운송을 통해 물품을 봉쇄된 항구로 보내거나 그 항구에서 가지고 나오는 것으로는 해상 봉쇄를 위반하지 않는다. 봉쇄는 여러 가지로 설명될 수 있다. 바다에서만 작동하는 힘으로 시행되는 단순한 해상 봉쇄(maritime blockade)는 항구의 내부 교통에 어떠한 작용도 할 수 없다. 법적 봉쇄(legal blockade)는 실제 봉쇄(actual blockade)가 적용될 수 있는 한도보다 더 멀리 미칠 수 없다. 봉쇄 장소가 육지 쪽에서 포위되어 있지 않으면, 다른 항구와의 내부 교통은 차단될 수 없다. 이러한 해석 규칙으로 불완전한 봉쇄가 된다면, 이는 봉쇄가 물리적으로 불충분하기 때문이며, 그로 인해 봉쇄의 법적 주장의 범위가 불가피하게 제한되는 것이다.[75] 그러나 화물이 먼저 봉쇄된 항구로부터 바지선(lighters)에 실려 연안을 따라 강으로 보내져 대기하고, 그 화물을 옮겨 싣기 위해 역시 봉쇄된 항구로부터 빈 배로 온 선박에 실려 강을 통해 운반되는 화물은 몰수될 수 있다고 결정되었다. 이 경우는 앞선 경우와 매우 다른데, 앞선 경우에서 교통은 내륙 항행(inland navigation)으로 이루어졌기 때문이다. 내륙항행은 어떤 방식으로도 그리고 어느 부분에서도 봉쇄의 적용을 받지 않는다.[76]

봉쇄의 위반으로 초래된 위법행위는 일반적으로 항행이 계속되는 동안 존속한다. 따라서 선박이 항행의 어느 한 부분에서 붙잡히면 위법행위 중에(*in delicto*) 붙잡히는 것이 되지만, 귀환 항행이 종료된 이후로는 절대로 그 위법행위가 선박과 함께하지 않는다. 이는 합리적인 것으로 판단되는데, 위반된 법을 옹호할 어떤 기회도

75 Edward's Adm. Rep. p. 32. The Comet. (Edward의 해사 판례집)

76 Robinson's Adm. Rep. vol. iii. p. 297. Vol. iv. p. 65. The Stert. (Robinson의 해사 판례집)

교전국 군함에 더는 주어지지 않기 때문이다. 그러나 항행의 시작 시점과 포획 사이에 봉쇄가 해제되었다면 처벌은 따르지 않는다. 봉쇄가 사라졌으므로 장래의 위반을 방지하기 위해 처벌할 필요성이 더는 존재하지 않기 때문이다. 봉쇄가 해제되면 행해진 모든 것 위로 장막이 씌워지고 선박은 더는 위반행위 중에 포획되지 않는다. 봉쇄의 위반은 어느 한 시기에 완성되었을 수 있지만, 그 위반이 제거되는 것은 그 이후의 사건에 의해서이다.[77]

26 임검권

해상에서 중립국 선박에 대한 임검권(right of visitation and search)은 적의 재산, 전시금제품 그리고 봉쇄 위반 선박에 대한 포획권을 행사하는 데 필수적인 교전권(belligerent right)이다. 적의 재산에 대한 포획권이 매우 엄격하게 제한되어 있고 '자유 선박, 자유 물품'(*free ships free goods*)의 원칙이 채택되어 있더라도, 선박 자체가 중립국 선박인지 그리고 국제법과 조약에 따라 중립국 선박으로 서류가 작성되었는지 판단하기 위해서는 임검권이 필수적이다. Bynkershoek는 "기만적으로 표시될 수도 있는 깃발에만 의존하지 않고, 선박 서류 자체로 진정한 중립국 선박인지 확인하기 위해 중립국 선박을 억류하는 것은 적법하다."라고 한다. 확실히 임검권이 없이는 해상 포획의 관행이 존재할 수 없을 것 같다. 따라서 국제법학자들은 이 권리의 존재를 일반적으로 인정하고 있다.[78]

이 주제에 관한 국제법은 *Maria* 호 사건에서 Scott 재판관에 의해 훌륭하게 요약

---

77 Robinson's Adm. Rep. vol. ii. p. 128. The Welvaart van Pillaw. Vol. vi. p. 387. The Lisette. (Robinson의 해사 판례집) As to how far the act of the master binds the ship−owner in cases of breach of blockade, see the cases collected in Wheaton's Reports, vol. ii. Appendix, pp. 36−40. (봉쇄의 위반 사건에서 선장의 행위가 선주를 어디까지 구속하는지에 관해서는 Wheaton의 미국 대법원 판례집에 수록된 사건들을 보시오.)

78 Bynkershoek, Quæst. Jur. Pub. lib. i. cap. 14. (Bynkershoek의 국제법의 문제들) Vattel, Droit des Gens, liv. iii. ch. 7, § 114. (Vattel의 국제법) Martens, Précis, &c. liv. viii. ch. 7, §§ 317, 321. (Martens의 유럽의 현대 국제법 개요) Galiani, dei Doveri dei Principi Neutrali, &c. p. 458. (Galiani의 중립국 군주의 의무론) Lampredi, Del Commercio dei Popoli Neutrali, &c. p. 185. (Lampredi의 중립국 국민의 통상론) Kluber, Droit des Gens Moderne de l'Europe, § 293. (Kluber의 유럽의 현대 국제법)

되었다. 이 사건에서 스웨덴의 군함으로 구성된 호송대가 개입하여 임검권의 행사에 저항을 시도하였다. 그 주목할 만한 사건에서, 이 현명한 재판관은 영국 고등해사법원(High Court of Admiralty)의 판결을 선고하면서 다음과 같이 세 개의 법 원칙을 세운다.

첫째, 공해상에서 상선을 방문하여 조사하는 임검권은 선박·화물 또는 목적지가 무엇이든 상관없이 합법적으로 취역한(lawfully commissioned) 교전국 군함이 갖는 다툼의 여지가 없는 권리라는 것이다.

> "선박·화물 또는 목적지가 무엇이든 방문해서 조사하기 전에는 어떤 선박인지 목적지가 어디인지 나타나지 않으므로, 이 점들을 확인하기 위해 임검권의 필요성이 존재한다. 원칙적으로 임검권은 너무도 명백하여, 해상 포획권을 인정하는 자는 누구도 그것을 부인할 수 없다. 충분한 조사를 통해 합법적으로 포획될 수 있는 재산이 있는지 자유롭게 확정할 수 없다면 포획은 불가능하기 때문이다. '자유 선박, 자유 물품'(*free ships make free goods*)이라는 인정할 수 없는 규칙(역자 주: 당시 영국의 입장)을 주장하는 자들조차, 적어도 그 선박이 자유 선박인지 아닌지 확정하기 위해 이 권리의 행사를 인정해야 한다. 이 권리는 관행에서도 마찬가지로 분명한데, 그 관행이 일관되고 보편적이기 때문이다. 이 권리를 언급하고 있는 유럽의 많은 조약은 그것을 이미 존재하는 것으로 보고, 그 권리의 행사에 대해서만 규제한다. 모든 국제법 학자는 이 권리를 만장일치로 인정하는데, 중립국 특권 옹호의 위대한 챔피언인 휴브너*Hubner* 자신도 예외가 아니다."

둘째, 중립국 군주의 권위가 강제로 개입되더라도, 합법적으로 취역한 교전국 군함의 권리를 법적으로 변경할 수 없다는 것이다.

> "의문의 여지 없이 두 나라의 군주는, 최근에 그들이 합의한 몇몇 경우에서처럼, 합당하다고 생각하면 특약(special covenant)으로 다음과 같이 합의할 수 있다. 즉 그들 각국의 무장 선박 한 척이 자국의 상선들과 함께 있는 것이 그 상선의 호송에서 우호나 중립과 양립하지 않는 것은 없다는 것을 의미하는 것으로 상호 이해된다는 것이다. 그리고 두 군주가 이 약속을 수락하기로 동의하면, 어떤 제3국도 두 군주가 수락하기로 상호 합의할 수 있는 다른 약속에 대한 것

과 마찬가지로 그것에 대해 다툴 권리가 없다는 것이다. 그러나 확실히 어떤 군주도 그러한 보장을 수락하도록 무력으로 강요할 수 없다. 모든 특약과 관계없이 이 문제에 관해 국제법이 알고 있는 유일한 보장은 임검에 이해관계가 있는 자가 행사하는 직접적인 임검권이다."

셋째, 이 권리의 난폭한 침해에 대한 처벌은 임검을 통해 억류된 재산의 몰수라는 것이다.

"그것을 증명하기 위해 나는 Vattel을 언급하기만 하면 되는데, 그는 현대 국제법 교수 중에서 가장 정확하고 확실히 조금도 느슨하지 않은 사람 중 한 명이다. 그의 책 (iii. c. 7, sect. 114)에서, 그는 자기 생각을 이렇게 말한다.
'중립국의 선박을 방문하지 않으면, 금제품의 운송을 막을 수 없다. 그래서 중립국 선박을 방문할 권리가 있다. 몇몇 강대국이 이런저런 시기에 이러한 방문에 순순히 응하기를 거부했다. 오늘날 중립국 선박이 임검을 거부한다면, 그것만으로도 포획물 확인재판에서 유효한 포획물로 몰수될 것이다.' (On ne peut empêcher le transport des effets de contrebande, si l'on ne visite pas les vaisseaux neutres. On est donc en droit de les visiter. Quelques nations puissantes ont refusé en differents temps de se soumettre à cette visite. Aujourd' hui un vaisseau neutre, qui refuseroit de souffrir la visite, se feroit condamner par cela seul, comme étant de bonne prise)
여기에서 바텔은 단지 자기 의견을 전달하는 법률가가 아니라, 어떤 사실 즉 현대 유럽의 기존 관행이 그렇다는 사실을 진술하는 증인으로 여겨져야 한다. 이 원칙에 부합하게 그 유명한 1681년 프랑스의 해사 칙령에서, 현재도 시행 중인 제12조 '모든 선박은 저항하고 맞서 싸우는 경우 유효한 포획물이 된다.'라는 규정이 발견된다. 그리고 발린*Valin*은 그의 책 해상법 주석(Commentary) 81페이지에서, 비록 그 표현이 결합형(conjunctive)이지만 저항만으로도 충분하다(*resistance alone is sufficient*)고 명시적으로 말한다. 그는 명백히 프랑스 칙령에서 따온 에스파냐의 1718년 법령을 언급하는데, '저항하거나 맞서 싸우는 경우'라고 분리형(disjunctive)으로 표현되어 있다. 그리고 최근의 사례들이 눈에 띄는데, 에스파냐는 계속 이 원칙에 따라 행동하는 것으로 보인다. 내가 이러한 성격의 문제에 관한 우리나라의 제도를 조사하면서 알게 된 원칙 중 최초의 것은, 해군성 흑서(Black Book of the Admiralty, 역자 주: 영국 해군성의 해사 판례 · 법령집)에 나온 것을 제외하면, 1664년의 추밀원 명령 제12조에 나온다. 즉 '어떤 선박이든 영국 왕립해군 군함 또는 기타 취역 함정을 만났을 때, 맞서 싸우든지 저항하면 그 선박과 화물은 합법적인 포획물로 심판될 것이다.'라고 규정한다. 이와 유사한 조항이 1672년 포고령에도 나온다. 따라서 나는 그것이 영국 해군성의 규칙, 논쟁의 여지가 없는 규칙이었다고 단언할 수 있다. 나는 그 규칙이 어떤 경우에도 예양이나 정책의 고려로 깨졌을 수 없다고는 말하지 않겠다. 그러한 고려에서, 이러한 종류의 법의 운용은 그 법을 다루고 적용할 권리가 있는 재판소에 의해 조화롭게 되는 것이 타당할 수 있다. 특정 포획자는 어떤 경우에도 그 포획 사실에 따라 국가 자신이 갖게 될 권리와 권원(right and title)이 아닌 다른 것을 갖지 않으며, 국가는 그 극단적인 권리에서 물러설 수도 있고, 국가 최고평의회(supreme councils)가 그것이 어떤 경우에 적절할지 결정할 권한이 있다는 것을 누구도 부정할 수 없기 때문이다. 그러나 나는 모든 이성의 원칙, Vattel의 특별한 권위, 그리고 우리나라뿐만 아니라 기타 해양 열강의 이러한 제도에 대한 확신에 근거하여, 지금 이해되고 있는 국제법상 군함의 합법적 임검에 대한 중립국 선박 측의 고의적이고 지속적인 저항에는 몰수(confiscation)라는 법적 결과가 따른다고 감히 주장한다."[79]

Maria 호 사건에서 포획물 몰수 판결이 내려지고, 이어 1800년에 발트해 국가들이 무장 중립(armed neutrality) 조약을 체결하였다. 이 무장 중립 연맹은 러시아 황제 파벨 1세*Pavel I(1796-1801)*의 사망으로 해체되었으며, 이들 국가와 영국 간의 쟁점은 마침내 1801년 6월 5일 협약으로 타결되었다. 이 협약 제4조에 의해 중립국의 호송(neutral convoy)을 받으며 항행하는 상선에 대한 임검권이 수정되었는데, 무장 민간선박(private armed vessels)에는 임검권이 부여되지 않고 교전 당사국의 공식 군함(public ships of war)에만 임검권이 부여되었다. 이렇게 수정됨에 따라 러시아와 기타 북방 국가들은 군함의 임검권 행사에 대해 중립국의 호송 수단에 의한 저항권 주장을 포기하였으며, 중립국의 통상을 침해하는 임검권의 남용을 방지하기 위한 다양한 규정들이 마련되었다. 이미 살펴본 바와 같이, 이 조약의 목적은 그 전문(preamble)에서 체약 당사국들에 의해 명시적으로 선언된 바와 같이, "그들 각 군주

---

79 Robinson's Adm. Rep. vol. i. p. 340. The Maria. (Robinson의 해사 판례집)

국에 적용될 중립의 권리(right of neutrality)에 관한 원칙을 항구적으로 결정함으로써" 무장 중립으로부터 비롯되는 분쟁을 해결하는 것이었다. 제8조 또한, "이 법으로 채택된 원칙과 조치는 양 체약 당사국 중 일방은 전쟁에 관여되고 다른 일방은 중립을 지키는 모든 해상 전쟁에도 적용된다. 결과적으로 이 규정은 항구적인 것으로 여겨지고, 통상과 항행 문제에서 계속 체약 당사국을 위한 규칙의 역할을 할 것이다."[80]라고 규정하고 있다.

27 임검에 대한 적국 선장의 물리적 저항

Maria 호 사건에서 호송함(convoying ship)의 저항은 호송을 받는 상선단 전체의 저항으로 여겨졌으며, 그 상선단 전체를 몰수되게 하였다. 이 사건은 중립국의 무장 선박이 합법적으로 취역한 교전국 군함의 임검권 행사에 저항을 시도함으로써 중립국 재산이 포획물 확인재판으로 몰수된 경우였다. 그러나 적국 선장의 물리적 저항은 일반적으로 적국의 상선에 적재된 중립국 재산에 영향을 미치지 않는다. 포획자의 점유로부터 자신의 배를 지키려는 적국 선장의 시도는 그렇게 할 완전한 권리를 가진 적국 신민에 의한 적대행위일 뿐이기 때문이다.

Scott 재판관이 말하길,

> "중립국 선장이 포획으로부터 자신의 배를 구출하려 하거나 임검을 회피하려고 하는 경우, 그는 국제법이 그에게 부과한 임검에 복종하고 선박이나 화물에

---

80 The question arising out of the case of the Swedish convoy gave rise to several instructive polemic essays. The judgment of Sir W. Scott was attacked by Professor J. F. W. Schlegel, of Copenhagen, in a Treatise on the Visitation of Neutral Ships under Convoy, transl. London, 1801; and vindicated by Dr. Croke in "Remarks on M. Schlegel's Work," 1801. (스웨덴 호송대 사건에서 기인하는 문제는 몇 편의 유익한 논쟁적인 논문을 탄생시켰다. 코펜하겐의 Schlegel 교수는 "호송 아래 있는 중립국 선박의 임검에 관한 논문(1801년 런던에서 번역)"에서 스콧 재판관의 판결을 공격하였다. 그리고 Croke 박사는 1801년 "Schlegel의 논문에 대한 논평"에서 스콧 재판관을 옹호하였다.) See also "Letters of Sulpicius on the Northern Confederacy," London, 1801. "Substance of the Speech of Lord Grenville in the House of Lords, Nov. 13, 1801." London, 1802. (1801년 런던에서 출판된 "북방 해양연합에 관한 술피키우스의 편지", "1802년 런던에서 나온 Grenville 경의 1801년 11월 13일 자 영국 의회 귀족원 연설 내용"도 보시오.)

대한 조사에 응할 의무를 위반한다. 그리고 그가 물리력에 의지하여 이 의무를 위반하면, 그 결과는 의문의 여지 없이 선주의 재산에 미칠 것이다. 그리고 그 결과는 또한 선장의 관리에 맡겨진, 그리고 그렇게 전쟁권의 시행으로부터 기만적으로 벗어나려 한 전체 재산에 미칠 것이다. 적국 선장의 경우에는 상황이 매우 다르다. 적국 선장의 그러한 행위로는 어떠한 의무도 위반되지 않는다. 호랑이 등에 올라탔으니(*lupum auribus teneo*, 역자 주: 직역으로는 늑대의 귀를 잡고 있으니), 벗어날 수 있다면 그렇게 할 권리가 있다."[81]

28 적의 무장 선박으로 자신의 물품을 운송할 중립국의 권리

중립국 상인이 적국의 무장 선박에 자신의 물품을 실을 권리가 어디까지인지, 그리고 그 적국 선장의 저항 결과에 그의 재산이 어디까지 관여되는지의 문제가 영국과 미국 간의 지난 전쟁 중에 양국 모두의 포획법원에서 논의되었다. 미국 대법원이 1815년에 판결한 사건에서, 중립국 상인은 교전국의 무장상선(belligerent armed merchant ship)을 빌려 자신의 물품을 실을 권리가 있으며, 포획되지 않으려는 적국 선장의 저항에 실제로 동의하여 가담하지 않은 한 중립성을 잃지 않는다고 결정되었다.[82] 미국 대법원의 이 결정과 같은 시기에, 영국의 Scott 재판관은 정반대의 주의를 채택하였다. 이전에 미국 군함이 영국의 무장 선박에 적재되어 있던 중립국 포르투갈의 재산을 포획했었는데, 스콧 경은 이 재산을 영국 측이 탈환하여 돌려준 데 대해 포르투갈 화주에게 해난 구조료(salvage)를 지급하라는 명령을 내렸다. 미국 법원이 그 재산에 대해 당연히 포획물 몰수 판결을 내렸을 것이라는 이유에서였다.[83] 미국 대법원은 그 후 1818년 판결 사건에서, 1815년 사건의 판결을 정밀하게 검토한 후 그 결정을 다시 확인하였다. 그리고 대법원은 영국 고등해사법원(high court of admiralty)의 결정을 암시하며, 만약 그 영국 법원이 유사한 사건을 다시 다루게 되고 그간에 미국 법원의 결정들이 이 유식한 재판관에게 도달했다면, 미국 법원에서 포획물 몰수 판결의 위험성이 그가 상상했던 것만큼 크지 않다는 것을 인정

81 Robinson's Adm. Rep. vol. v. p. 232. The Catharina Elizabeth. (Robinson의 해사 판례집)

82 Cranch's Rep. vol. ix. p. 388. The Nereide. (Cranch의 미국 대법원 판례집)

83 Dodson's Adm. Rep. vol. i. p. 443. The Fanny. (Dodson의 해사 판례집)

하지 않을 수 없을 것이라고 말했다. 위 1818년 사건을 판단하면서 미국 대법원은, 그 사건을 호송함의 비중립적 행위를 이유로 중립국 선박이 포획물 몰수 판결을 받은 경우와 구별하는 한편, 중립국 선박이 스스로 적의 호송 아래 들어감으로써 포획물 몰수 판결을 받은 경우와도 구별하였다. 첫 번째 종류의 사건과 관련하여, 잘 알려진 바와 같이, 그 사건들은 영국이 북방해양연맹(northern maritime confederacy)의 원칙에 이의를 제기하고 전 세계를 상대로 싸우기로 작정했던 당시, 스웨덴의 호송대(convoy)를 나포한 데서 비롯되었다.

그러나 이와 무관하게, 두 부류의 사건들과 지금 논의 중인 사건 간에 분명한 차이를 나타내는 몇 가지 고려사항이 있었다. 호송대는 적대적 목적을 위한 결사체(association)였다. 호송을 수행할 때, 호송국가는 국가 선박에만 속하는 임검의 면제를 상선 위에 펼치고, 개별 선박은 호송대에 합류함으로써 자신의 평화적 성격을 버리고 오직 해병(military marine)에 속하는 임무 수행에 착수한다. 따라서 그 결사체가 자발적이라면, 중립국 신민은 호송대 전체의 운명을 겪는 데 대해 자신의 재산을 그들의 재산과 엮은 자신의 어리석음을 후회하기만 하면 된다. 또는 호송함의 저항에 연루되면, 자신이 선택한 지도자가 포획되는 경우 겪게 되는 운명을 함께 나누게 된다.[84]

29 적국 군함의 호송을 받는 중립국 선박은 포획 대상인가?

덴마크 정부는 1810년에 포획에 관한 법령(ordinance)을 공포했는데, "선박의 국기로 보아, 영국에 대해서도 영국과 전쟁 중인 국가에 대해서와 마찬가지로 중립국 소속으로 여겨지지만, 대서양이나 발트해에서 영국의 호송대(English convoy)를 이용하는 선박"은 정당하고 합법적인 포획물이 된다고 선언하였다. 이 법에 따라 많은 미국 선박이 포획되었으며, 덴마크 포획재판소에서 그 규정 위반으로 화물과 함께 몰수 판결을 받았다. 그 후 판결의 적법성에 관한 양국 정부 간의 논의에서, 미국 정부는 덴마크의 법이 근거하고 있는 원칙이 확립된 국제법 규칙과 부합하지 않는다고 다투었다. 미국 정부는, 덴마크나 기타 어느 국가의 포획법도 일반 국제법을

84 Wheaton's Rep. vol. iii. p. 409. The Atalanta. (Wheaton의 미국 대법원 판례집)

제정하거나 변경할 수 없으며, 중립국을 구속하는 새로운 규칙을 도입할 수 없다고 주장했다. 자신의 신민과 재판소를 위한 법을 제정할 수 있는 덴마크 군주의 권리는 논쟁의 여지가 없지만, 그 칙령(edicts)은 모든 국가의 공동 재산인 바다에서 통상에 종사하는 외국인에 대해 시행되기 전에 모든 국가를 구속하는 법에 부합한다는 것이 증명되어야 한다. 하지만 덴마크 정부가 자국 군함에 이러한 명령을 내리면서, 단지 자신의 재판소를 위해 국제법의 정당한 원칙으로 자신이 이해한 결정규칙을 정하는 것 이상을 의도했다고 추정할 필요는 없었다. 그러나 어디에도 국제법이 모두가 접근 가능하고 모두가 그 권위를 존중하는 성문법전의 형식으로 존재하지 않음을 고려할 때, 그리고 현재의 문제가 선주가 아닌 그의 대리인 선장이 선주의 인지나 지시 없이 행한 위반 혐의에 대해 권위가 의심스러운 원칙을 교전국의 칙령에 따라 중립국 재산의 몰수에 소급 적용한 데 관한 것임을 고려할 때, 국제법의 준수가 중요해졌다. 칙령이 소급시행되었다는 것은 그 칙령으로 영향을 받을 수 있는 자들에게 사전에 통지되지 않았기 때문이다.

그 포획법에 규정된 원칙은 덴마크 재판소의 해석과 같이, 적의 호송 아래 항행한 사실 그 자체가(*per se*) 포획뿐만 아니라 상대방 교전국의 법원에서 포획물 몰수 판결(condemnation)의 정당한 이유라는 것이었다. 그리고 소유권의 증거에 대한 조사나 포획된 선박이 호송에 합류한 사정과 동기에 대한 조사 없이, 또는 항행의 적법성이나 다른 측면에서 선박의 행위의 무고성(innocence)에 대한 조사 없이, 그 사실 자체로 그렇다는 것이다. 그렇게 가혹하고, 명백히 너무 생소하고, 매우 중대한 결과를 낳는 교전국의 주장은 권위 있는 국제법학자들에 의해 엄격하게 증명되거나 국가 관행에 의해 인정되어야만 중립국이 동의할 수 있다. 수많은 국제법학자 중 누구도 그러한 원칙을 언급하지 않았으며, 전에 어떤 교전국도 그러한 원칙에 근거하여 행동한 적이 없다. 그리고 어떤 중립국이 그것을 묵인했다고는 더더욱 주장될 수 없다. 사실 영국은 중립국이 자신의 군함으로 구성된(*consisting of its own ships of war*) 호송대로 교전국의 임검권 행사에 저항할 권리가 없다고 주장했었다. 그러나 덴마크가 주장한 원칙, 즉 단지 교전국의 호송 아래 항행한 사실이 모든 경우에 그리고 모든 상황에서 포획물 몰수 판결의 확정적 이유(conclusive cause of condemnation)라는 원칙을 뒷받침할 선례를 찾기 위해 영국 해사법원의 모든 기록을 뒤져보아도 소용없을 것이다.

문제의 미국 선박들은 익숙히 해오던 미국과 러시아 간의 합법적인 무역에 종사하고 있었다. 그 선박들은 비무장이었으며, 덴마크 군함에 어떤 저항도 하지 않았다. 그들은 귀환 항행 중에 포획되었는데, 발트해를 완전히 통과한 후 덴마크의 군함과 당국의 조사를 받고 덴마크의 칙령에 따라 포획물 확인재판에서 몰수 판결을 받았다. 그런데 그 칙령은 그들에게 통지되지 않았었고, 결과적으로 그들이 크론슈타트(Cronstadt, 역자 주: 현재 러시아 상트페테르부르크에 속한 항구도시)에서 귀환 항행을 시작했을 당시에 그들에게는 존재하지 않았다. 따라서 그 칙령이 기존의 국제법과 부합한다는 것이 엄격하게 증명될 수 없는 한, 그것은 승인되지 않은 소급입법 조치로 여겨져야만 했다. 당시 그들의 행위는 무고하다고 믿을 만한 이유가 있었으며, 단 하나의 조약이나 한 명의 국제법학자에 의해서도, 일반적 국가 관행(general usage of nations)에 의해서도, 어떤 교전국의 실행(practice)이나 중립국의 묵인(acquiescence)으로도 금지가 주장되지 않은 그런 행위였다. 그러한 행위로부터 중립국 상인과 선원들에 대한 극히 징벌적인 처벌을 끌어내기 위해서는 단순히 다른 인정된 국제법 원칙의 유추에 의존하는 것 이상의 무엇이 필요하다. 그러나 그것으로부터 지금 문제가 된 원칙을 필연적인 결과로 추론해내려는 시도는 헛수고가 될 것이다.

적의 호송대와 함께 있는 것이 발견된다면 포획된 선박과 화물이 정말로 적에게 속한다는 추정(*presumption*)을 제공할 수도 있다. 그러나 이는 적의 선박에서 포획된 물품이 적의 재산이 아닌 것으로 증명될 때까지 적의 재산으로 추정된다는 것과 마찬가지다. 이러한 추정은 당사자에게 확정적으로 여겨지고 반박이 허용되지 않는 법적 추정이라고 불리는 그런 종류의 추정이 아니다. 그것은 반증(countervailing proof)에 쉽게 굴복하는 미약한 추정일 뿐이다. 미국 측 교섭자의 생각으로, 그러한 추정을 뒤집기 위해 포획재판소로부터 인정받아야 할 증명 중 하나는, 그 선박의 호송대 합류가 강요되었다는 증거, 또는 그 선박이 덴마크 군함의 조사로부터 자신을 보호하기 위해서가 아니라 다른 자들을 피하려고 호송대 아래로 들어갔으며, 포획되면 그들의 악명 높은 행동과 공언된 원칙으로 보아 필연적으로 몰수될 것이 확실했다는 증거였을 것이다. 따라서 결과적으로 영국의 호송대(British convoy) 아래 항행한 단순한 사실은 포획된 선박의 추가적인 조사를 위해 덴마크의 항구로 끌어올 것을 담보하는 협의의 근거로만 여겨질 수 있으며, 그 자체로 몰수의 확정적인 근거가 될 수 없었다는 것이다.

자신이 중립국이었을 때 교전국의 임검에 대해 공공선박(public ships)으로 구성된 무장 호송대로 자신의 민간 통상을 보호할 권리를 주장했던 국가가, 이제 중립국이 교전국의 임검권 행사를 방해한다는 이유만으로 어떻게 그렇게 여길 수 있는지 정말 이해가 되지 않았다.

이 점에서 덴마크 정부의 일관성도 옹호될 수 없는데, 자신이 중립국이었을 때 영국에 대해 주장했던 주의는, 지금 교전국으로서 중립국 미국에 대해 시행하려 한 주의와 다른 것이었다. 왜 중립국 군함(neutral ship of war)의 호송을 받는 항행이 포획물 몰수 판결의 확정적 이유로 여겨졌을까? 이는 그것이 교전국의 임검권을 방해하고 좌절시키며, 이 합법적인 권리를 행사하려는 모든 시도를 폭력의 대결로 만들고, 세계 평화를 불안하게 하고, 교전국의 관할권 행사를 강제로 저지함으로써 그러한 논란이 적절한 장(forum)에서 결정되지 못하게 하는 경향이 있기 때문이었다.

단지 교전국의 호송대와 함께 항해하는 상황은 그런 효과가 없었다. 그리고 교전국은 적으로서 저항권(*right to resist*)이 있었다. 그러한 교전국의 호송대 아래 있는 선박의 선장은 중립국 사람이고 실제로 저항에 가세하지 않았으므로 그러한 저항의 결과에 연루될 수 없다. 중립국 선장이 교전국의 합법적 행위인 저항의 결과에 관여될 수 없는 것은 교전국 선박에 실린 물품의 중립국 화주(neutral shipper)가 교전국 선박의 선장에 의한 저항에 관여될 수 없는 것과 마찬가지다. 또는 교전국의 요새에서 발견된 화물의 중립국 주인이 그 요새의 저항 결과에 관여될 수 없는 것과 마찬가지다.

전시포획권은 실제로 적에 속하는 물품이나 해석적으로(constructively) 적에 속하는 것으로 여겨지는 물품에만 미친다. 해석적으로 적에 속한다는 것은, 그것이 전시금제품, 봉쇄 위반으로 포획된 재산, 그리고 기타 유사한 경우와 같이 전쟁법으로 금지된 무역에서 획득되기 때문이다. 하지만 지금 문제가 된 재산은 해석적으로나 사실상 덴마크의 적의 재산이 아니었다. 그것이 실제로 적의 재산인 것처럼 행세하지 않았고, 해석적으로 적의 재산인 것으로 증명될 수도 없다. 만약 미국 선박들이 정말 무장했고 그로써 교전국 호송대의 무력을 증강하는 데 공헌했다면, 또는 실제로 덴마크 군함과의 전투에 가담했다면, 그들은 당연히 전쟁의 운명에 의해 몰락했을 것이며, 미국 정부의 목소리는 절대 자신에게 유리하게 높아지지 않았을 것이다. 그러나 그들은 실제로 비무장 상인이었으며, 그들의 합류는 영국 호송대의 무력을 증강하기는커녕 오히려 호송대의 보호 임무 범위를 확대함으로써 호송대의 무력을 약화하는 경향이 있었다. 그리고 적의 저항에 가담하기는커녕, 실제로 전투도 저항도 없었으며, 상선들은 공격자들에게 무방비의 먹잇감이 되었다.

따라서 그 소유자의 재산을 몰수되게 한 중립국 선장 측의 행위의 위법성은 더 근본적인 원천에서 찾아야 하며, 그 선박들이 호송대에 합류한(*their joining the convoy*) 당시의 사정으로 돌아가 보아야 한다. 하지만 중립국 선박이 호송대에 합류한 사정이 왜 교전국의 항구나 요새(곧이어 군대가 투입되고 점령되는)의 포대 아래로 피신하는 사실보다 더 위법적으로 여겨져야 하는가? 중립국 선박은 사실 무력이나 기만과 같은 위법적(*unlawful*) 수단으로 임검으로부터 탈출을 시도해서는 안 된다. 하지만 합법적이고 무고한(lawful and innocent) 수단에 의해 벗어날 수 있다면, 중립국 선박이 그처럼 성가신 임검 절차를 회피하기 위해 그러한 수단에 의존하는 것을 무엇이 막을 수 있겠는가? 교전국의 군함과 포획법원은, 중립국 선박이 자발적으로 그들의 조사와 심판을 받을 기회를 추구하는 것이 바람직할 정도로 항상 그렇게 온건하고 공정하지 않았다. 정말 재판이 신속하고 공정하게, 그리고 순전히 덴마크의 포획재판소에서 열린다면, 미국 선박의 선장들이 덴마크 군함의 조사를 회피할 어떤 동기도 없었을 것이다. 그들의 재산이라는 증거는 명백했고, 항행은 합법적이었으며, 그들이 이들 재판소에서 포획물 몰수 판결을 받을 위험성이 있다고는 조금도 의식되지 않았다. 실제로 이들 선박 중 일부는 발트해로 항행 중에 조사를 받았고, 덴마크의 해사법원에 의해 무죄로 석방되었다. 그렇다면 그들의 행위가 무죄의 동기로 더 자연스럽게 설명될 수 있는데, 왜 유죄의 동기가 그들에게 귀속되어야 하는가? 확실히 이들 중립국 선박의 행위는, 그들이 덴마크의 교전권 행사에 저항하거나 심지어 피하려 했다는 미약한 추정에 의존하는 대신, 교전국 열강이 쏟아낸 전면적인 몰수 포고령으로 당시 모든 바다에서 중립국의 통상이 겪었던 폭증한 피해에 의해 충분히 설명될 수 있다.

당시 덴마크는 자신을 미국의 친구라고 공언했는데, 중립국 미국의 선박이 그러한 친구의 임검권 행사를 회피하기 위해 호송대 아래로 들어갈 권리가 없다고 인정하더라도, 프랑스가 자신을 미국의 적이라고 밝혔기 때문에, 미국 선박은 적에 대항하여 자신을 방어할 완전한 권리가 있었다. 프랑스는 모든 중립국 무역에 대해 공개 전쟁을 선포한 행위와 공언한 원칙으로 자신을 미국의 적이라고 밝혔다. 덴마크는 적의 무역 화물을 포획할 권리와 이를 위해 중립국 선박을 수색하고 조사할 권리가 있었으며, 똑같이 미국은 적들 간의 일반적인 전쟁법이 허용하는 모든 수단으로 프랑스의 포획으로부터 자신의 통상을 보호할 권리가 있었다. 미국에 의한 이 완벽한 권리의 행사는 법적으로 덴마크와 영국 간의 전쟁 상황이나 덴마크와 프랑스 간의 동맹 관계로 영향을 받을 수 없었다. 미국과 영국은 평화 상태에 있었다. 덴마크와 프랑스 간의 동맹은 영국에 대한 것이지 미국에 대한 것이 아니었다. 그리고 덴마크 정부는 나폴레옹의 1806년 베를린 포고령(decree of Berlin)과 1807년 밀라노 포고령(decrees of Milan)을 중립국에 대한 자신의 행동수칙으로 채택하기를 거부했으므로, 확실히 미국 선박의 선장들이 가능한 모든 수단을 동원해 이러한 포고령의 시행으로부터 자신을 방어한 것을 그들의 잘못으로 간주할 수 없었다. 만약 이러한 방어 수단의 사용으로 덴마크의 교전권과 조금이라도 충돌이 일어났다면 그것은 부수적인 결과였으며, 양측이 다툼의 여지가 없는 그들의 자위권을 희생하지 않고는 피할 수 없다.

그러나 임검권에 대한 저항은, 단일 선박의 선장에 의한 저항의 경우 국제법과 국가 관행에 의해 포획물 몰수 판결의 실질적인 근거가 되므로, 임검권의 행사를 무력화하기 위해 여러 척의 선박이 연합한 경우에는 더더욱 그렇다고 말할 수 있을 것이다. 이 두 경우를 완전히 유사하게 만들기 위해서는, 문제의 선박들을 적의 행위와 분리할 수 없도록 연결하기 위해 그 선박들 측의 저항이나 적어도 당시 그 선박들을 보호하던 적의 호송대 측의 저항이 실제로 있었어야 한다. 이 경우에 실제로 어느 측의 저항도 없었으며, 단지 적의 호송대에 합류한 사실로부터 암시되는 중립국 선박 측의 해석적(*constructive*) 저항이 있었을 뿐이다. 하지만 이러한 해석적 저항은 절대로 실행되지 않은, 기껏해야 단지 저항하려는 의도였을 뿐이며, 이는 단일 선박의 경우에 몰수 처벌을 수반하는 것으로 여겨진 적이 절대 없었다. 그러나 호송(convoy)의 경우와 유사한 단일 선박의 선장에 의한 저항은 중립국 선장에 의한 저항을 의미하며, 중립국 선장의 저항은 확립된 국제법에 따라 선박과 화물 모두를 몰수로 처벌되게 한다. 하지만 같은 원칙이 적국 선장의 경우에는 적용되지 않는다. 적국 선장은 논쟁의 여지 없이 적에게 저항할 권리가 있으며, 그의 저항은 중립국 화주(*neutral owner of the cargo*)가 승선하여 실제로 저항에 가담하지 않은 한 그에게 영향을 미칠 수 없다. 유사한 사건에서 스콧 재판관의 판결이 그런 것이었다. 그래서 심지어 중립국 신민이 교전국의 무장 선박에 물품을 실어 운송할 권리 또한 영국과의 최근 전쟁 중에 미국의 최고 사법재판소의 결정으로 엄숙하게 확인되었다. 그 결정은 이 문제에 관한 국제법의 모든 원칙과 유추를 철저히 검토하고 숙고한 매우 치밀한 논의 끝에 내려졌다.

따라서 미국의 교섭 대표는 자신이 취한 입장에 자신 있게 의존했다. 즉 권위 있는 국제법학자들 모두가 중립국의 일반적인 항행의 자유를 그처럼 광범위하고 포괄적인 용어로 규정하면서 그 예외에 관해서는 완전히 침묵하고, 또한 중립국의 통상과 항행의 권리를 정의하고 규제하기 위한 특별 목적으로 체결된 모든 조약이 그러한 예외에 관해 완전히 침묵하는 것은, 그 자체로 어떠한 예외도 존재하지 않음을 보여주는 강력한 부정의 권위라는 것이다. 특히 중립국의 그러한 자유는 지금 문제가 된 경우와 조금이라도 유사성이 있는 모든 경우에 명시적으로 미치기 때문이다. 적의 요새에서 발견된 친구의 물품이 전시포획물의 몰수에서 면제된다는 것은 부인할 수 없다. 중립국이 합법적으로 자신의 물품을 교전국의 무장 선박을 통해 운송할 수 있다는 것 역시 부인될 수 없다. 무장이든 비무장이든 적의 선박에 적재된 물품의 중립국 화주가 적 선장의 저항 결과에 책임이 없다는 것은 부인될 수 없다. 따라서 어떻게 선박과 화물 모두의 주인인 중립국 소유자가, 자신의 직접적인 행위가 아니라 자신의 인지나 지시 없이 이루어진 선장의 행위로 자신의 재산을 보호하게 된 교전국 호송대의 행위에 대한 책임이 있겠는가?

그 문제에 어떤 해양 국가도 주장한 적이 없는 가장 큰 교전권의 잣대를 적용하더라도, 확실히 그것이 그 문제에 대한 견해일 것이다. 그러나 덴마크 정부가 여타 북방 유럽 국가들과 공동으로 지금까지 옹호해온 더 관대한 국제법의 해석에 따라 검토해보면, 그것은 더더욱 의심의 여지가 없는 것으로 밝혀질 것이다. 덴마크가 항상 주장했던 것처럼, 중립국이 합법적으로 모든 교전국에 대항하여 무장할 수 있다면, 그리고 중립국 선박이 공해상에서 임검권에 복종을 강요하는 교전국의 무력행사에 저항하여 자국의 호송대 아래로 들어갈 수 있다면, 덴마크의 적의 떠다니는 요새 아래로 피신하도록 내몰린 중립국 미국인들의 행위는 덴마크의 국제법학자들과 정치가들이 세상에 맞서 주장해왔던 원칙에서 완전한 정당성을 발견할 것이다. 그들의 행위는 덴마크의 교전권 행사에 저항하기 위한 것이 아니었다. 그것은 자신의 중립성에도 불구하고 포획되면 필연적으로 몰수로 이어질 것이 확실하게 공언한 자들의 무법의 폭력으로부터 자신을 보호하기 위한 것이었다. 만약 발트해에서 미국의 통상이 미국 군함의 보호 아래 놓였다면, 그랬을 수 있을 것으로 인정되었듯이 덴마크의 교전권은 실제로 일어난 일로 침해되는 만큼 침해되었을 것이다. 그 경우, 미국 호송대 사령관이 자신의 보호 아래 항행하는 선박과 화물의 중립성을 보장했다면, 덴마크의 군함은 덴마크 정부의 원칙에 따라 그것에 만족했을 것임이 틀림없다. 그러나 이러한 보장은, 선박과 화물이 미국 정부가 이해 당사자들이 제출한 표시와 증명(representations and proofs)에 따라 발급하고 선상에 비치된 통상적인 증서와 함께 있는 데 근거해서만 이루어질 수 있었다. 만약 미국 호송대 사령관이 중립성을 보장할 당시 이 증서들이 허위이고 사기적일 수 있다면, 덴마크 군함이 임검권을 행사하려 할 때도 그럴 수 있다. 전자의 경우, 덴마크 정부는 호송함대 사령관의 성명을 자발적으로 묵인함으로써, 그리고 후자의 경우, 임검권을 행사하지 못하게 하는 현장의 우세한 적의 존재로, 두 경우 모두에서 문서의 진정성을 조사할 수 있는 모든 수단을 똑같이 박탈당할 것이다. 이는 설명을 위한 목적으로, 호송을 받던 선박들이 포획으로부터 도주했다는 가정하에 한 말이다. 그러한 가정 아래서만 덴마크가 교전국으로서 실제(*actual*) 손상을 입었을 수 있기 때문이다. 여기에서 미국 선박들은 아무런 적대적인 충돌 없이 포획되었는데, 문제는 그 선박들이 적의 호송대 아래 항행했다는 이유로, 다른 면에서 그 재산의 중립성과 항행의 적법성에도 불구하고 몰수 대상이 되는지였다.

당시 영국 호송대와 함께 항행한 미국 선장의 의도가 프랑스 군함뿐만 아니라 덴마크 군함으로부터도 벗어나기 위한 것이었다고 상정하더라도, 그 의도의 효과가 발생하지 않았다. 그리고 그런 실패한 시도로 덴마크의 무슨 교전권(belligerent right)이 실제로 침해되었는지 물을 수도 있을 것이다. 침해된 것이 있다면, 그것은 임검권(right of visitation and search)일 것이다. 그러나 임검권은 중립국의 통상을 마음대로 괴롭히고 방해하도록 국제법이 교전국에 부여한 실체적이고 독립적인 권리가 아니다. 임검권은 적의 재산이나 전시금제품(contraband of war)을 포획하는 더 큰 권리에서 비롯되는 권리로, 목적을 달성하기 위한 수단으로서 포획권의 행사를 위해 사용되어야 한다. 여기에서 임검권의 실제 행사는 사실 전혀 저항을 받지 않았으며, 교전국이 어떤 손상도 입지 않았다. 그러나 미국 선박이 영국 호송대로부터 우발적으로 분리되는 상황이 없었다면, 덴마크 군함은 저항을 받고 실제로 격퇴되었을 수도 있었고, 그에 따라 전 세계의 발트해와의 모든 통상은 덴마크의 포획으로부터 실효적으로 보호되었을 수도 있었다고 말할 수 있을 것이다. 그리고 그 상황으로부터 덴마크의 교전권에 무슨 손상이 초래되었을 것인지 되물을 수도 있을 것이다. 만약 그 선박이 중립국의 재산이고 항행이 합법적이라면, 임검으로부터 달아나는 선박에 의해 무슨 손상을 입을 것인가? 반면에 그 선박이 적의 재산이라면, 임검으로부터 탈출은 적의 우세한 힘 때문이라고 보아야 하며, 이는 덴마크의 손실(*loss*)은 될지언정 덴마크가 합법적인 항의권을 갖는 손상(*injury*)이 될 수는 없다. 바다를 항행하는 중립국 선박이 자발적으로 교전국 군함의 임검을 받을 의무가 있다고 증명될 수 없는 한, 그리고 어떤 수단으로도 임검을 피할 권리가 없다고 증명될 수 없는 한, 중립국 선박은 위법적이지 않은 어떤 수단으로든 임검을 피하는 것이 허용됨이 분명했다. 임검에 대한 폭력적인 저항, 포획된 후 불법 구출, 문서의 기만적 위변조 또는 은닉 등은 모두, 정상참작이 되지 않는 한 정당하게 몰수로 처벌될 수 있는 명백한 위법 수단이다. 교전국의 호송 아래 항행하는 것도 똑같은 결과가 따른다고 주장한 자들은 국제법의 신탁(oracles), 조약의 문언, 국제재판소의 판결, 또는 국가들의 일반적 관행과 양해에 호소하여 그것을 증명해야만 한다.

교섭 결과, 마침내 1830년에 미국과 덴마크 간에 조약이 서명되었다. 이 조약으로 덴마크는 미국 청구인들의 재산 몰수에 대해 고정 금액으로 일괄(*en bloc*) 지급함으로써 그들에게 일반적으로 보상하기로 명시하였다. 보상금의 분배에 관해서는 미국 정부에 맡겨 놓았는데, 미국 정부가 임명하고 “정의와 형평, 그리고 국제법의 원칙에 따라” 결정하도록, 권한이 부여된 보상위원들(commissioners)에 의해 분배되도록 하였다. 이와 함께 덴마크는 이 조약이 모든 청구를 종결짓는 것 이외에 다른 어떤 목적도 없다면서, “이후 절대로 어느 일방에 의해 선례(precedent)나 장래의 규칙으로 원용될 수 없다.”라고 선언하였다.[85]

---

85 Martens, Nouveau Recueil, tom. viii. p. 350. (Martens의 신 조약집)

Chapter 04

평화조약

1 강화권은 국가의 헌법에 달려 있다

강화권(power of concluding peace)은 선전포고권(power of declaring war)과 마찬가지로 국가의 헌법에 달려 있다. 이 두 권한은 일반적으로 통합되어 있다. 무제한 군주국에서는 두 권한 모두 군주에게 있으며, 제한적 또는 입헌 군주국에서조차 각 권한이 국왕에게 부여될 수도 있다. 적어도 형식에서 영국 헌법이 그렇다. 그러나 전쟁의 실제 운용상 전쟁을 벌일 수 있는 진정한 힘은 의회에 있다는 것이 잘 알려져 있다. 의회의 승인 없이는 전쟁이 실행될 수 없기 때문이다. 그리고 의회는 적대행위 수행에 필요한 물자를 제공하지 않음으로써 결과적으로 국왕에게 적과 강화하도록 강요하는 힘이 있다.

미국의 헌법은 선전포고권을, 대통령의 동의와 함께, 의회 양원에 부여하고 있다. 대통령은 헌법의 형식으로 평화조약을 체결할 수 있는 배타적인 권한을 가진다. 평화조약이 상원의 조언과 동의(advice and consent)를 얻어 비준되면 국가의 최고법(supreme law of the land)이 되며, 선전포고는 물론 조약 규정에 반하는 모든 의회법과 주법을 폐기하는 효력을 가진다. 의회는 전쟁을 수행할 수 있는 수단을 주지 않음으로써 언제든지 대통령에게 강화를 강요할 수 있다.

프랑스에서 국왕은 명시적인 헌법 규정으로 전쟁의 선포권, 평화조약·동맹조약·통상조약의 체결권을 갖는다. 그러나 평화를 맺거나 전쟁을 일으킬 진정한 힘은 적대행위의 수행 수단을 부여하거나 거부하는 권한을 가진 의회(chambers)에 있다.

2 평화조약의 체결권은 그 범위가 제한된다

평화조약의 체결권은 외국과의 다른 조약의 체결권과 마찬가지로 국가의 헌법에 의해 그 범위가 제한되어 있거나 제한될 수 있다. 그러나 이미 살펴본 바와 같이, 평화조약을 체결할 수 있는 일반적인 권한은 필연적으로 평화의 조건을 규정하는 권한을 내포한다. 이러한 평화의 조건에, 공적 영토 및 기타 재산뿐만 아니라 국가의 수용권(*eminent domain*)에 포함된 사유재산의 할양(cession)도 적절히 포함될 수 있다. 따라서 이 점에서 조약의 체결권에 관해 국가의 기본법에 명시된 제한이나 헌법적 권한(constitutional authorities)의 배분으로부터 필연적으로 내포되는 제한이 없다면, 국가의 안전이나 정책상 필요하다고 판단되는 경우, 평화조약의 체결권은 필연적으로 공적 재산과 사유재산의 할양에까지 미친다.[1]

국제법학자들은, 이와 같이 국가의 일반적 복리에 사유재산을 희생당한 개인에게 정부가 보상할 의무는 수용권에 포함된 재산을 할양하는 주권적 권리와 상관관계에 있다고 고취한다. 그러나 이러한 보상 의무에는 한계가 있어야 한다. 어떤 정부도 국가의 정복이나 폭력적 분할로 발생한 손실을 전체 공동체의 복리와 양립하게 감당할 수 있다고 당연시될 수 없다. 따라서 영토의 할양이 국가의 통제권을 넘어서는 절실한 필요성의 경우를 형성하는 강박과 정복의 결과인 경우에는, 그 할양으로 재산의 손실을 겪을 수 있는 자들에 대한 보상 의무를 정부에 부과하지 않는다.[2]

대다수 자유 정부의 기본법은 국가의 분할(dismemberment)에 관한 조약체결권을 명시적으로 금지하거나, 헌법의 본질로부터 나오는 필연적인 함의로 제한한다. 그래서 구 프랑스 군주제 헌법 아래서조차, 삼부회(States-General)는 프랑수아 1세 국왕 *François I(1515-1547)*이 마드리드 조약의 체결로 기도한 것과 같은 프랑스 왕국의 분할 권한이 군주에게 없다고 선언했다. 그리고 그것이 단지 프랑수아 1세가 전쟁 포로였다는 이유에서뿐만 아니라, 조약의 유효성에 삼부회에 대표되어 있는 국가의 동의가 필수적이라는 이유에서였다. 따라서 부르고뉴 지방의 할양은 왕국의 기본법에

---

1 Vide ante, pt. iii. ch. 2, Rights of Negotiation and Treaties, § 6. (이 책의 앞 제3부 제2장을 보시오.)

2 Grotius, de Jur. Bel. ac Pac. lib. iii. cap. 20, § 7. (Grotius의 전쟁과 평화의 법) Vattel, Droit des Gens, liv. i. ch. 20, § 244; liv. iv. ch. 2, § 12. (Vattel의 국제법) Kent's Comment. on American Law, vol. i. p. 179. 2d Ed. (Kent의 미국법 주석)

반하는 것으로서 무효가 되었다. 그리고 프랑스의 역사가 메제레*Mézeray(1610-1683)*에 의하면, 당시 부르고뉴 공국의 지방 정부들은 다음과 같이 선언했다.

> "우리는 프랑스 국왕의 신민이 아니었던 적이 없다. 우리는 그 충성심으로 죽을 것이다. 만약 왕이 우리를 포기한다면, 외국의 지배 아래 들어가기보다는 무기를 들고 무력으로 독립을 지킬 것이다."

그러나 삼부회가 이용되지 않음으로써 프랑스의 옛 봉건 헌법이 점차 폐기되고, 루이 13세의 재상 리슐리외*Richelieu(1624-1642)*와 루이 14세*Louis XIV(1643-1715)* 당시에 절대 군주제가 확고히 확립되자, 공적 영토의 일부를 평화의 대가로 할양하는 권한은 정부의 기타 모든 권한이 집중되었던 국왕의 수중으로 넘어갔다. 1789년 혁명 이후 프랑스에서 제정된 헌법들은 행정부의 수중에 있던 이 권한을 다양한 정도로 제한하였다. 최근 정복된 라인강 좌안의 국가들을 프랑스 영토에 병합한 1795년 헌법 규정은 릴(Lille) 회의에서 평화조약의 체결에 극복할 수 없는 장애물이 되었다. 1830년 헌법 헌장(constitutional charter)으로 국왕은 정부의 헌법적 권한의 일반적 배분으로 내포된 제한 이외에는 어떠한 제한도 없이 평화조약을 체결할 권한을 부여받았다. 프랑스 국제법학자들의 일반적인 이해에 따르면, 국가 영토의 일부를 할양하는 조약이 궁극적으로 유효하기 위해서는 여전히 입법행위의 형식으로 부여되는 의회의 동의가 필수적인 것으로 믿어지고 있다. 영토의 범위와 한계는 국내법으로 규정되므로, 조약체결권은 그러한 법을 폐기하기에 충분하지 않은 것으로 간주된다.

영국에서 조약체결권은 왕의 대권(regal prerogative)의 한 분야로서 이론상 어떠한 제한도 없다. 그러나 그것은 의회의 일반적 통제권에 의해 실질적으로 제한되는데, 제국의 기존 영토의 현상을 변경하는 조약이 시행되기 위해서는 의회의 승인이 필요하다.

연합국가 정부(confederated governments)에서는, 이 점에서 조약체결권의 범위가 국가연합(confederation)의 성격에 따라 정해져야 한다. 국가연합이 완전하고 손상되지 않은 주권을 유지하는 국가들로 구성된 연합국가체제(a system of confederated states)라면, 평화조약을 체결하는 일반적 권한이 연합국가의 수장에게 부여되어 있더라도, 각 구성국의 명시적 동의 없이는 그 구성국 영토의 전체 또는 일부를 합법적으로 할양할 수 없다. 옛 독일제국(신성로마제국)의 헌법 이론이 그랬다. 즉 영토의 분할은 제국의 기본법과 준칙에 반하였다. 그리고 현 독일연합의 헌법이 그렇다고 믿어진다. 독일의 이 국제법 이론은 실제로 절실한 필요성에 자주 굴복하지 않을 수 없었는데, 1801년 뤼네빌(Luneville) 조약으로 독일제국의 라인강 좌안 국가들에 속한 영토를 프랑스에 할양하지 않으면 안 되었던 경우와 같은 것이다.

미합중국과 같은 최고 연방정부(supreme federal government) 또는 합성국가(composite state)의 경우에서조차, 연방의 수장에게 부여된 일반적인 조약체결권에 연방 구성주의 동의 없이 그 주의 영토를 할양하는 권한이 어느 정도로 수반될지 의심스럽다.

3 평화조약의 효력

평화조약의 효력은 전쟁을 종결하고 전쟁의 원인을 없애는 것이다. 평화조약은 각 당사국의 권리와 청구에 관한 모든 논의를 포기하고, 원래의 전쟁 원인을 망각 속에 묻기로 하는 합의이다. 평화조약은 전쟁을 촉발한 원래의 원인이나 전쟁 중에 생겼을 수도 있는 원인으로 적대행위가 재개되고 같은 전쟁이 다시 일어나는 것을 금지한다. 그러나 당사국들 간의 영구적 평화와 우호의 호혜적 규정이 어떤 이유로든 절대로 서로 전쟁을 해서는 안 된다는 것을 의미하지는 않는다. 평화는 평화조약이 종결짓는 전쟁과 관련되며, 전쟁이 같은 원인으로 재발할 수 없다는 의미에서 영구적이다. 하지만 이것이, 원래의 전쟁을 촉발했던 불만의 원인이 재발한다면 이의를 제기하고 저항할 권리(right to claim and resist)를 배제하지 않는다. 그 불만은 새로운 손상, 그리고 이전 전쟁과 동등하게 정당한 새로운 전쟁의 원인을 제공할 것이기 때문이다. 평화조약이 침묵하고 있는 어떤 추상적인 권리가 당사국 간에 문제가 된다면, 그러한 이의 제기 아래 발생하는 이전의 모든 불만과 손상은 조약에 명시되지 않았더라도 필연적으로 내포되는 사면(*amnesty*)으로 망각 속에 던져진다. 그러나 그것으로 그 권리 주장 자체가 어떻게든 해결된 것은 아니다. 그러한 권리에 대한 명시적인 포기나 인정이 없는 경우, 그것은 추후 논의에 열려 있다. 그리고 분쟁 사안에 대한 특정 처리가 특별하고 제한적이라면, 그 처리도 그 특정 방식의 권리 주장에 대한 것이며, 나중에 같은 문제에 대해 다른 근거로 권리를 주장하는 것을 배제하지 않는다. 따라서 다툼이 있는 사항에 대해 모든 청구의 일반적인 포기(general renunciation)를 요구하는 것이 실질적으로 유용하다. 이는 어떤 형식의 청구든지 영구적으로 배제하는 효력이 있다.[3]

평화조약은 전쟁 이전에 약정된 채무나 가해진 손상에 근거하고 전쟁의 원인과 관련이 없는 청구를 소멸시키지 않는다. 단, 조약에 소멸한다는 명시적인 규정이 있으면 그렇지 않다. 평화조약은 또한 전쟁 이전에 획득한 사적 권리 또는 전쟁을 초래한 원인과 무관한 사적 손상에 영향을 미치지 않는다. 따라서 각 교전국의 신민 간에 전쟁 이전에 약정된 채무는 그것을 회수하기 위한 구제(remedy)가 전쟁 중에 정지될지라도 평화가 회복되면 재개된다. 다만 근래의 완화된 관행과 달리, 엄격한 전쟁권의 엄혹한 행사에 의해 전쟁 중에 채무가 실제로 몰수되지 않았던 경우에 한해서 그렇다. 전쟁 중에 교전국의 각 신민 간에 약정된 채무나 가해진 손상이 유효한 청구의 근거가 되는 경우도 있다. 포획된 선박에 대한 몸값 청구서(ransom-bills), 전쟁포로가 생계유지를 위해 맺은 계약, 또는 무역 허가증을 발급받아 이루어진 교역 과정에서 맺은 계약의 경우와 같은 것이다. 이 모든 경우 평화가 회복된 후에 구제가 주장될 수 있다.[4]

4 현상 유지 원칙(*uti possidetis*)은 명시적으로 그에 반하는 규정이 없는 한 각 평화조약의 기초이다

평화조약은 모든 것을 평화가 그것을 발견한 상태로 남겨 놓는데, 단 그 조약에 명시적으로 그에 반하는 규정이 없는 한 그렇다. 조약의 조건에 의해 변경된 만큼을 제외하고는 기존의 점유 상태가 유지된다. 점령된 지역이나 장소에 관해 아무 말이 없으면 그것은 정복자에게 남으며, 그의 권원(title)은 나중에 문제시되지 않는다. 전쟁이 계속되는 동안, 점유 중인 정복자는 용익권(usufructuary right)만 가지며, 이전 군주의 잠재적 권원(latent title)은 평화조약이 무언의 작용(silent operation)이나 명시

3 Vattel, Droit des Gens, liv. iv. ch. 2, §§ 19－21. (Vattel의 국제법)

4 Kent's Comment. vol. i. p. 169. 2d Ed. (Kent의 미국법 주석)

적 규정으로 그 권원을 영구히 소멸시킬 때까지 존속한다.[5]

정복된 영토가 평화조약에 의해 원래의 군주에게 반환됨과 동시에, 일시적으로 적의 지배 아래 있던 모든 사람과 사물도 원래의 상태로 되돌아간다. 이 일반적인 규칙이 부동산에는 예외 없이 적용된다. 전시에 획득된 부동산의 권원(title)은 획득자가 평화조약으로 확실히 인정받기 전에는 그에게 잠정적인 점유권(right of possession)만 준다. 영토가 원래의 군주에게 반환될 때 원소유자에 대한 대항권을 갖게 하는 소유권(proprietary right)은 정복자가 제삼자에게 이전할 수 없다. 다른 한편, 정복된 영토가 평화조약에 의해 정복자에게 할양되면, 그로써 중간 단계의 이전이 확인되며 매입자의 권원이 유효하고 완전해진다. 동산에는 다른 규칙이 적용된다. 동산에 대한 적의 권원(title)은 육상 전리품(booty on land)의 경우에는 24시간의 점유가 지나면 원소유자에 대해 완전한 것으로 간주된다. 해상 포획의 경우에도 전에는 같은 규칙이 적용된다고 여겨졌다. 그러나 해양 국가들의 더 현대적인 관행은, 구조비용(salvage)을 지급하고 반환받을 수 있는 원소유자의 권리를 배제하기 위해서는 정식 전시포획물 확인재판이 있어야 한다는 것이다. 그러나 엄밀히 말해서, 전시포획 재산에 대한 원소유자의 원상회복권(*jus postliminii*)은 평화가 회복된 후에는 작동하지 않는다. 따라서 포획된 재산에 관한 명시적 규정이 평화조약에 들어있지 않으면 그 재산은 조약에 규정되지 않은 상태로 남으므로 실제 점유자에게 암묵적으로 넘어간다. 원소유자의 원상회복권은 배타적으로 전쟁 상태에 속하는 권리이다. 따라서 평화가 회복되기 전에 재산이 회수되거나 탈환되지 않았다면, 평화가 회복되기 전에 중립국 신민에게 넘어간 재산의 이전은 포획물 몰수 판결이 없었더라도 유효하다. 평화의 개입은 권원(title)의 모든 흠결을 덮으며, 적대적 포획자 본인의 권원을 평온하게 하는 것과 마찬가지로 중립국 신민에게 합법적인 소유권을 부여한다.[6]

---

5 Grotius, de Jur. Bel. ac Pac. lib. iii. cap. 6, §§ 4, 5. (Grotius의 전쟁과 평화의 법) Vattel, Droit des Gens, liv. iii. ch. 13, §§ 197, 198. (Vattel의 국제법) Martens, Précis du Droit des Gens, liv. iii. ch. 4, § 282. (Martens의 유럽의 현대 국제법 개요) Kluber, Droit des Gens Moderne de l'Europe, §§ 254－259. (Kluber의 유럽의 현대 국제법)

6 Vattel, liv. iii. ch. 14, §§ 209, 212, 216. (Vattel의 국제법) Robinson's Adm. Rep. vol. vi. p. 45. The Parissima Conception. p. 138. The Sophia. (Robinson의 해사 판례집)

5 평화조약은 언제부터 시행되는가

평화조약은 서명(signature) 순간부터 체약 당사국을 구속한다. 조약 자체에 다른 시점이 규정되어 있지 않는 한 적대행위는 그 순간부터 그들 간에 중단되어야 한다. 그러나 교전국의 신민에 대해서는 조약이 통지된 시점부터만 그들을 구속한다. 조약이 그들에게 알려지기 전 중간 기간에 그들이 범한 적대행위는 범죄행위로 처벌될 수 없다. 하지만 국가는 조약의 체결 이후에 포획된 재산에 대해 배상(restitution)을 제공하는 것이 의무이다. 그리고 그러한 행위의 결과에 대한 분쟁을 회피하기 위해, 각 장소에서 적대행위가 중단되어야 할 시점을 조약 자체에 규정하는 것이 일반적이다. 평화조약이 체결된 후에 그와 같이 계속된 적대행위에 대해, 흐로티위스는 재산이 실제로 상실되거나 손상되지 않은 경우라도 배상하는 것이 국가의 의무이지만, 개인은 그 사실을 몰랐던 한 민사적으로도 책임이 없다는 의견이다. 그러나 더 나은 의견은, 평화조약이 서명된 후에 해상 어디에서 포획이 일어나든지 간에 단지 평화의 사실을 알지 못했다는 것이 포획자를 민사적 손해배상책임에서 보호하지 않으며, 그가 선의로(in good faith) 행동했다면 그의 정부가 그를 보호하고 손해를 입지 않도록 해야 한다는 의견인 것 같다. 평화조약의 조항에 따라 어떤 장소나 국가가 적대행위로부터 면제되었을 때 그 사실을 자국 신민에게 적시에 알리는 것은 국가의 의무이며, 국가는 그 사실을 모르고 행동한 관리나 신민에게 법적 책임을 면제할 법적 의무가 있다. 이러한 경우, 피해 당사자에게 책임이 있는 자는 실제로 잘못을 범한 자이고, 함대의 상급 지휘관은 현장에서 그 잘못에 실제로 관여하지 않은 한 그러한 자에 해당하지 않는다. 오랜 시간이 지난 뒤에는, 실제로 잘못을 범한 자에 대해서도 포획법원이 손해배상을 명하지 않을 것이다.[7]

평화조약에 적대행위가 특정 장소에서 특정 시각에 중단되어야 한다는 명시적인 규정이 들어있고, 포획자가 그러한 평화의 사실을 알면서도 그 제한된 기간이 만료되기 전에 포획하였다면 그 포획은 유효하지 않다. 제한 기간이 지난 후에는 세계 각지에서 평화에 대한 인지의 법적 추정, 즉 평화에 대한 해석적 인지(constructive knowledge)가 포획을 무효로 하므로, 평화에 대한 실제 인지(actual knowledge)는 그

7 Robinson's Adm. Rep. vol. i. p. 124. The Mentor. (Robinson의 해사 판례집)

러한 효과를 낳는 더 강력한 이유가 되어야 한다. 하지만 이러한 경우에 포획자 정부의 정식 통지에 미치지 못하는 어떤 것이 포획자에 대해 실제 인지의 법적 효과로 영향을 미치기에 충분할지 의심스러울 수도 있다. 미국과 영국 간의 적대행위를 중단하기 위해 1814년 강(Ghent) 조약이 정한 일정 기간이 만료하기 전에, 미국 군함이 그 사실을 모르고 영국 선박을 포획했다. 그러나 포획된 선박이 미국의 항구로 끌려오지도 포획물 몰수 판결을 받지도 않았으며, 바다에 있던 중에 적대행위의 중단을 위해 정해진 기간이 지난 후 평화의 사실을 알지 못한 영국 군함에 의해 탈환되었다. 이에 대한 사법적 결정은, 미국 군함에 의한 영국 선박의 점유는 합법이었으며, 평화가 회복된 후에는 영국 군함이 그 합법적인 점유를 빼앗기 위해 합법적으로 무력을 사용할 수 없다는 것이었다. 평화의 회복은 그 제한된 기간이 지난 시각부터 모든 무력에 종지부를 찍었다. 그러고 나서 전쟁 중에 획득된 물건은 그 권원과 점유에 관해, 정확히 평화가 일어났을 때 그것이 존재하던 모습 그대로 남는다는 일반원칙이 적용되었다. 현상 유지 원칙(*uti possidetis*)은 명시적으로 그와 반대의 규정이 있는 경우를 제외하고는 모든 평화조약의 기초이다. 평화는 포획물 몰수 판결을 받지 않은 포획에 최종적이고 완전한 권원을 부여한다. 그리고 평화는 모든 무력을 금지하므로 마치 포획된 선박이 포획국가의 항구로 끌려가 사법적으로 몰수된 것처럼 반환에 대한 모든 희망을 사라지게 한다.[8]

6 획득한 것은 어떤 상태로 반환되어야 하는가

평화조약에 의해 반환하기로 규정된 것은 그것들이 처음 획득되었던 상태로 반환되어야 한다. 단, 그에 반하는 명시적인 규정이 있는 경우에는 그렇지 않다. 그러나 이것이 시간의 자연적 효과나 전쟁행위(operations of war)로 생긴 변형을 말하는 것은 아니다. 요새나 마을은 획득되었을 때 있던 대로 반환되어야 하지만, 평화조약이 체결될 때 그것이 여전히 그 상태로 남아 있는 한 그렇다. 철거된 요새나 황폐해

8 Valin, Traité des Prises, ch. iv. §§ 4, 5. (Valin의 포획론) Emérigon, Traité d'Assurance, ch. 12, § 19. (Emérigon의 보장조약) Merlin, Répértoire de Jurisprudence, tom. ix. tit. Prise Maritime, § 5. (Merlin의 판례집) Kent's Comment. vol. i. p. 173. (Kent의 미국법 주석)

진 땅을 복원할 의무가 없는 것은 물론이고 수리할 의무도 없다. 평화는 전쟁 중 또는 전쟁행위로 인해 발생한 모든 손해배상 청구를 소멸시킨다. 모든 것은 평화가 도래하였을 때 존재한 상태로(in the condition in which the peace found them) 반환되어야 한다. 평화조약이 체결된 후 인도하기 전에 요새를 철거하거나 땅을 황폐화한다면, 신뢰를 저버리는 배신행위(act of perfidy)가 될 것이다. 정복자가 요새를 수리하고 그곳을 공성전(siege) 이전에 있던 상태로 재건했다면, 재건된 상태 그대로 반환하여야 한다. 그러나 그가 새로운 시설을 세웠다면, 그것을 허물어도 괜찮다. 그리고 보통 분쟁을 회피하기 위해 적이 점령한 장소가 정확히 어떤 상태로 반환되어야 하는지 조약에 규정하는 것이 바람직하다.[9]

7 조약의 위반

조약의 어느 한 조항을 위반하는 것은 전체 조약을 위반하는 것이다. 모든 조항은 상호 의존적이고, 한 조항은 다른 조항의 조건으로 여겨지기 때문이다. 단 하나의 조항이 위반되더라도 피해 당사국이 원하면 전체 조약이 폐기된다. 하지만 한 조항이 위반될지라도 다른 조항은 계속 완전히 유효하다고 명시적으로 규정함으로써 조약의 폐기가 방지될 수 있다. 조약이 어느 일방 당사국에 의해 조약의 일반적인 정신과 양립할 수 없는 절차나 어느 한 조항의 구체적 침해로 위반되면, 조약이 절대적으로 무효는 아니지만(not absolutely void), 피해 당사국의 선택에 따라 무효가 될 수도 있다(voidable). 피해 당사국이 파탄에 이르지 않기를 선호하면 조약은 계속 유효하고 구속력이 있다. 피해 당사국은 그 위반에 대한 자신의 권리를 포기하거나 용서해 줄 수 있으며, 또는 합당한 만족(just satisfaction)을 요구할 수도 있다.[10]

---

9 Vattel, Droit des Gens, liv. iv. ch. 3, § 31. (Vattel의 국제법)

10 Grotius, de Jur. Bel. ac Pac. lib. ii. cap. 15, § 15; lib. iii. cap. 19, § 14. (Grotius의 전쟁과 평화의 법) Vattel, liv. iv. ch. 4, §§ 47, 48, 54. (Vattel의 국제법)

8 조약의 위반에 관한 분쟁은 어떻게 해결되는가

평화조약은 다른 조약에 적용되는 것과 똑같은 규칙에 따라 해석되어야 한다. 조약의 의미나 주장된 위반에 관한 분쟁은 우호국의 중개(mediation)로, 또는 양 당사국이 함께 선정한 어느 한 국가의 중재(arbitration)에 맡김으로써 체약 당사국 간의 우호적인 교섭으로 해결될 수 있다. 후자인 중재는 최근 몇몇 경우에 유럽의 5대 열강이 맡았는데, 1815년 빈 조약으로 성립된 일부 국가들에서 내부 혁명이 일어나고, 그 결과 조약에 규정된 영토적 합의가 부분적으로 위반됨에 따라 평화가 전반적으로 교란되는 것을 방지하기 위해서였다. 1830년 런던회의 의정서들이 그런 것인데, 이들 의정서에 의해 네덜란드와 벨기에 간에 적대행위의 중지가 부과되고, 양측이 수락하면 항구적인 평화의 기초가 될 분리의 조건이 제안되었다. 이러한 종류의 간섭에 대한 반대, 그리고 그 간섭을 더 약소국의 독립성과 조화시키는 어려움은 자명했다. 하지만 그것은 신성동맹(Holly Alliance)의 원 당사국이었던 국가들이 주장한 타국의 내정에 대한 일반적인 감독권과 분명히 구별될 수 있다. 신성동맹의 일반적인 감독권은 헌법 개정이 지배 군주의 자발적인 양보로 진행되는 것이 아니거나, 그 결과가 즉시 또는 훗날 유럽의 사회 질서를 위협할 것으로 생각되는 그러한 헌법 개정을 방지하기 위한 것이었다. 런던회의 회의록에 의하면, 참가국들은 빈 회의에서 성립된 네덜란드와 벨기에 간의 통합을 해체한 혁명을 되돌릴 수 없는 사건으로 여기고, 5대 열강과 벨기에 왕국 간의 1831년 11월 15일 조약에 포함된 조건 위에서 벨기에의 독립·중립 그리고 영토의 보유상태를 확인하고 있다. 다만 그 조건은 네덜란드와 벨기에 간의 직접 교섭의 궁극적인 결과에 따라 수정될 수 있다고 하였다.

●●● 저자 소개

* 이 부분은 주로 저자를 따르던 후배 외교관 출신 William Beach Lawrence가 편집한 『국제법의 원리』 제6판(1855년)에 나오는 저자에 대한 소개 글을 참고하여 작성하였다.

Henry Wheaton은 1785년 11월 27일 미국 로드아일랜드주 프로비던스(Providence, Rhode Island)에서 태어났다. 무역과 해운업으로 성공한 그의 아버지는 아들의 교육에 많은 공을 들였다. Wheaton은 1802년에 로드아일랜드 대학(현 브라운대학교)을 졸업한 후 그 지역 유수의 법률사무소인 Nathaniel Searle 에서 3년간의 수련을 거쳐 1805년에 변호사가 되었다. 바로 이어 약 2년간 프랑스와 영국에서 수학하며 견문을 넓혔다. 프랑스에서는 법과대학이 있던 Poitiers에서 프랑스 민법과 법 제도를 공부하고 어려서부터 익혀온 프랑스어를 더욱 연마하였다. 당시 파리로 미국 외교사절 John Armstrong Jr. 공사를 찾아가 직접 만나기도 하였다. 이어 런던으로 옮겨 약 6개월 동안 머물며 영국의 보통법에 관한 지식을 넓혔다. 이때 역시 미국 외교사절 James Monroe 공사(1817-1825, 제5대 미국 대통령)를 방문하였다. 외교와 공직에 대한 그의 관심을 엿볼 수 있다. 1807년에 고향으로 돌아온 그는 변호사로 활동하면서 신문 기고를 통해 나폴레옹 전쟁의 교전국인 영국과 프랑스에 의한 해상 포획으로 중립국 미국이 겪는 피해를 뉴잉글랜드 지역 대중에게 알렸다. 휘튼은 제퍼슨 대통령*Jefferson(1801-1809)*과 매디슨 대통령*Madison(1809-1817)*의 민주공화당 지지자였다. 그는 활동무대를 뉴욕으로 옮겨 민주공화당 계통의 일간지 National Advocate의 편집장(1812-1815)으로 활동하며, 미-영 전쟁 기간 중 미국의 사기를 앙양하고 이익을 옹호하였다. 1815년에 뉴욕 해사법원 재판관으로 임명되었으며, 이때 해상 포획에 관한 논문 “해상포획법 개요”(Digest of the Law of Maritime Captures)를 발표하였다. 이어 연방 대법원의 제3대 판례 편찬관(reporter of decisions, 1816-27)으로 활동하였으며, 대법원 판례에 대한 뛰어난 주석을 작성한 것으로 높은 평가를 받았다.

그는 애덤스 대통령*John Quincy Adams(1825-1829)*에 의해 초대 덴마크왕국 주재 외교사절(1827-1835)로, 이어 잭슨 대통령*Andrew Jackson(1829-1837)*에 의해 제2대 프로이센 주재 외교사절(1835-1846)로 임명되었다. 휘튼이 덴마크에 주재하던 중 가장 중요한 일은 나폴레옹 전쟁 기간 중 발트해에서 프랑스의 동맹국인 덴마크의 군함에 포획되어 몰수된 중립국 미국의 상선과 그 화물에 대한 보상 교섭이었다. 1830년 서명된 미국과 덴마크 간의 보상조약에서 덴마크는 미국 청구인들의 재산 몰수에 대해 일정 금액을 미국 정부에 일괄 지불하여 분배하도록 하였다. 덴마크 정부를 설득하기 위해 휘튼이 전개한 미국 정부의 국제법적 논리는 그의 『국제법의 원리』에 상세히 소개되어 있다.

프로이센 주재 외교사절로 재임 중 그의 가장 중요한 업무는 독일관세동맹(Zollverein)에 대한 미국의 가입 교섭이었다. 독일관세동맹은 독일연합(1815-1866)의 중심국 프로이센이 주도하고 여타 대다수 연합 구성국이 참가하여 1834년 1월 1일 출범하였다. 휘튼의 교섭으로 양측 간 조약 문안이 타결되고, 미국 정부를 대표하여 휘튼 공사 자신이 1844년 3월 25일 조약에 서명하였다. 하지만 이 조약은 미국 상원이 비준에 동의하지 않음에 따라 발효되지 못했다. 상원의 공식적인 반대 이유는 헌법상 통상을 규제하고 관세를 부과하는 권한은 전적으로 의회에 있다는 것이었다.

휘튼은 포크 대통령*James Polk(1845-1849)* 정부 출범 후 본국 정부의 소환으로 1846년 7월 프로이센 주재 공사직에서 물러나게 되었다. Harvard 대학교 법과대학이 국제법 교수직을 설치하여 그를 초빙하기로 하였으나, 그는 1848년 3월 11일 병으로 사망하였다.

휘튼은 프로이센에 주재하던 중 1836년에 『국제법의 원리』 초판을 출간하였으며, 역시 재임 중이던 1846년에 이 책의 증보 개정판을 냈다. 공직을 떠난 후 증보 개정판을 직접 프랑스어로 번역하여 1848년에 출간하였다. 저자의 또 다른 중요한 저서로 1841년에 프랑스어로 출간된 국제법 역사서 "베스트팔렌 평화조약 이후 빈 회의까지 유럽의 국제법 발전사"(Histoire des progrès du droit des gens en Europe depuis la Paix de Westphalie jusqu'au Congres de Vienne)가 있다.

역자 약력

역자는 1958년 전남 광산군(현재 광주광역시 광산구)에서 태어났다. 고려대학교 법과대학을 졸업하였다. 1980년 제14회 외무고시에 합격하고 1981년에 외무부 근무를 시작하여, 주도미니카공화국 대사와 주모로코왕국 대사를 역임한 후 2018년 정년퇴직하였다. 이어 전북대학교에서 초빙교수로 3년간 국제법과 국제협상을 강의하였다.

외교부 근무 기간 중 정부의 외교관 훈련 프로그램으로 미국 일리노이 대학교에서 아시아 지역학 석사 학위를, 그리고 미시간 대학교 법학전문대학원(Law School)에서 국제경제법 LL.M. 학위를 받았다. 미국 뉴욕주 변호사 자격을 취득하였다.

재외공관에서는 주로스앤젤레스 총영사관 부영사, 주자이르(현재 콩고민주공화국) 대사관 2등서기관, 주인도네시아 대사관 1등서기관, 주스웨덴 대사관 1등서기관, 주캐나다 대사관 참사관, 주이탈리아대사관 공사 겸 총영사, 주도미니카공화국 대사(2011-2014), 주모로코왕국 대사(2015-2018)를 역임하였다.

외교부 본부에서는 국제협약장과 조약과장으로 일했다. 이 기간에 우리 정부의 조약 및 국제협정의 체결·비준·가입과 해석 실무를 수행하였으며, 일본과의 범죄인 인도조약 등 다수의 조약 교섭회담에서 정부 수석대표로 활동하였다. 또한 대법원(법원행정처)에 파견되어 우리 사법부의 국제협력 업무를 지원하였으며, 전라남도 국제관계 자문 대사로 외국 지방 정부와의 협력 업무를 지원하였다.

국제법의 원리

초판발행 2025년 7월 15일

지은이 Henry Wheaton(헨리 휘튼)
옮긴이 박동실
펴낸이 안종만·안상준

편 집 한두희
기획/마케팅 김민규
표지디자인 박선영
제 작 고철민·김원표

펴낸곳 (주) 박영사
서울특별시 금천구 가산디지털2로 53, 210호(가산동, 한라시그마밸리)
등록 1959.3.11. 제300-1959-1호(倫)
전 화 02)733-6771
f a x 02)736-4818
e-mail pys@pybook.co.kr
homepage www.pybook.co.kr
ISBN 979-11-303-4898-8 93360

정 가 25,000원